궁산한시 제10집

장조지락, 여든 살의 즐거움

杖朝之樂

궁산한시 제10집

장조지락, 여든 살의 즐거움

杖朝之樂

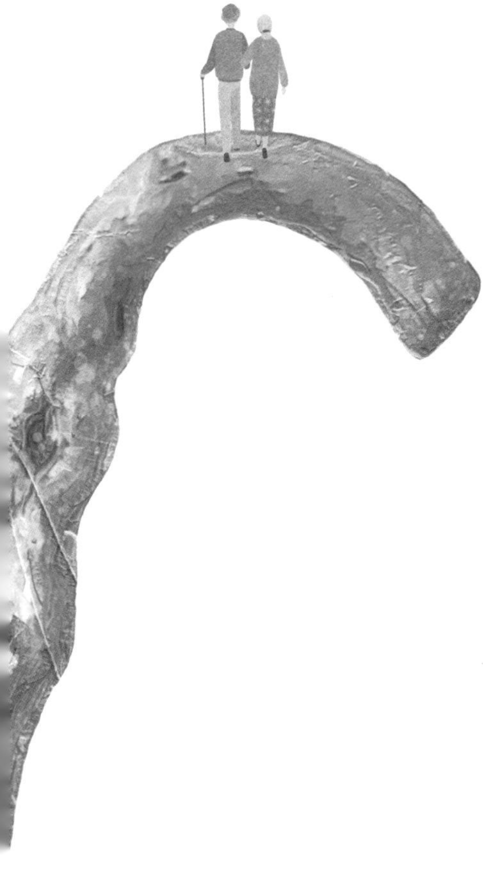

오광익 지음

원불교출판사

어느 날 홀연히 일원상을 우러러 보고 그 아래에 시를 쓰기를

(有一日 忽然仰見一圓相 其下寫詩)

1.

하나의 물건이 여기에 있으니 이것이 뭣인고
눈은 박혔지만 청맹과니로 실질 보기 어렵네.
이름 없고 글자도 없고 또한 소멸함도 없으니
부처와 대종사가 벙어리로 웃음을 잃었어라.

一物存斯是甚麽　　일물존사시삼마
青盲揷眼實難覼　　청맹삽안실난라
無名無字又無滅　　무명무자우무멸
釋佛宗師失啞呵　　석불종사실아가

2.

예로부터 지금까지 이치는 둥그러움 없었거늘
누군가 겨우 그림자 보곤 쓸데없는 말 베풀었네.
빔도 아니고 있음도 아니며 또한 아님도 아닌데
광명이 시방과 삼계의 가장자리까지 삼켰어라.

從古至今無理圓 종고지금무이원
誰觀纔影贅言宣 수관자영췌언선
非空非有亦非匪 비공비유역비비
光嚥十方三界邊 광연시방삼계변

3.

진리가 하늘땅 담았지만 모양을 짐작하기 어렵고
둥금이 시공을 에워쌌지만 그림자도 볼 수 없다네.
꼬리 없고 머리 없으며 아울러 몸통마저 없다는데
환상*을 방편으로 세우고는 한점을 겨우 칠했어라.

理盈天地貌斟難 이영천지모짐난
圓繞時空不影觀 원조시공불영관
滅尾滅頭兼滅體 멸미멸두겸멸체
幻相權立點才丹 환상권립점재**단

---

* 幻相: 실체(實體)가 없는 허망한 형상. 덧없는 현상.

** 才: 겨우.

구세제인(救世濟人)의 서원 일념으로 평생 원불교 교역자의 길을 걸어온 저자.

궁정 속은 보배 구슬이 다함 없는 곳집이요
일원의 참된 이치를 나의 마음에 갈무리 하며
밝은 빛으로 널리 비추어 하늘가까지 뚫고
더한 지혜로 번뇌 녹여 부처 조사 드날리리.

宮裏寶珠無盡倉　　궁리보주무진창
一圓眞理我心藏　　일원진리아심장
光明普照天邊徹　　광명보조천변철
益智銷煩佛祖揚　　익지소번불조양

서울 정도 600년(1994)을 맞이하여 성균관에서 열린 전국 한시 백일장에 참석하여 받은 유학자들의 평상복을 입고 찍은 사진.

유가는 인의예지로 수제치평을 주장하고
불교는 인과보응과 불생불멸을 밝혔으며
선도는 무위의 도와 청정의 수양을 펼쳤고
일원의 진리는 공과 원과 정을 밝혔어라.

儒家義禮主治平	유가의례주치명
佛敎果因生滅明	불교과인생멸명
仙道無爲淸靜展	선도무위청정전
一圓眞理晟空正	일원진리성공정

궁타원 이윤덕 정토

제석궁의 찬란한 빛은 우주에 가득 차고
오얏꽃 탐스럽고 고우니 걸음 옮겨지네.
은혜로 식솔들을 적셔 함께 화합 이루고
덕행과 지혜 더욱 길러 큰 업적 끼치소서.

宮釋輝光宇宙彌	궁석휘광우주미
李花艶麗步行移	이화염려보행이
潤恩食率同誠遂	윤은식솔동성수
德慧增長大業貽	덕혜증장대업이

원기100년 3월 10일

궁타원 이윤덕 정토의 법사 승급을 기념하여 지은 시이다.

宮山 合掌

당진교당에서
큰딸 준(畯)타원 오덕만 교무와 함께
원기108년 8월 법회를 마치고.

막내딸 결혼식(2010년 3월 20일)
(뒷줄 왼쪽부터) 아들 오용진(용운), 막내딸 오원전, 사위 박용묵, 큰딸 오덕만 교무
(앞줄) 오광익 교무, 이윤덕 정토

序文

서문

『장조지락(杖朝之樂)』의 한시집을 내면서

가장 높은 하늘은 늙길 바라지 아니하고
둥근 진리는 마쳐지기를 재촉하지 않거늘
사람이 걸어서 북망산 고개로 넘어가니
나이 여든이라 도를 즐기는 늙은이려네.

九天非望老	구천비망로
圓理不催終	원리불최종
人步邙岑越	인보망잠월
杖朝道樂翁	장조도락옹

한시집 제목인 장조지락(杖朝之樂)은 『예기(禮記)』 '왕제(王制)'에 나오는 것으로 "'80세는 조정에서 지팡이를 짚는다(八十杖於朝)'는 뜻이며 '80세가 되어선 가히 지팡이를 짚고 조정에 나가고 들어옴을 이름이니라(謂八十歲可拄杖出入朝廷)'"는 의미이다.

저 높은 하늘인 구천은 사람이 늙기를 바라지 않는다. 또한 텅 빈 진리도 사람이 죽기를 재촉하지 않는다. 그런데 사람 스스로 서쪽으로 넘어가는 해처럼 서잠(西岑), 곧 북망산(北邙山)으로 넘어가고 있다. 그러므로 80세가 되었다는 노세(老勢)나 노상(老相)을 부리지 말고 법도지락(法道之樂)을 이뤄 지팡이 짚고 잘 놀 줄 알아야 한다. 늙은 사람에게는 아무래도 부액(扶腋)이 필요하듯이 지팡이가 그 역할을 톡톡히 할 수 있기 때문이다.

사람이 나이를 먹는다는 것은 세월이 쌓였다는 의미이지만 그만큼 성숙하고 노련해졌다는 그 점이 훨씬 크고 무거워졌다고 아니 할 수 없다. 즉 늙은 나이지만 걸맞은 의무나 책임이 두어깨에 봇짐처럼 지워져 있어서 그 도리를 다해야 하므로 행동거지(行動擧止)를 무겁고 신중하게 가지지 않으면 안 된다.

따라서 늙는다는 것은 육신 부위마다 준층(皴層)이 두터워졌다는 사실을 말하기도 하지만, 실지는 몸에는 위엄이 갖춰지고 행동에는 절도가 있으며 마음에는 지혜가 솟아나고 처세에는 배려를 이루며 사람에는 화목을 이루고 설법에는 묘리가 구현되었다는 의미도 있다.

그리하여 호광체어우주(豪光逮於宇宙)하고 은자급어만물(恩慈及於萬物)하며 지혜급어불조(智慧扱於佛祖)하고 제도급어군생(濟度扱於群生) 하여야 존장(尊長)의 자리에 앉을 수 있고 그리하여 위신지도(威信之道)가 비장(備藏) 된 노옹(老翁)으로서 흉회지덕(胸懷

之德)이 용일(涌溢)하여야 한다.

거년(원기109년·2024)에 들어 필자는 장조지령(杖朝之齡)이 되었다. 곧 팔순(八旬)으로 여든 살이 되었다는 뜻이다. 사람이 낙지(落地)하여 80년을 살아간다는 것이 자고로 어려웠지만 지금은 일상이 되었으니 늙은 사람이라도 늙었다고 수족을 방임(放任)할 것이 아니라 여세(與世) 하면서 전전긍긍(戰戰兢兢)하고 여리박빙(如履薄氷)하여 여세(餘歲)를 엮어가야지 그렇지 않으면 '노인이라 저런다.'는 말을 듣게 되기가 쉽다.

이 정법의 문정(門庭)에 들어온 사람은 누구를 막론하고 장조에 이르게 되면 당연히 53년을 유세(留世)하신 소태산 대종사님보다 27년을 더 주세(住世)한 편이 된다. 그러기 때문에 우리는 전무후무한 일원의 진리 및 정법 회상에 수행 정진하고 무아봉공하며 진리 연마하고 중생 교화하며 낙원 건설하고 동성 불조할 시간이 그만큼 많이 주어지게 되었으니 행막행의(幸莫幸矣: 다시 더할 수 없이 다행함)로 심독희자부(心獨喜自負)하지 않을 수 없다.

이에 팔순을 기념하여 한시(漢詩) 칠언절구(七言絕句) 630여 수를 지어 과거를 멸참(滅懺)하고 또한 척업(滌業)하며, 현재에 오리(悟理)하고 또한 화행(化行)하며, 미래에 수원(竪願)하고 또한 탈각(脫殼)하여 영생영겁을 임의거래(任意去來)하고 해탈자재(解脫自在)하는 계기로 삼기 위하여 저본(底本)을 수재(繡梓: 책을 박아냄)하게 되었다.

대략적인 내용은 제목을 먼저하고 번역을 다음에 배치하였

사진 제공: 원음방송TV

으며 그 밑에 한시를 두었고 한글로 음을 달았으며 끝으로 주연(註演: 주석과 연역)으로 소미(掃尾: 끝맺다. 결말짓다. 뒤처리를 하다. 마무리하다)를 하였다.

따라서 한시를 한문학의 꽃이라고 한다. 즉 한시라는 작품이 글자 몇 자로 이뤄지는 것이 아니기 때문에 한자도 많이 알아야 하고 역사도 알아야 하며 고사성어(故事成語)도 알아야 하고 경서도 많이 읽어 축적되어서 확고하게 바탕이 잡혀야 한다. 또한 그 글자마다 평측(平仄)을 알아야 하고 압운(押韻)을 달아야 한다. 오언(五言) 절구(絕句)와 율시(律詩), 칠언(七言) 절구와 율시도 알아야 하고 장률(長律)도 알아야 하는 등등 난해(難解)할 뿐만 아니라 때로는 벽자(僻字: 흔히 쓰이지 않는, 괴벽(怪癖)한 글자)를 썼기 때문에 해득하기가 어려울 수밖에 없다.

그러므로 한시에 있어서 해설을 해놓은 한 부분만 가지고 그 시의 전부인 것처럼 생각하고 이해하거나 말한다면 오산이요 오류라고 하지 않을 수 없으리니 그 시의 이면을 보고 인식하고 꿰뚫어 볼 줄 알아야 한다. 빙산일각(氷山一角)이라는 성어처럼 겉의 뾰쪽한 얼음만 보고 얼마 크지 않다고 말한다면 그 사람은 얼음 전체를 본 사람이 아니다. 특히 한자는 표의문자(表意文字)로 구성되어 있기 때문에 얼마든지 사려하고 해설할 수 있는 큰 덩어리요 근원이므로 편식(偏識)이나 편각(片覺)을 전체 인양 생각해서는 절대 안 된다.

그래서 우리가 한자나 문장을 알자는 것은 한문을 잘 한다는 말을 듣자는 것이 아니라 우리의 소의경전이 한자나 한문이 많이 섞여 있으며 난해한 부분도 있기 때문에 이에 한문을 대비(對比)하지 않으면 깊이 있는 해설이나 폭넓은 각지(覺知)를 얻기가 어려울 수 있으므로 한문을 공부해야 한다.

가만히 생각해 보면 이 한시가 비록 "결함 된 바가 있고(有攸欠缺), 다하지 못한 바가 있으며(有攸未盡), 어리석은 바가 있고(有攸愚癡), 미혹한 바가 있으며(有攸迷惑), 깨치지 못한 바가 있고(有攸不覺), 교화하지 못한 바가 있으며(有攸非化), 해탈하지 못한 바가 있고(有攸匪脫), 열반하지 못한 바가 있으며(有攸匪涅), 부족한 바가 있고(有攸不足), 속됨에 젖은 바가 있음(有攸濡俗)"을 자인하지 않을 수 없다.

사실 필자는 농산지촌(農山之村)의 한 가정에서 나고 자라 특월지기(特越之機)가 없었고 또한 효학지정(斅學之程)이 많지 않았으며 또한 전토지재(田土之財)가 넉넉지 않았다. 그리하여 은자연(隱者然)한 삶으로 외현(外顯) 되는 것을 숨기고 포의한사(布衣寒士)로 살려 하였고 고빈자락(苦貧自樂)으로 살려 하였다.

그러나 기연이도(機緣而到)하고 적시이래(適時而來)하야 작연필조(作緣必遭)하고 한국필생(韓國必生)하였으니 옛날 영산회상의 말석불연(末席佛緣)과 종중청법(從衆聽法)과 부배불경(負背佛經)과 서사경독(書寫經讀)의 불역습인(不易襲因)으로 천재일우(千載一遇)하고 만세일득(萬歲一得)하여 추비유장(推扉踰牆)하고 사부이형(辭父離兄)하며 배족미효(背族未孝)하고 첩유향관(輒踰鄕關)하야 전무출신(專務出身)의 덕형지로(德馨之路)를 걸으면서 살아왔다.

그러므로 이 한시는 필자가 과거를 걸어왔고 현재를 걸으며 미래로 걸어가는 여정이요, 일선 교화의 현장이며, 장애(障礙)가 없는 거래이요, 삶과 죽음의 해탈과 열반이며, 일원의 진리적 종교 신앙이요, 정법의 사실적 도덕 훈련이며, 배우고 익힌 바 지혜이요, 원리(圓理)의 깨달음이며, 정신수양 사리연구 작업취사의 삼학수행이요, 진행 4조(信忿疑誠)와 사연 4조(不信 貪慾 懶愚)의 촉진이며, 천지은 부모은 동포은 법률은의 사중보은이요, 자력양성 지자본위 타자녀교육 공도자숭배의 실천신앙이며, 구제중생과 낙원건설의 원력이요, 성불조조(成佛造祖)되는 공부이기 때문에 일 분 일각도 쉴 수 없이 매진하고 정진하여 삼세를 일이관지(一以貫之)하고 삼계를 통이철지(通以徹之)해야 한다.

또한 이 자체가 전무출신에게 부여(賦與)된 지명(至命)이요 양견(兩肩)의 부담(負擔)이며 거족(擧足)의 도행(跳行)이요 전법(轉法)의 의책(義責)이며 수화(水火)의 불피(不避)이요 성로(聖路)의 아보(雅步)가 아닐 수 없으니 정말로 수도인으로서 늙어 외롭지 않고 웃으려면 젊어서 공부를 열심히 하고 정진에 게으르지 않아야 한다.

필자는 특현지기(特顯之機)가 사실 없다. 필자의 세대가 한문세대의 끝이 나면서 한글세대가 시작되는 시기이다. 그래서 한문에 뜻을 두었던 사람은 한문을 조금 읽었고 그렇지 않으면 도외시하는 게 일반이었다고 말할 수 있다. 이에 필자는 원불교에 출가하여 살면서 전습(前習)인지는 몰라도 관심을 가져서 오늘에까지 이르게 되었고 한문과 관련된 책도 다수 출판을 하였다.

사진 제공: 원음방송TV

지금은 퇴임을 하였지만 현장에 있을 때는 경전에 대한 많은 강의도 하였다. 특히 근래에는 원불교 가르침의 핵심인 『교리도 해설(教理圖 解說)』 1·2권을 출판함으로 인하여 원음방송 TV에서 141강좌를 제작하여 방영하기도 하였다.

하사(賀詞)를 써주신 일산 양현수(日山 梁賢秀) 원로교무님과 표제(表題)를 써주신 승타원 이승연(承陀圓 李昇姸) 교수님과 편집을 도와주신 손시은(孫施恩) 박사님과 묵산 이이원(默山 李理元) 교무님과 경하(敬賀)의 시를 써주신 혜산 장재훈(慧山 張栽熏) 시백(詩伯)님께 계상지배(稽顙之拜)를 드린다. 또한 헌사(獻辭)를 쓴 당진교당 주임교무 준타원 오덕만(晙陀圓 吳德萬) 큰딸과 오스트리아에 거주하는 오용운(吳龍雲) 아들과 춘천에 거주하는 오원전(吳元田) 막내딸에게도 글을 써줌에 감사를 표한다. 거기에다 더 치산(治産)의 소임을 다했을 뿐만 아니라 가대(家垈)를 부기(扶起)시키고 출가한 장녀 덕만 교무의 뒤를 든든하게 받쳐준 궁타원 이윤덕 정토에게도 고마움과 감사함을 표한다.

따라서 이 한시집을 교정하고 출판해 주신 소산(紹山) 주성균(朱性均) 원불교출판사 사장님을 비롯한 임직원들에게도 심심한 사의를 표하는 바이다.

원기110년(2025) 1월 28일

초서재(樵墅齋) 이우실(迂藕室)

어화탄일(於華誕日) 오광익 근지

賀詞

하사

수산복해(壽山福海)의 연꽃 한 송이

인간이 청운의 꿈을 꾸던 시절의 목표를 변치 않고 묵묵히 걸어가기는 쉬운 일이 아니다. 하물며 이 길이 구세제인(救世濟人)의 서원일념(誓願一念)을 세운 종교가의 교역자 여정이고 보면, 정체성을 갖추는 일부터 정진(精進)과 인고(忍苦)의 과정이기에 더욱 그러하다.

궁산 오광익(宮山 吳光益) 법형을 처음 만난 것은 원불교 전무출신(專務出身)을 서원한 원기52년(1967)의 무렵이다. 그런데 궁산 형은 이미 수계농원에서 3년간의 간사 생활을 거쳐 온 것이었다. 수학의 기본과정을 마치고, 원기56년(1971) 개교반백년(開教半百年) 기념총회 전에 득도(得度)하여 교무(教務)가 되었으니, 반백년을 훌쩍 넘어 갑(甲)에 가까운 세월이 되었다.

인생 70을 고래희(古來稀)라 했는데, 77의 희수(喜壽)를 지나, 궁산 형이 80의 장조(杖朝)를 맞이하셨다. 이제 교역자의 길에서 퇴임하여 수양(修養)을 즐기게 되었는데 법체 강건(法體剛健)하셔서 한시(漢詩) 작업을 즐기시니 수산복해(壽山福海)의 즐거움을 함께하고자 한다.

그간 궁산 형은 많은 책을 냈다. 『교리도 해설』 등의 저서, 『수심결(修心訣)』, 『난세의 비결(黃石公素書)』 등의 역서, 『이 땅에 오신 새 부처님』 등의 한시집으로 귀중한 깨우침을 주었다.

그리고 이번에 다시 한시집 『장조지락(杖朝之樂)』을 내신다. 80을 당하여 일기일회(一期一會)의 삶을 되새겨 보았으니 함축미가 넘친다. 이에 삼가 연꽃 한 송이를 올려 감축드려 마지않는다.

이제 법체 강녕(法體康寧)하시고 복혜증진(福慧增進)하셔서 책 제목 그대로 장조의 즐거움, 적공의 아름다움 속에 노니시기를 바란다. 그리고 가끔은 망년도반(忘年道伴)이 천리일석(千里一席)으로 즐길 수 있기를 염원한다.

원기109년(2024) 팔순 기념 한시집 발간을 축하드리며

양현수 원로교무(일본교구 교령)

祝詩
축시

영겁의 노을빛 세월

궁산 오광익 원로교무님 한시집

[장조지락(杖朝之樂)] 상재를 축하드리며

한 물건 찾으려고 적멸궁(寂滅宮) 들어서서
밝은 빛 더욱 빛나 원광(圓光)으로 환하여
한 세상 즐거운 소풍 스승님들 이끄시고

일원(一圓)의 뜻을 물어 진흙 속 연 뿌리로
마음 살 찌우려고 치열한 구도 열정
찰나도 잊을 수 없는 한결같은 서원(誓願)이라

시詩 한 줄 얻으려고 생각의 끈을 잡고
문장 한 줄 채우려고 몽당붓 수가 없어
찬란한 지혜의 빛살 마음길을 밝히고

전생의 습관 찾아 깊고 깊은 한학(漢學)의 길
묵묵히 걷고 걸어 공덕탑(功德塔)을 쌓으니
영산회(靈山會) 불연(佛緣)의 약속 잊지 않고 채웠어라

허공에 뿌리내린 마음밭 찾았으니
생멸(生滅)도 흔적 없어 오직 하나 받든 목숨
흰 꿈을 건져 올리니 팔십도 훌쩍이고

흔들리며 깊어진 익숙한 걸음으로
진세(塵世)도 자취 없어 시절 인연 찾았으니
웃음 꽃 나이의 봇짐 내려둬도 봄날이라

세상의 참 모습을 놓칠까 두려워도
비로소 밝아지는 깨달음의 긴 세월에
장조(杖朝)의 기쁨이라니 미소 지어 보는데

서원의 첫걸음이 변치 않아 오늘이고
다시 챙겨 영생(永生)으로 초발심(初發心) 꽃밭이니
영겁(永劫)의 노을빛 세월 그 미소만 챙겼어라.

묵산 이이원 교무(시인 시조시인, 원불교 함라교당)

獻詩

헌시

宮山 吳光益 詩伯님의 팔순 기념 한시집 杖朝之樂 上梓를
경하(敬賀)드리는 노래

꽃이 필 적에 비바람이 잦다고 하지요.
기도하며 흔들리며 노래하며
사막을 건너는 낙타처럼 묵묵히
궁산(宮山)님은 한시집(漢詩輯)을 아홉 권이나 내셨지요.
이제 열 권째,
팔순 기념 한시집이시네요.

너무 기뻐서 큰 소리로 외쳤지요.
"한시집 상재(上梓)를 경하드립니다!"
아, 어떻게 들었을까요.
영산·변산·익산을 지나가던
산들바람들이 모두 몰려와
"네, 우리 산들바람들도 경하드려요!"라고 답하더군요.
그래서 다시 한번 큰 목소리로 외쳤지요.
"궁산님 한시집, 상재를 경하드립니다! 경하드립니다!"

그랬더니, 아아, 어떻게 들었을까요.
영산·변산·익산의 싱그러운 신록들이
“네네, 우리 푸르른 나무와 꽃들도
다 함께 궁산님 한시집 상재를
경하드려요! 경하드려요!”라고 노래했어요.

마침내 더욱더 우렁찬 소리로 외쳤어요.
“궁산님 한시집 상재를 경하드립니다!
경하드립니다! 경하드립니다!”

이 세상의 모든 상징과
이 세상의 모든 비유와
이 세상의 모든 축복의 노래를
한 군데에 모은다고 하여도 부족할 것이외다.

경하드립니다! 경하드립니다!

2024년 여름 초입에

장재훈(문학평론가, 현대작가 주간)

獻詞

헌사

항상 존경하고 사랑합니다

출가를 서원하고 원불교학과에 입학하여 학부와 대학원 과정을 다 마치고 대학원 학위수여식과 출가식을 하던 그날. 큰딸이 교무로 법복을 입던 그날.

문득 바라본 아버지의 얼굴은 그 표정만으로도 '정말 크게 기뻐하고 계시는구나!'라는 생각이 들었습니다.

특별한 말씀을 하지는 않으셨지만 그 기뻐하시는 기운을 저는 느낄 수 있었습니다. 평소 감정 표현을 크게 하지 않으셨던 터라 그 모습이 새롭게 보였지만 그만큼 그날은 기쁜 날이었나 봅니다.

수학 기간을 무사히 보내고 정식으로 교무의 이름표를 달게 된 그날! 같은 길을 함께 가게 되는 자녀가 있다는 기쁨과 뿌듯함과 더불어 앞으로 살아가게 될 일에 근심도 걱정도 있으셨겠지만 그래도 어엿하게 그 길을 출발하고 있는 자녀가 대견하셨을 거라는 생각이 듭니다.

아버지!

평생을 오롯하게 소태산 대종사님 문하에서 교화하고 공부하며 고되고 어려운 생활을 감내하며 살아오신 그 생애를 아직도 철이 덜든 저는 그저 짐작만 해볼 뿐입니다.

언제나 우리 자녀들에게 든든한 그늘이 되고 우산이 되어주시는 아버지!

벌써 인생의 80년을 맞이하시며 여전히 쉬지 않고 공부하고 수양하시는 그 삶에 존경과 박수를 보내 드립니다.

이 회상에서 아버지의 뒤를 따라가고 있는 저로서 아직도 부족함이 많고, 때론 경계에 흔들릴 때도 있었지만 그래도 여전히 아버지의 든든한 그늘이 있기에 다시 마음을 챙기며 살아올 수 있었음에 감사를 드립니다.

그동안 받은 은혜에 아직 제대로 보은을 다 하지 못하고 있지만 지금 제가 처한 자리에서 건강하게 잘 지내는 것으로 보은을 해 나가는 큰딸이 되겠습니다.

지금까지도 이렇게 건강히 계셔 주셨으니 앞으로도 오래오래 아버지로, 스승님으로 우리 자녀들의 곁에 남아 주시길 염원합니다. 다시 한번 감사와 존경을 드리며 늘 건강하시기를 기도드립니다.

원기109년(2024) 아버님 팔순을 축하드리며

당진교당에서

큰딸 오덕만 올림

獻詞

헌사

아버지 팔순을 축하드립니다

멀고 먼 이곳 오스트리아 빈(Austria Wien)에서 한시집을 내신다는 소식을 듣고 가슴에 가득히 벅찬 기쁨과 즐거움으로 무한한 경하를 드립니다.

아버지께서 태어나 어린 시절을 사셨던 그 시기가 일제의 강압에서 벗어나는 해방이 되자마자 곧 6·25라는 민족상잔의 전쟁이 있었고 그 전쟁은 휴전이 되었지만, 우리나라는 빈한한 가정과 사회와 국가가 되어 정말 어려운 시기를 겪으시고 견뎌내어 성장을 이룬 뒤에 어머니를 만나 인연을 돈독히 갖게 되셨습니다.

또한 아버지께서는 숙겁의 인연으로 원불교란 종교에 출가하여 팔십 평생을 건강하게 사셨고 글도 쓰시며 다수의 책을 내셨고 이번에 『杖朝之樂(장조지락)』의 한시집을 출간하여 즐겁게 사시니 더 이상 다른 말씀을 드릴 수 없습니다.

생각해 보면 저희 3남매가 세상에 태어나 성장하고 학교에 다닐 수 있었던 것은 아버지보다는 어머니의 밤낮을 가리지 않고 온갖 일을 다 하셨던 결과라는 생각을 더 많이 하였던 것은 사실입니다. 그렇지만 조금 더 생각해 보면 아버지께서 높고 큰 산처럼 올립(兀立)하여 의지처로 버텨주셨기 때문이라고 하지 않을 수 없습니다.

그 뒤에 저는 한국에서 소정의 학업을 마치고 독일에서 유학하였으며 지금은 오스트리아로 옮겨 살아가고 있지만, 언젠가는 부모님 곁으로 돌아가려고 굳게 마음을 다지며 삶을 엮어 가고 있습니다.

제가 서양에서 살며 느끼는 바는 물질을 추구하는 국가이요 사람들이라고 하지만, 저변의 심층에는 도덕의 개념이 자리 잡고 있음을 볼 때 언젠가는 동양처럼 이성과 도덕을 중시하면서 물질을 수용해 가는 방향으로 돌아가 욕심이나 쟁투나 역(力)의 억압을 줄이고 맑게 살아가는 시기가 온다는 사실을 가늠할 수 있습니다.

그리하여 물질과 도덕이 둘일 수 없다는 사실을 알게 된다면 자연 세계가 종정(宗政)의 조화(調和)로 호융(互融)을 이루어 아름다운 세상의 발전과 화평을 이룰 수 있다는 생각을 지울 수가 없습니다.

즉 동양과 서양이 둘이 아니요 다를 수 없으며 물질과 도덕이 하나라는 사실은 대종사님께서 설파하신 「물질이 개벽되니 정신을 개벽하자」는 큰 사상에 모두 녹아들게 되리라는 생각을 하고 있습니다.

즉 서양에서도 이제는 물질의 추구보다는 도의를 중시하는 방향으로 돌아가야 한다는 말을 하고 있으니, 이렇게 볼 때 원불교의 가르침이 서양에 얼마든지 먹혀들게 되리라는 생각을 해보고 있습니다.

또한 원불교의 심볼(symbol) 곧 종지(宗旨)가 되는 일원상은 우주와 천지, 종교와 철학, 부처(聖)와 중생(凡), 사랑과 평화, 물질(과학)과 정신(도덕), 이치와 성품(마음), 양의 동서(東西), 물(物)과 아(我), 도의와 덕행 등등, 이 모든 것이 겸병(兼倂)과 관통(貫通)과

통일(統一)과 체원(體源)과 직관(直觀)을 이루지 않음이 없음을 볼 때 일원의 깨침, 일원의 생활, 일원의 시대(時代)가 도래하리라는 생각을 갖지 않을 수 없습니다.

지금 이국땅에 살아가면서 두 손을 모아 아버지의 한시집 출간을 다시 한번 경하드립니다.

오스트리아에서

아들 오용운(용진) 올림

獻詞
헌사

묵묵히 걸어오신 길, 자랑스럽습니다

찬 기운이 물러가고 새싹이 돋아나는 봄을 지나 벌써 여름이 오고 있습니다. 새해의 시작은 진즉 지나갔지만 또 이렇게 봄을 넘어 초여름을 맞으니 마음이 새롭습니다.

학창 시절 이후로 아버지께 글을 올리는 건 처음이라 많이 어렵고 부족합니다. 제가 어린 시절부터 아주 바쁘신 아버지가 여러 날 만에 한 번씩 오시면 그렇게 좋아했지요.

잔병치레가 많아 누워있다가도 아버지 오시면 기운을 내곤 했었지요. 한 번씩 종이돈 천 원을 주시면 오빠랑 슈퍼에 가서 과자를 잔뜩 사서 가지고 와서 나눠 먹었던 기억들(그 당시에 1,000원으로 많은 과자를 샀음), 한문책이며 신문 등을 늘 읽고 계시던 모습들, 여행 한 번 못 가봤다는 등등 그런 소소한 기억들이 어린 저에겐 오히려 소중한 추억이 되었습니다.

말 안 듣는 막내딸이지만 크게 혼 한번 안 내시고 인내하시며 키워 주셨다는 거 잘 알고 있습니다. 아마도 함께 해주지 못한 시간이 미안해서 그러셨을 거라는 것을 이제야 저도 제 아이

들을 키우면서 생각하게 됩니다.

하루가 다르게 자라는 내 아이들과 이 순간순간이 매일 소중한데 그러지 못하셨던 아버지의 그 마음이 또 얼마나 아쉬우셨고 섭섭하셨을까요.

너무 늦게 이해하게 되었네요. 하지만 늘 태산 같았던 아버지 모습은 저에게 자랑이었고 또 우리 아이들에게도 누구보다 존경하는 어른입니다. 언제나 마음이 함께하는 우리는 행복한 가족입니다.

묵묵히 또 성실히 걸어가신 발자취에 맞추어 저도 열심히 따라 걷고 있습니다. 아버지의 인자함과 고요함을 배우려 노력하고 있습니다.

순수하고 바른 마음을 가르쳐주심에 감사합니다. 아버지 늘 평안한 마음으로 건강하시기를 마음 깊이 기도합니다.

항상 존경하고 사랑합니다.

원기109년(2024) 아버님의 팔순을 기념하며

춘천에서

막내딸 오원전 올림

목차

01

七十古稀

칠십고희

70세가 옛부터 드묾

70살 되기가 드물었다
七十古稀

사람이 칠십 살 되기가 예로부터 드물었거늘
여기에 열 살을 더하니 경사요 빛남이로다.
이에 두 어버이 계셔서 내 몸을 얻었으니
전무출신 잘하는 것이 효행의 아름다움이어라.

人生七十古來稀　　인생칠십고래희
加這十歲慶事輝　　가저십세경사휘
迺在兩親吾體得　　내재양친오체득
善爲專務孝行徽　　선위전무효행휘

○ 이백과 더불어 중국 최고의 시인으로 평가받는 당나라 시성(詩聖) 두보(杜甫)의 〈곡강시(曲江詩)〉에 나오는 구절이다. '인생칠십고래희(人生七十古來稀)'라 했다. '인생은 70년을 사는 게 예부터 드물다.'라는 뜻이다. 지금에 비하면 맞지 않는 말일 수도 있지만 당시에는 장수했던 편이다. 그러므로 우리는 부모에게 몸을 얻어 출가한 효중대효(孝中大孝)를 한 사람이라 할 수 있다. 따라서 전무출신은 긍지지념(矜持之念)과 자부지심(自負之心)을 가지고 살기 때문에 안빈낙도(安貧樂道)하고 기한발원(飢寒發願)할 수 있다.

만고의 일월
萬古日月

만고에 대종사님은 해와 달로 밝으시고
일원의 진리는 광전절후(曠前絕後)*로 행하리.
사은과 삼학의 하는 바가 없는 법으로
부처 되고 낙원 이루며 중생 제도하리라.

萬古宗師日月明　　만고종사일월명
一圓眞理曠前行　　일원진리광전행
四恩三學無爲法　　사은삼학무위법
造佛成園度衆生　　조불성원도중생

○ 우리나라는 그야말로 복국(福國)이다. 주세 부처이신 소태산 대종사께서 탄생하신 성지(聖地)라고 말하지 않을 수 없다. 주세 부처님이신 소태산 대종사는 해와 달처럼 밝다. 대종사님이 깨치신 일원 진리는 전무후무한 진리 가운데 진리인 종리종법(宗理宗法)의 종지(宗旨)이다. 우리는 이러한 주세불과 진리와 정법을 믿고 받들고 수행하는 제자들이니, 스스로 부처 이뤄 중생을 제도하여 일체 생령과 더불어 파수공행(把手共行)을 해야 한다.

---

* 광전절후: 앞에는 비었고, 뒤에는 끊어짐. 전에도 없었고 앞으로도 있을 수 없다는 전무후무(前無後無)와 같은 말.

하늘이 내신 주세 부처님
天生主佛

하늘이 내신 주세 부처님 대종사
진리인 일원과 사은과 삼학을 베풀었네.
법을 굴리고 중생 제도하여 낙원 세상 이루었으니
한량없는 긴긴 세월에 감탄하지 않을 수 없으리라.

天生主佛大宗師	천생주불대종사
眞理一圓恩學施	진리일원은학시
轉法度群成樂世	전법도군성낙세
無量曠劫不非譆	무량광겁불비희

◎ 무릇 현자나 종사는 금생의 무진한 노력으로 이룰 수도 있는 위치이다. 그러나 주세의 부처님은 하늘, 곧 진리가 점찍어서 내리지 않으면 어려운 일이다. 그러므로 우리 대종사님은 일원 진리와 사은과 삼학을 부배포흉(負背抱胸)하여 법을 굴려서 중생을 제도하고 낙원 세상을 이루라는 천리지명(天理之命)을 받았으니 감탄하지 않을 수 없다. 그러므로 우리는 이러한 뜻을 본받아서 실현하는 원불교의 봉사지인(奉師之人)이 되어야 한다.

정산 종사는
鼎山宗師

대종사님이 해라면 정산 종사는 달이 되어
네 가지 경륜으로 법을 이어 베풀었네.
삼동윤리를 세계 모든 나라에 펼쳤으니
한량없는 긴긴 세월에 감탄하지 않을 수 없으리라.

宗師似日月爲師	종사사일월위사
四大經綸繼法施	사대경륜*계법시
倫理三同萬國展	윤리삼동만국전
無量曠劫不非譆	무량광겁불비희

○ 본명은 도군(道君), 족보명은 홍욱(鴻昱), 휘는 추(樞), 법명은 규(奎), 법호는 정산(鼎山), 법훈은 종사, 법위는 대원정사이다. 소태산 대종사의 상수제자(上首弟子)로, 소태산 열반 후 법통을 이은 원불교 후계 종법사이다. 1917년(원기2) 스승을 찾아 전라도를 탐방하고 있을 때, 정읍에서 만나 대종사의 제자가 되었다. 우리 교단에서는 개벽계성(開闢繼聖)으로 받든다.

---

* 사대경륜: 정산 종사의 경륜으로 1) 교재정비, 2) 기관확립, 3) 정교동심(政敎同心), 4) 달본명근(達本明根).

대산 종사는
大山宗師

두 스승을 이은 대산 종사
교단을 발전시켜 반석을 베풂이라네.
세계가 한 집안이요 인류도 같다 하니
한량없는 긴긴 세월에 감탄하지 않을 수 없으리라.

二師繼承大山師	이사계승대산사
發展教團盤石施	발전교단반석시
世界一家人類共	세계일가인류공
無量曠劫不非譆	무량광겁불비희

◎ 본명은 영호(榮灝), 법호는 대산(大山), 법훈은 종사, 법위는 대원정사이다. 1914년 음력 3월 16일, 전북 진안군 성수면 좌포리에서 부친 김인오(金仁悟)와 모친 안경신(安敬信)의 5남매 중 장남으로 출생했다. 소태산 대종사와 정산 종사의 뒤를 이어 1962년(원기47)부터 1994년(원기79)까지 원불교 종법사를 역임했다. 우리 교단에서는 계법성자(繼法聖者)로 받든다.

세 성탑과 세 스승님
三塔三師

세 성탑과 세 스승님 한 자리에 머물러
밤이 오면 대종사님 모시고 웃음소리 들썩이네.
중생을 제도하여 낙원을 세우고
긴긴 세월 다하도록 성덕의 기림과 찬양을 모으리다.

三塔三師一座留　　삼탑삼사일좌류
宵來侍傅笑聲啾　　소래시부소성추
衆生濟度樂園建　　중생제도낙원건
永劫無窮讚頌收　　영겁무궁찬송수

○ 총부에는 세 탑이 세워져 있다. 하나는 대종사 성탑이고 또 하나는 정산 종사 성탑이며 다른 하나는 대산 종사 성탑이다. 이 세 탑이 대종사 성탑을 위주하여 오른편은 정산 종사, 왼편은 대산 종사로 좌우보처(左右補處)로 조성되어 있다. 밤이 되면 세 분이 모여서 교단의 발전과 중생 제도와 낙원 건설을 이야기하시며 웃음 소리가 들썩인다. 그 웃음이 길이 이어지도록 우리는 전법행원(傳法行願)을 해서 세 분의 뜻을 받들어 드려야 한다.

종법실에서
於宗法室

중앙총부 중앙에 종법실이 머무는데
교무 생활 처음에 이 집에서 말미암았네.
툇마루에 한가롭게 앉아 지난 일 생각하니
과연 스승님은 무엇을 구상하고 꾀하셨을까?

總部中央宗法留　　총부중앙종법유
初任教務此家由　　초임교무차가유
檐廊閑坐念過事　　첨랑한좌염과사
然傳什麽構想謀　　연부십마구상모

○ 처음 교무가 되어 교무부(지금의 교화훈련부)에 근무하면서 당시 교정원장이셨던 고산(高山) 이운권(李雲捲) 종사님을 모시고 살았다. 주로 낮에는 사무실에서 사무를 보고 조석으론 시봉을 하였다. 그러다 원장님이 안 계시면 종법실 뒤 툇마루에 앉아 대종사님은 이 집에서 무엇을 계획하셨을까를 생각하곤 했다. 그러므로 우리는 대종사님의 경륜과 포부를 마음에 새겨 부법교화(敷法敎化)하는 사람이 되어야 한다.

대각개교절에
於大覺節

물은 흐르는 물을 이어 한량없이 흐르고
부처는 앞 부처를 이어 지체하지 않고 따르네.
일원 진리를 크게 깨쳐 하늘땅을 안았고
뭇 생령 제도하여 낙원 세상 베풀리로다.

水繼水流無限漓　　수계수류무한리
佛連前佛匪遲追　　불연전불비지추
一圓大覺乾坤抱　　일원대각건곤포
濟度群生樂世施　　제도군생낙세시

○ 우리가 크게 깨친다는 것은 무엇을 의미하는 것일까? 아마 일원의 진리를 알 수 있는 지혜를 갖춤이라고 말할 수 있다. 진리야 우주 건곤에 있다고 하지만 그것을 아는 것은 사람인 부처이기 때문이요, 그 부처는 지혜를 가져서 그 일을 해냈기 때문이다. 그러므로 우리는 뭇 생령을 건져서 낙원 세상에 살리고자 한다면 대각원리(大覺圓理)를 급선무로 삼아 기어이 달성하여 지혜를 갖추어 도중낙세(度衆樂世)를 해야 한다.

육일대재에
六一大齋

앞 사람 부처님 사업을 뒷사람이 잇고
험한 길 어려운 실행에 힘을 다해 증장했네.
긴긴 세월 자손이 되어 이 사업을 이으리니
선령이신 여러분께 법의 등불 올려주소서.

前人佛事後人承	전인불사후인승
險路難行盡力增	험로난행진력증
永劫兒孫斯業繼	영겁아손사업계
先靈諸位法燈騰	선령제위법등등

○ 주세의 부처님이라도 도덕사업이나 제도사업을 혼자서는 할 수 없다. 반드시 뒤를 따르는 후진이 있어서 이어가야 한다. 즉, 우공이산(愚公移山)*처럼 되어야 한다. 이 일을 우리 선령선조가 하셨으니 우리가 잘 이었다가 후진에게 물려주어야 한다. 그러므로 우리는 후불지사(後佛之事)를 열심히 하는 모범후진(模範後進)이 되어야 한다.

* 우공이산: 『열자(列子)』 〈탕문편(湯問篇)〉에 나오는 고사로, 우공이라는 노인이 집을 가로막은 산을 옮기려고 대대로 산의 흙을 파서 나르겠다 하니 이에 감동한 신이 산을 옮겨주었다고 한다.

법보에 부끄러움 남는다
餘恥法譜

필자는 대종사님에 견주어 보면 27년을 더 살았고
입는 옷과 먹는 음식과 잠자는 자리도 온전하다네.
공부가 아직 미치지 못해 어리석음과 미혹이 일어나니
법보에 등재기서(登載記書) 되면 부끄러움만 남으리.

比我宗師三九年	비아종사삼구년
着衣飲食寢筵全	착의음식침연전
功夫未及愚迷起	공부미급우미기
餘恥登書法譜傳	여치등서법보전

○ 무릇 필자는 나이 80세에 이르렀으니 우리 대종사님과 비교하면 27세를 더 산 셈으로 소태산 대종사보다 강산이 세 번쯤 변하는 시절을 이 회상에서 살아왔으니 장하다고 자찬하지 않을 수 없다. 반면에 공부도 잘하지 못하고 교화도 잘 못하였으며 불사도 잘하지 못하였는데 법보(法譜)에 이름이 등기(登記)되어 영구히 전해지게 된다는 사실을 생각해 보면 등골에서 식은땀이 흐르지 않을 수 없다. 그러므로 우리는 보불성사(補佛成事)를 열심히 실행해야 한다.

등에서 식은땀 흐르리니
背流冷汗

공부와 사업을 넉넉하게 쌓지도 아니하였고
사은과 삼학과 일원 진리를 알지 못함만 남았어라.
뒤에 대종사님 만나 무엇을 깨쳤느냐 물으신다면
등에서 식은땀 흐르리니 어찌하여야 할 것인가?

功夫事業不裕儲	공부사업불유저
恩學一圓未識餘	은학일원미식여
後遇宗師何覺問	후우종사하각문
背流冷汗怎麽如	배류냉한즘마여

○ 우리가 등에서 식은땀이 흐른다는 것은 여러 가지 이유가 있겠지만 주어진 책임을 다 이행하지 못하다가 주무자(主務者)의 물음에 합당하지 못했을 때가 아닐까. 우리가 이 회상에서 대종사님 만나고 일원 진리와 삼학과 사은을 배우고 익혔건만 부족한 바가 많음은 부인할 수가 없다. 그리하여 이 교단에서 무엇을 깨쳤느냐, 무엇을 알았느냐, 무엇을 하였느냐는 스승님 물음에 확답을 못 드린다면 척유한한(脊濡寒汗) 하지 않을 수 없다.

원기49년에 울타리를 넘어서
七七踰籬

원기49년에 울타리를 넘어 본가를 이별하고
스승의 문정(門庭)에 들어 전무출신에 더하였네.
나의 행사는 내 일이 아니라 대종사의 일이며
나의 삶은 내 삶이 아니라 우리 스승의 생애여라.

七七踰籬別本家　　칠칠유리별본가
入門專務出身加　　입문전무출신가
我行非我宗師事　　아행비아종사사
余活匪余吾傅涯　　여활비여오부애

○ 1964년(원기49)에 전무출신을 하기 위하여 본가를 이별하고 스승의 문정에 들어섰으니, 첫발을 잘 내디딘 것이라고 자부한다. 비록 잘 살았다고 단정하기는 어렵지만 내가 행했던 일이 내 일이 아니요 대종사님의 일이고, 내가 살았던 과정이 내 삶이 아니요 대종사님의 삶이며 내가 공부한 과정이 내 공부가 아니요 대종사님의 공부라고 할 수 있으니, 그러므로 우리는 세세생생에 파수공행(把手共行)을 해야 한다. 자칫 "내가 했다."라고 말하기 쉬운데 한 번 더 생각할 바가 아닐 수 없다.

퇴임한 지 10년
退任十載

퇴임한 지 10년으로 지금에 이르렀는데
원로원에 거주하니 저절로 몸이 평온하네.
이 삶에 어려움이 없고 쓰라림과 괴로움 없으니
이 집이 극락이요 낙원이며 대궐이어라.

退任十載只今臻	퇴임십재지금진
元老留居自穩身	원로유거자온신
此活無難辛苦滅	차활무난신고멸
斯家極樂樂園宸	사가극락낙원신

○ 원로원에 들어와서 석장(錫杖)을 풀고 유거(幽居)한 지도 어언 10년이 되었다. 강산이 한 번쯤 변하는 기간이지만 큰 무리 없이 삶이 엮어지고 있다. 하루하루가 낙원의 생활이요 극락의 삶이다. 괴롭거나 고생스러움이 없이 세월을 접어가면서 살아가고 있으니 자연 평안한 생활을 하게 된다. 그리하여 우리에겐 족하낙원(足下樂園)이 바로 여기이지만 너무 오래 거주하다 보니 오히려 노채(老債)를 쌓는 것은 아닌가 생각해 보아야 한다.

옛날 영산회상
古昔靈山

옛날 영산회상의 부처와 조사의 인연이
지금 이 자리에 하나의 이음으로 엮였네.
노래 부르고 말하고 웃으며 오랜 정을 느끼니
주세 부처님 교단에 기쁜 일이 그러하였으리라.

古昔靈山佛祖緣　　고석영산불조연
只今斯座一承編　　지금사좌일승편
唱歌相笑舊情感　　창가상소구정감
主佛教團喜事然　　주불교단희사연

○ 원기109년 4월 18일 오늘은 해마다 이루어지는 '화동한마당'의 날이다. 퇴임한 원로들이 남녀를 불문하고 중앙중도훈련원에 모여 옛날 영산회상을 회상하며 법열에 흥겨웠다. 우리 주세 부처님 대종사님 모시고 살았던 초창기 모습이 재현된 것 같은 생각이 든다. 그러나 걱정이 되는 것은 이 노유(老遊)를 즐기다 다음 생 바뀐다면 슬프다고 아니할 수 없다. 그러므로 우리는 승법후예(承法後裔)가 되어야 한다.

장차 오는 90세에는
將來耄歲

은퇴하고 원로원에 머문 지 10년이 지났으니
장차 오는 90세에는 어떤 행적으로 엮어질까?
의지의 방향을 확실하게 정하고 큰 서원을 간직하며
수행과 신앙으로 부처에 인연하여 긴긴 세월 이어가리라.

隱退停元歷十年　　은퇴정원역십년
將來耄歲怎行編　　장래모세즘행편
意方確定持鴻願　　의방확정지홍원
修信佛緣長劫連　　수신불연장겁연

◎ 팔순을 맞이해서 한시집을 출간하겠다는 말을 했더니 좌우에서 90세가 되면 어떻게 할 것인가도 생각해 보라고 한다. 생각해 보니 졸수(卒壽)에는 의지, 곧 원력을 세움이 첫째요, 수행과 신앙을 돈독히 하며 불연(佛緣) 또한 소홀히 해서는 안 될 것이라는 생각이 든다. 그러므로 우리는 세속적인 인연이 많으면 살아가는 데는 좋을지 몰라도 공부에는 위마방전(爲魔防前)이 될 수도 있다는 사실을 각성하여 안빈낙도(安貧樂道)를 해야 한다.

영산의 성지
靈山聖地

백수의 영산은 성지를 말하는데
일원 진리의 근원이요 주세 부처님 탄생한 땅이라네.
헤아릴 수 없는 많은 무리가 귀의할 곳이요
낙원이 건설되어 고통에서 벗어나는 마을이어라.

白岫靈山聖地言　　백수영산성지언
理源主佛誕生坤　　이원주불탄생곤
無量夠衆歸依處　　무량구중귀의처
建設樂園脫苦村　　건설낙원탈고촌

○ 아~ 영광! 그 이름 영광(榮光)스럽구나. 주세 부처님 대종사 탄생하시고 종지(宗旨)의 근원인 일원 진리가 천명되었으며 이 회상이 창립된 근원 성지이다. 앞으로 무량 중생이 귀의하고 낙원이 건설되어 일체 생령의 영주처(永住處)가 될 것이며 탈고(脫苦)된 마을이 될 것이니, 어찌 기리지 않으리요. 그러므로 이 회상을 먼저 만난 우리는 천만다행(千萬多幸)이라고 생각하지 않을 수 없다.

익산의 성지
益山聖地

호남의 평야 익산의 언덕에
주세불의 경륜을 굴리고 펼쳐갈 장소여라.
아침과 저녁의 종소리에 삼계가 열리고
헤아릴 수 없는 설법에 육도가 깨어나누나.

湖南平野益山陘　　호남평야익산형
主佛經綸轉佈庭　　주불경륜전포정
朝夕鐘聲三界闢　　조석종성삼계벽
無量說法六途醒　　무량설법육도성

○ 임진왜란 때 이순신(李舜臣) 장군은 '약무호남 시무국가(若無湖南 是無國家)'라 하였는데, 이 말은 '만일 호남이 없으면 이에 국가도 없다.'라는 뜻이다. 우리도 '약무익산 시무교단(若無益山 是無敎團)' 즉 '만일 익산이 없으면 이에 교단도 없다.'라고 말할 수 있다. 물론 어느 곳이든 교단을 세울 수 있지만 연지(緣地)가 아니면 안 된다. 그래서 호남의 너른 들판의 일우(一隅)에 원불교 총부가 자리하고 있다. 조석으로 울리는 종소리에 삼계가 열리고, 한량없는 설법에 육도의 중생이 깨어나니 무량낙원(無量樂園)이 아닐 수 없다.

변산의 성지
邊山聖地

법을 제정한 변산을 성지라 말하나니
생령 건질 바른길이 비로소 문을 열었어라.
인장바위 도장 받아 둥근 진리 인장 찍고
중생에게 그물 던져 중생 종자 출처까지 건지려네.

制法邊山聖地言　　제법변산성지언
拯生正路始開門　　증생정로시개문
印巖印受印圓理　　인암인수인원리
濟衆擲網生種源　　제중척강생종원

○ 일원 대도의 무량 정법이 이곳에서 명향(鳴響)되어 우주 건곤과 삼천대천을 울린 여운이 사라지지 않는다. 또한 인장바위가 솟아있어 의미가 심장하지 않을 수 없다. 주세성자로 오신 우리 스승님께서 이곳에서 일원 진리, 사은사요, 삼학팔조의 교리를 제정하시니 수수만 년을 기다리던 인장바위가 마침내 도장을 찍어 법계의 인증을 받았다. 그리하여 어망을 만들어 둘러침은 고기 몇 마리를 잡기 위한 어망이 아니라 중생의 씨까지 건져 제도할 수 있는 일원대도 무량정법의 무설촉고(無洩數罟)를 짜낸 것이라고 할 수 있다.

부처 조사가 저절로 밝아진다
佛祖自明

흙을 쌓음에 쉼이 없으면 큰 산이 이뤄지고
물 흐름이 쉬지 않는다면 큰 강이 생겨나네.
공력을 스승의 법으로 쌓아 크게 기초 다져지면
모든 부처와 조사가 마음에서 저절로 밝아지리라.

積土無休泰嶽成 적토무휴태악성
水流不息大江生 수류불식대강생
儲功傳法丕基勁 저공부법비기경
諸佛祖師心自明 제불조사심자명

○ 저 태산은 사실 먼지 하나가 들어서 지탱하고, 저 강물도 실지는 물 한 방울이 흐름을 이어서 이루어진다. 그러므로 산은 먼지 하나 빼내면 기울어지고 강물은 물 한 방울 퍼내면 마르게 된다. 우리가 공부를 함에 있어서 스승님의 법에 뿌리를 두고 물 샐 틈 없이 수행하여 간다면 부처 조사를 맞이하게 되는데 그 부처나 조사가 어디서 다가 오는 것이 아니라 각자의 마음에서 홀연기립(忽然起立)하게 된다는 사실을 알아야 한다.

마음 쓰는 데 있어서
在於心用

소인은 이익을 보면 앞을 다투어 찾아가고
군자는 이익을 당하면 널리 돌릴 것을 생각하네.
둘의 행하는 거동이 서로 다르지 않지만
마음 쓰는 데 있어선 방패와 창처럼 다르니라.

小人利見鬪前求　　소인이견투전구
君子益當思普酬　　군자익당사보수
兩者行儀相不別　　양자행의상불별
在於心用異干矛　　재어심용이간모

○ 『논어(論語)』에 '견리사의(見利思義)'하라 하였다. 즉 '이로움을 보면 의를 생각하라.'는 의미이다. 그러나 이러한 계언(戒言)이 소인에 있어서는 걸림돌처럼 생각되어 구리(求利)에 물불을 가리지 않지만, 반면에 군자는 반대로 어떻게 하면 널리 활용하여 고루고루 이익을 돌려 줄 것인가를 먼저 생각하게 된다. 따라서 외형으로 볼 때 소인과 군자가 다르지 않지만 마음을 쓰는 데 있어서는 수유부잡(水油不雜)이라고 말할 수 있다.

세상에 머문 주세 부처님
世留主佛

세상에 머문 주세 부처님 나이 53세
기운을 건곤에 굴리니 뭇 인류가 온전하네.
여기에 법을 펼쳐 마음의 미혹 녹여가니
성품 빛 하늘로 솟아 가없는 데까지 비치누나.

世留主佛五三年	세유주불오삼년
轉氣乾坤衆類全	전기건곤중류전
斯裏法敷心惑鑠	사리법부심혹삭
性光天聳照無邊	성광천용조무변

○ 대종사께서 세상에 머문 53년은 길지 않은 세월이다. 성자들이야 시간에 관계없이 할 일만 끝내면 여연이소(如煙而消)하신다. 따라서 우리 소태산 대종사님은 재세(在世) 시에 일원 진리의 큰 기운을 하늘 땅에 돌려놓음으로 인하여, 세상은 평화롭게 될 뿐만 아니라 사람마다 성품의 광명이 하늘 끝까지 솟아 불보살로 살아가는 낙원이 무위이개(無爲而開)로 이뤄지게 됨을 알아야 한다.

원력 품은 우리 스승
懷願吾師

원력을 품은 우리 스승 중생을 제도하려고
하늘의 명을 따름에 세상이 맞이하였다네.
괴롭던 수행 이십여 년에 일원 진리 깨우쳐
인류의 맑은 정신을 정법의 길로 열었어라.

懷願吾師欲度生	회원오사욕도생
因隨天命世間迎	인수천명세간영
苦行二十醒圓理	고행이십성원리
人類清神啓法程	인류청신계법정

○ 주세 성자는 본인의 의지로 세상에 나오기도 하지만 그보다는 우주의 짜여진 이치에 의거하여 세상에 몸을 현신(現身)하게 된다. 그런 뒤에는 온갖 난경과 고행을 주어서 극리(極理)를 깨치도록 하고 결국 우주가 하려던 대업을 대신하라고 부명(賦命)을 한다. 그래서 우리 대종사님은 천출대성(天出大聖)이라고 하지 않을 수 없다.

사은의 본래 뜻은
四恩本意

사은의 본래 뜻은 은혜의 길에 있는 것이니
만상(萬象)이 살아 있음은 자신의 삶이 아니라네.
만일 물상에 작은 은혜라도 미치지 아니하면
반걸음도 옮기지 못하고 바로 말라 가벼워지리라.

四恩本意有恩程	사은본의유은정
物象存生匪自生	물상존생비자생
萬物少些非及惠	만물소사비급혜
不移半步直枯輕	불이반보직고경

○ 무릇 만물이 살아가는 것은 자신의 의지라고 할 것인가? 아니다. 아무리 굳센 삶의 의지가 있다고 할지라도 도움이 없으면 소멸하게 마련이다. 그러면 도움이란 무엇일까? 그것은 바로 네 가지 은혜이다. 이 은혜가 눈꼽만큼이라도 미치지 아니하면 살아갈 물상은 하나도 없다. 따라서 내 삶이 배은(背恩)의 삶이 아니라 보은(報恩)의 삶이 되어야 한다. 즉 보은의 삶이 되어야 기나 긴 삶을 아름답게 엮어갈 수가 있다. 그러므로 우리는 이것을 홍은생물(鴻恩生物)이라고 할 수 있다.

지혜가 맑고 밝아
智慧淸明

왕성한 봄을 기다리지 않아도 봄은 저절로 오고
자라는 풀 기약하지 않았어도 풀은 더욱 돋아나네.
수행하는 사람 마음속에 번뇌와 사려(思慮)가 소멸하면
지혜가 맑고 밝아 중생의 미혹을 밀어내게 되니라.

不待盛春春自來　　부대성춘춘자래
非期長草草尤培　　비기장초초우배
修人心裏煩慮滅　　수인심리번려멸
智慧淸明衆惑推　　지혜청명중혹추

○ 무릇 우리나라는 4계절이 뚜렷하다. 그 가운데서도 봄을 좋아한다. 우리가 좋아하는 시절은 기다리지 않아도 때가 되면 돌아온다. 풀도 김매지 않아도 때를 따라 돋아난다. 도를 닦는 사람이 마음속에 일어나는 모든 번뇌를 없애야지 한다고 해서 없어지는 것이 아니라 힘써 닦을 때 번뇌가 녹는다. 그리고 번뇌가 녹은 그 자리에는 지혜가 밝은 마음의 힘[心力]으로 뭉쳐서 중생의 미혹을 밀어낼 수가 있다. 그러므로 우리는 결국 생불동질(生佛同質)임을 알아서 내 마음의 부처를 내가 일으켜 세워야 한다.

의두의 지극한 곳
疑頭極處

도를 닦는데 의두가 극진한 곳에 이르면
일상의 오고 가는 자신의 행동도 없어지네.
이와 같음을 당해서 생명까지 던진다면
모든 부처와 조사가 그 몸에서 깨어나리라.

修道疑頭極處臻　　수도의두극처진
日常來去自行泯　　일상내거자행민
當於如此投生命　　당어여차투생명
諸佛祖師醒厥身　　제불조사성궐신

◎ 도를 닦음에 있어서 의두의 중요성을 어찌 간과할 수 있으랴. 단언컨대 의두를 가진 사람은 없는 사람에 비하여 각지(覺知)를 쉽게 얻을 수 있다. 그러나 의심이 없는 사람도 얼마든지 진리를 깨칠 수 있는 것이니, 진리 자체는 원래 의두로 뭉쳐있지 않았기 때문이다. 그리하여 공부는 무엇보다 마음공부에 쉬지 않는 정성을 가지는 것이니, 이 정성이야말로 의두와 마음과 진리의 득오지로(得悟之路)라고 말할 수 있다.

세상 욕심 단번에 버리고
世慾頓捐

무릇 사람이 도를 닦아 큰 깨달음을 이루려면
세상 욕심 단번에 버리고 마음과 뜻을 밝힐지니라.
홀연히 일어난 망령된 번뇌 하늘 밖으로 내던지면
자연스럽게 부처 조사를 성품 궁전에서 맞는다네.

夫人修道大醒成	부인수도대성성
世慾頓捐心意明	세욕돈연심의명
忽起妄煩天外擲	홀기망번천외척
自然佛祖性宮迎	자연불조성궁영

○ 사람이 도를 닦아 깨달음을 이루려면 바깥으로는 욕심의 경계를 멀리하여 버리고 안으로는 마음이나 뜻을 어둡게 하는 번뇌와 무명을 녹여내야 한다. 따라서 부처나 우리의 성품 자체는 번뇌 망상이 원래 소멸한 청정한 자리이기 때문에 이 자리를 닦아서 밝힌다면 아무리 두꺼운 무명 업장이라도 결국은 홍로점설(紅爐點雪)의 상황이 되고 만것이니 어찌 수행하지 아니하리오.

덕분을 갖춘 군자
德分君子

난초는 깊은 산 돌무더기 골짝 언덕에 나서
여러 사람이 찾지 않아도 향기를 풍기네.
덕분(德分)*을 갖춘 군자는 비록 알아주지 않을지라도
올연히 서서 치우치지 않고 반드시 중정을 지키느니라.

蘭出深山石壑峒　　난출심산석학동
群人不覓放香風　　군인불멱방향풍
德分君子雖非解　　덕분군자수비해
兀立非偏必守中　　올립비편필수중

○ 덕분을 갖춘 군자의 꿋꿋한 모습은 외형을 꾸미거나 색칠함이 없이 그대로 법이요 요도(要道)가 되나니 어떤 고난의 경계가 온다고 할지라도 흔들림이 없이 중정(中正)을 잡아 몸을 세우기 때문이다. 마치 난초가 심산에 홀로 자라나서 꽃을 피워 향기를 풍기지만 누가 다가서거나 알아주고 몰라줌에 관계없이 올립당당(兀立堂堂)하게 서서 향내음을 풍겨 방향제예(放香除穢)를 하고 있다.

* 덕분: 남에게 은혜나 도움을 베풂.

내 마음에 번뇌 소멸하면
余心滅惱

나무를 심으면 가지 뻗어 그늘 두텁게 이루고
난초 심으니 돌을 의지하여 더욱 향기 맑구나.
내 마음에 번뇌 소멸하면 참 공(空)이 드러나리니
모든 부처와 조사가 이 속에 담겼어라.

種樹延枝陰厚成　　종수연지음후성
植蘭依石益香淸　　식란의석익향청
余心滅惱眞空顯　　여심멸뇌진공현
諸佛祖師斯裏盛　　제불조사사리성

○ 우리가 나무를 심으면 저절로 자라나서 여름에 쉴 수 있는 그늘을 이룬다. 또한 난을 심으면 괴석이나 괴목에 의지하여 자라면서 맑고 은은한 꽃향기가 코를 자극한다. 도를 닦는 사람도 부처나 조사를 찾고 구하려고 헤매지 말고 가장 가까운 마음으로 돌아와 모든 번뇌 망상을 녹여 청정하여 진공을 이루면 그 가운데 불조(佛祖)가 담기는 법이니, 마치 심연회어(深淵會魚)와 같다고 할 수 있다.

선비를 표준하고 공부하면
標士做功

진실로 서인(庶人)은 선비를 표준하여 공부를 할지니
힘을 다해 희망을 세워 게으르지 않고 나갈지라.
이와 같이 종사는 부처를 이루려 한다면
이어가는 정성 쉬지 아니해야 큰 봉우리를 넘는다네.

實庶標士做功夫　　실서표사주공부
盡力立希不怠趨　　진력입희불태추
如此宗師成佛者　　위차현인성불자
連誠匪息泰岑踰　　연성비식태잠유

○ 북송 때 학자 주돈이(周敦頤)가 쓴 『통학(通學)』에 '성인은 하늘을 바라고 현인은 성인을 바라며 선비는 현인을 바란다(聖希天 賢希聖 士希賢).'라는 말이 있다. 이와 같이 원불교에서도 법위 과정을 거쳐서 부처의 경지에 오르고자 하여 이어가는 정성을 조금도 쉬지 아니한다면 큰 봉우리를 넘듯이 여래위에 오르게 되는 것이 마치 일초등령(一超騰嶺)하는 것과 같다.

밝고 밝음은 조사의 뜻
明明祖情

맑고 맑은 풀머리엔 부처의 뜻이 수승하고
밝고 밝은 나무 끝은 조사의 뜻이 어리었네.
대로 엮은 배 위에 이 몸을 싣고
우주의 텅 빈 사이를 올라갔다 내려갔다 하리라.

瀞瀞草頭佛意勝　　정정초두불의승
明明木末祖情凝　　명명목말조정응
竹編船上此身載　　죽편선상차신재
宇宙空間做降昇　　우주공간주강승

○ 풀머리나 나무 끝에 부처나 조사의 뜻이 어리거나 수승하다. 처처(處處)가 불상(佛像)으로 만유가 부처 아님이 없고 조사 아님도 없다. 그러하므로 대를 쪼개어 조그마한 배를 만들어 이 한 몸을 싣고 우주의 텅 빈 곳에 올라가서 구경하고 또 내려와서 구경하면서 세월을 보낸다면 대장부인 부처 조사로서의 영생이 얼마나 아름다운지 모른다. 그러므로 우리는 우화등선(羽化登仙)이 되어 청정하게 살아가야 한다.

콩과 나물은 둘이 아니다
豆菜非二

콩과 나물은 본래 나뉜 게 아니요
물과 거품도 원래부터 나뉘어 소용돌이치지 아니하네.
부처와 중생이 본성에는 서로 다르지 않나니
딴 곳에서 찾을 것 없고 가까이 자기에게서 밝힐지니라.

豆菜本來非二分　　두채본래비이분
水泡原始不頒沄　　수포원시불반운
佛生眞性匪相異　　불생진성비상이
別處無尋近己昕　　별처무심근기흔

○ 콩이나 콩나물은 둘이 아니다. 물과 거품도 둘이라고 볼 수 없다. 이와 같이 본래성품을 가진 우리는 부처와 중생, 범부와 성인이 나뉘거나 다르게 있는 것이 아니라 조금도 차별이 없이 원만구족하게 갈무리해 있는 것임을 알아야 한다. 그리하여 멀리 특별한 곳에서 찾으려 말고 가장 가까운 자기에게서 찾는다면 불월순간(不越瞬間)하고 자기 부처를 일으켜서 영겁을 잘 살아가게 된다.

보살과 중생
菩薩衆生

보살은 항상 업을 지을 때를 근심하고
중생은 항상 과보가 와서 따라 옮을 걱정한다네.
콩을 심으면 콩을 얻고 외를 심음도 같나니
허망하다 생각 말고 절대 사실임을 알지니라.

菩薩恒憂作業時　　보살항우작업시
衆生常患果來隨　　중생상환과래수
種豌得太如瓜種　　종완득태여과종
莫念虛亡絶實知　　막념허망절실지

○ 부작불수(不作不受)하고 약작필수(若作必受)이다. '짓지 않았으면 받지 않고 만일 지었다면 반드시 받게 된다.'라는 뜻이니 이는 내가 만상을 접대하여 지어가는 업연(業緣)이라고 할 수 있다. 그러기에 보살은 짓는 데 중점을 두기 때문에 받는 데 괴로움이 없고, 중생은 받는 데 중점을 두기 때문에 결과에 몹시 괴로워한다. 이것이 중생과 보살의 차이이다. 그러므로 종두득두(種豆得豆) 식과득과(植瓜得瓜)가 바로 인과의 절대불변하는 생생한 이치이다.

따뜻하게 품는 어머니 가슴
溫懷母臆

무릇 이 진리인 일원상은
함께 살아갈 편안한 법락(法樂)의 도량이며,
길이 머물 큰 집으로 성채(城砦)의 벽이고
따뜻하게 품는 어머니 가슴으로 불심(佛心)의 방이어라.

凡斯眞理一圓相	범사진리일원상
偕活安寧法樂場	해활안녕법락장
永住鴻家城砦壁	영주홍가성채벽
溫懷母臆佛心房	온회모억불심방

○ 저 일원의 진리만이 우주 건곤을 비롯한 삼라만상을 품을 수도 있고 살릴 수도 있으며 편안하게 할 수도 있고 노니는 마당이 될 수도 있다. 즉, 되어지지 아니함이 없고 행해지지 아니함이 없으며 이뤄지지 아니함이 없는 만능만술(萬能萬術)의 진근진원(眞根眞源)이라고 할 수 있다. 그러므로 우리는 이를 깨달아 얻으면 바로 불조보살(佛祖菩薩)이라고 할 수 있다.

일원의 진체는
一圓眞體

일원의 진체(眞體)는 형상이라는 흔적이 없기에
깨달은 사람에 의거하여 진리의 존재가 드러나네.
도를 닦아 나아가는 가운데 알고 깨달아 얻으면
손과 발을 옮김 없이 중생의 번뇌를 삼켜지리라.

一圓眞體不形痕	일원진체불형흔
迺據醒人顯理存	내거성인현리존
修道進中知覺得	수도진중지각득
無移手足衆煩呑	무이수족중번탄

○ 일원의 진체 자리는 모양이나 흔적이 없는 절대 텅 빈 자리로 보통의 지견으로는 알 수도 없고 짐작할 수도 없다. 그러나 우리는 깨달은 성인에 의하여 갖춰져 있는 묘유(妙有)의 오묘함을 알게 되었으니 커다란 행운이다. 공부하는 사람이 일원의 진리를 깨쳐 안다면 손발을 옮기지 아니하고 일체중생을 한입에 털어 넣어 무비제도(無非濟度)하게 됨을 알아야 한다.

곳곳마다 바쁘게 달리며
處處忙馳

부처와 조사는 절 가운데 있지 아니하고
성인과 현자도 대성궁(大成宮)*에 있지 아니하네.
집집마다 원래 살고 머무르니
곳곳으로 바쁘게 달려 몸소 찾으려 말라.

佛祖不存寺刹中	불조부존사찰중
聖賢非在大成宮	성현비재대성궁
家家戶戶原居住	가가호호원거주
處處忙馳莫找躬	처처망치막조궁

○ 부처나 조사는 아름답게 꾸며진 절에 있지 않다. 또한 성인이나 현자도 훌륭하게 지어진 전각 안에 있지 않다. 그러면 어디에 있을까? 각각의 집 안에 머물러 살아가는 식구가 바로 불보살이요 성현들이다. 그러므로 바쁘게 멀리 달려가면서 목철(木鐵)이나 석토(石土)로 깎아 빚은 몸통을 보려 말고 내조신불(內找身佛)을 해야 한다.

* 대성궁: 문묘(文廟)의 시설 가운데 공자와 그 제자들의 위패를 모시고 향사(享祀)하는 전각(殿閣). 대성전(大成殿)과 같은 말.

부처는 지혜를 밝혀
佛陀明智

뭇별은 태허(하늘)를 가로질러 하늘가에 떨어지고
바람은 채색 구름 쫓아 고개를 넘어 떠도네.
둥근 진리는 허공을 통하여 만상을 품듯이
부처는 지혜를 밝혀 뭇 생령 끌어가누나.

群星橫太落天邊　　군성횡태락천변
風趕彩雲踰嶺邅　　풍간채운유령전
圓理通空懷萬象　　원리통공회만상
佛陀明智衆生牽　　불타명지중생견

○ 부처가 부처가 된 까닭은 중생을 제도하기 위함이다. 만일 부처가 되어 중생을 도외시한다면 부처의 기능을 잃은 범인에 지나지 않는다. 일원의 진리를 삼라만상에 대하여 하나로 버리지 아니하고 어머니가 아이를 품듯이 품어서 다 살리고 있다. 부처로서 중생을 낙원으로 이끌어 가지 못하고 그저 바라만 보고 있다면 우매(愚昧)한 부처에 지나지 않을 것이니 이런 부처를 부처라고 부를 수 없다. 그러므로 부처가 되었다면 도제중생(度諸衆生)을 해야 부처의 몫을 다함이 된다.

숙세 서원 이루지 못하고
非成宿願

무릇 이에 도를 닦아 공부에 나아가는 사람은
내 마음이 곧 부처임을 절대로 믿을지라.
자신의 힘으로 관문과 장벽의 고개를 넘지 못한다면
숙세 서원 이루지 못하고 거친 티끌에 떨어진다네.

凡爰修道進功人　　범원수도진공인
絶信余心是佛身　　절신여심시불신
自力不踰關壁嶺　　자력불유관벽령
非成宿願落麤塵　　비성숙원락추진

○ 우리가 자칫 도를 공부한다면서 영명이 있다는 어디 부처를 찾아가고, 또 어느 산골의 기운이 영험하다 하여 기도를 올리는 등 갖가지 방법을 동원하여 소원을 성취하려 한다면 어찌 수도인이라 할 수 있겠는가, 오직 참된 수도인이라면 자신이 자불(自佛)임을 굳게 믿어야 한다. 자신의 힘으로 높고 어려운 관벽을 넘지 않으면 준령(峻嶺)에 오르기가 어렵다. 이와 같이 우리가 수도를 하지 않으면 난성숙원(難成宿願)이 될 수밖에 없는 것이니 힘을 다하여 수행하지 않으면 안 된다.

참 스님은 들판으로 나온다
眞僧野出

통상 세상에 크게 공부한 사람은
뭇 생령을 제도하는 데 힘을 펼치길 다한다네.
대체로 참 스님은 마을과 들판으로 나오지만
거짓 중은 산골에 들어가 일생이 봄이어라.

通常於世大功人　　통상어세대공인
濟度群生盡力伸　　제도군생진력신
大體眞僧村野出　　대체진승촌야출
假闍入谷一生春　　가사*입곡일생춘

○ 큰 공부를 이룬 사람이 최후에 할 일은 중생을 구제하는 데 있다. 만일 공부를 이루고도 중생 구제에 힘을 다하지 않고 상춘(常春)을 즐긴다면 미도지인(迷道之人)이라고 할 수 있다. 진정한 득도지인(得道之人)은 중생 구제를 위해 밖으로 들로 나오지 않을 수 없다. 우리가 교당을 사람이 모인 곳에 세우는 것도 여인동전(與人同轉)하기 위함이라 할 수 있으니 일원대도와 일원정법을 만났을 때 제진중생(濟盡衆生)을 해야 한다.

---

* 사(闍) = 사리(闍梨): 고승(高僧)을 말한다. 즉 스님을 일컫는다. 중.

긴긴 세월 중생 건지리
長劫拯生

스승님 정법 수행하여 부처 조사 이루고
무량한 낙원의 세계를 이 땅에 만들려네.
길이 실제로 이 길을 몸소 밟아 나아가서
긴긴 세월 도를 깨쳐 뭇 생령을 건지리라.

傳法修行佛祖成　　부법수행불조성
樂園世界此坤營　　낙원세계차곤영
永躬實蹹斯程進　　영궁실답사정진
長劫道醒拯衆生　　장겁도성증중생

○ 대종사님의 정법을 바탕으로 수행하여 부처가 되고 조사가 되어서 이 땅을 낙원으로 이루어야 한다. 이것이 우리의 목표이니 이 길을 직접 밟아 나아가 아름다운 결과를 나타내야 한다. 우리는 주세 부처님의 제자이지 어떤 종파종장(宗派宗匠)의 제자가 아니다. 그러므로 우리는 정법을 널리 굴리고 전해서 세상을 평화롭게 만들어가야 할 소명(召命)과 사명을 양견괘담(兩肩掛擔)하였으니 얼마나 소중한 사람들인가.

중생 제도하고 낙원 세우자
度衆建樂

마음 닦아 미혹 사라지면 밝은 빛이 발현하고
성품 비워 업장 소멸하면 맑음이 드러나네.
일원을 단박 깨치면 큰 스승[佛祖] 성취하여
중생 제도하고 이 땅에다 낙원 세계 베풀지니라.

心拭消迷發亮光　　심식소미발양광
性空滅業顯清陽　　성공멸업현청양
一圓頓覺丕師就　　일원돈각비사취
度衆斯坤樂世張　　도중사곤락세장

○ 무릇 수도인은 무엇보다 수심(修心)을 해야 한다. 즉, 마음을 닦아야 한다는 말이다. 이는 남의 마음이 아니라 내 마음을 말한다. 그리하여 무명이나 업장이나 번뇌가 천업(天業)이기도 하지만 대개는 마음으로 지어서 만들었기 때문에 마음의 먼지를 털고 씻으면 지혜광명이 발현하게 된다. 그러므로 아무리 두꺼운 얼음덩이라 할지라도 사실 당난사광(當難瀉光)을 통해서 불은지세(佛恩之世)를 이루어가야 한다.

풀 끝 이슬, 나무 타는 연기
草露木煙

공적이나 명예는 풀 끝에 이슬이 매달림이요
영화나 부귀는 나무가 타면서 내는 연기여라.
텅 빈 하늘 텅 비어 넓은데 빛이 번쩍거림과 같거늘
무엇을 부러워하고 찾아 어깨에 메려 하는가.

功績名譽草露懸　　공적명예초로현
榮華富貴木煙燃　　영화부귀목연연
空天虛曠似光閃　　공천허광사광섬
何羨何尋欲擔肩　　하선하심욕담견

◯ 무릇 공적과 명예, 영화와 부귀는 사람마다 기를 쓰고 구하여 누리려고 진력을 한다. 그러나 이것들은 풀 끝에 매달린 이슬과 같고 나무가 타면서 나오는 연기와 같으며 텅 빈 하늘 텅 빈 넓은데 빛이 번쩍거림과 같이 결국은 덧없는 것임을 알아야 한다. 그러므로 너무 골몰하여 구하지 말고 그렇다고 게으르지도 말고 오면 조금 누리고 가면 따르지 않아야 한다. 그러므로 우리는 자신이나 모든 경계에 의연지인(毅然之人)이 되어야 한다.

이런 속에 중생 건져지고
玆裏拯生

주세불이신 대종사님 둥근 진리 올리셨고
함이 없는 바른 법은 세상 밝힐 등불이네.
걸림 없이 활용하고 아울러 응인을 한다면
이런 속에 중생 건져지고 큰 사업 이어지리라.

主佛宗師圓理騰　　주불종사원리등
無爲正法世明燈　　무위정법세명등
非縈活用兼應引　　비영활용겸응인
玆裏拯生大業承　　자리증생대업승

○ 주세불로 오신 우리 대종사님은 고행을 겪으면서 일원의 진리를 깨쳐 세상과 우주에 드러내 놓았다. 따라서 일원 진리 그대로 펼쳐진 바른 법은 세상을 밝힐 등불이 아닐 수 없다. 그러므로 이러한 진리와 법을 활용하여 걸림이 없고 호응을 하며 이끌어 간다면 세상은 자연히 불은(佛恩)이 넘치는 평화가 이루어지고 사람들은 태평성대(太平聖代)를 누리게 될 것이니, 오직 대종사님의 법으로 교화중인(敎化衆人)한 결과라고 말할 수 있다.

스승의 도가 굴려 전해지면
師道轉傳

부처의 법은 하늘땅에 공기처럼 펼쳐져서
만물을 살리고 목을 적시는 물로 흘러 맑다네.
세상 인연 서로 얽혀 비록 걸림이 많을지라도
스승의 도가 굴려 전해지면 생령 저절로 깨어나리.

佛法乾坤空氣敷　　불법건곤공기부
物生潤喉水流濾　　물생윤후수류여
世緣相縛雖多礙　　세연상박수다애
師道轉傳靈自蘇　　사도전전영자소

○ 부처의 법이란 특별한 것이 아니다. 마치 공기와 같고 물과 같아서 얼마든지 마시고 숨 쉴 수 있다. 불법을 공부하는 것도 특별한 사람만 하는 것이 아니라 누구든지 할 수 있는 보편타당한 법이다. 그러므로 이 법이 굴려지고 전해지면 사람은 지혜롭고 생령은 깨어나며 세상은 평화로워져 태평화세(太平和世)가 되어지리니 어찌 주세 성자의 위력지급(威力之及)이 아니겠는가. 그러므로 우리가 이 일에 앞장서야 한다.

전답에 두텁게 많이 흩뿌림은
畓厚多施

똥과 재를 전답에 두텁게 많이 흩뿌림은
장차 실곡을 많이 거두기를 기약함이네.
도를 닦는 사람들이 공부를 깊이 쌓음은
모름지기 부처 조사 이뤄 중생을 옮기려 함이라.

糞灰田畓厚多施　　분회전답후다시
將次實穀獲夠期　　장차실곡획구기
修道人人功邃積　　수도인인공수적
須成佛祖衆生移　　수성불조중생이

○ 무릇 우리나라가 가난하고 어렵던 시절에 먹고 살아가는 것이 가장 중요한 일이었다. 여기에는 곡식이 필요하고 곡식은 농토에서 비료를 뿌려 농사를 지어야 얻게 된다. 그러므로 비료가 흔하지 않았던 세상에는 길을 가면서 소똥이나 개똥이 있으면 주워다가 퇴비를 만들어 논밭에 뿌렸다. 이는 다름이 아니라 실곡을 많이 거두기 위함이다. 이와 같이 수도하는 사람이 쉼 없이 깊은 공부를 쌓는 것은 부처를 이루려는 목적도 있지만 궁극에는 고해에 헤매는 중생을 건져내려는 자비발로(慈悲發露)라고 볼 수 있다.

받아들이고 갚지 않음
受承弗報

진실로 대역을 쓸 수 없음은 부처를 이루는 때요
또한 거부하지 못함은 지음이 자기를 쫓음이라.
원인 결과, 가고 옴은 누구도 거역할 수 없나니
받아들이고 갚지 않음이 최고의 자세라네.

實無代役佛成時　　실무대역불성시
亦不拒否作逐私　　역불거부작축사
因果去來誰匪逆　　인과거래수비역
受承弗報最高姿　　수승불보최고자

○ 영화를 보면 어렵고 힘든 장면이 있으면 배우가 직접 연기하지 않고 대역을 써서 그 장면을 대신 촬영하여 무사히 넘어간다. 그러나 절대 대역으로 할 수 없는 것이 두 가지가 있다. 하나는 죽음의 길이고 또 하나는 업과(業果)를 받는 일이다. 이 둘은 자신만이 할 수 있다는 사실을 깨달아 생사는 해탈을 이루고 업연은 근수물상(謹受勿償)을 해야 한다.

중생이 모두 돌아온다
衆生咸歸

물 깊은 밑자리에는 자라와 고래가 살고
산이 깊어 골이 그윽하면 노루 사슴이 담기듯이,
대종사께서 세상에 나오시어 큰 법을 펼쳐놓으니
뭇 생령이 모두 돌아와 낙원을 이뤄가누나.

水深底處鼈鯨生　　수심저처별경생
山邃壑幽獐鹿盛　　산수학유장록성
師傅出世敷大法　　사부출세부대법
衆生咸歸樂園成　　중생함귀낙원성

○ 물이 깊은 바다에는 거북이나 고래가 헤엄치며 살아간다. 또 골짜기가 깊어 그윽하면 노루와 사슴들이 안심하고 살아간다. 이와 같이 대종사께서 이 세상에 나오셔서 일원대도를 드러내니 여기저기에 흩어졌던 생령들이 앞을 다투며 모여들어 낙원을 이룩하고 있다. 따라서 우리가 주세성자를 만나 제도를 받는다는 것은 항하사(恒河沙)*에서 바늘을 찾음과 같다하리니. 아! 여기가 바로 지상낙원이 아니고 어디가 낙원이겠는가.

---

* 항하사: '갠지스강의 모래'라는 뜻으로, 무한히 많은 것. 또는 그런 수량을 비유적으로 이르는 말.

먼저 감사하는 마음을 세우고
先立謝心

감격하며 함께 나아가니 원망이 사라지고
네 가지 은혜 베풀어지는 곳에 뭇 생령 노니네.
세상 사람이 전쟁을 피하고 평화롭게 살려면
먼저 감사하는 마음 세우고 먼저 나가서 맞을지니라.

感激同行怨望消　감격동행원망소
四恩施處衆生遙　사은시처중생요
世人避戰平和活　세인피전평화활
先立謝心先進邀　선립사심선진요

○ 우주나 건곤이나 세상이나 물질이 제 뜻대로 이루어진 것은 하나도 없고 그 이면에는 모두 살려주는 인자(因子)가 있어서 작용하기 때문이다. 이것이 사은의 은혜이자 없어서는 살 수 없는 근원이니 크게 감사하지 않을 수 없다. 세상도 이 감사만 느끼고 안다면 서로 돕고 이끌어서 평화안락(平和安樂)하게 되련만은 이를 무시하고 약육강식을 하다보니 세상은 어수선하지 않을 수 없다. 그러므로 지은보은(知恩報恩)을 하면 평화는 재기중(在其中)이라고 할 수 있다.

다른 데 구하고 찾지 말라
莫別求尋

본래부터 물과 거품은 다른 바가 없고
원래 청색과 녹색도 다른 바가 없다네.
성인과 범부, 부처와 조사 마음은 평등하니
다른 데 구하며 찾지 말고 자기 몸에 돌아올지라.

本始水涪攸異無　　본시수부유이무
原來青綠所殊无　　원래청록소수무
聖凡佛祖心平等　　성범불조심평등
莫別求尋復自軀　　막별구심복자구

○ 세상에서 보면 빈부에 차등이 있고 귀천에 차등이 있으며 남녀에 차등이 있는 등, 차등 되는 것이 셀 수 없이 많다. 그러나 단 하나 차등이 없는 것이 있으니, 바로 마음이다. 이 마음은 성인이나 범부, 부처나 중생, 금수나 어류까지도 일체 차등이 없이 평등하다. 다만 얼마나 밝히고 맑혔느냐에 따라 차별이 있을 뿐 마음의 평등은 변함이 없다고 봐야 할지니, 변함없는 이 마음이 대평등원(大平等源)이라고 말할 수 있다.

스승을 좇아 도를 얻고
從師得道

나는 신선을 사실로 구하는 바가 아니요
또한 부처와 조사로 더불어 짝을 이루려는 것도 아니네.
스승을 좇아 도를 얻고 아울러 진리를 깨쳐서
중생이 제도 된 낙원이 세상에 흐르도록 할 뿐이어라.

我匪神仙實所求　　아비신선실소구
亦非佛祖與成儔　　역비불조여성주
從師得道兼醒理　　종사득도겸성리
度衆樂園啻世流　　도중낙원시세류

○ 흔히 죽지 않고 오래 사는 사람을 신선이라 하지만 그처럼 장생불사(長生不死)하는 존재가 있을 것 같지 같다. 또 길이 지혜가 어둡지 아니하고 복락이 마르지 않는 사람을 부처라 하지만 역시 생사를 겪는다. 그러니 신선도 구할 것 없고 부처도 짝할 것 없이 오직 자기에게 돌아와서 신선이 되고 부처가 되어 중생을 제도하고 낙원을 건설하여 자기선불(自己仙佛)이 되어야 한다.

부처 조사가 자비를 베풀면
佛祖施慈

산이 깊으면 새나 짐승 모여 머물러 살고
물이 깊으면 게와 물고기 헤엄치며 모여 나가네.
부처 조사가 자비를 베풀어 무리를 안아주니
머리를 돌려서 빨리 이르려고 앞뒤를 다투누나.

山深禽獸會留生　　산심금수회류생
水邃蟹魚游集征　　수수해어유집정
佛祖施慈群衆抱　　불조시자군중포
回頭速到後前爭　　회두속도후전쟁

○ 산이 깊으면 많은 새와 짐승이 모여서 산다. 물이 깊으면 게나 물고기가 모여 헤엄치며 노닌다. 이처럼 부처가 자비를 베풀고 중생을 안아주면 그 품 안에서 공부하고 노래하며 춤추고 노닌다. 그러므로 모든 중생이 앞을 다투어 부처님의 휘하로 모이고 달려와서 제도를 받고 복락을 누리며 자성불조(自成佛祖)를 하게 된다. 그러므로 우리는 큰 스승의 문하에 들어왔으니, 스승의 원력을 본받아 제인진력(濟人盡力)을 해야 한다

성현은 품고 안아
聖賢懷抱

넓은 하늘은 막힘없이 통하여 간격이 없고
큰 땅은 고루 공평하여 만물을 적성대로 키우네.
사람과 세상이 서로 다퉈 상극으로 되어 가면
성현이 품고 안아서 모두 소생하게 하느니라.

廣天通徹隔間無	광천통철격간무
大地均平適物渝	대지균평적물투
人世相爭相克化	인세상쟁상극화
聖賢懷抱做皆蘇	성현회포주개소

○ 하늘은 툭 트여서 조그마한 막힘이나 걸림이 없고, 하나로 통해 간격이 없다. 땅도 평등하여 그 물의 적성을 따라 차별이 없게 모두 길러준다. 만일 사람이나 세상이 전쟁이나 재난으로 어려움에 처하게 되면 국가나 세계가 서로서로 부조(扶助)하여 고난에서 벗어나도록 하고 있으니 얼마나 아름다운 일인지 모른다. 특히 성인은 자비의 은혜를 베풀고 인과를 설파하여 자업자득(自業自得)임을 알게 한다.

뭇 생령을 모두 건져서
衆生皆濟

무릇 시대에 따라 성인이 나오나니
주세 부처님 대종사 이 세상을 울리셨네.
둥근 진리 높이 드러내 우주까지 채우고
뭇 생령을 모두 건져 낙원을 이루리라.

凡隨時代聖人生　　범수시대성인생
主佛宗師此世鳴　　주불종사차세명
圓理高揚盛宇宙　　원리고양성우주
衆生皆濟樂園成　　중생개제락원성

○ 무릇 절박한 시대나 혼란한 시기에는 사명을 가진 주세 부처님이 세상에 나오신다. 우주와 천지의 기운을 받아 세상을 울리며 탄생하신다. 그리하여 일체 생령을 구제하고 낙원을 건설하여 모두 함께 평화롭고 아름답게 살아가도록 교량 역할을 하는 정법을 마련하신다. 그러므로 중생 누구나 이 정법을 밟아가서 완성인이 되도록 하시니 곧 중생보살(衆生菩薩)을 만들어 낸다는 의미이다.

주세 부처의 숙세 인연
主佛宿緣

주세 부처님 숙세의 인연이 우리나라에 열리니
정주(靜州)*의 봄 경치가 다시 펼쳐 오누나.
삼천 년의 우담발화가 영산에 피어나고
일체의 뭇 생령이 머리를 빼면서 도래하리라.

主佛宿緣吾國開　　주불숙연오국개
靜州春景復敷來　　정주춘경부부래
三千優鉢靈山發　　삼천우발영산발
一切群生拔首徠　　일체군생발수래

○ 주세 부처님이 세상에 오신 땅 곧 정지(定地)가 바로 우리나라 대한민국이다. 여기에 탄생지가 된 영광(靈光)은 온 세계의 성지가 될 것이며 원불교의 만대 뿌리가 될 곳이다. 3천 년 전에 피었다는 우담발화(優曇鉢華)가 다시 피어나는 곳이 바로 이 땅 영산성지이다. 그러므로 우리는 남보다 앞서 입문하였으니 인생에 있어서 최고영광(最高榮光)이라고 하지 않을 수 없다.

* 정주: 영광의 옛 이름.

전무출신이란
專務出身

무릇 전무출신을 하는 사람은
육도와 사생이 내 생명의 펼쳐짐이요.
삼계와 시방이 나의 소유이니
능히 알고 온전히 이해하여 미진까지 깨울지니라.

凡爰專務出身人　　범원전무출신인
六道四生我命伸　　육도사생아명신
三界十方余所有　　삼계시방여소유
能知融會悟微塵　　능지융회오미진

○ 우리는 전무출신을 하였다. 주세 성자와 일원 진리와 대도 정법에 진력하겠다고 성자 앞에, 우주 앞에 맹세한 귀인중귀인(貴人中貴人)이라고 자부하지 않을 수 없다. 그러므로 내 생명이 사생의 생명이요 시방 삼계가 내 소유임을 알아서 대심(大心)으로 대행(大行)을 하며 대화(大化)를 이루는 대성지인(大聖之人)이 되어야 한다.

대종사님의 말씀을 듣지 아니하면
不聽師言

무릇 사람이 대종사님의 말씀을 듣지 아니하면
정신이 쇠약하여 지혜가 어둡게 된다네.
의사의 병이 낫는다는 말을 듣지 아니하면
일생에 병을 품어서 파리한 몸을 가지리라.

凡人不聽大師言　　범인불오대사언
衰弱精神做慧昏　　쇠약정신주혜혼
未聽醫員瘳病語　　미호의원추병어
一生懷疾瘦身存　　일생회질수신존

○ 세상에 살면서 최소한 두 분의 말씀은 들어야 한다. 하나는 대종사님의 말씀으로 정신을 맑혀서 지혜를 갖춘 성자가 되는 길이요, 다른 하나는 의사의 말씀으로 몸에 병들지 아니하고 살아가려면 의사가 말하는 치료 방법을 받아들여 실행해야 한다. 그리하여 정신적으로나 육체적으로 건강하게 살면서 내외통성(內外通聖)이 되어야 한다.

흐르는 물 노랫소리
潺水歌聲

참 성품은 텅 비어서 본래 지혜가 밝고
원래 마음은 부처 조사 저절로 다 이뤄지네.
땅에서 자란 큰 나무는 하늘을 떠받치는 기둥이요
잔잔히 흐르는 물 노랫소리는 우주의 울림이어라.

眞性虛空本智明　　진성허공본지명
原心佛祖自皆成　　원심불조자개성
地長巨木撑天柱　　지장거목탱천주
潺水歌聲宇宙鳴　　잔수가성우주명

○ 우리의 본래 성품은 텅 비었으나 무량한 지혜가 갖추어 있어서 항상 밝다. 또한 원래 마음도 부처 조사가 갈무려 있어서 이루어졌다고 말할 수 있다. 비록 땅에서 자란 나무라도 위로 뻗어 하늘을 받치고 있고, 잔잔하게 흐르는 물도 무의미한 게 아니라 팔만사천법문을 토해내면서 하늘땅과 우주를 울리고 있으니 무상설법(無上說法)이 아닐 수 없다. 그러므로 우리는 탱천주인(撑天柱人)이 되어야 한다.

암흑이 앞을 가린다
暗黑遮前

어진 사람은 우연히 세상에 나오는 게 아니거늘
우리 대종사 큰 성인이 나오는 첫 울음이어라.
가령 부처와 조사의 여흔(餘痕)*이 끊어진다면
암흑이 앞을 가려서 지옥이 이뤄지리라.

賢者偶然匪世生	현자우연비세생
吾師大聖出初鳴	오사대성출초명
假令佛祖餘痕絶	가령불조여흔절
暗黑遮前地獄成	암흑차전지옥성

○ 세상에 어질다는 사람이 태어나는 것도 일반적으로 흔한 사항은 아니다. 더욱이 주세의 부처님이 나오는 데 있어서 어찌 범연한 일이라고 단정할 수 있겠는가. 반드시 예시가 있고 비제(丕題)가 따르는 것은 그만큼 사안이 중차대하기 때문이다. 그러므로 우리 대종사님의 탄생으로 인하여 세상은 전반성세(氈盤盛世)가 이뤄지게 된다.

---

* 여흔: 남아 있는 흔적. 남은 자취.

성인과 범부의 실체
聖凡實體

누구든 부처 조사는 마음이 뒤집힌 게 아니요
원래부터 어둡고 밝음은 근원이 다른 게 아니네.
둘은 오직 알고 깨쳤느냐 못했느냐에 있으니
성인과 범부의 실체는 본래 한 뿌리였어라.

誰人佛祖匪心飜　　수인불조비심번
元始暗明非異源　　원시암명비이원
兩者唯存知覺未　　양자유존지각미
聖凡實體本同根　　성범실체본동근

○ 누구나 부처와 조사가 된다는 것은 어두운 중생 마음이 뒤집혀 밝은 불보살 마음으로 개변(改變)된 것이 아니라 하나의 근본 마음인데, 각문(覺門)이 열렸느냐 아니면 닫혔느냐에 따른 결과라고 할 수 있다. 또한 성인과 범부도 그 심근(心根)은 조금도 다름이 없는데 지명(知明)의 암훤(暗昍)을 따라서 성범지차(聖凡之差)가 있을 뿐이다.

조사 되고 부처 되어
爲師爲佛

세상에 있는 많은 땅이 길한 터전이라 일컫지만
성현 나온 성지의 땅에는 상서로운 기운 어렸네.
긴긴 세월 한량없는 이 회상에서
조사 되고 부처 되어 뭇 생령 건질지니라.

世存夠土吉基稱	세존구토길기칭
出聖聖坤瑞氣凝	출성성곤서기응
永劫無量斯會上	영겁무량사회상
爲師爲佛衆生拯	위사위불중생증

○ 세상의 땅들을 보면 풀 한 포기 없는 사막이 있는가 하면 험산궁곡(險山窮谷)으로 살 수 없는 땅도 있고, 비옥하여 곡식이 잘 자라는 땅이 있는가 하면 물속에 잠긴 땅들도 있다. 그러면 어느 땅이 가장 좋은 땅일까. 아마 주세 성자가 나신 땅이 바로 길지(吉地)이자 성지로서 만생귀의지(萬生歸依地)라 할 수 있을 것이니, 곧 영산성토(靈山聖土)를 이름이라고 말할 수 있다.

토끼 뿔을 찾지 말라

莫尋兎角

토끼 뿔을 찾지 말지니 본래 없는 것이요
소금에 곰팡이 찾지 말지니 처음부터 없었다네.
사대로 이룬 몸은 인연이 거짓 합한 것이지만
이 가운데 부처 조사가 앉고 머무는 몸이어라.

莫尋兎角本來無　　막심토각본래무
勿覓鹽黴原始无　　물멱염미원시무
四大成身緣假合　　사대성신연가합
斯中佛祖坐停軀　　사중불조좌정구

○ 토끼에게는 원래 뿔이 없기 때문에 찾는 자체가 어리석음이다. 소금에서 곰팡이를 찾는 것도 역시 어리석음이라고 말하지 않을 수 없다. 이 몸은 지·수·화·풍(地水火風)의 사대가 가합(假合)하여 이루어진 몸이다. 그러나 이 몸 안에는 부처가 있고 조사가 머물렀던 그대로 진신(眞身)이고 불신(佛身)이니 이 몸보다 더 귀한 몸은 어디에도 없다. 그러므로 부처와 조사가 머무는 이 몸이 바로 여래법신(如來法身)임을 알아야 한다.

부처가 눈앞에 있다
佛在眼前

부처가 눈앞에 있고 또한 마음에 있거늘
어찌하여 멀리 찾으며 또한 헤아려 짐작하는가.
기구에 바람이 빠지면 높이 오르기 어렵듯이
정신이 사람 몸에서 빠지면 불타버린 숲과 같나니라.

佛在眼前又在心	불재안전우재심
怎麽遠覓亦量斟	즘마원멱역양짐
氣球泄飀難登繰	기구설울난등소
神沒人身似燒林	신몰인신사소림

○ 부처가 어디에 있는가. 눈앞에 있다. 아니 마음에 있다. 따라서 마음이 없으면 부처도 없다. 그런데 어찌 멀리서 찾고 모상(貌像)에서 찾으며 큰 건물에서 찾으려는가. 가령 하늘에 오르는 기구가 바람이 빠졌다면 어떻게 하늘에 오를 수 있겠는가. 만일 사람이 멀쩡한 육신을 가졌지만, 정신이 빠졌다면 사람일 수 없고 부처가 될 수도 없는 가물위신(假物僞身)임을 알아야 한다.

내 부처를 깨닫지 못하면
未醒我佛

큰 바가지는 작은 바가지에 들어가기 어렵고
적은 물로는 많고 큰물을 당하지 못한다네.
눈으로는 나에게 있는 눈을 보기가 어렵듯이
내 부처를 깨닫지 못하면 하늘을 오르지 못하리라.

大瓢艱入小瓢中　　대표간입소표중
少水不當多水濛　　소수부당다수몽
以眼難看余有眼　　이안난간여유안
未醒我佛匪登穹　　미성아불비등궁

○ 작은 바가지는 큰 바가지에 들어가지만, 큰 바가지는 작은 바가지에 들어갈 수 없다. 또한 적은 물은 크게 흐르는 물줄기를 당할 수 없다. 이처럼 우리의 작은 몸 안에는 큰 부처가 들어서 살고 있으니 그 부처를 잘 발현시키고 깨워야 한다. 만일에 내 부처가 깨어나지 아니하면 하늘에 올라 자유를 누릴 수 없는 완악지매(頑惡之呆)가 되고 만다.

자신도 벗어나기 어렵다
難脫自身

무릇 사람이 유(有)와 공(空)이 함께임을 부수지 못하면
자신을 벗어나기가 어려워 자기의 병 안에 갇힌다네.
사대는 거짓 인연으로 주체가 없고
오온도 거짓 합하여 색과 마음이 없느니라.

夫人不破有空俱　　부인불파유공구
難脫自身獄己壺　　난탈자신옥기호
四大假緣无主體　　사대가연무주체
五蘊僞合色心無　　오온위합색심무

◎ 수도하는 사람은 공과 유를 모두 부숴야 한다. 그렇지 않으면 자기 옥호(獄壺)에 갇혀서 빠져나올 기약이 없게 된다. 지수화풍(地水火風)의 사대(四大)로 이룬 이 몸도 주체가 없으므로 여기에 빠지면 나오기 어렵고, 색수상행식(色受想行識)도 몸과 마음이 없으니 역시 빠져들면 나올 수가 없다는 사실을 알아야 한다. 그러므로 우리는 원리불입(遠離不入)을 해야 한다.

우리도 어진 성인을 이루어
我成賢聖

동방의 신비한 나라에 부처의 인연이 깊어서
우리 스승 탄강하니 오묘한 소리 진동하였네.
숙겁을 길이 이어서 끊어진 바 없었으니
우리도 어진 성인을 이루어 뭇 중생 제도하리라.

東方神國佛緣深　　동방신국불연심
誕降吾師震妙音　　탄강오사진묘음
宿劫長連無所斷　　숙겁장련무소단
我成賢聖度群禽　　아성현성도군금

○ 동방의 신비한 나라에 부처님의 인연이 깊어 주세 성자로 우리 대종사님이 탄강하시니 묘악(妙樂)이 우주를 울리었다. 이는 숙겁을 넘은 불불계세(佛佛繼世)로서, 이 지상에 중생이 모두 제도되고 낙원이 이루어질 때까지 이어지는 불사가 되어야 한다. 그러므로 우리의 사명이 중차대하다고 말하지 않을 수 없으니, 어서어서 공부하고 수행하여 즉신성불(卽身成佛)이 되어야 한다.

솔과 대의 절개
松竹節行

솔과 대의 절개 있는 행의는 군자의 곧음이요
국화와 난의 짙은 향내는 차가운 서리의 결정이네.
어린싹은 차가움을 견뎌야 왕성한 풀로 자라나듯
정직하지 않으면 사람 길에 고귀한 생이 아니니라.

松竹節行君子貞　　송죽절행군자정
菊蘭濃馞冷霜晶　　국란농발냉상정
嫩芽寒耐遂盛草　　눈아한내수성초
不直人程不貴生　　부직인정불귀생

○ 솔과 대의 꿋꿋함은 불의에 굽히지 않는 군자의 절행(節行)이다. 차가운 서리를 이겨내고 피어난 국화와 난초의 향기는 오예(汚穢)를 씻어낸다. 어린싹이 차가움을 견디지 못한다면 왕성한 풀로 자랄 수가 없다. 이와 마찬가지로 우리가 인생을 살아가는 길에 고난의 경계를 이겨내지 못한다면 가식지목(假植之木)과 같아서 결국 난성귀인(難成貴人)을 하게 된다.

무리를 포용하기 어려워서
難容群衆

강물이 깊지 아니하면 고기가 살지 아니하고
골짜기가 깊지 않으면 새들이 숨지 않는다네.
군자나 대인이 국량이 열리지 아니하면
무리를 포용하기 어려워 외로운 길을 밟으리라.

江河不邃不魚生　강하불수불어생
谷壑匪深匪隱鸚　곡학비심비은앵
君子大人非啓局　군자대인비계국
難容群衆蹹孤程　난용군중답고정

○ 고기들이 사는 곳을 보면 깊은 물일수록 큰 고기들이 살아간다. 산골짜기도 깊은 숲이 우거질수록 큰 짐승들의 서식지가 되는 것을 볼 수 있다. 이처럼 불조(佛祖)나 대인이 되어서 가슴을 열고 국량을 키우지 않는다면 사람이나 생령을 품을 수가 없으므로 교화를 이루지 못할 뿐만 아니라 외로운 삶을 살아가게 된다. 그러므로 우리는 수행을 열심히 해서 무상진인(無相眞人)이 되어야 한다.

길이 대종사님 모시고
永侍宗師

부귀와 영화를 세상 밖으로 던져버리고
마음 알고 진리 깨쳐 텅 빈 가운데 머물려네.
하늘과 땅, 우주를 한 마당으로 펼쳐놓고
길이 대종사님 모시고 긴긴 세월 노닐리라.

富貴榮華世外投	부귀영화세외투
知心悟理曠中留	지심오리광중류
地天宇宙一場展	지천우주일장전
永侍宗師永劫遊	영시종사영겁유

○ 부귀와 영화가 참으로 좋다. 이것이 없으면 삶을 이어갈 수 없고 처신할 수도 없다. 그러나 도를 닦는 사람에게는 마독(魔毒)이 되는 것이니 멀리하는 것이 좋다. 반면에 마음을 알고 진리를 깨쳐 자유를 얻어 대종사님 길이길이 모시고 하늘과 땅, 우주를 한 마당으로 삼아 천년만년 노닌다면 인생의 일생사필(一生事畢)이 된 것이라고 자부할 수 있다.

대종사님도 알지 못했는데
宗師未識

둥근 진리는 본래 밝아서 어둡지 아니하고
성품 근원은 처음부터 번뇌가 녹아 맑다네.
대종사님도 알지 못했는데 우리가 어찌 알 것이며
부처님도 알지 못했으니 가섭도 어두웠느니라.

圓理本來不暗明	원리본래불암명
性源自始惱銷淸	성원자시뇌소청
宗師未識吾何識	종사미식오하식
釋佛不知迦葉盲	석불부지가섭맹

○ 우리가 진리의 본체에 대해서 왈가왈부하는 것은 결국 모른다는 변명을 늘어놓는 것이나 다름이 없다. 그래서 참으로 안다면 할 말이 없다. 따라서 그린다거나 쓸 수 있는 글자도 없는 것이니, 서불가진신(書不可盡信)이요 언불가진의(言不可盡意)이다. 그러므로 스승이 제자이고, 제자가 스승이니 전해주고 전해 받는다는 것은 허환도무(虛幻跳舞)에 지나지 않는 것이라고 말할 수 있다.

대웅전엔 부처와 중생이 없다
殿無佛生

대웅전에는 본래 부처도 중생도 없으니
절의 문으로 바삐 달려가 찾기를 다투지 말게.
빨리 돌아와 나를 보고 아울러 마음을 본다면
한 눈도 뜨지 아니하고 자기 성현을 맞으리라.

雄殿本來無佛生　　웅전본래무불생
寺門忙走勿尋爭　　사문망주물심쟁
速歸我見兼心見　　속귀아견겸심견
一眼非開自聖迎　　일안비개자성영

○ 부처 중생이 어디 있을까. 법당에 있을까 아니면 바위를 파서 만든 마애불(磨崖佛)*의 상모에 있을까. 사실 아무 데도 없다. 법당에도 없고 바위에도 없다. 없는 것이니 찾으려 말고 구하려고도 말라. 결국은 자기에게 돌아와야 한다. 그러므로 우리는 자기에게 돌아와서 자신의 마음을 본다면 눈을 깜빡이지 않고도 자성자불(自聖自佛)을 보고 만나게 된다.

* 마애불: 바위에 새긴 불상이다. 한국에서는 7세기 전반부터 백제에서 시작되었다.

제도하여 낙원으로 모으리라
度樂園叢

영산의 성스러운 땅에 봄바람 불어오니
주세불 대종사님 이 가운데서 탄생하셨네.
교지인 일원 진리를 이 세상에 드러내
뭇 생령 제도하여 낙원으로 모았느니라.

靈山聖地颯春風	영산성지삽춘풍
主佛宗師誕此中	주불종사탄차중
教旨一圓斯世顯	교지일원사세현
群生濟度樂園叢	군생제도낙원총

○ 누세에 성스럽고 거룩한 땅인 영산에 따뜻한 봄바람이 불어 만물을 깨울 때 우리 대종사님도 이 세상에 현신하셨다. 그리하여 진리 중의 진리인 일원을 드러내어 누구든지 신앙하고 수행하면 부처가 될 것이요, 부처가 되어 일체 생령을 제도하여 낙원으로 모아다가 자유자재롭게 살도록 할 것이니, 여기가 바로 무량낙원(無量樂園)이라 할 수 있다.

중생이란 이름 없다
衆生名無

중생이란 본래부터 이름을 붙일 수 없고
부처와 조사도 원래 성인이라 부를 게 없어라.
쓸데없이 사람 속이고 허장성세를 세우면
아래에 사는 미물이라도 호응하지 않는 것이네.

衆生本始付名無	중생본시부명무
佛祖原來不聖呼	불조원래불성호
毋用欺人虛勢立	무용기인허세립
下居微物未應乎	하거미물미응호

○ 중생이란 이름이 없다. 부처도 성인이라고 부를 근거도 없다. 공연히 짜개고 나누어서 여래니 종사니 보살이니 군자니 하지만 쓸데없는 허장성세(虛張聲勢)*를 늘어놓는 것에 지나지 않는다. 이러하면 저 아래에 있는 미물들도 호응하려고 아니하고 자연히 고개를 돌리게 된다. 부처요 성현이라도 은명온신(隱名韞身)을 해야 한다.

---

* 허장성세: 실속 없이 허세만 떠벌림.

몸소 타고 올라앉자
躬乘上坐

신선이 사는 봉래산 기슭에서 백송을 베어다가
새기고 깎아 배를 한 척 지었지만 꾸미진 않았네.
우주를 바다로 삼아 배를 띄운 뒤에
몸소 타고 올라앉아 노닐며 배회하리로다.

蓬萊山麓白松裁　　봉래산록백송재
彫琢造船一隻推　　조탁조선일척추
宇宙爲瀛艅放後　　우주위영여방후
躬乘上坐做遊徘　　궁승상좌주유배

○ 신선들이 산다는 봉래산에서 자란 하얀 소나무를 베어다가 짜개고 새겨서 수수한 배 한 척을 만들었네. 그리하여 우주를 바다로 삼아 띄우고 올라앉아 노니니 일월과 성신이 발아래에 펼쳐져 있는 티끌에 지나지 않네. 사실 인생이 이 세상에 산다고 하지만 초말지로(草末之露)에 지나지 않는다. 그러므로 영생하려거든 대종사님 법을 공부하여 해탈무위(解脫無爲)를 해야 한다.

군자에 비견하여
比肩君子

비탈진 언덕에 홀로 선 저 푸른 소나무
곧은 대도 이와 같이 모습을 변하지 않네.
본래 색깔 푸르고 푸르러 잎에 붉음이 없으니
군자에 비견(比肩)*하여 으뜸으로 삼느니라.

崖丘孤立彼蒼松	애구고립피창송
直竹似斯非變容	직죽사사비변용
本色蒼青無葉紫	본색창청무엽자
比肩君子做元宗	비견군자주원종

○ 비탈진 언덕에 오래도록 외롭게 선 저 소나무의 본래 색깔은 푸른색이라서 사시가 동색(同色)이다. 곧게 자란 대도 형색이 변한 바가 없이 한결같다. 이렇듯 송죽은 쉽게 변절하거나 꺾이지 않기 때문에 군자가 사는 곳에는 반드시 심고 가꾸어 절의(節義)의 표준으로 삼는다. 이와 같이 우리도 세상살이에 어려운 경계를 당한다고 할지라도 변절지인(變節之人)이 되어서는 안 된다.

* 비견: 앞서거니 뒤서거니 하지 않고 어깨를 나란히 함. 낫고 못함이 없이 서로 비슷하게 함.

원로원의 정원에는
元老庭園

원로원의 정원에는 많은 나무가 살면서
높고 낮은 여러 나무가 길고 짧음을 다투네.
잎과 가지의 아침 이슬로 드러난 몸을 씻더니
조용히 얼굴을 내밀고 부끄러운듯 감정을 숨기누나.

元老庭園夠樹生　　원로정원구수생
高低衆木短長爭　　고저중목단장쟁
葉枝朝露現身滌　　엽지조로현신척
靜靜伸顔隱恥情　　정정신안은치정

○ 원로원의 정원에 자라나는 나무는 이름도 갖가지요, 모양도 서로 다르며, 키 또한 길기도 하고 혹은 짧기도 하다. 아침이 되면 이곳저곳에서 저마다 이슬에 얼굴을 씻고 단장을 하는 틈에 숲에서는 소곤거리는 속삭임과 고운 노래가 끊이질 않는다. 그러다가 어느새 가만히 얼굴을 내밀고 부끄러운듯이 감정을 숨기려하니 우리도 장정지인(藏情之人)이 되고 지치지인(知恥之人)이 되어야 한다.

붉고 노랑 서로 섞여
紅黃相雜

붉고 노랑 서로 섞여 많은 꽃을 이루고
많은 나무 서로 어울려 길고 짧음을 다투네.
언덕 위 푸른 소나무 쓸쓸하고 외로이 서서
봄가을이 변하고 바뀜을 눈앞에서 맞이하누나.

紅黃相雜夠花成	홍황상잡구화성
多木互兼長短爭	다목호겸장단쟁
邱上青松孤獨立	구상청송고독립
春秋變易眼前迎	춘추변역안전영

◎ 어디는 붉은 꽃만 피어 있고 또 어느 곳에는 노랑꽃만 피어 있다면 아름다운 꽃밭이 되기도 하겠지만 서로 섞여서 조화를 이루는 것만 못하다고 말할 수 있다. 여러 나무도 마찬가지고 외롭게 선 소나무도 마찬가지다. 따라서 중요하다는 것은 비록 홀로 서 있는 소나무이지만 천지가 바뀌고 계절이 변하는 것을 안하도영(眼下都迎)을 하였다는 사실이다.

하나 붉으면 일천 잎이
一紅千葉

하나 붉으면 일천 잎으로 붉은 동산을 이루다가
마침내 떨어져 땅으로 돌아가 다음 뿌리를 북돋우네.
흡사 사람이 걸음을 옮기며 걸어가는 길과 같나니
죽고 낳고 늙고 병들었어도 머물지 않고 달리는구나.

一紅千葉遂紅園	일홍천엽수홍원
終落歸坤培次根	종락귀곤배차근
恰似人間移步路	흡사인간이보로
死生老病匪停奔	사생노병비정분

○ 나무에 한 잎이 붉으면 많은 잎이 따라 붉어져서 붉은 동산을 이룬다. 그러다가 한 잎이 떨어지면 많은 이파리도 좇아 떨어져서 뿌리로 돌아가 다음 해 자라는 데에 자양분이 된다. 인생도 이와 다르지 아니하여 낳고 죽고 늙고 병드는 것이 쉬거나 머묾 없이 달려 나가 다음 생애의 기초가 된다. 그러므로 다음을 잘 가꾸려면 지금의 삶이 아름다워야 한다. 곧 금초차질(今礎次質)이 된다고 볼 수 있다.

입을 벌려 한번에 쪼아
口開一啄

산중에 감나무가 하늘을 뚫을 듯이 서서
둥근 모양 무리 이뤄 붉은 열매 달렸네.
날아다니던 새가 기울어 붉은 열매 보고는
입을 벌려 한번에 쪼아 맛이 단지 삼키누나.

山中柿木立穿天　산중시목입천천
圓樣成群紫實懸　원양성군자실현
飛鳥傾斜紅果視　비조경사홍과시
口開一啄味甘咽　구개일탁미감인

○ 산중에 큰 감나무가 가지를 뻗어 하늘을 뚫을 듯이 날개를 펼치고 있다. 가을이 깊게 익으니 자연 둥근 감도 붉어 홍시가 되어 가지에 대롱대롱 매달렸다. 날아가던 새들이 이를 보고 앉더니 입을 뾰쪽하게 내밀어 한입에 쪼아서 맛있게 삼킨다. 자연에서 내놓은 홍시를 하늘을 날던 새들에게 먹이로 제공하여 생명증비(生命增肥)를 하는 모습이 참으로 아름답다.

세상에서 행해지는 도덕
世行道德

모든 부처나 조사는 하늘의 이치를 보아다가
육근에 둘러씌워 활용하는 길이 완전하다네.
세상에서 행해지는 도덕과 아울러 떳떳한 법도는
이에 성인이 아니면 가르침을 펼치기 어려우리라.

諸佛祖師天理觀　　제불조사천리관
六根套上用途完　　육근투상용도완
世行道德兼常度　　세행도덕겸상도
乃匪聖人難教攤　　내비성인난교탄

○ 진리를 깨달은 불보살들은 현상에서 활용되는 모든 도덕이나 윤리나 법도가 아무런 근거도 없이 생각과 지식을 가지고 제정한 것이라는 의문을 가져서는 안 된다. 세상이나 인류에게 적용되는 모든 도리는 대오분상(大悟分上)에서 뽑아낸 것이므로 성인이 아니면 강상(綱常)을 세우기가 쉽지 않다는 사실을 알아야 한다. 그러므로 성인은 도세강륜(導世綱倫)을 목표로 하지 않을 수 없다.

두터운 토대가 확고하면
厚基確固

두터운 토대가 확고하면 층수를 높이기가 쉽고
확정한 기초가 굳세면 기둥이 무너지지 않는다네.
진리인 일원은 근본이 되는 이치이니
이를 깨달으면 부처의 밝은 법등이 저절로 얻어지리라.

厚基確固易高層　　후기확고이고층
定礎堅剛樑匪崩　　정초견강량비붕
眞理一圓根本理　　진리일원근본리
醒斯自得佛明燈　　성사자득불명등

○ 우리가 건물을 짓고 기둥을 세울 때 가장 중요한 것은 기초를 다지는 일이다. 기초를 얼마나 튼튼하게 하였느냐에 따라 몇십 층을 올릴 수도 있고 기둥을 높이 세울 수도 있다. 이처럼 우리 교단의 기초가 되는 일원의 진리를 크게 깨닫고 체증(體證)한다면 자연히 밝은 지혜가 발현하여 일체 생령을 제도하고 낙원을 건설하여 무량낙원(無量樂園)을 건설하게 된다는 사실에 자긍을 가지고 살아야 한다.

네 가지 은혜가 만물에 미치면
四恩及物

네 가지 은혜가 만물에 미치면 살지 아니함이 없고
삼학으로 지혜를 밝히면 긴긴 세월 밝지 않음이 없다네.
대종사님의 정법을 널리 펼쳐 천하에 굴린다면
한 생령도 단연코 지옥 가운데로 기울지 않으리라.

四恩及物未非生　　사은급물미비생
三學慧昍無匪明　　삼학혜훤무비명
師法普敷天下轉　　사법보부천하전
一靈但不獄中傾　　일령단불옥중경

○ 만물에 가장 중요한 존재 이유가 있다면 죽지 않고 살아가는 것이라고 할 수 있다. 그러면 개개물물이 홀로 살아갈 수 있는가. 그렇지 않다. 어떤 물건도 절대로 홀로 살 수 없고 오직 사은의 은혜가 미치므로 살아가게 된다. 중생의 입장에서 깨달음도 이루지 못하고 지혜도 없다면 지옥에 들어가기 마련이지만 주세 부처님의 교화를 힘입으면 지옥을 나오는 것이 이여반장(易如反掌)이라고 할 수 있다.

일상에서 집이 무너졌다면
日常壞屋

일상에서 집이 무너졌다면 다시 새롭게 올리고
수레가 부서져 달리지 못하면 다시 고쳐서 달리네.
사람이 부유와 명예를 잃으면 힘써 쌓으면 되지만
반면에 자기 부처를 잃으면 진실로 더하기 어려우리라.

日常壞屋復新昇	일상괴옥부신승
車破無奔再改馮	거파무분재개빙
人失富名爲力積	인실부명위력적
反喪自佛實難增	반상자불실난증

○ 우리가 살던 집이 갑자기 무너졌다면 다시 새롭게 지으면 된다. 또 수레가 부서져서 달릴 수가 없다면 부품을 교환하고 고치면 달려갈 수 있다. 사람도 어쩌다가 부와 명예를 잃게 된다면 더욱 힘을 써서 쌓아가면 성공할 수 있다. 그러나 자기의 부처를 잃는다면 증대(增大)를 이루기 어려울 것이니, 그러므로 우리는 무기자불(懋起自佛)을 해야 한다.

청룡은 날개를 펴고
靑龍展翅

청룡은 날개를 펴고 높이 날아오르고
어진 성현 탄생하시니 이 땅의 등불이네.
후천의 부처이신 우리 스승 둥근 진리 드러내고
사은과 삼학으로 복과 지혜를 증장(增長)케 하였어라.

靑龍展翅繅飛昇	청룡전시소비승
賢聖誕生斯地燈	현성탄생사지등
後佛吾師圓理顯	후불오사원리현
四恩三學福知增	사은삼학복지증

○ 비결에 '진사성인출(辰巳聖人出)' 즉, '용의 해, 뱀의 해에 성인이 나온다.'라는 말이 있다. 이렇게 볼 때 대종사님은 1916년 병진년(丙辰年)에 대각을 이루셨으니 '용의 해'이다. 또한 탄생이 중요한 것이 아니라 깨달음이 중요하기 때문에 병진년 4월 28일을 깨달음을 이룬 대각개교절로 삼아 천하 만방에 일원의 진리를 부양선포(浮揚宣布)하여 원불교를 열게 되었다.

소인과 군자
小人君子

세상에 소인이 행복하게 살아갈 수만 있다면
어려움에 처한 군자라도 마음과 몸이 즐겁다네.
본래 귀하고 천함과 아울러 위와 아래가 없으니
둥근 진리에서 견주어 본다면 만유가 한 가지니라.

於世小人活幸中　　어세소인활행중
處難君子樂心躬　　처난군자낙심궁
本無貴賤兼高下　　본무귀천겸고하
圓理比觀萬有同　　원리비관만유동

○ 세상을 살면서 나보다 못한 무리가 잘 살아갈 수만 있다면 지도인의 입장에 있는 사람의 마음은 즐겁기 짝이 없다. 깨달음을 이룬 군자나 불보살은 진리의 원처(源處)에서 바라보고 생각하고 비견하기 때문에 현상의 차등에 대해서는 상관하지 않는다. 그러므로 군자나 불보살은 천하나 만상을 일시동인(一視同仁)을 할 수 있다.

화목하면 향기가 펼쳐진다
和睦敷馨

무릇 아름다운 세상과 더불어 가정에 있어서
최선으로 중요한 것은 화합과 편안함이네.
부귀와 영화는 사람이 부러워하며 사모하지만
화목을 이루지 못한다면 향기 펼치지 못하리라.

夫存嘉世與家庭　　부존가세여가정
最善重要和合寧　　최선중요화합녕
富貴榮華人羨慕　　부귀영화인선모
不成和睦不敷馨　　불성화목불부형

○ 세상은 평화로워야 하고 가정은 화목해야 한다. 가정이 화목하면 세상이 평화롭게 되고 세상이 평화로우면 따라서 가정도 화목하게 되어 세상과 가정이 아름답게 된다. 또한 부귀영화는 모든 사람의 바람이겠지만 화목을 이루지 못한 가정에서 과연 부귀하고 영화롭다고 하여 편안한 삶을 누리며 살 수 있을까? 그리하여 한미(寒微)하더라도 화목을 누림이 좋은 것이라고 아니할 수 없다. 즉 무형부접(無馨不蝶)이라는 사실을 알아야 한다.

가진 권력을 잘 쓰면
持權好用

가진 권력을 잘 쓰면 뭇 복이 쌓이고
마음의 힘을 많이 베풀면 내가 보호를 얻는다네.
고기 잡는 그물을 넓게 펼쳐서 고기들을 건지듯이
은혜 끼치면 무리 모여 주위가 비지 않으리라.

持權好用衆禧儲　　지권호용중희저
心力多施得護余　　심력다시득호여
漁罟廣敷魚類撈　　어고광부어류로
貽恩會衆不周虛　　이은인중부주허

◎ 평소에 내가 권력을 잡고 가졌다고 하여 함부로 쓰면 있을 때는 아무 말도 못 하다가 권력이 떠나는 날 재앙이 일어나서 나를 향해 달려 올 것이니, 뒷감당을 어찌할 것인가. 그러므로 지각이 있는 사람은 은혜를 끼치고 베풀어 줌으로 난경에 처할지라도 보호를 받고 외로울지라도 좌우에 사람이 있어 주위가 텅 비지 않는다. 그리하여 우리는 겸덕수익(謙德受益)을 하여야 한다.

앞과 뒤의 부처
前後之佛

뒤의 부처는 자연스럽게 앞의 부처를 이어
하늘 열고 땅을 열어서 법등을 올리었네.
우리 스승 일원 진리를 이 세상에 밝혀내어
중생이 살 낙원을 여러 층으로 쌓았어라.

後佛自然前佛承	후불자연전불승
天開地闢法燈昇	천개지벽법등승
我師圓理明斯世	아사원리명사세
居衆樂園儲累層	거중낙원저루층

○ 『논어(論語)』에 '온고이지신(溫故而知新)'이란 말이 나온다. '지난 것을 복습하여 새것을 알아간다.'라는 뜻이다. 무엇이든 근거가 있으므로 거기에 바탕을 두고 새롭게 발전시키면 시대에 맞는 방법이나 기술이 된다. 따라서 종교라는 교법도 돌출할 수도 있겠지만 과거의 여러 법이 융회(融會)하여 원만종교(圓滿宗敎)를 이루게 되는 것이니 앞으로 세상은 원만한 종교라야 낙원을 이루게 된다.

부처 조사로 끌어간다
佛師牽去

석가모니불을 근본하여 법이 바르게 이어지고
일원 진리 높게 드러나서 세상을 밝히는 등불이네.
가슴을 열고 마음을 열어 미혹한 중생을 품고
부처와 조사로 끌어가니 사방에서 호응하누나.

釋迦根本法正承　　석가근본법정승
圓理高揚明世燈　　원리고양명세등
啓臆開心懷惑衆　　계억개심회혹중
佛師牽去四方應　　불사견거사방응

○ 우리 교단은 불법을 주체로 해서 열린 새 회상이다. 이 가운데 가장 으뜸이 되는 종지로 일원을 세웠으니 만고에 다시 없는 교중교(敎中敎)요 이중리(理中理)이다. 이러한 회상에 참여한 우리는 가슴을 열고 마음을 열어서 미혹한 중생을 품고 안아 부처가 되고 조사가 되도록 이끌어 가야 한다. 그리하여 모두 보고 일어나 호응하여 동성불조(同成佛祖) 되도록 해야 한다.

옛날부터 강성한 민족
古盛民族

주세 부처 대종사 이 땅에 나옴에
우리나라를 천하가 맞아주지 않음이 없었네.
옛날부터 강성한 민족으로 두뇌 회전이 빠르니
세상 사람 잘 인도하여 긴긴 세월 평화 이루리라.

主佛宗師此地生　　주불종사차지생
我邦天下不非迎　　아방천하불비영
古盛民族頭回速　　고성민족두회속
善導世人成歲平　　선도세인성세평

○ 근래에 우리나라가 빠르게 상종가(上終價)를 치르고 있다. 나라의 위상은 말할 것도 없겠지만 한글과 문화, 또 케이팝(K-pop)과 음식, 또 영화와 방산, 또 자동차와 조선, 또 전자와 반도체 등등, 무엇 하나 드러나지 아니함이 없다. 이것이 주세불이 탄생한 이 나라에 일원 진리가 깨어나 드러나니 세상이 환영하고 생령들이 영접하며 또한 천우신조(天佑神助)하여 어변성룡(魚變成龍)을 이뤄가고 있다.

여러 생령을 교화함은
衆生敎化

바람 속에 큰바람은 이에 법의 바람이요
텅 빔 가운데에 큰 빔은 이에 참된 공이네.
여러 생령을 교화함은 우리의 임무이요
늘상 일원 진리의 융통을 드러낼지니라.

風裏大飄爰法風　　풍리대표원법풍
空中丕曠迺眞空　　공중비광내진공
衆生敎化吾任務　　중생교화오임무
常顯一圓眞理融　　상현일원진리융

◎ 무릇 법풍이란 소태산 대종사님의 가르침으로 중생을 제도하고 낙원을 건설하는 것이요, 또한 진공은 일원 진리의 체원(體源)으로 원불교의 최고 종지가 된다. 다시 말하면 일원 진리에 근거한 법으로 중생을 교화하자는 의미이다. 우리가 중생을 교화한다고 해놓고 한 사람 한 사람에게 일원의 진리를 알고 깨우쳐서 안겨주지 못한다면 법풍의 교화를 잘했다고 단정할 수가 없다. 그러므로 우리는 일원법풍(一圓法風)의 사도가 되어야 한다.

우주를 구부려서
宇宙曲彎

우주를 구부려서 지팡이의 머리로 삼아
건곤을 곧게 펼쳐서 만물과 짝을 이뤘네.
일원 진리 드넓은 마당 가운데에 노닐면서
진리란 곧은 가지 지팡이 짚고 두둥실 하리.

宇宙曲彎爲枴頭　　우주곡만위괘두
乾坤直展物成逑　　건곤직전물성구
一圓廣博遊場裏　　일원광박유장리
眞理直條拄拐浮　　진리직조주괴부

○ 우주가 아무리 넓고 높다고 할지라도 사람에게 수용이 될 수밖에 없다. 즉 진리를 깨달은 성자들은 우주의 이치를 보아다가 인간에게 활용이 되도록 하기 때문이다. 그러므로 우주가 곧 일원의 진리와 다름이 없다고 할 수 있다. 따라서 지팡이를 만드는 사람이 지팡이 머리 구부리기를 마음대로 하듯 성리를 깨친 부처는 일원 곧 우주를 마음대로 주물러서 인도상요법(人道上要法)을 만들어 우리 인류로 하여금 복로혜정(福路慧程)으로 나아가도록 하였다.

02

圓理敎綱

원리교강

일원의 진리와 교리의 강령

교단의 4대
教團四代

어언 갑진년에 이르러 해가 새롭게 솟아오름에
교단의 제4대가 미래를 향하여 펼쳐지누나.
거진출진과 전무출신이 화목한 어울림으로 이어서
세상에 일원의 진리를 긴긴 세월에 굴리리라.

焉至甲辰聳日新　　언지갑진용일신
教團四代向來伸　　교단사대향내신
居塵專務和諧續　　거진전무화해속
於世一圓長劫輪　　어세일원장겁륜

◎ 2024년(원기109), 갑진년(甲辰年) 붉은 해가 동령에서 솟아오르니 우주 건곤이 자연히 밝아진다. 교단에서는 제3대를 마무리하고 제4대를 열어가는 첫해가 되었다. 교단 제4대를 맞아 재가와 출가가 화목을 이루어 미래의 세계를 이 법으로 교화하고, 더 나아가 일원의 큰 수레를 밀고 끌어서 세상에 편만(遍滿)하게 하여야 한다. 그리하여 우리가 먼저 낙원건설(樂園建設)을 해야 한다.

진리 바탕의 큰 뿌리
理體鴻根

진리 바탕의 큰 뿌리는 글자로 기록하지 못하고
성품 원천의 큰 본지는 문채(文彩)로 아름답게 못 하리.
그러나 그 속엔 일원의 뜻이 갈무렸으니
오직 우리는 깨달음을 이뤄 중생의 무리를 건질지니라.

理體鴻根不記文　　이체홍근불기문
性源大本匪嘉紋　　성원대본비가문
然而厥裏圓情韞　　연이궐리원정온
唯我成醒濟衆群　　유아성성제중군

○ 일원 진리의 큰 뿌리는 글자를 가지고 써낼 수가 없다. 또한 성품의 큰 근본도 문채를 넣은 그림으로 그려낼 수도 없다. 그러나 만상만물은 둥근 진리의 이치가 원래 내장(內藏)되어 있어서 물물이 부처 아님이 없음을 확실하게 알아야 한다. 그러므로 우리는 큰 진리와 성체(性體)를 깨쳐서 일체중생을 건지고 낙원을 이루는 선봉지인(先鋒之人)이 되어야 한다.

세계 각 종교는
世界各宗

세계 각 종교는 별다른 진리가 없으니
일원의 진리 바탕을 모두 도판으로 삼으리.
일찍 참여한 우리는 이러한 뜻을 알아서
영겁토록 두루 전하고 아울러 세상에 펼칠지니라.

世界各宗另理無　　세계각종영리무
一圓眞體總爲圖　　일원진체총위도
早參吾等斯情識　　조참오등사정식
永劫周傳倂世敷　　영겁주전병세부

○ 세계에는 많은 종교가 있고, 종교마다 종지로 삼는 주리(主理)가 있다. 세상 모든 종교의 주리를 통합적으로 말하면 일원의 진리를 벗어난 바가 없다 해도 과언이 아니다. 재가가 되었든 출가가 되었든 간에 이 교법에 참여한 우리는 일원의 진리를 온 세상에 펼쳐 중생을 교화하고 낙원을 건설해야 할 비명(丕命)이 양견부담(兩肩負擔)되어 있다는 사실을 인지하여 공부를 열심히 해야 한다.

일원의 큰 집
一圓丕廈

하나의 둥근 진리 큰 집을 이 땅에 지어
하늘땅 사이의 터전에 한 마을을 만들고,
이런 속에 뭇 생령과 부처 조사가
대종사님과 나란히 살리니 낙원의 은혜여라.

一圓丕廈造斯坤　　일원비하조사곤
天地間基做壹村　　천지통기주일촌
此裏群生兼佛祖　　차리군생겸불조
宗師倂活樂園恩　　종사병활낙원은

○ 우주에 있는 큰 집을 이 지상에다 옮겨 지으니 바로 낙원의 마을이다. 이 마을에서는 중생과 부처가 따로 없고 범부와 성인도 구분하지 않고 서로 어울려서 살아가고 있다. 이러한 집이 바로 일원 진리의 큰 집이다. 이 집을 우리 대종사께서 지어 주셨으니 일체 생령을 인도하여 이 집안에서 살도록 만능교화(萬能敎化)를 펼쳐서 우선 이 세상에서 중생이라는 숫자를 줄여 나가야 한다.

무엇을 일심이라 하는가
何者一心

보통 이르기를 무엇을 일심이라 이르며
견성은 무엇이기에 성품을 본다고 말하는가.
본래부터 짐작할 수 없는 텅 빈 진리 바탕이니
소리치지도 구별하지도 어수선하게도 말지니라.

常云何者一心云　　상운하자일심운
見性什麽性見言　　견성십마성견언
本始無斟空理體　　본시무짐공리체
莫聲莫別莫紛紜　　막성막별막분운

◎ 보통 우리는 무엇이 일심인가? 또한 어떤 것을 견성이라 하여 성품을 보았다고 말하는가? 사실 진리의 본래 바탕은 무조건 텅 비어서 진리라는 자체도 없다라는 실제를 확연히 알아야 한다. 그러므로 일심이나 견성이라는 것을 내세워 마음을 하나로 모으고 성품을 보아야 한다고 소리치지도 구별하지도 어수선하게도 말고 애오라지 내조자관(內照自觀)하여 자증(自證)을 해야 할 뿐이다.

수행으로 도에 들어가자
修行入道

무릇 닦아 이루려고 도문에 들어왔다면
보이는 법이나 교묘하게 속이는 말에 구하지 말지니,
애오라지 자기 성품과 마음 바탕에 돌아와야
비로소 진리를 깨침과 아울러 부처의 존엄을 얻으리라.

夫此修成入道門	부차수성입도문
莫求示法巧欺言	막구시법교기언
聊歸自性兼心體	요귀자성겸심체
始得理醒倂佛尊	시득리성병불존

○ 무릇 닦아서 이루려는 목적을 가지고 도문에 들어온 사람은 우선 보여지는 법이나 교묘한 감언이설에 속아 넘어가서는 안 된다. 결국 자기의 성품에 돌아오고 마음으로 돌아와 찾기도 하고 보려고 해야 한다. 그리하여 진리에 깨달음을 얻어 부처가 되고 종사가 되며 여래가 되어 중생을 건져내는 선구지인(先驅之人)이 되어야 한다.

해탈의 영어
解脫之囹

삶과 죽음의 미혹한 어둠을 걷어내고자 한다면
반드시 둥근 진리와 한마음을 깨쳐야 한다네.
두 가지를 알지 못하면 빛이 없는 데 들어감이니
이와 같다면 해탈의 영어(囹圄)*에서 뛰쳐나오기 어려우리라.

欲捲死生迷惑暝　　욕권사생미혹명
必爲圓理一心醒　　필위원리일심성
兩條不識無光入　　양조불식무광입
如此難超解脫囹　　여차난초해탈령

○ 사람이 살고 죽는다는 것이 과연 무엇일까. 누구나 한두 번씩은 의심했을 것이고 오랫동안 생각도 해보았을 것이다. 그러나 결론을 얻었다는 사람은 아무도 없다. 그러므로 태어나고 늙고 병들고 죽는다는 생로병사의 이치를 거역하지 않고 따르는 것이 현명한 것이라고 말하지 않을 수 없다. 그러기 때문에 수행을 많이 하여 자신영어(自身囹圄)에서 해탈을 얻는 것이 상책이라고 할 수 있다.

* 영어: 죄인을 가두어 두는 곳. 감옥과 같은 말.

성리를 알고 깨치자
知醒性理

우리가 사람이 되어 도를 닦는 길에
성리를 알고 깨침이 으뜸가는 행동이거늘,
어둠에 가리고 눈 열림을 이루지 못하면
마치 수레를 타고 바다를 건너려는 것과 같느니라.

吾等做人修道程　　오등주인수도정
知醒性理首頭行　　지성성리수두행
非成蔽闇兼開眼　　비성폐암겸개안
彷彿乘車似渡瀛　　방불승거사도영

○ 수도를 함에 성리(性理)를 알고 깨치는 것이 대단히 중요하다. 사실 성리를 모른다면 수도의 길을 갈 수 없을 뿐만 아니라 바른길을 벗어나 어두운 나락으로 들어가기가 쉽다. 그러므로 마음의 눈을 뜨고 성리의 진원을 열어가는 것이 나락에서 벗어나는 급선무라고 할 수 있다. 만일 우리가 성리를 지각하지 못한다면 수레를 타고 바다를 건너려는 무모지인(無謀之人)과 다름이 없게 된다.

둥그러운 빛 두루 쏟아
圓光遍瀉

마음의 소는 항상 흰 구름 가운데 있고
내 뜻은 항상 비어 아득한 하늘에 노니네.
하늘 땅, 땅 하늘 모두에 걸리지 아니하여
둥근 빛을 두루 쏟아 시방을 원융(圓融)*하누나.

心牛常在白雲中　　심우상재백운중
我意恒遊曠漠穹　　아의항유광막궁
天地地天都不礙　　천지지천도불애
圓光遍瀉十方融　　원광편사시방융

○ 마음의 소는 항상 깨끗하여 구름 맑은 데 머문다. 내 뜻도 텅 비고 아득한 하늘에서 노니니 어찌 티끌이 묻고 더러워지겠는가. 하늘은 하늘대로 땅은 땅대로 독존하면서 또한 교섭하되 서로 걸림이 없듯이, 두렷한 일원 진리의 빛을 깨달아 얻으면 시방(十方)을 융화시키고 사생(四生)을 화해시켜서 전쟁과 반목이 없는 화평불토(和平佛土)를 이루게 된다.

---

* 원융: 한 데 통하여 아무 구별이 없고 원만(圓滿)하여 막히는 데가 없음.

석가 부처님과 대종사님
釋佛宗師

석가모니 옛 부처님이 세상에 나오지 않았으면
법신이 출현하고 밝혀짐을 알기 어려웠을 것이라.
반면에 대종사님이 탄생하여 내려오지 않았다면
둥근 진리가 우주에 이뤄졌음을 알기 어려웠다네.

釋迦古佛世非生	석가고불세비생
難識法身出現明	난식법신출현명
反面宗師無誕降	반면종사무탄강
艱知圓理宇寰成	간지원리우환성

○ 옛 부처님이 나오심으로 인하여 진리의 근원이 되는 법신불이 세상에 빛을 보게 되었다. 만일 석가모니 부처님이 나오지 않으셨다면 어떻게 법신불을 알겠는가. 또한 우리 대종사님이 탄생하지 않으셨다면 일원의 진리가 어떻게 우리 앞에 드러나서 진리를 깨달을 수 있겠는가. 두 분 주세 성자로 인하여 진리의 원체를 알게 되었으니 깨달음을 얻어 즉신성불(卽身成佛)을 하여야 한다.

널리 세상에 펼쳐
普敷於世

석가모니 옛 부처님도 오히려 알지 못하였거늘
수제자라는 가섭이 어찌 따름이 있겠는가?
주세의 대종사님은 둥근 진리를 깨쳐서
널리 세상에 펼쳐 모든 사람이 갖도록 하였어라.

釋迦古佛尚不知	석가고불상부지
首弟飮光豈在隨	수제음광기재수
主佛宗師圓理覺	주불종사원리각
普敷於世諸人持	보부어세제인지

○ 자각 선사(慈覺禪師)의 게송에 "옛 부처님이 나시기 전에 응연히 한 상이 둥글었네. 석가도 오히려 알지 못하셨으니 어찌 가섭이 전하겠는가(古佛未生前 凝然一相圓 釋迦猶未會 伽葉豈能傳)"라고 하였다. 부처님이 몰랐으니 가섭도 전할 수 없었다는 이야기이다. 그러나 대종사님은 큰 일원의 진리를 깨쳐 세상에 펼쳐 놓았으니 누구든 깨칠 수 있고 또한 가질 수 있다. 그러므로 우리는 흉회일원(胸懷一圓)을 하고 이 세상을 깨우쳐 가야 한다.

체성과 위력
體性威力

우리가 영생을 이어서 닦아 행할지라도
일원의 진리를 사실 알기가 어렵다네.
체성과 아울러 위력을 통철했을 때에
비로소 수행하는 사람으로 도를 깨닫는 길이 되리라.

吾等永生承拭行　　오등영생승식행
一圓眞理實難明　　일원진리실난명
通時體性兼威力　　통시체성겸위력
始做修人悟道程　　시주수인오도정

○ 우리는 영생을 통해서 수도의 길을 밟아 왔다. 그러나 진리를 확실하게 깨치지 못했기 때문에 다람쥐 쳇바퀴 돌리는 생애를 반복해 왔는지도 모른다. 그러나 성품과 마음을 알고 진리를 깨쳤다면 일원의 위력을 얻어 일체 생령을 제도하는 큰 성자가 되었을 것이니, 어찌 이 길을 놓고 연목구어(緣木求魚)처럼 다른 길을 구하고 찾는 어리석음을 다시 범할 수가 있겠는가. 그러므로 우리는 일원의 진리를 오득하기에 가력어력(加力於力)을 해야 한다.

일원은 바탕이요 근원이다
一圓體源

일원의 진리는 체원을 말하는 것으로
우주나 하늘땅이나 만물의 문이어라.
묘유가 나오는 실제 공은 갖추지 아니함이 없고
큰 은혜 가득 넘쳐 생존하게 아니함이 없다네.

一圓眞理體源言　　일원진리체원언
宇宙乾坤萬物門　　우주건곤만물문
妙出實空無不備　　묘출실공무불비
鴻恩滿溢匪非存　　홍은만일비비존

○ 일원의 진리란 모든 진리의 체원(體源)이요 만유의 근원을 말한다. 그렇기 때문에 우주 만유의 문이 되어 은현자재를 자유롭게 행하고 있다. 따라서 일원의 은혜가 가득함으로 인하여 만물을 버리는 바가 없이 모두 살려서 활용하여 아름다운 우주를 이루고 만물을 이루며 천지를 이루고 생령을 이루게 되다. 그러므로 일원과 사은은 곧 이체은원(理體恩源)이 되는 것이라고 말할 수 있다.

시작도 없고 끝도 없다
無始無終

하늘 밖에 이름을 붙일 별다른 하늘이 없고
둥금 가운데 이름을 부를 다른 둥금도 없어라.
본래 우주는 마을이요 마당일 뿐으로
시작도 없고 끝도 없지만 나고 드는 문이라네.

天外付名毋另天　　천외부명무영천
圓中呼號匪殊圓　　원중호호비수원
本來宇宙村場爾　　본래우주촌장이
無始無終出入門　　무시무종출입문

○ 하늘은 하늘일 뿐 다른 이름을 붙일 수가 없다. 원상도 원상일 뿐 어떤 모양으로도 그릴 수가 없다. 그래서 천원(天圓)과 우주가 한 마을이 되고 한 마당이 되어 시작도 없고 끝남도 없이, 일체 만유와 일체 생령이 자유자재로 돌고 돌며 들어왔다가 나가고 나갔다가 다시 들어올 수 있는 큰 문이 된다. 그러므로 이를 깨쳐 얻었을 때 비로소 위불위조(謂佛謂祖)라고 말할 수 있다.

일원은 한 물건이다
一圓一物

진리인 일원은 한 물건을 말하는 것이요
우주 만유의 원래 근원이 되는 것이며
여러 조사와 모든 부처의 심인이 되고
다함 없는 중생의 참 성품의 뿌리이니라.

眞理一圓一物言　　진리일원일물언
宇寰萬有做原源　　우환만유주원원
群師諸佛爲心印　　군사제불위심인
無盡衆生眞性根　　무진중생진성근

◎ 일원은 한 물건을 말한다. 이 물건은 형상도 없고 글자도 없으며 머리도 없고 꼬리도 없으므로 이름을 붙일 수도 없고 모양을 그릴 수도 없다. 그러나 우주 만유의 본원이 되고 여러 조사나 부처의 심인이 되며 일체중생 참된 성품의 뿌리가 되는 것이니 이런 사실을 깨달아 얻는 것이 곧 득불실생(得佛失生)이라고 말할 수 있다.

진리라는 물건 완연히 있다
理物完存

일원 진리라는 물건 완연하게 있지만
만일 마음이 열리지 아니하면 흔적을 알지 못하리.
항상 밝고 항상 맑아 어두운 바가 없어서
자연의 조화이요 뭇 생령의 근원이라네.

一圓眞理物完存　　일원진리물완존
若不心開非解痕　　약불심개비해흔
恒亮常淸無所暗　　항량상청무소암
自然造化衆生根　　자연조화중생근

○ 진리라는 물건은 언제나 존재하는 것이지만 우리의 마음이 열리지 아니하면 그 흔적을 찾아보거나 알 수가 없다. 또한 이 물건은 항상 밝고 항상 맑아서 어둡지 않아 어디서든지 만나고 볼 수 있지만 마음의 눈이 열리지 아니하면 눈앞에 있어도 알아 볼 수가 없는 청맹과니가 된다. 그러므로 일원을 밝게 보려거든 자개심안(自開心眼)이 열려야 한다.

일원의 깊은 진리
一圓深理

가령 보지도 않고 생각한 바가 아닐지라도
참 된 바탕은 참 빔으로써 본래 있었던 기본이네.
깨달음 이뤄 지혜 밝아야 어리석고 어둠 끊기리니
일원의 깊은 진리로 기나긴 생애를 채우리로다.

假令不見不攸思　　가령불견불유사
眞體眞空本有基　　진체진공본유기
成覺慧明愚闇絶　　성각혜명우암절
一圓深理永生彌　　일원심리영생미

○ 어둠을 밝히는 것은 밝음이다. 천년을 묵혀 둔 캄캄한 방일지라도 성냥불 하나를 켜면 그 어둠은 순식간에 물러난다. 이처럼 일원의 진리가 있고 일원의 지혜가 있으면 아무리 무명이 덮였고 어리석음이 가렸을지라도 활활 타오르는 불에 눈 한 점 떨어지는 홍로점설(紅爐點雪)과 같이 무명과 어리석음이 한순간에 사라져 버린다는 사실을 알아야 한다. 그리하여 우리는 발혜지인(發慧之人)이 되어야 한다.

일원을 깨닫지 못하면
不覺一圓

일원 진리의 근원을 깨닫지 못하면
미혹한 중생의 문을 밀치기가 어렵네.
삶의 길에 마음 어두워 지혜가 밝지 아니하면
무간지옥에 쉽게 떨어져 낙원에 들지 못하리라.

不覺一圓眞理源	불각일원진리원
難推迷惑衆生門	난추미혹중생문
活程心暗不明慧	활정노암불명혜
易落無間未入園	이락무간미입원

○ 중생이란 어떤 사람인가? 진리를 깨닫지 못한 사람을 말하고 성품(마음)을 회복하지 못한 생령을 말한다. 즉, 심혜(心慧)를 이루지 못하고 성지(性智)가 밝지 않은 우치한 사람을 말한다. 이렇게 되면 자연히 현상계의 무간지옥(無間地獄)에 떨어지지만 사후에도 무간지옥에 떨어져서 낙원의 세계와 멀어져 바닥 인생을 면할 수 없으리니 어찌 미몽지인(迷夢之人)이 아니겠는가.

다함이 없는 보물
毋窮寶物

진체인 일원은 시작과 끝이 없는 것이지만
함이 없는 묘리가 채워지지 아니함이 없다네.
다함이 없는 보물이 갖춰지지 아니함이 없고
조화가 왕성하여 살리는 공능(功能)*을 운용하느니라.

眞體一圓无始終　　진체일원무시종
無爲妙理不非充　　무위묘리불비충
毋窮寶物毋微備　　무궁보물무미비
造化旺盛用活功　　조화왕성용활공

○ 진체인 일원의 진리는 시작이나 끝도 없어서 텅 빈 것이요. 또한 함이 없는 한 이치는 이 우주에 가득 채워져 있다고 말할 수 있다. 따라서 무궁한 보물이 갖춰져 있고 다함이 없는 조화가 생생약동(生生躍動)하여 그 공능은 만물을 살리는 묘덕(妙德)을 베풀고 있다. 이것이 진리의 무위한 작용이니 이러한 이치를 알고 깨달아야 한다. 그리하여 중생을 구제하는 위제도사(爲濟度師)가 되어야 한다.

---

* 공능: 공적과 재능을 아울러 이르는 말.

일원 진리는 진실로 있다
圓理眞存

일원은 거짓이 아닌 진리이니 참으로 있는 것이요
깨달음은 지혜 밝음이요 알음알이 번거로움이 아니네.
내 몸 가운데 갈무렸고 몸 바깥 것이 아니니
눈으로 보고 말로 토하니 그 흔적의 드러남이니라.

一圓非假理眞存	일원비가리진존
覺悟慧明非識繁	각오혜명비식번
我體中藏身外未	아체중장신외미
眼看言吐顯其痕	안간언토현기흔

○ 일원의 진리라고 해서 우주를 휘젓고 조화를 부리며 영생 거래에 자유로운 것이라고 단정을 지어서 말하지 말라. 이러한 모습이 환하게 드러나서 하늘땅 만유를 하나도 버리지 않고 다 살리고 품어서 제 몫을 하도록 시은(施恩)하고 있다. 이에 이것이 일원 진리의 참 모습이니 멀리 구하지 말고 가까운 나에게서 찾고 알고 깨쳐야 한다. 그러므로 우리는 이런 이치를 본받아 무상활생(無相活生)을 해야 한다.

둥근 진리의 몸 가운데
圓理身中

무릇 이 둥근 진리의 실제 몸 가운데는
만상과 삼라가 본래부터 화융하였고,
우주와 하늘땅과 뭇 물이 쌓였으며
시방과 삼계가 저절로 벌려 채워졌느니라.

凡斯圓理實身中　　범사원리실신중
萬像森羅本始融　　만상삼라본시융
宇宙乾坤群物積　　우주건곤군물적
十方三界自羅充　　시방삼계자라충

○ 일원의 진리 속에는 모든 것이 가득하지만 융화(融和)를 이룬 것이요 독자적인 것은 없다. 즉 낱낱이 나뉘어 있는 것 같지만 진리의 융화 작용이 멈추면 개개로 살아남는 것은 하나도 없기 때문에 물물이 융화지물(融和之物)이라고 아니할 수 없다. 그러므로 우주를 비롯한 하늘땅 그리고 만물이 툭 터져서 간격이 없는 시방(十方)에서 자유자재하는 것이니 우리도 이를 체 받아 무애지인(無礙之人)이 되어야 한다.

일원 진리의 근원
一圓理源

여기에 일원이라는 진리 근원이 있으니
부모 천지 동포 법률인 사은의 뿌리로다.
정신 사리 작업의 삼학을 갈무렸으며
여래의 불성임을 돈독히 믿어 보존할지니라.

於此一圓存理源　　어차일원존리원
父天同法四恩根　　부천동법사은근
精神事作藏三學　　정신사작장삼학
佛性如來篤信存　　불성여래독신존

○ 일원의 진리 속에는 천지와 부모와 동포와 법률이 무흠무여(無欠無餘)하게 들어 있고, 정신수양과 사리연구와 작업취사가 호리불차(毫釐不差)하게 갖추어졌으니 어찌 원리(原理)가 아니겠는가. 따라서 여래의 불성을 가진 우리로서 사은으로 무량한 복락을 축적하고 삼학으로 지혜를 밝혀서 내가 바로 여래가 되어야 한다. 대개 중생이 구제되는 바가 자구(自救)도 있지만 선지자의 언서(言書)를 통한 타구(他救)도 있기 때문에 우리는 이기구인(以己救人)을 해야 한다.

성품에서 발현하는 광명
發性光明

무릇 일원상을 모시고 원불교를 믿는 사람이라면
자연스럽게 진리로 더불어 합하고 화하며 친하라.
법신은 우주를 담아서 가득한 것이요
성품에서 발현하는 광명은 삼계에 펼쳐졌다네.

夫侍圓相信教人	부시원상신교인
自然與理合和親	자연여리합화친
法身宇宙爲盛滿	법신우주위성만
發性光明三界伸	발성광명삼계신

○ 원불교를 신봉하는 사람이라면 일원상을 모시고 따를 줄을 알아야 한다. 그래서 제일 먼저 일원 진리와 무격(無隔)한 지친(至親)과 화합을 가져야 한다. 왜냐하면 진리인 법신은 우주를 꽉 싸고 만유를 품어서 장양(長養)하고 있기 때문이다. 우리는 일원상과 같이 원만구족한 자성을 가졌고 그 자성에서 발현하는 지혜를 갈무리고 있기 때문에 우리는 함원지인(含圓之人)이 되고 함리지인(含理之人)이 되어야 한다.

법을 법이라 하고 티끌을 티끌이라 한다
法法塵塵

법을 법이라 말하지만 이는 법을 씨로 한 게 아니요
티끌을 티끌이라 말하지만 이에 티의 티끌이 아니네.
널리 모든 물건을 보니 이치 아님이 없거늘
어찌 어정거리며 참된 것을 찾고 가지려 하는가.

法法匪言是法仁	법법비언시법인
塵塵未語乃瑕塵	진진미어내하진
普觀萬物無非理	보관만물무비리
何故徘徊取覓眞	하고배회취멱진

○ 법을 법이라 하지만 실지 법이란 종자가 있어서 법이 만들어지는 것은 아니다. 티끌이라는 것도 우연히 생겨나는 찌꺼기가 아니라 우주를 머금은 이물지진(理物之塵)이기 때문이다. 즉 이 모두가 무궁한 일원의 진리가 가득한 것으로, 육근을 동작하는 데에 진리 그대로 노출이 되고 있는 것이라고 할 수 있다. 그러므로 여기저기 돌아다니며 찾고 구하려 말고 자신에게로 돌아가서 자기법신(自己法身)을 보고 찾아야 한다.

공부에 게으르지 말고
勿懈功夫

청정한 법신은 앞선 부처님이 내었고
일원의 진리는 우리 스승이 밝혔다네.
원래 둘이 아니요 다른 바도 없으니
공부에 게으르지 말고 대업을 이룰지니라.

清淨法身前佛生　　청정법신전불생
一圓眞理我師明　　일원진리아사명
原非兩者無攸異　　원비양자무유이
勿懈功夫大業成　　물해공부대업성

◎ 청정 법신은 부처님이 내었다. 일원 진리는 우리 대종사님이 밝히셨다. 이는 둘이 아니요 다른 바도 없는 한 근원 한 이치이다. 그런데 법구생폐(法久生弊)라는 말처럼 법이 오래되다 보니까 폐단이 나무에 옹이처럼 생겨나 후인들의 짜증을 유발하게 되었다. 우리는 대종사님이 열어주신 새 종교 원불교 정법의 가르침을 받드는 일에 게으름을 부리지 말아야 한다. 그리하여 모든 부처님과 모든 중생과 파수공행(把手共行)을 하여야 한다.

진리의 근원
眞理根源

진리의 근원인 둥근 바탕의 모양은
공으로써 근본을 삼는 고요한 마음의 맑음이네.
원으로 인하여 밝음을 지어 지혜를 밝힘이며
정으로 표준하여 화합을 삼아 교화를 베풂이니라.

眞理根源圓體相	진리근원원체상
以空爲本靜心芳	이공위본정심방
因圓作亮明知慧	인원작량명지혜
標正做和教化張	표정주화교화장

○ 진리는 둥글고, 둥근 것은 진리이다. 이 진리가 우주의 것이기도 하지만 나(우리)의 것이기 때문이다. 여기에는 세 가지 근원이 있으니, 하나는 공(空)으로 고요한 마음의 맑음이요, 둘은 원(圓)으로 밝은 알음알이의 지혜이며, 셋은 정(正)으로 화합을 이루어 교화를 베푸는 것을 말한다. 그러므로 도문에 들어온 사람은 삼원(三圓)을 표준하여 공부하고 수행해서 여리불이(與理不異)가 되어야 한다.

진리 바탕이 일원이다
理體一圓

통상적으로 이체를 일원이라 설명하고
우주와 건곤의 본원이 되는 것이라.
삼라와 만상을 품지 아니함이 없고
조화와 조화를 베풀지 아니함이 없다네.

通常理體一圓詮　　통상이체일원전
宇宙乾坤做本然　　우주건곤주본연
萬像森羅無不現　　만상삼라무불현
調和造化匪非宣　　조화조화비비선

○ 통상적으로 진리의 바탕을 일원이라고 설명하며, 우주나 건곤의 본연 자리라고 말하기도 한다. 따라서 삼라만상이 개개가 분명하여 드러나지 않는 것은 하나도 없다. 여기에는 조리의 조화와 묘유의 조화가 모두 갖추어져서 위력을 부리지 아니함이 없으니 우리는 이런 이치를 체득하여 걸림 없는 사람이 되어야 한다. 그러므로 우리는 진리 깨닫고 성품 회복하여 중생 제도하는 회통종사(會通宗師)가 되어야 한다.

오히려 무명이 쌓이면
猶積無明

겉으로만 보면 맹인이 눈 둘을 가졌다 할지라도
발아래 있는 사나운 살쾡이를 보기 어려우리라.
망령된 번뇌로 도를 닦으면 진리를 깨닫기 어려워
오히려 무명이 쌓여서 결국 어리석음에 떨어진다네.

外見盲人眼二持　　외견맹인안이지
難看足下有猛狸　　난간족하유맹리
妄煩修道難醒理　　망번수도난성리
猶積無明結落癡　　유적무명결락치

○ 겉으로 보기에는 맹인이나 우리나 다를 바 없이 얼굴에 두 눈이 붙어 있다. 그러나 맹인은 앞이 안 보이므로 발아래 사나운 살쾡이가 달려들어도 피할 수가 없다. 도를 닦는 데 망령된 번뇌나 망상이 가렸다면 맹인이나 진배없다. 이처럼 무명이 쌓이고 쌓여 결국 어리석은 중생이 되는 것이니, 사나운 살쾡이에 혼나는 맹인 신세가 되는 것이다. 그리하여 영생에 청맹과니로 눈뜬장님이 되지 않으려면 오리종사(悟理宗師)가 되어야 한다.

둥근 이치 깨달음 성취하면
圓理遂醒

둥근 이치 깨달음 성취하면 아울러 성품도 밝아지고
마음 연마하여 번뇌 소멸하면 지혜의 광명을 이루리.
깊이 닦고 도를 알아 검은 구름이 걷히면
자비가 발현하여 뭇 생령을 제도하리라.

圓理遂醒兼性明	원리수성겸성명
心研滅惱慧光成	심연멸뇌혜광성
深修道解黔雲捲	심수도해검운권
發現慈悲濟衆生	발현자비제중생

○ 일원의 진리를 깨달으면 진리의 근본 이치가 밝아지게 된다. 또한 마음을 연마하여 번뇌를 소멸하면 지혜의 광명을 이루게 된다. 수도하는 사람이 깊이 도를 닦아 검은 구름을 거두고 밝은 지혜와 자비를 갖추어 중생을 제도한다면 세상은 자연히 평화로워지고 함께하는 삶은 아름답게 전개된다. 그러므로 우리는 중생을 구제하는 자비도인(慈悲道人)이 되어야 한다.

우주는 형상이 없다
宇宙無形

우주는 형상이 없지만 운기가 왕성하고
하늘땅은 돕고 보충하여 만물을 살리네.
짐작할 수 없는 오묘한 이치는 깊이 갈무리하고 숨어
드러나지 않으면서 전반적으로 조화를 이루느니라.

宇宙無形運氣盛　　우주무형운기성
乾坤裨補物情生　　건곤비보물정생
不斟妙理深藏隱　　부짐묘리심장은
未顯全般造化成　　미현전반조화성

○ 우주는 형상이 없다. 그러나 온갖 이기(理氣)를 갖춘 참된 체성이요 근원이다. 그리하여 하늘이든 땅이든 만물이든 가릴 것 없이 하나도 버리지 않고 다 감싸 안아서 살리고 키운다. 그러면서 자신은 드러내지 않고 조화를 부려서 모든 물정을 제자리에 서서 자라도록 하고 있으니 위대하다고 아니할 수 없다. 그러므로 우리도 각리지인(覺理之人)이 되어 물상을 키워내는 모심(母心)을 가져야 한다.

정각과 정행(1)
正覺正行

바른 깨달음은 일원의 진리를 깨달음이요
올바른 행은 교화로 중생을 깨우침이네.
마음을 밝히고 성품을 알아 이에 부처 이루어
근심 없는 낙원에서 함께 살고 머물리라.

正覺一圓眞理醒	정각일원진리성
直行敎化衆生惺	직행교화중생성
明心知性乃成佛	명심지성내성불
無患樂園同活停	무환낙원동활정

◯ 바른 깨달음이란 일원의 진리를 원만하게 깨달아 조금의 미혹이 남아 있지 않음이요, 정행이란 의행과 직행으로 중생을 교화하여 깨우침을 갖도록 하는 것이라 말할 수 있다. 그리하면 자연히 마음과 성품이 밝아지고 지혜로워져 부처를 이루게 된다. 부처를 이룬다는 것은 결국 중생을 제도하여 낙원을 이루어 함께 살아가자는 의미이다. 그리하여 모두가 이고득락(離苦得樂)의 주인이 되자는 의미이다.

정각과 정행(2)
正覺正行

일원의 진리 깨닫지 못하면 부처에 오르기 어렵고
닦지 않으면 성품 지혜 밝고 맑아지지 아니하네.
생이지지(生而知之)가 최상으로 한량없는 지혜이니
부지런히 닦고 단번에 열어 마음바탕을 일으키리라.

未覺一圓難佛登　　미각일원난불등
非修性慧不明澄　　비수성혜불명징
生知最上無量智　　생지최상무량지
勤拭頓開心體興　　근식돈개심체흥

○ 일원의 진리를 깨닫지 못하면 부처나 조사가 되기 어렵다. 또한 본래 갖춘 성품의 지혜라고 할지라도 닦지 아니하면 밝거나 맑아지지 않는다. 따라서 생지(生知), 곧 생이지지(生而知之)가 최상의 지혜이지만 이 지혜는 곧 우리의 본래 청정한 성품에 갈무려 있는 지혜를 말한다. 그러므로 이런 지혜를 얻었을 때 불조지인(佛祖之人)이라고 말할 수 있다.

참 부처는 마음 가운데
眞佛心中

참 부처는 마음 가운데서 잘 길러져 나오고
큰 은혜는 네 가지 은혜로 물화를 무성케 하네.
일원의 진리를 깨쳐서 밝은 지혜를 얻어
걸림 없이 항상 노닐며 우주를 횡행(橫行)*하리라.

眞佛心中善養生	진불심중선양생
鴻恩四惠物華盛	홍은사혜물화성
一圓理覺明知得	일원이각명지득
無礙恒遊宇宙行	무애항유우주행

○ 참 부처가 본래 갖춰져 있다 할지라도 누생(累生)을 오가다 보면 잠깐 매(昧)할 수도 있기 때문에 마음에서 길러 내보내야 한다. 또한 은혜라는 것도 없어서는 살 수 없는 요소이기 때문에 물화가 성장함에 은혜가 미치지 아니함이 없게 된다. 그러므로 우리는 일원의 진리를 깨닫고 사은의 은혜를 갖춘 불보살로서 중생을 위하는 선도지인(先導之人)이 되어야 한다.

---

* 횡행: 거리낌 없이 멋대로 행동함.

지극한 이치가 순환한다
至理循環

안과 밖에 있지 아니하고 가운데도 있지 않으며
유와 무에 있지 않고 공으로 말미암음도 아니네.
모양과 형상 드러나지 않고 기미도 소멸하였지만
지극한 진리는 순환해서 다하는 바가 없느니라.

內外不存不在中　　내외부존부재중
有無非有弗由空　　유무비유불유공
模形匪顯幾微滅　　모형비현기미멸
至理循環未所窮　　지리순환미소궁

○ 없다. 없다. 없다는 말로 없다고 할지라도 결국은 없다는 것도 없다. 이렇게 없는 일물(一物)을 혹은 있다고 하고 혹은 비었다고 하며 혹은 중간이라고 하고 혹은 가장자리라는 등 여러 가지로 중언부언(重言復言)을 하였지만 이도 또한 없다. 그러나 없는 이것이 없으면 우주나 물상은 생명을 잃어 버린 공각지물(空殼之物)이 된다는 사실을 알아야 한다. 그러므로 결국 자신이 깨우쳐 아는 것이 최상의 방법이다.

화려한 돌로 바깥만 꾸며선
華石外裝

무릇 한 생각 깨쳐 아는 바가 있을지라도
안에 갈무리고 함부로 펼치고 헤치지 않을지라.
깨친 바를 스승의 인증을 받지 아니한다면
화려한 돌로 바깥만 꾸민 보옥을 가졌다 자랑함이네.

夫有一思攸覺知　　부유일사유각지
內藏肆意未敷披　　내장사의미부피
所醒師傳非承證　　소성사부비승증
華石外裝誇玉持　　화석외장과옥지

○ 빙산일각(氷山一角)이라 한다. '얼음 산 하나의 뿔'이라는 의미로 대부분은 숨겨져 있고 드러난 것은 일부분이라는 뜻이다. 우리가 공부를 하여 뭔가 깨쳤다 할지라도 밖으로 내보이려 말고 안에서 보림(保任)하며, 더 나아가서는 눈 밝은 스승의 인증을 받은 뒤에 마지못하여 내보여야 한다. 만일 내실(內實)이 없이 바깥만 치장하면 화이불실(華而不實)이 되고 만다.

교단의 지향
敎團指向

교단의 지향은 세상과 사람을 건짐이니
숙세의 임무를 저버리면 긍정할 바 없다네.
우주의 일원은 진리를 가리키는 것이니
여기에 근본한 바른 법으로 중생을 올려주리라.

敎團指向世人拯	교단지향세인증
背棄宿任無所矜	배기숙임무소긍
宇宙一圓眞理指	우주일원진리지
斯根正法衆生騰	사근정법중생등

○ 우리 교단이 지향하는 바는 사람을 제도하고 세상은 낙원이 되도록 하는 방향이다. 이것이 우리가 숙세를 통해 이룩할 서원이요 약속이다. 그리하여 그 실현 방법을 제시한 것이 바로 정법이다. 이 정법은 오다가다 만들어지거나 미사여구를 짜집기하여 맞춰진 것이 아니라 일원의 진리를 대각한 주세 성자에 의하여 제정되었기 때문에 무량 중생의 도제대법(都濟大法)이 되는 것이라고 아니할 수 없다.

달이 이지러져 소멸한다
月虧消滅

달이 이지러져 소멸하면 원래 형상도 소멸하고
해가 서쪽으로 기울면 아침에 모양이 뚜렷하네.
둥근 진리가 변이되는 것은 떳떳한 이치의 굴림이니
순응하여 그치지 아니하면 순환(循環)*을 깨쳐 얻으라.

月虧消滅滅原形	월휴소멸멸원형
日仄西邊朝樣惺	일측서변조양성
圓理變移常理轉	원리변이상리전
順應不已得循醒	순응불이득순성

○ 달은 선후 보름을 두고 소장(消長)을 한다. 다시 말해서 보름의 간격으로 커졌다 작아졌다 한다. 반면에 해는 하루를 두고 용침(聳浸)을 한다. 즉, 아침저녁으로 뜨고 진다. 이러한 현상이 바로 일원 진리의 변화와 천이(遷移)이다. 그러므로 이러한 이치에 잘 순응하여 공부해 간다면 우주나 건곤은 물론 미물까지도 돌고 도는 것이요 아주 없어지지 않는다는 순환지리(循環之理)를 깨닫게 된다.

---

* 순환: 쉬지 않고 자꾸 도는 것.

세월의 잔잔한 흐름
歲月潺流

세월의 잔잔한 흐름을 철판으로 막기 어렵고
인생의 늙어가는 상태를 약으로 막을 수 없네.
자연의 조화가 부려 쓰지 아니함이 없는 것이니
만물은 이를 좇아 일어났다 소멸했다 펼쳐지느니라.

歲月潺流防鐵難　　세월잔류방철난
人生老樣藥無干　　인생노양약무간
自然造化无非役　　자연조화무비역
萬物從斯起滅攤　　만물종사기멸탄

○ 세월이 잔잔하게 흐르는 물과 같다지만 아무리 두꺼운 철판이라도 막을 수는 없다. 또한 인생의 노병사는 어떠한 신약(神藥)으로 바꾼다거나 늦출 수 없다. 이는 진리의 조화로 균형을 이뤄가기 때문이다. 그러므로 우리는 이러한 진리의 조화에 잘 순응하여 거역하지 않는다면 생사 거래에 자유하는 무애지인(無礙之人)이 된다. 다시 말하면 생사에 해탈을 얻어서 해탈자재(解脫自在)를 해야 한다.

알거나 깨치려 말고
勿知勿覺

한 둥긂은 모가 아니요 상도 아니며
참 이치는 어둠도 없고 빛남도 없다네.
본래부터 텅 비어서 털끝만치도 없으니
알고 깨치려 말고 내게 갈무리하려고도 말라.

一圓非角亦非相	일원비각역비상
眞理匪暝又匪光	진리비명우비광
本始虛空無羽末	본시허공무우말
勿知勿覺勿余藏	물지물각물여장

○ 둥글다는 것은 모남이 없다는 말이요, 상(相) 곧 진리인 체하지도 않는다는 말이다. 그 바탕 자체가 없기 때문에 밝거나 어둡거나 빛남도 없이 텅 비었을 뿐이니, 무엇을 자랑하고 내세우겠는가. 그러므로 알려고도 말고 깨치려고도 말며 더욱 내가 기어이 갈무리하겠다는 다짐도 말고 그냥 그대로 두어야 한다. 그리하여 그 내재(內在) 한 이치를 깨치는 오리지인(悟理之人)이 되어야 한다.

함이 있게 만든 법
有爲造法

함이 있게 만든 법은 자신도 건지지 못하고
마음자리 닦지 아니하면 정신 맑아지기 어렵네.
일찍이 도의 문에 들어서 바른 진리를 깨닫는다면
자신도 건지고 금수도 건지며 많은 사람도 건지리라.

有爲造法匪拯身　　유위조법비증신
心地非修難瀞神　　심지비수난정신
早入道門醒正理　　조입도문성정리
濟身濟獸濟多人　　제신제수제다인

○ 무릇 조작으로 만들어진 법이나 제도는 자기 자신도 건져내기가 어렵다. 또한 마음자리는 본래 맑고 밝은 것이지만 생사나 거래의 반복으로 인하여 어두워지고 때가 끼었으니 닦지 않으면 밝고 맑아질 수 없다. 일찍이 사문을 찾아든 우리는 이 바른 진리를 받들고 수행하여 깨달아 심력을 얻으면 나와 금수(禽獸)와 아울러 많은 사람과 생령을 제도하는 부처와 조사로 구생지성(救生之聖)이라할 수 있다.

능히 지혜가 열려서
能開智慧

들판에 자란 풀과 나무는 거름하지 않아도 우거지더니
잎이 떨어져 뿌리로 돌아가 근본 뿌리를 살찌우네.
미혹한 중생도 마음으로 돌아가 자신 부처를 일으키면
능히 자비·지혜 열려 모든 생령의 희망이 되리라.

野長草木匪糞菲　　야장초목비분비
落葉歸根本柢肥　　낙엽귀근본저비
迷衆復心身佛起　　미중복심신불기
能開慈慧萬生希　　능개자혜만생희

○ 들판에서 자라나는 풀이나 나무를 보면 초목을 기르기 위해 거름이나 퇴비를 하지 않아도 잘 자란다. 그러다가 가을이 되면 잎을 떨구어 자신의 근본 된 뿌리를 튼튼하게 한다. 이처럼 수도인도 마음을 회복하여 부처가 되면 자연스럽게 자비와 지혜가 열려서 모든 사람이 희망의 대상으로 삼는다. 그러기 때문에 우리 공부인은 진력하여 만생을 구원하는 구세지사(救世之師)가 되어야 한다.

뭇 생령 건지고 살려서
衆靈濟活

넓고 텅 빈 우주에 진리의 꽃 피어나고
크게 뭉친 은혜의 덩어리에 도움을 내어 북돋우네.
우리 부처님 현신은 하늘 명을 받음이니
뭇 생령 건지고 살려서 낙원을 만들리로다.

廣空宇宙理花開	광공우주리화개
恩塊丕團補出培	은괴비단보출배
吾佛現身天命受	오불현신천명수
衆靈濟活樂園裁	중령제활낙원재

○ 저 넓은 우주에 진리의 꽃이 핀다는 것은 곧 일원의 진리가 드러나서 여러 사람 큰 깨달음의 대상이 된다는 의미이다. 따라서 그 진리의 움직임이 바로 은혜이니 그 은혜는 만생을 보호하여 살리는 실제이다. 이러한 대업을 우리 대종사님이 하늘의 명을 받아서 이뤄냈다고 할 수 있다. 그리하여 생령이 제도되고 낙원이 건설되는 전반의 세계를 열어주셨으니 우리 스승을 어찌 주세지불(主世之佛)로 받들지 않을 수 있으리오.

원만하여 깊은 가운데
圓滿深中

원만하여 깊은 가운데 구족하게 갈무렸으니
새로 생긴 진리가 곧 여기에 해당하네.
대종사 주세 부처님 큰 법을 만들어서
세상 치료하고 생령 건지니 지상낙원 빛이어라.

圓滿深中具足藏　　원만심중구족장
新生眞理卽斯當　　신생진리즉사당
宗師主佛裁鴻法　　종사주불재홍법
醫世濟靈地樂光　　의세제령지락광

○ 우리의 진리는 원만하고 구족하다. 원만구족하다는 것은 궁극적인 실체로 모자라거나 결함됨이 없이 두루 갖추고 있다는 의미이다. 이러한 진리를 대종사께서 깨달아 바른 법을 제정하였다. 이 법으로 생령이 건져지고 세상의 병증이 치료되어 지상의 낙원이 세워지고, 전반(氈盤)의 세계가 열리게 되리니 바로 여기가 극락지원(極樂之園)이라고 할 수 있다.

지극한 이치는 물건이 없다
至理無物

태산과 교악은 봉우리를 다투지 아니하고
창해와 강하는 흐름을 다투지 않는다네.
지극한 이치는 본래 한 물건도 없는 것이거늘
있음과 비움, 공과 색으로 자취를 짐작하지 말지니라.

泰山喬嶽弗爭峰　　태산교악불쟁봉
滄海江河不鬪溶　　창해강하불투용
至理本來無一物　　지리본래무일물
有虛空色勿斟踪　　유허공색물짐종

○ 태산은 큰 산을 말하고 교악은 높은 봉우리를 말한다. 교악이나 태산은 원래 크고 웅장하니 그 위용을 다툴 필요가 없다. 또한 바닷물이나 강물은 흐름을 다투지 않고 흘러갈 뿐이다. 지극한 이치는 본래 한 물건이라는 흔적도 없고 자취도 없으니 "있다, 없다, 공이다, 색이다." 등의 교언(巧言)으로 짐작하거나 넘겨짚어서는 안 된다. 그러므로 우리는 겉을 보고 알려고 말고 지견본질(知見本質)을 해야 한다.

금강의 한 덩어리
金剛一顆

금강의 한 덩어리 성품 가운데 갈무렸고
보배로운 여의주는 손안에서 빛나누나.
둥근 진리 주머니 벌려 우주를 담아서
이에 하늘 바깥에 던졌는지 드러나지 아니하네.

金剛一顆性中藏　　금강일과성중장
如意寶珠掌內光　　여의보주장내광
圓理羅囊盛宇宙　　원리나낭성우주
迺投天外做非彰　　내투천외주비창

○ 금강은 대일여래(大日如來)의 지덕(智德)을 말하는데, 우리 성품 가운데 갈무려 있다. 여의보주도 우리 손바닥 안에 갖춰져 있다. 이것이 바로 일원의 진리이다. 이 진리가 주머니를 벌려 우주와 건곤과 삼라만상을 가득히 담아서 저 하늘가에 던져버리곤 흔적을 남기지 않는다. 그러므로 우리는 깨달음을 이루었어도 감추고 살아갈지언정 반딧불 같은 실력으로 원리지표(圓理之表)만 보아서는 안 된다.

일원과 둘이 아닌
不二一圓

위가 없이 매우 깊은 진리는 미묘하여
유에도 있지 않고 텅 빈 것도 아니네.
자기의 원래 마음 바탕을 바로 관조하여
일원과 둘이 아닌 근원 자리에 돌아갈지니라.

無上甚深理妙微　　무상심심리묘미
弗存於有曠空非　　불존어유광공비
直觀自己元心體　　직관자기원심체
不二一圓源位歸　　불이일원원위귀

○ 위가 없는 깊은 진리는 정말 미묘하여 있다고도 할 수 없고 비었다고도 할 수 없는 무흔지체(無痕之體)이요 무짐지원(無斟之源)이다. 이것이 진리의 속성이라 한다면 사람에 있어서는 원래 마음에 이 진리가 갈무려 있음을 바로 관조한다면 일원의 진리와 내 마음이 둘이 아닌 근원 자리로 돌아갈 것이니, 어찌 일원지불(一圓之佛) 아니겠는가. 그러므로 우리는 어서 부처가 되어 중생을 건지고 낙원을 세워 집수귀락(執手歸樂)을 해야 한다.

진리인 일원
眞理一圓

무릇 이에 진리인 일원상은
우주와 하늘과 땅과 만유의 방이요,
모든 부처 조사 심인의 자리이며
중생의 본성으로 태초의 고향이어라.

凡爰眞理一圓相	범원진리일원상
宇宙乾坤萬有房	우주건곤만유방
諸佛祖師心印處	제불조사심인처
衆生本性太初鄕	중생본성태초향

○ 우리의 고향은 어디일까. 전라도 사람은 전라도라 할 것이고 서울 사람은 서울이라 할 것이다. 이는 어디까지나 육신의 태생을 근거로 하는 말이지, 참 고향은 아니다. 그러면 어디가 진짜 고향일까. 바로 일원의 진리이다. 우주 건곤이나 삼라만상을 보더라도 모두 일원에 뿌리를 두고 있으니 모두의 고향이 일원이라고 할 수 있다. 즉 진향(眞鄕)은 일원지리(一圓之理)임을 알아야 한다.

묘의를 원래 갈무렸다
妙意元藏

무릇 보려 해도 보이지 않는 이것이 진리 근원이요
듣고자 하지만 듣기 어려운 게 이에 참 일원이네.
구족하지 아니함이 없는 구공한 자리로
묘의를 원래 갈무린 우리 성품의 문이어라.

要見不看是理源	요견불간시리원
欲聞難聒迺眞圓	욕문난오내진원
無非具足俱空位	무비구족구공위
妙意元藏我性門	묘의원장아성문

○ 사실 진리의 근원이나 일원의 바탕은 보고 싶다고 보이는 것도 아니요 듣고 싶다고 들리는 자리도 아니다. 이 자리는 구공하고 구족하며, 구족하고 구공하여 무량한 묘의가 원래 갈무리됐기 때문에 공부가 없다면 견문각지(見聞覺知)하기가 정말 어렵다. 그러므로 수도에 뜻을 둔 사람은 세월을 허송하지 말고 정성을 다하여 근근수습(勤勤修習)해야 한다. 그리하여 깨달음이 있다고 할지라도 그 깨달음에 잡히지 않고 득리자유(得理自由)를 해야 한다.

바깥도 아니요 가장자리도 아니며
不外不邊

무릇 이에 진리인 일원상은
바깥도 아니요 가장자리도 아니며 또한 중앙도 아니고,
멸함도 아니며 생함도 아니고 또한 머묾도 아니지만
구공과 구족을 갈무리하지 아니함이 없어라.

凡爰眞理一圓相	범원진리일원상
不外不邊亦不央	불외불변역불앙
匪滅匪生還匪駐	비멸비생환비주
俱空具足未非藏	구공구족미비장

○ 사실 일원의 진리는 둥근 모습이 '바깥에 있다', '가장자리에 있다', 아니면 '중간에 있다'고 단정하기가 어렵다. '소멸하였다', '생겨났다', 아니면 '머물렀다'고 말하기도 어렵다. 이는 오직 텅 비었는가 하면 가득 찼고, 가득 찼는가 하면 텅 비어서 한 가지로 가늠할 수 없기 때문이다. 그러므로 우리는 스스로 공부하여 증지(證知)하길 당두봉할(當頭棒喝)*해야 한다.

* 당두봉할: '재빠르게 한번 봉으로 후려친다.'라는 뜻이니 '제일의 주제로 삼아야 한다.'는 의미이다.

나라는 상 놓지 못하고
不捨我相

공부를 하고 사업을 하는 데 난관(難關)이 되는 것은
나라는 상을 놓지 못하고 오히려 완고하게 집착함이네.
본래부터 무명이 밝은 지혜를 가리면
마음의 빛 발현하지 못하고 우주도 깨닫지 못하리라.

功夫事業做難關	공부사업주난관
不捨我相猶執頑	불사아상유집완
本始無明眳慧蔽	본시무명훤혜폐
心光弗發匪醒寰	심광불발비성환*

○ 우리가 공부나 사업을 하는 데에 큰 마장이 되고 난관이 되는 것은 아상(我相), 곧 나라는 집착을 놓거나 버리지 못하고 오히려 더욱 완고해지는 것이라고 할 수 있다. 아상이 커지면 본래 무명에 가림이 없는 밝은 지혜, 마음의 빛이 발현되지 못한다. 따라서 환우(寰宇) 곧 우주의 진리를 깨달을 수가 없음으로 중생의 세계를 벗어날 수가 없게 되는 것이니, 우리는 부지런히 공부하여 우주의 근원이 되는 진리를 깨달은 대각지인(大覺之人)이 되어야 한다.

---

* 환: 우주(宇宙)를 말한다.

달이 허공에 떠오름에
浮月虛空

달이 허공에 떠오름에 둥근 바탕이 밝아서
바다나 강에 쏟아 비쳐도 한 모양을 이루네.
본래 있는 성품과 아울러 마음을 바탕하여
하늘과 땅 뭇사람을 품고 안아 살리리로다.

浮月虛空圓體明　　부월허공원체명
海江瀉照共相成　　해강사조공상성
本存性稟兼心質　　본존성품겸심질
天地衆人懷抱生　　천지중인회포생

○ 천월(天月)이나 강월(江月)이나 조월(照月)은 조금도 다르지 않다. 하늘에 있든, 강에 있든, 비추는 데 있든 간에 모양은 조금도 다르지 않다. 따라서 우리의 마음이나 성품도 다르지 않다. 이렇게 다르지 않은 심성을 가진 우리는 진리를 깨칠 수 있는 능력을 갖춘 사람이며, 세상이나 우주에 귀중한 존재들이라 하는 것은 우리의 존재가 진리 그 자체이기 때문이니 개구탄리(開口呑理)를 하면서 살아야 한다.

둥근 진리는 맑고 밝아
圓理淸明

어옹은 홀로 푸른 구름 가운데 낚시하고
은사는 외롭게 법계의 하늘 밭을 가누나.
둥근 진리는 맑고 밝아 우주를 두루 하고
홍몽(鴻濛)*의 원기(元氣)는 만유와 자연에 채워졌어라.

漁翁獨釣碧雲中　　어옹독조벽운중
隱士孤耕法界穹　　은사고경법계궁
圓理淸明周宇宙　　원리청명주우주
鴻濛萬有自然充　　홍몽만유자연충

○ 고기 잡는 늙은이도 혼자요 숨어 사는 은사도 혼자니 자유롭게 걸림이 없이 구름에서 낚시하고 법계를 경작한다. 둥근 진리가 하나요 홍몽의 원기가 하나이기 때문에 이기(理氣)가 주동이 되어 우주 만유와 자연 현상을 마음대로 운전하고 경영한다. 그러므로 우리는 이런 이기를 체 받아서 무위진인(無爲眞人)이 되어야 한다.

---

* 홍몽: 하늘과 땅이 아직 갈리지 아니한 모양. 천지자연의 원기(元氣)를 이르는 말.

지초 난초는 먼저 알고
芝蘭先識

가는 봄이 원망스러워 꽃은 떨어지기를 더디 하고
초여름은 푸름을 자랑하려 더욱 모진 바람 불리네.
오묘한 이치의 운행을 사람은 느끼지 못하지만
지초 난초는 먼저 알고 아름다운 자태 드러내누나.

逝春怨望落花遲　　서춘원망낙화지
初夏矜青益颳吹　　초하긍청익괄취
妙理運行人不感　　묘리운행인불감
芝蘭先識顯佳姿　　지란선식현가자

○ 가는 봄이 원망스러운지 꽃잎이 떨어지기를 더디게 한다. 그런데 염치가 없는 여름은 뜨거운 바람을 불어대며 지름길로 오고 있다. 이러한 것은 볼 수도 없고 알 수도 없는 한 이치의 운행이니 어찌 탓하겠는가. 그러나 지초와 난초는 이런 현상이 벌려지는 사실을 잘 알고 있기 때문에 어디에도 흔들리지 아니하고 의연히 꽃을 피워 방향만방(放香萬邦)을 하고 있으니 본받아야 한다.

둥근 진리로 집을 지어
圓理作家

보리밥 푸성귓국 본디 향이 깊고
산앵두 들나물 맑은 향기 풍기네.
인생이 세상에 머물러 얼마나 살까
둥근 진리에 집을 지어 긴긴 세월 갈무리리.

麥飯蔬羹邃素香　　맥반소갱수소향
山櫻野菜放清芳　　산앵야채방청방
人生住世何幾活　　인생주세하기활
圓理作家長劫藏　　원리작가장겁장

○ 보리밥 푸성귓국이 본래 향내를 깊이 간직하고 있다. 산의 앵두나 들나물도 맑은 향기를 풍기고 있다. 사람이 세상을 사는 데 얼마를 머문다고 말할 수 있을까. 아무래도 짧을 수밖에 없고 허망하다고 할 수밖에 없다. 그러나 사람은 이러한 이치에 눈이 어두워 보지 못하고 온갖 욕심을 부려 자기의 업망(業網)을 만들기에 여념이 없다. 그러므로 우리는 저 둥근 진리에 움막이라도 좋으니 집을 짓고 긴긴 세월 살아가며 불선부명(不羨富名)을 하여야 한다.

일원의 집에 살면서
活於圓屋

가난에 편안하고 도를 즐겨 재물을 채우지 않고
욕심을 막고 분수를 지켜서 몸이 방종하지 않네.
법을 익히고 진리를 깨치면 맑고 밝음을 이뤄
일원의 집에 살면서 푸른 하늘을 희유(戱遊)하리로다.

安貧樂道匪財充　　안빈낙도비재충
窒慾守分非誕躬　　질욕수분비탄궁
法練理醒淸亮就　　법련리성청량취
活於圓屋戱蒼穹　　활어원옥희창궁

○ 가난에 편안하고 도를 즐기며 살아간다면 설사 재물이 없을지라도 궁색하다고 느끼지 않는다. 또한 명부(名富)에 욕심의 끄달림을 당하지 않는다면 방종하지 않는다. 법을 익히고 진리를 깨친다면 맑고 밝은 지혜가 넘칠 것이니 어찌 아름답지 않으리오. 우리는 일원의 진리를 집으로 삼아 살면서 푸른 하늘을 휘어잡아 희롱지인(戱弄之人)이 되리로다.

알 수 없는 둥근 모양
匪識圓相

알 수 없는 둥근 모양을 또한 알지 못하고
엿보지 못할 한 물건 또한 엿볼 수 없다네.
처음부터 밝힌 자가 본래부터 없었으니
이에 어떤 사람이 나올지라도 손을 놓으리라.

匪識圓相亦匪知　　비식원상역비지
非窺一物又非窺　　비규일물우비규
自初明者本來滅　　자초명자본래멸
迺出誰人放手兒　　내출수인방수아

○ 무릇 알 수 없는 진리 모양은 누구도 알 수가 없다. 엿볼 수 없는 물건 역시 누구도 엿볼 수가 없다. 원래 형상도 없고 그림자나 흔적도 없어 이를 처음부터 그리거나 나타낸 모습이 없었기 때문이다. 따라서 어떤 사람이 나와서 이러쿵저러쿵할지라도 손을 놓을 수밖에 없으리니 어찌하리요. 그러므로 우리는 열심히 공부하고 수행하여 진리를 깨달아 어느 때 어느 곳에서나 독현지인(獨顯之人)이 되어야 한다.

도를 도라 말하지 못하면
道道不言

도를 도라 말하지 못하면 참된 도가 아니요
마음을 마음이라 말하지 못하면 실제 마음이 아니네.
원을 원으로 그리지 못하면 모난 모양이 되는 것이요
이치를 이치라 이르지 못하면 밝은 이치에 어긋나리라.

道道不言眞道非　　도도불언진도비
心心匪語實心微　　심심비어실심미
圓圓弗繪爲方樣　　원원불회위방양
理理未云明理違　　이리미운명리위

○ 도는 도인데 도라고 말하지 못하면 이는 참 도가 될 수 없다. 마음은 마음인데 마음이라 말하지 못하면 참 마음이 아니다. 둥근 진리가 진리인데 진리라고 표현하지 못한다면 역시 참된 진리가 아니다. 그러므로 도나 진리나 마음이나 성품이라고 할지라도 이를 드러내어 말하지 못한다면 참된 물건이라 이룰 수 없는 것이니, 오직 열심히 수행하여 깨달아 묵지심각(默知心覺)을 해야 한다.

숙세의 깊은 인연
宿世深緣

숙세의 깊은 인연으로 스승의 문정(門庭)에 들었고
일원의 진리에 조금이나마 깨침을 얻었어라.
복이 쌓여 다함이 없음은 은혜를 알아 갚음이요
지혜 드러나 맑고 밝음은 삼학을 닦아 깨어남이네.

宿世深緣入傳庭 숙세심연입부정
一圓眞理得些醒 일원진리득사성
福儲匪盡知恩報 복저비진지은보
慧顯淸明拭學惺 혜현청명식학성

○ 우리가 주세 성자를 만난다는 것은 맹구우목(盲龜遇木)*이요 섬개투침(纖芥投針)**이 아닐 수 없다. 다행히 스승의 문하에 입문하여 제자가 되어 일원 진리를 깨칠 수 있었고 사은 보은으로 복락을 얻으며 삼학 수행으로 지혜를 밝히게 되었음을 천재일우(千載一遇)의 행중행(幸中幸)이라고 말하지 않을 수 없다. 그러므로 제자가 된 우리는 어떤 상황에서든 스승님의 진리와 법과 말씀과 행동을 따르는 영종불자(永從佛子)가 되어야 한다.

---

* 맹구우목: 눈 먼 거북이가 나무 판자를 만난다는 뜻.
** 섬개투침: 바늘을 땅에 세워놓고 겨자씨를 던져 꽂힌다는 뜻.

교체의 총강령
敎體總綱

극이 없는 일원은 진리의 으뜸이요
네 가지 은혜는 신앙하는 근원이라.
삼학을 수행하면 밝은 지혜가 나오나니
교체의 총강령으로 둘이 아닌 문이라네.

無極一圓眞理元　　무극일원진리원
四條恩惠信仰源　　사조은혜신앙원
修行三學明知出　　수행삼학명지출
敎體總綱不貳門　　교체총강불이문

○ 일원의 진리는 진리 가운데 가장 으뜸가는 진리이다. 또 네 가지 은혜는 실천 신앙의 근원이고, 삼학은 지혜를 발현할 수 있는 최고의 방법이 된다. 이것이 원불교의 교체이요 총강이 되는 것으로, 큰 문이요 큰 가르침 아님이 없다. 따라서 이 문에 든 우리는 대종사님의 으뜸가는 즉통제자(卽通弟子)가 되어야 한다.

지극한 이치와 지극한 둥긂
極理至圓

지극한 이치는 말하기 전엔 실마리를 보지 못하고
지극히 둥긂은 자취 없어 나머지를 보기가 어렵네.
그렇다면 이 물건이 비었는가 아니면 찼는가
넓고 큰 하늘과 땅을 여울에 실어서 보내노라.

極理言前不見端	극리언전불견단
至圓無跡匪看殘	지원무적비간잔
那麼此物空非滿	나마차물공비만
廣大乾坤遣載灘	광대건곤견재탄

○ 무릇 둥근 진리는 천 개의 입으로 만 개의 말을 할지라도 드러내어 표현할 수가 없다. 본래 텅 비어버린 공제(空諦)*여서 언문화양(言文畵樣)으로는 표지(標識)할 수가 없기 때문이다. 결국 자지자각(自知自覺)하며 자짐자량(自斟自量)하여 소감소증(所感所證)이 되었을 때 심독자부(心獨自負)를 할 수 있게 된다.

* 공제: 삼제(三諦)의 하나. 곧 실체와 자성이 없는 본연의 진리.

깨달음 이루려면 일원과 친근해지자
成覺圓親

무릇 사람이 깨달음을 이루려면 일원과 친근하고
또한 복을 쌓으려면 네 가지 은혜를 펼쳐야 하네.
따라서 지혜를 얻으려면 삼학을 닦고
마침내 제도를 받으려면 부처를 좇을지니라.

凡人成覺一圓親	범인성각일원친
亦是儲禧四惠伸	역시저희사혜신
因此得知三學拭	인차득지삼학식
乃終受度佛陀遵	내종수도불타준

○ 무릇 깨달음을 얻으려면 일원의 진리와 친근하여 온통 체각(體覺)을 이루어야 한다. 또한 복을 쌓아두는 것도 네 가지 은혜를 갚는 데서 쌓인다. 지혜를 갖추는 것도 견문으로 되는 것이 아니라 깊은 수행이 이루어져야 얻을 수 있다. 결국은 자력득도(自力得道)를 해야겠지만 이에 부족하거나 미치지 못할 때는 승부마둔(蠅付馬臀)이라도 하여야 한다.

텅 빔과 형상 없음과 고요함과 소멸
虛·無·靜·滅

텅 비어 흔적 끊김으로 진리를 이루고
형상인 만물이나 하늘땅이라는 이름도 없네.
번뇌가 고요하고 맑아 원래 일어남이 없고
삶과 죽음, 감과 옴의 정황이 멸절(滅絕)*되었어라.

虛曠截痕眞理成　　허광절흔진리성
無形萬物地天名　　무형만물지천명
靜淸煩惱匪原起　　정청번뇌비원기
滅絶死生來去情　　멸절사생래거정

○ 무릇 텅 비었다는 것은 진리 자체가 비었다는 뜻이다. 없다는 것은 우주나 하늘땅, 만물도 원래 없다는 뜻이다. 고요하다는 것은 무명이나 사량, 번뇌나 업장, 마음까지도 원래 일어나지 않는다는 뜻이다. 멸이란 삶과 죽음, 오고 가는 정황이 전개되지 않는다는 뜻이다. 그리하여 이 네 가지는 텅 빔을 바탕하였으니 사공지인(四空之人)이 되어야 한다.

---

* 멸절: 완전히 상실(喪失)함. 또는 제거함.

내가 이름을 부르지 못하지만
我非呼名

무릇 이에 진리인 일원상은
우주의 하는 게 없는 큰 도가 드러남이네.
텅 비어 형상이 없고 아울러 조짐할 수도 없으니
내가 이름을 부르진 못하지만 없다 이를 수 없노라.

凡爰眞理一圓相　　범원진리일원상
宇宙無爲鴻道揚　　우주무위홍도양
空曠滅形兼未朕　　공광멸형겸미짐
我非呼名不云亡　　아비호명불운망

○ 누가 뭐라 할지라도 일원의 진리는 이체중리체(理體中理體)로 종교와 과학과 물질이나 철학 등을 통틀어 철관(徹貫)하고 있는 최상의 진리라고 말할 수 있다. 이러한 진리는 두루 하지만 하나를 들어 보여줄 수 없기 때문에 진리인 물음에 막망상(莫妄想)하라고 쏘아붙였다. 그러므로 우리는 무념무심(無念無心)의 사람이 되어 스승님의 법을 양견(兩肩)에 짊어지고 능제중생(能濟衆生)하여야 한다.

일원 진리를 크게 굴리자
一圓大轉

발을 들어 큰 걸음으로 하늘땅을 밟고
손을 들어 우주의 문을 단번에 열었네.
은하수에 배를 띄워 천극(天極)*에 걸터앉아
일원 진리 크게 굴려 낙원마을 만들리로다.

足擡丕步踏乾坤　　족대비보답건곤
手擧頓開宇宙門　　수거돈개우주문
銀漢浮船天極跨　　은한부선천극고
一圓大轉樂園村　　일원대전낙원촌

○ 우리의 발은 천족(天足)이요 손은 천수(天手)이다. 눈은 천안(天眼)이요 입은 천구(天口)이다. 그러므로 육근을 동작하는 그 자체가 천운천행(天運天行) 아님이 없으니 어찌 우주를 못 가며 은하에서 뱃놀이 못할 것이 무엇이겠는가. 그러므로 우리는 일원의 진리를 크게 굴려 낙원을 만들어 일체 생령과 여향동락(與享同樂)을 해야 한다.

---

* 천극: 북극성(北極星).

일원 진리의 광명
一圓光明

일원 진리의 큰 광명은
능히 하늘땅을 꿰뚫어 한량이 없고,
또한 육도와 삼계가 다하는 데까지 이르나니
이를 알고 교화하여 낙원을 베풀지니라.

一圓眞理大光明　일원진리대광명
能徹乾坤不限量　능철건곤불한량
又至六途三界盡　우지육도삼계진
知斯敎化樂園張　지사교화낙원장

○ 일원 진리의 큰 빛 밝음은 하늘땅과 우주를 비추지만 한량이 없어서 더 비추고도 남는다. 육도는 물론이고 삼계나 시방을 비추어도 무흠무여(無欠無餘)한 원광(圓光)이요 이명(理明)이다. 우리는 이러한 이치를 알고 생령을 교화하여 낙원을 건설하는 선구자가 되고 세상에 평화를 보시(普施)하는 성평지인(成平之人)이 되어야 한다.

일원 진리는 원융하다
圓理圓融

일원 진리는 원융하여 자재를 이루고
거래를 임의로 하여 막히고 걸리지 아니하네.
인과가 분명하여 지었음을 넘지는 못하나니
멸하지도 않고 생하지도 아니하여 영겁을 행하리라.

圓理圓融自在成　　원리원융자재성
去來任意匪障縈　　거래임의비장영
分明因果非逾作　　분명인과비유작
不滅不生永劫行　　불멸불생영겁행

◯ 일원의 진리는 둥글둥글하여 모난 데가 없이 자재한다. 거래하는 것도 얽매임이 없이 임의대로 하여 운물(運物)과 양물(養物)을 하고 있다. 이런 가운데 주고받는 것이 분명하고 짓고 얻음이 철저하여 우연이란 절대 없다. 이 진리는 죽거나 낳는 바가 없어서 영겁을 한 길로 일관하여 불변불역(不變不易)하는 원주(原主)라고 할 수 있다. 그러므로 우리는 이러한 이치를 체받아 여리일체(與理一體)가 되어야 한다.

또한 일과 이치도 없다
亦無事理

무릇 이에 진리인 일원상은
능히 유와 공과 아울러 짧음과 길이 끊겼고,
이에 음과 양, 인과 과의 길이 끊겼으며
또한 일과 이치도 없고 부처와 중생도 없느니라.

凡爰眞理一圓相	범원진리일원상
能斷有空與短長	능단유공여단장
迺絶陰陽因果路	내절음양인과로
亦無事理佛生亡	역무사리불생망

○ 무릇 일원 진리의 참모습은 있다거나 없다거나 할 수 없고 길다거나 짧다거나 할 수 없는 절대의 진체이므로, 말로 토를 달지 말고 형상으로 회화해서도 안 된다. 또한 그 궁극처는 음양이나 인과가 끊어져서 주고받는 바가 없으며, 부처도 중생도 또는 일과 이치도 나뉘지 않은 진극지극(盡極之極)의 자리이다. 우리는 그 자리를 알아서 초극지인(超極之人)이 되어야 한다.

더할 수 없는 복과 지혜
無等禧知

진리인 일원은 큰 도의 빛이요
사은과 삼학은 교조(教條)*의 베풂이네.
두 문 수행과 신앙이 앞을 향해 굴러가면
더할 수 없는 복과 지혜가 쏟아져 넘치는 주머니여라.

眞理一圓丕道光　　진리일원비도광
四恩三學教條張　　사은삼학교조장
兩門修信向前轉　　양문수신향전전
無等禧知瀉溢囊　　무등희지사일낭

○ 무릇 진리인 일원은 곧 큰 빛이다. 사은이나 삼학은 혜복을 획득하는 신성불가침의 가르침으로, 사은은 신앙의 길로 복원(福源)이 되는 것이요, 삼학은 수행의 길로 혜근(慧根)이 된다. 신앙과 수행의 두 문을 확실하게 세워서 영겁을 향해 굴려 가야 한다. 그리하면 더할 수 없는 복락과 지혜의 양득지인(兩得之人)이 자연적으로 되어진다.

---

* 교조: 비판의 여지가 없는 신성불가침의 진리라고 주장되는 신앙의 내용을 나타내는 명제. 종교상의 신조(信條).

우주와 하늘과 땅
宇宙乾坤

우주는 너르고 아득하니 둥근 진리가 근원이요
건곤은 은혜와 사랑이니 만물이 사는 뿌리라네.
원래 풍부하여 자양분이 왕성하니
만상은 이 가운데 일어나고 소멸하며 흐르니라.

宇宙曠茫圓理源	우주광망원리원
乾坤恩愛物生根	건곤은애물생근
原來豐富盛滋養	원래풍부성자양
萬象斯中起滅飜	만상사중기멸번*

○ 무릇 우주보다 더 너른 것은 바로 일원의 진리이다. 이 진리에 하늘과 땅이 뿌리를 두고 은혜와 사랑이 뿌리를 두며 만물의 삶이 뿌리를 두었지만 하나도 버리는 바가 없이 다 포용하여 기른다. 만상은 자연히 이 가운데서 일어났다가 소멸하고 없어졌다가 생겨나는 반복을 자행하면서 일원 진리를 따르고 있다. 이처럼 우리도 종리지인(從理之人)이 되어야 한다.

* 번: (물이) 넘쳐 흐르다.

수도하는 길에
修道爲程

수도하는 길에 세운 서원이 병들면
자기도 건지기 어려워서 영생을 그르친다네.
원래 마음 단박에 비워 맑고 밝음을 이루면
부처 조사 마침내 깨어나니 많은 무리 귀의하리라.

修道爲程立願痱　　수도위정립원비
難拯自己永生非　　난증자기영생비
原心頓曠成淸亮　　원심돈광성청량
佛祖終醒多衆依　　불조종성다중의

○ 우리가 도를 닦아가는 길에 있어서 가장 중요한 것은 서원을 굳게 세우는 데 있다. 만일 서원이 병들었다면 자신도 건지기 어려운데 어떻게 교화를 할 것인가. 그러므로 원래 마음에 무명이나 번뇌를 비워서 맑고 밝은 심성을 이룬다면 부처와 조사가 저절로 깨어남으로 일체 대중이 쟁전귀의(爭前歸依)하게 되리라.

사랑하고 아껴 상함이 없고
愛惜無傷

존재하는 만유는 부처의 모습으로 채워졌고
여러 곳의 뭇 생령은 조사 마음의 실상이네.
사랑하고 아껴 상함이 없고 조금도 소멸케 아니하여
항상 긴긴 세월 봉대해서 복락과 지혜를 이룰지니라.

存存萬有佛相盈　　존존만유불상영
在在群生祖意情　　재재군생조의정
愛惜無傷非少滅　　애석무상비소멸
常奉永劫福知成　　상봉영겁복지성

○ 무릇 처처불상(處處佛像)이요 사사불공(事事佛供)이다. 처처불상은 만유가 원만한 위광(威光)을 갖춘 부처님이요, 사사불공은 봉대하고 불공하여 복락과 지혜를 이루자는 의미이다. 그러므로 늘 사랑하고 아껴서 상함이 없게 하고 또한 소멸하게 해서도 안 된다. 그러므로 이것이 곧 우주와 건곤과 만유가 무비불상(無非佛像)임을 알 수 있다.

해와 달로 배를 지어
日月造船

큰 도는 비어 있고 현묘하여 짐작할 수 없고
일원은 흔적 끊어져 어울려 짝하지 못하네.
아득히 먼 하늘 기운을 거두어서 큰 바다를 삼아
해와 달로 배를 지어 긴긴 세월을 노닐지니라.

大道虛玄斟酌抽　　대도허현짐작추
一圓痕絶不兼儔　　일원흔절불겸주
太空捲氣爲鴻海　　태공권기위홍해
日月造船長劫遊　　일월조선장겁유

○ 무릇 큰 도는 텅 비어서 어떤 물건인지 짐작할 수가 없다. 일원 진리도 흔적이 끊어졌으니 어울려서 짝을 이룰 수가 없다. 차라리 저 해로 일선(日船)을 짓고 저 달로 월방(月舫)을 만들어 우주에 은하 무리를 다 치워버리고 바다로 삼아 길이길이 노닌다면 누가 막아서고 무엇이 걸릴 것인가. 그러므로 우리는 일원의 진리를 깨달아 품고 살아가는 원리장부(圓理丈夫)가 되어야 한다.

사나운 사자의 굴속에는
猛獅窟裏

사나운 사자의 굴속에는 짐승들이 삶을 거두고
다른 짐승과 다른 새들도 더불어 삶을 쉰다네.
바른 법인 일원의 큰 회상에는
미혹한 중생 모두 품어 낙원에서 놀게 하누나.

猛獅窟裏拮生收	맹사굴리길생수
異獸殊禽與活休	이수수금여활휴
正法一圓於大會	정법일원어대회
都懷迷衆樂園遊	도회미중낙원유

◎ 사자가 사는 굴속에 어찌 다른 짐승이 감히 곁들어 살겠는가. 어떤 짐승이나 새도 사자 근방에 다가서지 못하고 냄새만 맡아도 멀리 달아난다. 대도 정법인 우리 회상에는 본래 미혹한 중생이 없었다. 그러나 살아가는 가운데 마음이 어둔 중생이 되었다. 그러므로 그들을 모두 품고 건져서 낙원의 집을 지어 동락동유(同樂同遊)를 하는 교화자가 되어야 한다.

일원의 성품 바탕
一圓性體

일원은 성품의 바탕이요 사은의 생성이며
우주는 진리의 근원으로 조화를 행한다네.
지혜 갖춘 인간이 이 가운데 살아가면서
그것을 본받아 세상에 낙원을 이루나니라.

一圓性體四恩生　　일원성체사은생
宇宙理源造化行　　우주리원조화행
備智人間斯裏活　　비지인간사리활
效其世上樂園成　　효기세상낙원성

○ 무릇 일원의 진리는 우리 성품의 바탕이 된다. 또 만유를 살리기만 하는 사은의 활원(活源)이 된다. 또한 우주의 원리이며 뭇 조화의 조물(造物)이 된다. 다행히 지혜를 갖춘 사람이 그 가운데 살아가면서 그 진리를 본받아 그 진리가 하려는 낙원 세계를 건설하는 임무를 수행하게 되었다. 이것이 바로 대종사님의 원력이요 우리의 특임사명(特任使命)임을 알아야 한다.

사해는 내가 헤엄치는
四海余游

사해는 내가 헤엄치는 큰 목욕탕이요
하늘땅은 내가 머물러 살며 노니는 마당이네.
이 가운데 법을 알고 둥근 진리와 함께하여
뭇 생령 제도하고 낙원의 집을 건설하리라.

四海余游大浴湯　사해여유대욕탕
乾坤我住活遊場　건곤아주활유장
斯中解法偕圓理　사중해법해원리
濟度群生建樂堂　제도군생건낙당

○ 무릇 사해는 내가 헤엄치며 몸을 씻는 큰 목욕탕이고, 하늘땅은 내가 머물고 살아가며 노니는 마당이다. 그 가운데 정법을 받았고 둥근 진리와 함께하는 중요한 계기가 되었으니, 두 가지 요점이 있다. 그 하나는 정법을 펼쳐서 중생을 제도하는 길이고, 또 하나는 대도를 굴려서 낙원의 세계를 건설하는 대업이다. 그러므로 우리는 이 일을 하는 전무출신(專務出身)임을 자성(自省)하면서 살아야 한다.

듣지 말고 눈도 가리고
莫聽蔽眼

무릇 주고받음을 본래 버려야 하거늘
어찌하여 상을 세워 그것을 전한다고 말하는가.
선이나 교의 두 종이 마구니 말을 토하지만
듣지 말고 눈도 가려 텅 빈 둥긂에 들지어다.

大凡授受本來捐	대범수수본래연
何故立相談厥傳	하고립상담궐전
禪教兩宗魔語吐	선교양종마어토
莫聽蔽眼入空圓	막청폐안입공원

○ 진리라거나 깨달음이라거나 법이라는 것은 본래 주는 것도 아니요 받는 것도 아니다. 그런데 무언가 상을 세우고 장을 마련하여 주기도 하고 받기도 하니 귀어마설(鬼語魔說)이 아닐 수 없다. 그러므로 누가 무어라 할지라도 귀를 막아 듣지도 말고 눈을 가려 보지도 말고 오직 내면만을 돌아보며 일원의 진리에 귀복(歸復)하는 회광반조(廻光返照)를 하면서 살아야 한다.

부르는 이름 짓지 않았다
號名不作

내 한 물건 가졌는데 아직 나타나지 않아서
눈이 있지만 보지 못하고 귀로도 들을 수 없네.
그러나 펼친다면 시방 삼계에 가득 차련만
부를 이름 짓지 않았으니 어떤 이름 새길꼬.

余持一物未些形　　여지일물미사형
有眼匪看無耳聆　　유안비간무이령
然展十方三界滿　　연전시방삼계만
號名不作怎名銘　　호명부작즘명명

○ 내가 한 물건을 가지고 있지만 나타나지 않으니, 혜안이 없어 보지 못하고 청이(淸耳)가 없어 듣지 못하는 상황이 되었다. 그러나 이 물건을 펼치면 시방 삼계에 가득차고 거두어들이면 손톱 위의 한 티끌도 되지 않는다. 이 물건의 이름을 불러야 하는데 어떤 이름을 지어주어야 좋아할지 알 수가 없어서 가명일물(假名一物)이라 하노라.

두 길에 쉼이 없어야
兩路無休

지(智)는 일원의 진리를 깨달아야 얻어지고
혜(慧)는 심성의 본원을 깨쳐야 밝아진다네.
수도하는 사람이 부처 조사의 위를 얻으려면
두 길에 쉼이 없어야 비로소 빗장을 열으리라.

智得一圓眞理醒　　지득일원진리성
慧明心性本源惺　　혜명심성본원성
修人欲獲佛師位　　수인욕획불사위
兩路無休始啓扃　　양로무휴시계경

○ 무릇 지혜(智慧)에 있어서 지는 일원의 깊은 진리를 깨쳐야 비로소 얻어지고 혜는 자성의 깊은 근원을 밝혀야 얻어지는 것이라고 할 수 있다. 아울러 부처가 되려 하고 조사가 되고자 한다면 지와 혜를 깨치고 밝히는 두 길을 밟아가지 않고는 근접하기가 대단히 어렵다. 그러므로 우리는 수도하는 사람들이니 근수불식(勤修不息)을 해서 지혜를 얻어야 한다.

나라를 다스리는 방법에
治邦方法

나라를 다스리는 방법을 두 길로 행한다면
권력은 백성의 큰 소리를 이기기가 어렵고,
경제는 시장의 돌아감을 이기기가 어렵나니
장사의 도리와 국민의 정서에 맡겨야 하느니라.

治邦方法兩程行	치방방법양정행
權力難勝百姓訇	권력난승백성굉
經濟艱贏市肆轉	경제간영시사전
任於商道國民情	임어상도국민정

○ 정치를 하는 데에 여러 가지 방법이 있고 길이 있겠지만 바로 행할 수 있는 두 방법의 길을 말한다면 하나는 권력의 길이요, 또 하나는 경제의 길이라고 말할 수 있다. 그러므로 권력에 있어서는 백성의 말이나 의지를 이기기 어렵고, 경제에 있어서는 시장의 굴러가는 도리를 어길 수 없다. 이 두 가지를 행하면 치국은 치여반장(治如反掌)이 된다라고 말할 수 있다.

오직 사람이라야 체 받아
唯人受體

진리인 일원은 운행하며 굴려 가는 길이니
오직 사람이 체 받아 마음의 신령을 성취한다네.
이와 같이 한 뒤에 하는 바가 없는 힘으로
세상 치유하고 중생 건져 아름다운 삶으로 낼지니라.

眞理一圓運轉經	진리일원운전경
唯人受體遂心靈	유인수체수심령
如斯以後無爲力	여사이후무위력
醫世濟生佳活熒	의세제생가활형

○ 무릇 진리에 있어서 정적인 텅 빈 비움도 있지만 쉬지 않는 운행으로 생생약동하는 동적인 방향도 있다. 이런 이치를 오직 사람만이 체 받아서 심령을 맑히고 밝힐 수 있다. 이렇게 한 뒤에 발리(發理)하는 무위지력(無爲之力)으로 세상의 병증을 치유하고 생령을 제도하여 아름다운 인생의 삶에 원광편조(圓光偏照)가 되도록 해야 한다.

바른 법이 일원이다
正法一圓

무릇 이에 바른 법은 일원에서 나오나니
그로 인하여 크게 깨쳐 진리 바탕을 밝히세.
도로써 마음을 밝혀 참 부처를 얻어서
많은 무리 교화하여 낙원을 이루리라.

凡爰正法一圓生　　범원정법일원생
因厥丕醒理體明　　인궐비성리체명
以道亮心眞佛得　　이도량심진불득
多群敎化樂園成　　다군교화낙원성

○ 우리가 바른 법을 봉대하는 까닭은 법 그 자체가 일원의 진리에서 나왔기 때문이다. 그러므로 이를 깨쳐서 밝히고 전파하는 것은 우리의 큰 서원이요 사명이다. 그리하여 일원의 진리로 마음과 성품을 밝히면 부처를 이루고, 이를 실천하여 교화하면 많은 무리와 생령이 제도되고 낙원이 이루어진다. 그러므로 우리는 이 일을 하기 위하여 이 회상에 들어왔으니 만세불자(萬世佛子)가 되어야 한다.

일원을 깨닫기 어렵다
難覺一圓

일원 진리의 깊이를 깨닫기가 어렵다 하고
자성의 본래 마음을 깨치기가 어렵다 하네.
두 가지에 걸리지 아니하여 알지 못함이 없다면
모든 부처와 조사가 저절로 일어나 다다르리라.

難覺一圓眞理深　　난각일원진리심
艱醒自性本來心　　간성자성본래심
兩條不礙無非識　　양조불애무비식
諸佛祖師自起臨　　제불조사자기림

◎ 우리가 수도를 하는 목적은 영원히 악도에 들지 아니하고 선도 수생을 바라는 것에도 있겠지만, 일원의 진리를 깨치고 자성을 회복하여 부처 조사를 이루는 것이 대망(大望)이라고 할 수 있다. 그러므로 진리를 깨닫고 마음을 밝히면 부처 조사는 저절로 이루어지고 다다르게 된다. 그러므로 멀리 구하지 말고 직심자심(直尋自心)을 해야 숨 쉴 틈도 없이 이루게 된다.

동지가 어울려 화목함은
同志兼和

동지로서 어울려 화목함은 서원이 같아서이요
제자와 스승으로 눈 위에 섬은 두 마음이 통해서라네.
출가하여 전무출신으로 교단에 들어왔으면
능히 일원 진리 깨쳐 스승의 법을 성대하게 할지니라.

同志兼和誓願同	동지겸화서원동
弟師立雪兩心通	제사입설양심통
出家專務教團入	출가전무교단입
能覺一圓傅法隆	능각일원부법륭

○ 동지는 같은 스승의 문하에서 서원을 함께 하는 도반이라고 할 수 있다. 그래서 참된 스승이 참된 제자를 찾게 되고 참된 제자 또한 참된 스승을 찾게 되는 것이니, 정문입설(程門立雪)*이 그 좋은 예이다. 중국 송나라 때 양시(楊時)와 유초(游酢)가 정이천(程伊川)을 스승으로 모시기 위에 적설슬하(積雪膝下)가 된다고 할지라도 미동도 없이 스승이 깨어나기를 기다렸다는 점이다.

---

* 정문입설: '정씨 집 문 앞에 서서 눈을 맞다'라는 뜻으로, 제자가 스승을 존경하고 간절히 배움을 구하는 자세를 비유한 고사성어이다.

일체를 오직 마음
一切唯心

일체를 오직 마음이 다 짓는 것이니
여러 가지로 행동하여 업장을 남기네.
자신을 깊이 생각하여 되짚어 볼 것 같으면
능히 짓는 주인이 나에게 있음을 알지니라.

一切唯心盡作之　　일체유심진작지
諸般行動業障遺　　제반행동업장유
自身邃念如旋見　　자신수념여선견
能造主人存我知　　능조주인존아지

○ 일체유심조(一切唯心造), 일체를 마음이 짓는다. 마음의 움직임이 바로 업장(業障)이다. 이 업장은 외부의 누구도 만들어 주지 아니하고 오직 자신이 만들어 간다. 그러므로 늘 자신을 되짚어 볼 줄 알아서 좋은 업을 짓고자 노력해야 한다. 만일 주인이 되어 잘못된 행동으로 잘못된 일[業]을 저지르면 영생사오(永生事誤)가 됨을 명심해야 한다.

비록 살아 있지만
雖爲有活

살아가는 길에 정의의 길을 밟지 아니하면
비록 살아 있지만 뜻은 행하지 못한다네.
그러나 고독과 한미를 즐길 줄을 안다면
세상에 머물러도 별다르게 추루(醜陋)*한 정황 없으리라.

生路非踏正義程	생로비용정의정
雖爲有活意非行	수위유활의비행
然知孤獨寒微樂	연지고독한미락
留世另無醜陋情	유세영무추루정

○ 사람이 살아가는 길에 정의의 길을 밟지 아니하면 비록 어쩔 수 없이 살아간다 할지라도 자신의 뜻을 펼치고 행할 수 없게 된다. 그러나 고독한 상황이나 한미한 경우를 스스로 즐겨서 근심이나 걱정을 억제할 줄 안다면 세상에 오래 머물러 살아간다 할지라도 더럽고 지저분하게 걸어가지는 않게 된다. 그러므로 우리는 불굴의 의지를 가진 올연장부(兀然丈夫)가 되어야 한다.

* 추루: 더럽고 지저분함.

만일 두 길 없다면
若匪二程

불생과 불멸은 진리의 반을 이름이요
인과의 응보는 또한 나뉨을 말함이네.
실상은 한 바탕이요 근원도 하나이니
만일 두 길이 아니면 기운이 돌지 못하리라.

不滅不生理半云	불멸불생리반운
報應因果亦言分	보응인과역언분
實相一體根源一	실상일체근원일
若匪二程非轉氳	약비이정비전온

○ 하나의 진리를 놓고 볼 때 보통 불생불멸의 도와 인과보응의 이치를 말한다. 이는 이지반(理之半)을 이르는 것이 아니라 한 실상이요 한 바탕이며 한 근원인데 강연이 설명하는 데 있어서 그렇다는 말이다. 그러므로 하나가 빠지면 제 기능을 할 수 없다. 즉 불생불멸은 인과보응으로 그 기운이 돌고, 인과보응은 불생불멸로 그 작용이 드러나게 되는 것이니 이를 일원양현(一圓兩顯)이라고 할 수 있다.

홀연히 하늘과 땅을 밟고
忽踏乾坤

홀연히 하늘과 땅을 밟고 우주에 둘러
두 날개를 펼치고 이에 훨훨 날았어라.
홀로 꼭대기의 점에 서서 눈빛을 쏟고
지극한 이치 비춰 밝아 낟알이 둥글게 달렸네.

忽踏乾坤宇宙旋　　홀답건곤우주선
雙翔展翅迺飛翩　　쌍상전시내비편
獨蹬頂點眼光瀉　　독등정점*안광사
至理照明懸顆圓　　지리조명현과원

○ 무릇 한 발은 땅을 딛고 한 발은 하늘에 올려 훌쩍 뛰어서 우주에 이르러 두 날개를 활짝 펴고 걸리고 막힘이 없이 훨훨 날아다녔더니 시방 삼계가 하나의 티끌에 지나지 않는다. 그러다가 최상의 꼭대기에 올라 눈의 빛을 아래로 쏟으니 지극한 이치가 비추는 곳마다 밝고 맑아 일원이 두렷하게 드러난다. 그러므로 우리는 일원의 두렷함에 들어 심원(心圓)을 이루고 이원(理圓)을 이뤄 원중서래(圓中逝來)를 할 수 있어야 한다.

---

* 정점: 사물(事物)의 절정(絕頂). 맨 꼭대기의 점(點).

한 점 찍혀지기 이전은
一點章前

한 점 찍혀지기 이전은 일원 진리의 근원이니
작은 흔적이라도 남으면 참된 근본 아니어라.
부처 마음 바깥에 없으니 밖으로 달리지 말고
항상 자기중심을 돌아보아 안쪽 문을 열지어다.

一點章前圓理源	일점장전원리원
小餘痕迹匪眞元	소여흔적비진원
佛無心外勿馳外	불무심외물치외
常顧自中開內門	상고자중개내문

○ 점전(點前)은 어떤 경지이며 공전(空前)은 어떠한 경계인가. 즉 한 점을 찍기 이전은 어떠한 경지이며 공을 세우기 이전은 어떠한 경계인가. 이러한 문제에 있어서 외형에서 찾으려는 생각보다는 내면으로 돌려서 점검을 해보아야 한다. 즉 자신 몸에 담겨 있는 마음이라는 도구를 통해서 안 문을 열어야 한다. 만일 안 문이 열리지 않으면 이체(理體)와 성원(性源)의 궁극지처(窮極之處)를 알고 깨달을 수가 없다.

들으려 해도 듣기 어려우니
使聽難聒

신령한 물건을 보고자 하지만 감히 볼 수가 없고
놓으려 하지만 실제 버릴만한 본래 실마리 없네.
잡으려 해도 시초가 됨을 진실로 알 수가 없으며
들으려 해도 듣기 어려우니 놔두고 간여하지 않으리.

欲觀靈物敢无觀　　욕관영물감무간
要放實捐無本端　　요방실연무본단
做執爲初眞不識　　주집위초진불식
使聽難聒擱非干　　사청난오각비간

○ 여기에 신령한 한 물건이 있다. 보려 해도 볼 수가 없고 잡으려 해도 잡을 수가 없으며 놓으려 해도 놓을 수가 없다. 과연 이것이 무슨 물건인가? 그러므로 차라리 들으려 말고 보려고도 아니하여 그대로 놔두는 그것이 상책이라 할 수 있다. 『장자(莊子)』〈응제왕(應帝王)〉에 「혼돈(渾沌)」*이라는 이야기가 있다. 이 혼돈을 놔두면 되는데 구멍을 뚫어주다가 결국 죽이고 말았다. 그러므로 우리는 방이불관(放而不關)을 해야 한다.

---

* 혼돈: 남쪽 바다의 제왕을 숙이라 하고, 북쪽 바다의 제왕을 홀이라 하며, 중앙의 제왕을 혼돈이라 하였다. 숙과 홀이 때때로 서로 함께 혼돈의 땅에서 만났는데, 혼돈이 이들은 참으로 잘 대접했다. 숙과 홀이 혼돈의 은덕을 갚을 방법을 의논하며 이렇게 말했다. "사람은 모두 일곱 개의 구멍이 있어서, 보고, 듣고, 먹고, 숨 쉬는데, 유독 혼돈은 이런 구멍이 없으니, 뚫어줍시다." 하루에 구멍 하나씩을 뚫어주었는데, 이레가 되는 날, 혼돈은 죽고 말았다(南海之帝為儵, 北海之帝為忽, 中央之帝為渾沌. 儵與忽時相與遇於渾沌之地, 渾沌待之甚善. 儵與忽謀報渾沌之德, 日「人皆有七竅, 以視聽食息, 此獨無有, 嘗試鑿之」日鑿一竅, 七日而渾沌死)

집 가운데에 큰 집은
家中大屋

집 가운데에 큰 집은 일원의 집이요
지혜 속의 큰 지혜는 삼학의 꽃이네
은혜가 두루 미쳐 많은 중생 살리고
마음 닦아 정진하면 큰 부처 이루리.

家中大屋一圓家	가중대옥일원가
慧裏丕知三學華	혜리비지삼학화
恩惠遍周多衆活	은혜편주다중활
修心精進遂丕迦	수심정진수비가*

◎ 고대의 왕궁이 웅장하고 지금의 빌딩이 아무리 높다고 할지라도 일원의 집에 비하면 조족지혈(鳥足之血)이 아닐 수 없다. 또한 명석한 머리로 지해(知解)를 많이 담았다 할지라도 삼학을 수행하여 얻은 지혜에 비유하면 항하지사(恒河之沙)에 불과하다. 그러므로 우리는 마음을 닦아 부처를 이루고 은혜를 베풀어 만유를 살려가는 자비의 전도사(傳道師) 역할을 다한다면 도가에 사는 사람으로 일생사필(一生事畢)이 되리라 여겨진다.

---

* 가: 부처 이름 가.

가사 진리인 일원이
假理一圓

가사 진리인 일원이 우주에 있다고 해도
본래 모양 없음으로 있다 말하지 못하리.
따라서 흉내를 내어 이에 드러낼 수 없고
다만 마음속에 스스로 근원을 깨칠지니라.

假理一圓宇宙存　　가리일원우주존
本來無象有非言　　본래무상유비언
隨而模倣爰无顯　　당초모방원무현
但只心中自覺源　　단지심중자각원

◯ 최고의 진리가 되는 일원이 우주가 생성되기 이전부터 있었다 할지라도 본래 형상이 없음으로 가부(可否)를 단정 지어서 말이나 글이나 행동으로 표현할 수가 없다. 따라서 흉내를 낸다거나 근리(近理)하다고 말할 수도 없다. 그러기 때문에 오직 마음 가운데 스스로 진리를 깨쳐서 자증(自證)하고 자득(自得)하는 것이 최상의 방법이라고 할 수 있다. 그르므로 우리는 이심각리(以心覺理)를 해야 그 진리를 조금이라도 알았다고 할 수 있다.

지극한 진리를 먼저 밝혀
極理先明

욕심으로써 취하고 구한다면 다 얻기가 어렵고
상을 주로 해서 자길 세우면 환영 모으지 못하리.
모든 사람이 세상에 머물러서 평화롭게 살려면
지극한 진리를 먼저 밝혀 도덕을 펼쳐야 하리라.

以慾取求皆得難　　이욕취구개득난
主相立己不收歡　　주상입기불수환
諸人住世平和活　　제인주세평화활
極理先明道德攤　　극리선명도덕탄

○ 사람이 세상에 살면서 욕심을 부리고 상(相)을 내는 것은 여러 사람에게 환영을 받을 수 있는 상황은 아니다. 즉 여러 사람이 어울려 사는 데는 질서가 있고 양보가 있으며 배려가 있고 존중이 있어야 한다. 이는 진리를 깨달은 성자가 도덕을 세우고 법로(法路)를 제시함에 따라가는 데서 이루어진다고 할 수 있다. 그러므로 우리는 욕상(慾相)을 버리고 청신(淸愼)을 먼저 하는 명도지인(明道之人)이 되어야 한다.

함이 없는 진리는
無爲眞理

함이 없는 진리는 일원을 이름이요
모든 부처 조사 마음 근본 밝힘이네.
가고 옴에 원래 체성을 잃지 않으면
이생 금세가 조금도 나뉘지 않으리.

無爲眞理一圓云 무위진리일원운
諸佛祖師心本昕 제불조사심본흔
不失去來元體性 불실거래원체성
異生今世少非分 이생금세소비분

○ 무릇 하되 하는 바가 없이 하는 게 일원의 진리이다. 나무가 자라되 누구에 의해서 자라는 줄을 모르게 자라도록 하는 것이 일원 진리의 작용이다. 또한 이게 바로 모든 부처와 조사의 마음자리이다. 즉 이체(理體)와 성원(性源)을 알고 깨친다는 것은 곧 일원의 본체를 알고 깨쳤다는 의미이다. 이러하면 전생과 금생이 다르지 않다는 사실을 알기 때문에 삶과 죽음에 연연하지 아니하고 해탈자재(解脫自在)를 이루게 된다.

진리는 마침과 시작이 없다
理無終始

하늘 가운데 하늘을 찾으면 참 하늘이 아니요
텅 빔 속에서 빔을 찾으면 실상의 빔이 아니네.
둥근 진리는 마치거나 시작하는 점도 없으니
무엇이라는 이름을 지어서 부르지 못하리라.

穹中穹覓匪眞穹　　궁중궁멱비진궁
空裏空尋非實空　　공리공심비실공
圓理無終無始點　　원리무종무시점
什麽不號作名公　　십마불호작명공

○ 여기에 한 마리 고기가 있다. 물속에서 자유롭게 헤엄치며 놀고 있다. 또 한 마리 새가 있다. 허공에서 자유롭게 날고 있다. 그러다가 고기가 물 밖으로 나오고 새가 물속으로 들어간다면 숨을 쉬며 헤엄치고 날 수 있을까? 그러므로 하늘에서 하늘 찾지 말고 공에서 공을 찾지 말자. 둥근 진리는 시작이나 끝점을 찾거나 가늠할 수 없으니 이름 지어 부르지 말고 방이불고(放而不顧)를 해야 한다.

여러 부처와 중생

群佛諸生

땅 표면엔 물류가 땅에 뿌리박아 길러지고
운행 기운과 형상은 둥근 하나가 근원이네,
여러 부처와 중생의 마음속에 갈무렸으니
밖으로 달리며 그 작은 흔적을 찾으려 말라.

地盤物類養根坤　　지반물류양근곤
運氣形相圓一源　　운기형상원일원
群佛諸生心裏韞　　군불제생심리온
莫尋外騖厥些痕　　막심외무궐사흔

○ 무릇 만상에 있어서 식물은 땅에 뿌리를 박고 길러진다. 또한 운행하는 기운이나 나타난 모양은 하나의 둥근 진리에 근원을 두고 있는 것이라고 할 수 있다. 따라서 바탕이 되고 근원이 되는 일원의 진리는 여러 부처와 모든 생령의 마음 가운데 원래부터 갈무려 있었던 것이니 밖에서는 어떤 흔적도 찾을 수가 없다. 그러므로 수도하는 사람은 항상 자신에게 돌이켜서 진력구심(盡力求尋)을 해야 한다.

공으로써 바탕을 삼아
以空爲體

주세 부처님 교단의 종지 되는 진리 근원은
공으로써 바탕을 삼아 비춰 흔적 없음이요,
원으로 인하여 지혜 비춰 걸림 없이 나가며
정을 표준한 공행으로 세상에 의가 흐르리.

主佛教團宗理源 주불교단종리원
以空爲體曠無痕 이공위체광무흔
因圓慧照非縈進 인원혜조비영진
標正公行世義飜 표정공행세의번

○ 원불교의 종지가 되는 일원의 진리는 교리와 수행과 제도의 체원(體源)이 된다. 특히 수행에 있어서 삼학은 “공으로써 바탕을 삼았고, 원으로 인하여 지혜를 비추며, 정을 표준하여 공행한다(以空爲體 因圓慧照 標正公行)”라고 말할 수 있다. 즉 정신수양 사리연구 작업취사가 바로 정(定) 혜(慧) 계(戒)로 일통(一統)되고 있기 때문이다. 그러므로 우리는 지심각리(知心覺理)를 하는데 진력을 해야 한다.

이에 남은 흔적 끊겼으므로
爰絶殘痕

없다 있다와 있다 없다를 옳고 그르다고 말고
색이다 공이다 공이다 색이다 기미* 소멸했네.
일원 진리는 우주의 끝에까지 스며들었으니
이에 남은 흔적 끊겼으므로 찾고 밝히려 말라.

無有有無勿是非　　무유유무물시비
色空空色滅幾微　　색공공색멸기미
一圓宇宙滲於末　　일원우주삼어말
爰絶殘痕莫覓暉　　원절잔흔막멱휘

○ 사실 우리가 세상을 살아가면서 소소한 것들을 잃어버리면 찾으려고 무진 애를 쓰는 수가 있다. 그러나 정작 큰 것을 잃고는 잃은 줄도 모르고 지내고 있다. 즉 있는 것, 현상의 색들은 눈에 안 보이면 찾으려 기웃거리지만 없는 것, 텅 빈 것들은 찾아볼 마음을 내지 않고 있다. 사실 무와 공이 진리와 우주의 근원이요 본체가 된다는 실질을 알고 깨쳐야 보람찬 삶이 되는 것이니 우리는 일원지안(一圓智眼)을 갖추기에 공들여야 한다.

* 기미: 어떤 일을 알아차릴 수 있는 눈치. 또는 일이 되어가는 야릇한 분위기.

우리 스승 바른 법으로
我師正法

둥근 진리는 여러 종교를 일치하여 통하고
우리 스승 바른 법으로는 중생 마음 밝혔다네.
네 가지 은혜에 보답하여 큰 복락을 갖추고
삼학의 수행으로 부처의 지혜를 채움이어라.

圓理群宗一致通　　원리군종일치통
我師正法衆心聰　　아사정법중심총
四恩報答鴻禧備　　사은보답홍희비
三學修行佛慧充　　삼학수행불혜충

○ 우리의 일원 진리는 전만고 후만고(前萬古 後萬古)한 체원(體源)이다. 다시 말하면 일원의 진리는 세상의 모든 종교와 철학과 정치와 경제와 문화와 생령의 삶 등등에 바탕이 되고 길이 되며 은혜가 된다는 의미이다. 즉 개개인인이 지여부지(知與不知), 각여불각(覺與不覺)을 떠나서 직접으로, 또는 간접으로 관련이 되기 때문에 여읠 수가 없다. 그러므로 우리는 사은으로 복을 짓고 삼학으로 지혜를 얻어 복혜쌍향(福慧雙享)을 누리며 살아가자.

우주를 마당으로 삼아
宇宙爲場

하늘과 땅에 집을 세웠으니 일원의 누대이요
우주를 마당으로 삼아 기나긴 세월 노닐려네.
주불 모시고 어깨 나란히 이 목숨이 다하도록
생령 건지고 세상 치유하여 낙원에 모으리라.

乾坤建屋一圓樓　　건곤건옥일원루
宇宙爲場永劫遊　　우주위장영겁유
侍佛齊肩斯命盡　　시불제견사명진
濟生醫世樂園摟　　제생의세낙원루

○ 필자가 원불교에 입문한 지가 어언 60년(원기 49년 입문)이 되어 집 곧 누대 한 채를 지으니 곧 일원지루(一圓之樓)이다. 따라서 우주를 마당으로 펼쳐놓고 등강자유(騰降自由)하고 은현자재(隱顯自在)를 하면서 즐기고 있다. 이에 더하여 주세 부처님 소태산 대종사 모시고 제도사업하면서 대낙원가(大樂園家)를 건립하여 누구나 기쁘고 즐겁게 살도록 하여야 한다. 그러므로 우리는 건옥대목(建屋大木)이 되어야 한다.

03

生滅因果

생멸인과

불생불멸과 인과보응

불생불멸과 인과보응
生滅果因

일원의 진리는 법신 보신 화신을 삼신으로 삼고
불생불멸과 인과보응을 수행과 신앙으로 펼쳤으며,
속성인 공·원·정을 근본 바탕으로 삼고
영지(靈知)와 공적(空寂)으로 나타남과 숨음 베풀었어라.

一圓眞理做三身　　일원진리주삼신
生滅果因修信伸　　생멸과인수신신
屬性空正爲本體　　속성공정위본체
靈知虛寂顯藏陳　　영지허적현장진

○ 일원 진리의 두 줄기는 불생불멸과 인과보응이다. 불생불멸은 진공한 자리요 공적의 자리며, 공의 자리요 법신의 자리다. 인과보응은 묘유의 자리요 영지의 자리며, 공정의 자리요 보신 회신의 자리를 말한다. 우리는 이렇게 원만구족한 진리를 신앙하고 수행하게 되었으므로 원만품격(圓滿稟格)을 이룬 부처 조사가 자연적으로 되어진다는 사실을 알아야 한다.

악도에 끌려 돈다
惡道牽回

우리가 인간으로 이 세상에 나서
도업을 이루지 못하고 삶의 인연이 기운다면,
가나오나 한이 쌓여서 발을 옮기기가 어렵고
악도에 끌려 돌면 어두운 눈 밝히기 어려우리라.

吾等人間此世生	오등인간차세생
非成道業活緣傾	비성도업활연경
逝來積恨難移足	서래적한난이족
惡道牽回艱亮盲	악도견회간량맹

○ 우리가 사람이 되어 이 세상에 나온 것은 영겁에 무량한 선업을 쌓은 결과라고 할 수 있다. 우리는 사람의 몸을 받아 나왔고 불연이 깊어 대종사님 문하에 입참하였지만, 도업을 이루지 못한다면 오나가나 한이 쌓여서 한 발을 옮겨 딛기도 어렵게 된다. 게다가 죄악이 많아서 지옥에 끌려 들어간다면 어느 때에 밝은 스승을 만나 심안(心眼)을 밝힐 수 있겠는가. 그러므로 우리는 사법개안(師法開眼)을 하여야 한다.

능히 인과를 알자
能識果因

귀함과 천함은 원래 나뉜 바가 아니요
부유와 가난도 본래부터 많고 성한 바 아니네.
사람마다 다 갖춰서 부족함이 없으니
능히 원인과 결과를 안다면 가슴을 태우지 않으리라.

貴賤原來不所分　　귀천원래불소분
富貧本始匪攸汾　　부빈본시비유분
人人盡備無不足　　인인진비무부족
能識果因非臆焚　　능식과인비억분

○ 인간의 귀천이나 빈부는 원래 나눠지지도 아니하였고 원래부터 많거나 왕성하게 쌓인 바도 아니다. 전세의 보은과 수행의 결과에 의하여 전개되었을 뿐이다. 그리하여 사은 보은과 삼학 수행을 잘했으면 부유하게 살지만 못 했으면 반대일 수밖에 없다. 그러나 사실은 사람마다 본래 다 갖춰져 있어서 부족한 바가 없다는 확신을 가진다면, 인과를 아는 사람으로 어찌 가슴을 태우는 근심으로 날을 보내겠는가. 그러므로 우리는 각인과리(覺因果理)를 해야 한다.

스스로 지어 스스로 거둠
自作自收

부유와 존귀는 원래 종자를 심지 아니하였고
영화와 명예도 본시 잉태하여 낳지 않았다네.
가난과 한미를 바라지는 않았지만 귀신같이 이르니
스스로 지어 스스로 거뒀으니 남을 시기하지 말지니라.

富貴原來匪種栽　부귀원래비종재
榮名本始匪生胎　영명본시비생태
貧寒不望如魔到　빈한불망여마도
自作自收人勿猜　자작자수인물시

○ 부유와 존귀의 종자가 따로 있는 것이 아니다. 영화와 명예도 잉태해서 낳은 것이 아니다. 그러나 사람마다 부귀와 영명이 다르니 자신을 돌아보고 감지(感知)해야 한다. 빈한(貧寒)을 바라지 않지만, 귀신과 같이 다가옴은 내가 지어 내가 받는 결과이므로 절대로 남을 시기하고 원망해서는 안 된다. 그러므로 우리는 매사에 안빈낙도(安貧樂道)를 위주로 살아야 한다.

원인과 결과
原因結果

원인과 결과가 바뀌어 서로 돌아가서
시작도 없고 끝도 없이 다음 세상이 온다네.
내가 지은 전대 주머니 남에게 주지 못하고
남이 주는 큰 부유도 재물로 삼지 못하니라.

原因結果易相回　　원인결과역상회
無始無終次世來　　무시무종차세래
我作槖囊人不與　　아작탁낭인불여
他貽鴻富匪爲財　　타이홍부비위재

○ 우리의 삶은 원인과 결과가 시작하거나 끝남도 없이 서로 찾고 갚기를 반복하는 데서 이루어지는 결과이다. 나의 인(因)은 여기에 맞는 과(果)를 찾아가고 너의 인(因)은 거기에 맞는 과(果)를 찾아가는 데서 세상의 시종(始終)이 나누어진다. 내 것을 남에게 주지 못하고 남이 거저주는 부유라도 내 재물로 삼지 못하는 법이다. 그러므로 우리는 자각인과(自覺因果)하는 사람이 되어 살아가야 한다.

지금 받는 결과
只今受果

지금 받는 결과는 지나간 생애에 남겨졌음이니
만일 포도를 심지 않았다면 포도를 얻지 못하리.
행함과 더불어 행하지 않음이 나에게 있을 뿐이니
누가 그르고 누가 옳다고 어찌 원망을 하겠는가?

只今受果歷生遺	지금수과력생유
若匪種葡不得葡	약비종포부득포
行與未行余在爾	행여미행여재이
誰非誰是豈怨乎	수비수시기원호

○ 우리가 지금 받는 선악 빈부는 지나간 생애에 알든 모르든, 또는 의식 무의식 간에 지었던 사실이 부현(敷現)됨이다. 즉, 포도를 심지 않았으면 포도를 딸 수 없는 것과 같은 이치이다. 그러므로 빈부나 귀천을 행하였던 주체가 나이거늘 누구를 시비하고 원망하겠는가. 그러므로 우리는 항상 심불생시(心不生猜)하며 살아가야 한다. 그리하여 인과에 대하여 철신철지(徹信徹知)를 해야 한다.

죄의 그물 벗어나기 어려워서
難脫罪網

위에 있어서 벼슬 한 사람이 선한 정치를 행하면
복을 지음이 많이 쌓여서 사는 길이 영화롭지만,
자신을 위해 이익을 취하면 악이 많이 쌓여서
죄의 그물을 벗어나기 어려워 삶의 길이 얽혀지리라.

在上官人善政行　재상관인선정행
作禧夠積活程榮　작희구적활정영
爲身取利儲多惡　위신취리저다악
難脫罪網生路縈　난탈죄망생로영

○ 세상에 부유를 누리든 아니면 벼슬이 높든 간에 위에 위치한 사람은 복도 많이 지을 수 있고 죄도 많이 만들 수 있다. 좋은 정책을 세워 중인(衆人)이 잘 살아가도록 한다면 큰 복이 되어 앞길이 열리지만, 잘못된 정치로 국민이 도탄에 빠지면 수많은 원망을 얻어 죄악의 길로 들어갈 수밖에 없다. 『익지서(益智書)』란 책에 "악관약만 천필주지(惡罐若滿天必誅之)"라고 하였다. 즉 '악행이 두레박에 만약 가득차면 하늘이 반드시 죽이나니라.'는 뜻이니 권력을 잡았다하여 함부로 휘두르면 사람이 어찌하지 못함에 하늘이 가만두지 않는다. 그러므로 우리는 재상신행(在上愼行)을 하지 않을 수 없다.

콩을 심으면 콩을 얻는다
種豌獲豆

자신이 심어 자신이 얻음은 인과의 길이요
멸하지 않고 낳지도 않음은 도의 행함이네.
푸른 바다가 뽕나무밭이요 밭이 푸른 바다이니
콩을 심으면 콩을 얻는 이것이 평형이니라.

自栽自得果因程　　자재자득과인정
不滅不生眞道行　　불멸불생진도행
碧海桑田田碧海　　벽해상전전벽해
種豌獲豆是平衡　　종완획두시평형*

○ 내 밭에 내가 뿌린 씨의 결과를 내가 거두는 것이요, 남에게 미룰 수 없는 이것이 인과보응의 이치이다. 또한 진리의 바탕은 원래 낳은 바도 없고 소멸한 바도 없어서 생사로 기준할 수 없는 이것이 불생불멸의 도이다. 따라서 벽해가 상전이 된다거나 콩을 심어 콩을 얻는 이것이 인과와 생멸의 평형임을 알아야 한다. 그러므로 우리는 독지인과(篤知因果)를 철저하게 믿고 행해야 한다.

---

* 평형: 사물이 한쪽으로 기울지 않고 안정해 있음. 저울대가 수평을 이루고 있음.

인과보응과 불생불멸
因果不生

일원의 진리를 큰 근원으로 삼아
한 뿌리가 이에 두 끝으로 벌려졌네.
인과보응은 참된 믿음의 문이고
불생불멸은 수행의 문을 이름이어라.

一圓眞理做鴻源　　일원진리주홍원
壹柢列羅是二垠　　일저열라시이은
因果報應眞信閞　　인과보응진신계
不生不滅謂修門　　불생불멸위수문

◎ 일원의 진리는 하나이다. 모든 것의 근원이 일원의 진리이다. 여기에서 두 가지가 나왔다. 그 하나는 인과보응의 이치이요, 또 하나는 불생불멸의 도이다. 인과는 믿어야 하고, 생멸은 수행을 해야 한다. 신앙에서는 복락을 얻을 수 있고 수행에서는 지혜를 이룰 수 있다는 사실을 알아야 한다. 그래서 우리는 신복수지(信福修智)를 하지 않을 수 없다. 만일 신수(信修)를 하지 않으면 복과 지혜를 얻을 수 없기 때문이다.

음과 양이 돌고 굴러
陰陽環轉

음과 양이 돌고 굴러서 이에 상승하고
인과 과가 원인이 되어 보응을 이루네.
우리 부처님 대종사 이 세상에 나오사
이 이치를 주장함은 탁론이라 일컬으리라.

陰陽環轉是相勝　　음양환전시상승
因果爲原成報應　　인과위원성보응
我佛宗師斯世出　　아불종사사세출
主張這理卓論稱　　주장저리탁론칭

○ 음과 양은 돌고 굴러가서 상승을 이루고 있다. 인과는 서로 짓고 받아 보응을 이루고 있다. 이에 우리 소태산 대종사께서 출현하여 고행의 수도로 깨달음을 이루고 일원의 진리를 드러내셨다. 특히 탁견이 되는 것은 음양과 인과를 동등한 입장에다 놓고 통철(通徹)하게 하였던 점이다. 그러므로 우리는 음양인과(陰陽因果)를 동견동지(同見同知)를 해야 한다. 다시 말하면 음양을 모르면 인과도 모르고 인과를 모르면 음양도 알 수 없다는 뜻이다.

진리는 일원으로
眞理一圓

성주괴공은 우주의 돌아감이요
생로병사는 물상의 돌아감이라네.
원인과 결과가 끊임없이 구르므로
진리는 일원으로 진공과 묘유로 열림이어라.

成住壞空宇宙回　　성주괴공우주회
老生病死物相廻　　노생병사물상회
原因結果無終轉　　원인결과무종전
眞理一圓虛妙開　　진리일원허묘개

○ 무릇 성, 주, 괴, 공의 4겁은 우주가 운행하는 과정이다. 또한 생, 로, 병, 사는 인간을 비롯한 생령과 만물이 성숙해 가는 과정이다. 또한 인과는 원인과 결과로 짓고 받는 과정을 말한다. 진리는 일원으로 진공과 묘유가 서로 열어가면서 우주와 만유를 안고 조화와 조정(調整)으로 운용한다. 그러므로 우리는 이러한 일원묘공(一圓妙空)을 깨쳐서 심득(心得)이 되어야 한다.

악한 집에 태어나고 죽음
惡家生歿

육도에 오르고 내림은 원인을 심음에서 말미암고
재앙과 복락 누리고 버림은 업을 지음에서 가려지네.
선한 결과를 거두어 담음은 선을 지음에서이요
악한 집에 태어나고 죽음은 자기 행동에서 싹틈이니라.

六途昇降種因由　　육도승강종인유
禍福享捐造業搜　　화복향연조업수
善果收盛於作善　　선과수성어작선
惡家生歿自行抽　　악가생몰자행추

○ 육도는 마치 사다리와 같다. 사다리란 마냥 올라갈 수는 없다. 어느 정도 올라갔으면 내려와야 한다. 이처럼 죄복이나 고락, 선악이나 생사 등은 자기 몸과 마음이 들어서 운용한 결과이지 누가 준 것도 아니고 누구에게 받은 것도 아니다. 그러니 누구를 원망한다거나 걸고 넘어지려 해서는 안 된다. 그러므로 항상 스스로 자기를 점검하는 자기고견(自己顧見)을 하지 않을 수 없다.

윤회를 하는 까닭은

輪迴所以

윤회를 하는 까닭은 지은 인이 펼쳐짐이요
해탈을 하는 이유는 업이 녹아 넘어감이라.
간 것은 반드시 오고 온 것은 반드시 가나니
중도에 거꾸로 구르는 것은 처음부터 없었다네.

輪迴所以作因敷　　윤회소이작인부
解脫理由銷業踰　　해탈리유소업유
去者必來來必去　　거자필래래필거
中途逆轉自初無　　중도역전자초무

○ '동쪽에서 흐르는 물은 돌고 돌아 동쪽 골짜기 작은 못에서 다시 만나 웃음을 펼치니 그 웃음이 허공을 울리누나(東流之水 轉去轉來 東壑小沼 復遇敷笑 其笑響空).' 여기서 일어났던 일은 여기에서 만나게 되고, 저기에서 일어난 일은 저기에서 풀어지게 된다. 이것이 윤회이요 거래이며 생사이다. 이러한 이치는 어느 누구도 거스를 수가 없는 정칙(定則)이다. 그러므로 우리는 좌시공리(坐視空理)을 해야 한다.

호리도 어긋나지 아니하여
毫釐不忒

무릇 이에 세상을 살매 복과 재앙이 따르나니
선을 행하여 때가 이르면 선한 복을 받는 것이요
악을 지은 사람마다 악한 열매를 거두는 것이
호리도 어긋나지 아니하고 지은 대로 모두 따르느니라.

凡爰世活福災隨	범원세활복재수
行善至時受善禧	행선지시수선희
造惡人人收惡果	조악인인수악과
毫釐不忒作皆追	호리불특작개추

○ 우주의 진리가 작선(作善)하면 응선(應善)하고 작악(作惡)하면 응악(應惡)한다. 응악(應惡)하면 지고(至苦)하고 응선(應善)하면 지락(至樂)하는 것이 이치이다. 따라서 선악을 짓는 주체는 자기 자신이요 남이 아니다. 그러므로 무엇을 어떻게 짓느냐에 따라 과보(果報)가 괴로움과 즐거움으로 나누어지는 것은 호리도 틀림이 없다. 그래서 우리는 발아선악(發我善惡)임을 알아야 한다.

세상에 머물러 오래 살려면
留世久生

세상에 머물러 오래 살려면 악한 인을 녹이고
여러 무리에게 환영을 얻으려면 선한 행동 펼칠지라.
능금나무에는 둥근 배 열매가 달리지 아니하고
서쪽 뫼 높은 봉우리라 해도 해를 막지는 못한다네.

留世久生銷惡因	유세구생소악인
得歡群衆善行伸	득환군중선행신
不懸檎樹圜梨實	불현금수환리실
西嶽高峰匪日湮	서악고봉비일인

○ 아름다운 세상에 오래도록 아름답게 살려면 악행의 업인(業因)을 장만하지 않아야 한다. 따라서 악행을 하지 않는다고 하여 꼭 선행이 되는 것이라 단정할 수는 없지만 그래도 몸을 움직여 악한 행동은 안 해야 한다. 사과나무에서는 배를 얻을 수 없고 감나무에서는 밤을 얻을 수 없는 것이기 때문이다. 그러므로 우리는 악에서 선을 찾으려 말고 심선어선(尋善於善)을 해야 한다.

복덕을 많이 쌓으면
多儲福德

선의 뿌리를 악과 더러운 티끌이 썩히지 못하고
복의 종자를 재앙의 종자가 소멸시키지 못한다네.
태풍이 불어도 굳게 심은 나무는 넘어지지 않듯이
복덕을 많이 쌓으면 가히 묻혀짐이 없으리라.

善根不腐惡汚塵　　선근불부악오진
禧種非消禍種泯　　희종비소화종민
颱颯匪顚堅植木　　태삽비전견식목
多儲福德可無堙　　다저복덕가무인

○ 아무리 악이나 더러움이나 티끌이라 할지라도 선의 뿌리를 썩어지게는 못한다. 또한 아무리 무거운 재앙이라 할지라도 복의 종자를 소멸시키지는 못한다. 굳게 심어진 나무를 어지간한 태풍이 움직일 수 없는 것처럼 복덕에 뿌리를 내린 선종(善種)은 어떤 부독(腐毒)도 썩힐 수 없다. 그러므로 우리는 이러한 이치를 알아서 세상을 살아감에 심식선종(深植善種)을 하여야 한다.

악한 종자에는 악한 씨가
惡種惡仁

한 말이 입에서 나오면 다시 담지 못하고
지은 행동으로 정해진 업은 가히 물리치기 어렵네.
선한 인에는 선한 과가 구함이 없어도 얻어지고
악한 종자에는 악한 씨가 심지 않아도 나오느니라.

一語出口不復盛　　일어출구불부성
作行定業可難倂　　작행정업가난병
善因善果無求得　　선인선과무구득
惡種惡仁非植生　　악종악인비식생

○ 설원(說苑)에 이르길, "입은 문빗장이고 혀는 기틀이니, 하는 말이 합당치 않으면 네 필의 말로도 능히 따라잡지 못하리라(口者關也 舌者機也. 出言不當 四馬不能追也)."라고 하였다. 우리의 언행이나 선악은 결국 마음에서 나온다. 마음이 맑고 밝으면 언행이나 선악이 청명(淸明)하지만 그렇지 않으면 하는 행동이나 말들이 배은(背恩)이요 해독(害毒)이 된다. 그러므로 우리가 선악이과(善惡異果)임을 안다면 어찌 두렵지 아니하겠는가?

업장 짓기를 멈추지 아니하면
造業不停

무릇 악한 인을 지어놓고 아직 과보가 오지 않았다고
기뻐하지도 좋아하지도 말지니 때가 열리지 않음이네.
해가 서쪽 고개를 넘으면 내일 아침에 솟아오르듯이
업장 짓기를 멈추지 않으면 반드시 받을 때가 오느니라.

凡作惡因未果來	범작악인미과래
勿欣勿好不時開	물흔물호불시개
日踰西嶺明朝聳	일유서령명조용
造業不停必受徠	조업부정필수래

○ 우리가 악행이나 선행을 지어놓고 과보가 돌아오지 않으니 악을 하든 선을 하든 무슨 상관이냐고 쉽게 말할 때가 있다. 그러나 이는 잘못된 생각이다. 다만 그때가 열리지 않았고 이르지 않았을 뿐이다. 때가 이르면 선인은 선과를 얻고 악인은 악과를 받게 된다는 사실을 알아야 한다. 그러므로 우리는 처음부터 호적선업(好積善業)을 해야 한다.

저 밥에 내 배가 부르게
彼餐我腹

저 밥에 내 배가 부르게 채워지지는 못하듯이
자기가 짓고는 다른 사람에게 전이하지 못하네.
보리를 심으면 정밀한 쌀 곡식 거두기 어렵고
샘 가운데서 끓어 늘어난 물을 얻기 어려우니라.

彼餐我腹未饜彌　　피찬아복미염미
自作他人非轉移　　자작타인비전이
種麥難收精米穀　　종맥난수정미곡
泉中艱獲水沸滋　　천중간획수비자

○ 밥을 먹을 때 첫술에 배가 불룩하게 올라오지는 않는다. 어느 정도 먹어야 배가 부르게 된다. 내가 밥을 먹으면서 옆에 있는 사람에게 "너도 배가 부르지?"라고 말할 수는 없다. 보리밭에서 쌀을 얻을 수 없고 샘에서 숭늉을 얻을 수 없듯이 내가 지은 것은 내가 거두어야 한다는 평범한 진리를 알아야 한다. 그러므로 우리는 내 밭이나 세상의 밭에 능식양종(能植良種)을 해야 한다.

눈앞에서 업을 지으면
眼前作業

눈앞에서 업을 지으면 눈앞에서 거두고
눈 아래서 인을 심으면 눈 아래서 구한다네.
인과 과, 과와 인이 멀리 있는 게 아니라
바로 무릎 굽히고 무릎 펌으로 말미암음이니라.

眼前作業眼前收	안전작업안전수
目下栽仁目下求	목하재인*목하구
因果果因不在遠	인과과인부재원
卽存屈膝伸膝由	즉존굴슬신슬유

○ 원인과 결과가 절대 멀리 있는 것이 아니다. 바로 눈앞에 있고 발 아래 있다. 조그만 인은 지은 즉시 받게 되지만 큰 인은 일생 내지 영생을 두고 받을 수도 있다. 그러므로 인을 짓는 입장에 있는 우리는 선업을 짓고 불업(佛業)을 지으며 제업(濟業)을 짓고 은업(恩業)을 지어야 한다. 그리하여 우리는 절한악업(絶捍惡業)을 해야 한다.

---

* 인: 씨. 과실 씨의 흰 알맹이.

바른 인과 바른 과로
正因正果

원래 재앙과 복은 실제로 문이 없었건만
스스로 재앙의 이름을 불러 이에 잡아 끌어당기네.
능히 원래 텅 빔을 알아 업을 짓지 아니하면
바른 인과 바른 과로 영생토록 존속하리라.

元來禍福實無門　원래화복실무문
自召殃名迺執援　자소앙명내집원
能識原空不作業　능식원공부작업
正因正果永生存　정인정과영생존

○ 복문초복과(福門招福果)하고 악문소악과(惡門召惡果)한다. 즉, '복의 문으로는 복의 결과를 부르고 악의 문으로는 악한 결과를 불러들인다.'라는 의미이다. 이처럼 선인선과(善因善果), 악인악과(惡因惡果)가 원칙이지만, 우리가 무선무악(無善無惡)한 경지에 들어가서 선연지업(善緣之業)을 짓는다면 그 결과로 수무량복(受無量福)하게 된다는 사실을 알아서 선업을 짓고 쌓으며 선행으로 영겁을 살아가야 한다.

원인과 결과가
原因結果

선과 악이 사람에게 응보가 있는 것은
그림자가 형상을 따라 짧고 길며 도타워라.
원인과 결과가 삼세를 윤회하나니
잠깐도 쉬지 아니하고 긴긴 세월 달린다네.

善惡於人應報存	선악어인응보존
影陰隨象短長敦	영음수상단장돈
原因結果輪三世	원인결과윤삼세
不息暫間永劫奔	불식잠간영겁분

○ 악을 지어놓고 선과(善果)가 오기를 바랄 수는 없다. 형상에서 그림자를 뜯어낼 수 없는 것과 같은 이치이다. 형상 자체가 없으면 몰라도 형상에서 어찌 그림자를 분리할 수 있겠는가. 원인과 결과는 삼세를 윤회하기 때문에 큰 악을 짓고 조금 받고는 다 받았다고 좋아할 수는 없다. 때가 이르면 올 것은 다 온다. 그러므로 작악내선(作惡來善)을 바랄 수 없다는 사실을 똑똑히 알아야 한다.

해와 달이 서로 북질함도
日月相梭

무릇 죽음과 삶이 이에 과와 인이요
또 옴과 아울러 감도 함께 펼쳐짐이라.
또한 공과 아울러 유도 다른 바가 없고
해와 달이 서로 북질함도 같은 이치의 돎이라네.

夫死與生爰果因　　부사여생원과인
又來兼去是同伸　　우래겸거시동신
亦空倂有無攸異　　역공병유무유이
日月相梭共理巡　　일월상사공리순

○ 만일에 이치가 부전(不轉)하고 윤회가 불회(不迴)한다면 악을 짓든 사기를 치든 살상을 하든 간에 나에게 돌아오는 과보는 일도 없다 해도 과언이 아니다. 그러나 이치는 무한하게 구르고 윤회는 무휴(無休)하게 돌기 때문에 소작(所作)은 절대 넘어가지 않는다. 내가 지은 종류에 따라서 호리도 틀림없이 받는 수작지리(酬酌之理)를 알고 깨우쳐서 회리(回理)에 어긋남이 없게 살아야 한다.

무릇 귀와 천은
大凡貴賤

무릇 귀와 천은 서로 다르지 아니하고
또한 한미와 가난도 다르다 헤아리지 못하리.
사람의 삶이 같지도 않고 다른 바도 없다 한다면
과연 어느 곳에서 인과 결과를 깨우치겠는가.

大凡貴賤匪相殊　대범귀천비상수
亦是寒貧未異圖　역시한빈미이도
人活不如無所別　인활불여무소별
果然何處果因愉　과연하처과인유

○ 인과(因果), 곧 원인과 결과는 확실하게 아는 것이 중요하다. 대개 확실하게 알면 범하지 않기 때문이다. 내게 선보다는 악이 돌아오고 복보다는 재앙이 돌아온다는 이치를 확연하게 투득(透得)*하였다면, 꿈에서조차 악을 짓지 않고 또 악행을 하지 않을 것이다. 호랑이에게 물려갈 것 같으면 아기 업고 뒷산에 오르지 않듯이 인과를 알면 시상부작(施賞不作)을 하게 된다.

* 투득: 막힘없이 환하게 깨달음.

믿지도 알지도 못한다면
不信不知

한 생각 선한 사람은 좋아하는 사랑을 거두고
한 생각 악한 자는 미워하는 비루함을 얻는다네.
이와 같이 틀림이 없는 인과 과를
믿지도 알지도 못한다면 어리석지 아니함이 없으리라.

一念善人收好慈　일념선인수호자
壹慮惡者得憎卑　일려악자득증비
如斯無忒因兼果　여사무특인겸과
不信不知不匪蚩　불신부지불비치

◎ 사람이 세상에 어리석다는 것은 내가 해 놓고도 그 결과는 절대 받을 수 없다고 억지를 쓰는 것이라고 말할 수 있다. 그러면서 선한 결과가 있게 되면 내가 잘한 일이라고 좋아하고 악한 결과에 대해서는 나는 절대 모르는 일이라고 발뺌을 한다. 그러나 진리는 호리도 틀림이 없기 때문에 악인엔 악과, 선인에 선과가 뒤따른다는 사실을 알아 매매사사에 시어작선(始於作善)을 해야 한다.

경전의 문장에
經典文章

유가에는 과와 인이라는 글을 쓰지는 않았지만
경전의 문장에는 그 말을 펼쳐 놓았다네.
단지 강조할 뿐 적극적으로 가르치지는 아니하였으나
유학자가 알고 터득하지 못했다 말하긴 어려우리라.

儒家不寫果因書　　유가불사과인서
經典文章厥語舒　　경전문장궐어서
但啻强調非極教　　단시강조비극교
難言學者未知攄　　난언학자미지터

○ 공자가 말씀하기를 "선한 일을 하는 자는 하늘이 복으로써 갚고, 악한 일을 하는 자는 하늘이 재화로써 갚는다(爲善者 天報之以福, 爲不善者 天報之爲禍)."라고 하였다. 이것이 인과의 원리이다. 짓지 않은 것을 어떻게 하늘, 곧 진리가 갚아주거나 빼앗을 수 있겠는가. 무엇인가를 짓고 만들어 놓았기에 그만한 과보를 받게 되는 것이 호리도 틀림이 없다. 그러므로 짓고 도피하려 말고 감수불보(甘受不報)를 해야 한다. 아무리 숨고 도망가도 소용이 없음을 알아야 한다.

인과에 떨어지지 않고
不落果因

인과에 떨어지지 않고 인과에 매하지도 않을지니
두 가지를 타파하면 저절로 마음이 순일하다네.
거두지 않고 받지 않으려면 지은 바를 없앨 것이요
얻고자 하고 쌓고자 한다면 성품의 곳집에 감추어라.

不落果因非昧因　　불락과인비매인
兩條打破自心純　　양조타파자심순
未收未受無攸作　　미수미수무유작
欲得欲儲蘊性囷　　욕득욕저온성균

○ 『무문관(無門關)』에 이르기를, 한 노인이 백장 선사에게 "수행을 잘해서 깨달은 사람도 인과에 떨어집니까?" 물으니, 백장 선사가 "인과에 어둡지 않느니라."라고 하였다. 이 말이 떨어지자마자 노인은 깨달았다고 한다. 즉, 인과는 아는 것으론 안 되고 진리와 성품과 마음과 일을 깨쳐야 확실하게 알았다고 말을 할 수 있다. 그러므로 우리는 인과에 불락(落)과 불매(不昧)를 떠나 인과오득(因果悟得)을 하여야 한다.

삿된 그물에 한 번 들어가면
邪網 一入

위로 모든 부처와 아래로 모든 생령에 이르기까지
인과를 근원으로 하여 이뤄지지 아니함이 없다네.
본래 버리고 거둘 것도 없다고 끊어서 말하지 아니할지니
삿된 그물에 한 번 들어가면 다시 살아나오기 어려우리라.

上臻諸佛下群生　　상진제불하군생
因果根源不匪成　　인과근원불비성
本未棄收非斷語　　본미기수비단어
邪網一入復難更　　사망일입부난갱

○ 우주나 천지, 생령이나 만물을 보면 독생(獨生)이나 고립(孤立)은 없다. 모두가 병생(竝生)이요 의립(倚立)이다. 이렇게 병생하고 의립한다는 것은 천지 만물이 홀로는 살 수 없고 외롭게 설 수 없다는 의미이다. 즉, 저것이 있음으로써 이것이 있고 이것이 있음으로써 저것이 있다는 뜻이다. 그러므로 우리는 인과의 운용에 대하여 고장난명(孤掌難鳴)임을 알아야 한다.

몸소 둥근 진리 깨달으면
躬醒圓理

재앙과 복, 인과 과의 길을 무시하고
방자한 행동을 절제하지 못하면 죄의 뿌리를 이루네.
몸소 둥근 진리 깨달으면 마음 부처 회복하리니
재앙과 복락, 부유와 가난에 어찌 마음 일어나리오.

無視禍禧因果程 무시화희인과정
肆行不節罪根成 사행부절죄근성
躬醒圓理復心佛 궁성원리복심불
殃福富貧何起情 앙복부빈하기정*

○ 사람이 인과를 깨쳐서 안다면 죄를 지으라고 상을 주며 권장하여도 절대 범하지 않을 것이다. 왜냐하면 현상의 물질적 이득이 영생의 오로(誤路)가 되고 비정(非程)이 된다는 사실을 알기 때문이다. 그러므로 자신의 부처를 일으키고 깨운 몸과 마음으로 중생을 교화하고 불사를 일으켜 나간다면 받아지는 결과는 근심을 할 필요가 없이 능득선과(能得善果)를 하게 된다는 사실을 알았기 때문이다.

---

* 정: 뜻. 마음의 작용. 본성. 이치·진리·진심·성심(誠心). 참 마음.

세 칸의 띠 집
三間茅屋

마음에 알음알이와 더불어 상이 없음을 간직하면
부처와 조사를 이뤘어도 특별히 드러나지 않는다네.
능히 인과를 알고 둥근 진리를 깨치면
세 칸의 띠 집에 야명주(夜明珠)*를 갈무림이어라.

心存無解與無相	심존무해여무상
成佛成師別不揚	성불성사별불양
能識果因圓理覺	능식과인원리각
三間茅屋夜明藏	삼간모옥야명장

○ 우리 수도인에게 최망(最望)이 있다면 복락과 지혜를 갖춘 도인 되자는 것이 아니겠는가. 어떤 상식이나 지식을 넘어선 참 지혜를 갖추면 원인과 결과의 이치를 알게 되고 둥근 진리도 깨닫게 된다. 이러하면 설사 세 칸의 띠집에서 살고 악의악식(惡衣惡食)을 할지라도 티가 나지 않고 상이 없는 무위지인(無爲之人)이 될 것이니 무엇을 바라고 근심하겠는가.

---

* 야명주: 무협소설이나 고전소설 등에서 전해지는 밤이 되면 저절로 빛을 내는 구슬을 이른다.

부처 조사도 알지 못하고
不知佛祖

부처 조사를 알지 못하고 마음을 알지 못해도
능히 인과를 알고 진리의 소리를 듣는다네.
선악이나 열반이 그 안에 있는 것이니
무슨 이유로 멀리까지 달려가 환상(幻相)*을 찾으리오.

不知佛祖匪知心	부지불조비지심
能識果因聽理音	능식과인청리음
解脫涅槃其內在	해탈열반기내재
何由遠走幻相尋	하유원주환상심

○ 부처와 조사를 알지 못하고 또 마음을 알지 못해도 능히 인과의 이치를 알고 진리의 소리를 들을 줄 알면 수도인의 일생사필(一生事畢)이 된다. 그러면 해탈이나 열반을 얻으려 아니하여도 자연적으로 이뤄지게 될 것이니, 어찌 산중을 찾고 기암을 찾아 환상(幻相)을 보고 듣고 잡으려 할 필요가 없다. 그러므로 우리는 내득열반(內得涅槃)을 하면 된다라는 마음을 가지고 살아가면 그만이다.

* 환상: 실체가 없는 허망한 현상. 덧없는 현상.

무명이 저절로 덮여서
無明自蓋

사람들은 인과가 없다 하면서 업장을 쌓아가고
망령되게 원래 비었다 말하면서 죄악을 펼치네.
이와 같이 행동하고 알아 그르고 잘못에 빠지면
무명이 저절로 덮여서 깨우침을 이루지 못하리라.

人无因果業障儲　　인무인과업장저
妄語原空罪惡舒　　망어원공죄악서
似此行知非誤溺　　사차행지비오익
無明自蓋不成愉　　무명자개불성유

○ 사람들은 악업이 쌓여서 죄악이 다가온다는 사실을 알지 못하고, 눈앞에서 벌려지는 이익이나 부귀에 눈이 멀어 취득하면서 하는 말이 "죄를 지어도 결과가 없구먼…." 한다. 이는 과보를 받을 시기가 이르지 않았기 때문이지 결과가 없는 것은 절대 아니라는 사실을 알아야 한다. 그러므로 우리는 소혹기악(銷惑棄惡)을 하는데 주저함이 없어야 한다.

능히 보응을 알자
能知應報

무릇 사람이 세상을 살아감에 걷는 길이 나뉘게 되어
선과 악, 부유와 가난, 고와 낙으로 어지럽다네.
인과는 역연(歷然)*하여 조금도 틀리지 아니하나니
능히 응보가 되는 것을 알아야 업장이 밝아지느니라.

凡人活世步程分	범인활세보정분
善惡富貧苦樂紛	선악부빈고락분
因果歷然些不忒	인과역연사불특
能知應報業障昕	능지응보업장흔

◎ 사람이 세상을 살아가는 길에 선악이 나뉘고 빈부가 나뉘며 고락이 나뉘는 등등, 결국 이런 것으로 인하여 어지럽게 된다. 이것이 인과로 업장이 된다는 의미이다. 즉, 선이나 부나 낙은 좋은 업장이요 악이나 빈이나 고는 나쁜 업장이다. 이렇게 선악의 업장이 보응을 하기 때문에 어지럽고 시끄러움이 생기게 된다. 그러므로 우리는 공부를 이룬 심력(心力)으로 이지소업(以智銷業)을 할 수 있어야 한다.

* 역연: 분명히 알 수 있을 정도로 또렷함.

선행이 많고 은덕이 많으면
夠善夠恩

일체 세간에는 삶과 죽음이 존재하고
모든 행위는 인과가 나뉘는 뿌리가 된다네.
탐욕이 많고 죄업이 많으면 지옥의 집에 떨어지고
선행이 많고 은덕이 많으면 제석궁(帝釋宮)*이 따뜻하니라.

一切世間生死存	일체세간생사존
諸行因果做分根	제행인과주분근
多貪多罪獄家落	다탐다죄옥가락
夠善夠恩帝釋暄	구선구은제석훤

○ 일체 세간에서 살아가는 생령에게는 넘을 수 없는 고개가 있으니, 바로 삶과 죽음의 고개이다. 또 하나는 내 행동의 결정됨이 바로 인과이니 이 고개도 잘 넘기도 어렵다. 따라서 탐죄(貪罪)가 많으면 지옥이 내 집이 되고, 선은(善恩)이 많으면 제석궁이 안방이 되어 기쁘고 즐겁게 살아가게 된다. 그러므로 우리는 행선시은(行善施恩)을 할 줄 알아야 한다.

* 제석궁: 도리천에 있는 제석천의 궁전.

선을 행하면 즐거움이 이르고
行善樂臻

진리는 물이 맑고 아울러 공기가 맑은 것과 같고
원은 산이 고요하고 아울러 숲이 깨끗함과 같다네.
이 가운데 변하고 바뀜이 분명히 드러나나니
선을 행하면 즐거움이 이르고 악을 행하면 어두우니라.

如理水清兼氣清　　여리수청겸기청
似圓山靜併林精　　사원산정병림정
此中變易分明顯　　차중변역분명현
行善樂臻行惡盲　　행선낙진행악맹

○ 둥근 진리는 물이 맑고 기운이 맑은 것과 같고, 산이 고요하고 숲이 깨끗한 것과 같다. 어떠한 업장이나 죄고(罪苦)나 선악이나 시비(是非) 등이 다 녹고 소멸되어 청정하고 요적(寥寂)하기 때문이다. 선을 행하면 즐거움이 이르고 악을 행하면 어둠이 따른다. 즉 선을 행하면 맑은 천당에서 살 수 있지만 악을 행한 경우에는 어두운 지속에서 살아갈 수밖에 없다. 그러므로 우리는 평상시에 수선척악(守善斥惡)을 해야 한다.

일체의 옳음과 그름
一切義非

일체의 옳음과 그름, 선과 악이 나타남은
모두가 마음과 생각의 본원으로 좇아 생기네.
수행에 게으르지 아니하고 부지런히 닦아 나가서
능히 생각의 뿌리를 밝히고 업장의 뿌리를 맑힐지니라.

一切義非善惡呈　일체의비선악정
皆從心想本源生　개종심상본원생
修行不怠勤修進　수행불태근수진
能亮思根業柢清　능량사근업저청

○ 살아가다 보면 옳을 수도 있고 그를 수도 있으며 선할 수도 있고 악할 수도 있다. 그것은 이면에 마음이 있고 생각이 있어서 실마리를 일으키기 때문이다. 그러므로 정의(正義)가 되고 정선(正善)이 되려면 수행에 게으름이 없이 정진하여 생각의 뿌리를 밝히고 업장의 뿌리를 맑혀야 한다. 그러므로 수도하는 우리는 불태근진(不怠勤進)을 하기에 힘써야 한다.

성인과 범부, 중생과 부처
聖凡生佛

성인과 범부, 중생과 부처의 둘로 가는 길은
미혹과 깨달음의 두 길이 마음속에서 이뤄짐이네.
불생불멸이나 인과보응이 이로 좇아 일어나나니
이 문제를 깨닫지 못하면 다른 것은 행할 수 없으리라.

聖凡生佛兩丢程　　성범생불양주정
迷悟二途心裏成　　미오이도심리성
不滅果因從此起　　불멸과인종차기
匪醒斯題異無行　　비성사제이무행

○ 무릇 성인과 범부, 부처와 중생이 근원에는 나뉨이 없지만 현상에서 보면 성자성(聖自聖), 범자범(凡自凡), 생자생(生自生), 불자불(佛自佛)이라고 말할 수 있다. 이렇게 나뉨은 마음에서 미혹했느냐 깨쳤느냐에 따라 달라지기 때문이다. 즉, 일원 진리의 주체가 되는 불생불멸의 도와 인과보응의 이치를 깨닫지 못한다면 난면범생(難免凡生)을 벗어날 수가 없다.

자신의 마음이 바로 보고
身心直視

무릇 사람이 하늘을 향하여 재앙을 지었다면
때로 혹 등지고 어기는 행동도 드러난다네.
스스로 지어 재앙이 쌓이면 면할 수 없다 생각할지니
자신의 마음이 바로 보고 드러남을 알기 때문이니라.

夫人天向造災殃	부인천향조재앙
時或背違行動揚	시혹배위행동양
自作灾儲思不免	자작재저사불면
身心直視以知彰	신심직시이지창

○ 죄를 짓고선 남이 모를 것으로 생각한다면 죄의식이 없어질 뿐만 아니라 그 업과를 피할 수 있다고 여기기도 한다. 그러나 자신이 지은 죄업은 절대 면할 수 없다. 즉 자업자득(自業自得)은 벗어날 길이 없다. 따라서 자신의 마음으로 직접 보았고 또한 드러나는 상황을 자신이 바로 알아서 가책이 있기 때문이다. 이것이 날마다 우리들이 쉼 없이 선세신심(善洗身心)을 해야 하는 이유이다.

맨 처음 업을 지음에
始初作業

무릇 사람이 선과 악으로 갚아주는 이유는
물건을 좇아 그림자가 생겨 여러 모양으로 짝함이네.
삼세의 인과는 순환하여 바뀌지 않는 것이니
맨 처음 업 지음을 좋은 행동에서 뽑아낼지니라.

夫人善惡報酬由	부인선악보수유
從物陰生多様儔	종물음생다양주
三世果因環不易	삼세과인환불역
始初作業好行抽	시처작업호행추

○ 선이든 악이든 보응이 되는 것은 실물에 그림자가 따르는 것처럼 변형될 수가 없는 이치이다. 이 인과 이치는 단생(單生)의 문제가 아니라 삼세를 통하여 보응되기 때문에 업을 지음이 선악의 경중(輕重)과 공부의 미오(迷悟)에 따라 일생이 될 수도 있고 또는 다생을 윤회하면서 수득(受得)하기도 한다. 그러므로 우리는 초작선업(初作善業)을 잘해야 선과(善果)를 얻을 수 있게 된다는 사실을 확실하게 인지해야 한다.

가는 길이 피폐하고
逝程疲弊

무릇 사람이 능히 인과의 길을 안다면
세상의 삶이 선행으로 복락의 업이 펼쳐지네.
반면에 알지 못하고 아울러 믿지도 않는다면
가는 길이 피폐하고 걷는 방향도 조잡하리라.

夫人能識果因途　　부인능식과인도
世活善行禧業敷　　세활선행희업부
反面不知兼不信　　반면부지겸불신
逝程疲弊步方粗　　서정피폐보방조

○ 사람에게 정말로 중요한 교훈이 있다. 바로 '너에게서 나와서 너에게로 돌아간다(出乎爾者反乎爾)'라는 말이다. 이것이 바로 인과이다. 내가 지은 걸 남에게 줄 수도 없고 남이 지은 것을 내가 받아 올 수도 없다는, 이 단순하면서 정확한 이치가 인과임을 확실히 알아야 한다. 이것은 바로 '내가 지어서 내가 받는' 자작아수(我作我受)이요, 인작인수(人作人受)라고 확언할 수 있다.

능히 인과를 알면
能知因果

사람은 마땅히 비 오기 이전에 미리 얽어 엮고
또한 목마르기 이전에 힘써서 샘을 뚫어야 하네.
지혜를 갖추어 세상을 살면 일에 묶임이 없고
능히 인과를 알면 삶에 시름겨워하지 않으리라.

人宜未雨豫綢編	인의미우예주편
亦是渴前懋穿泉	역시갈전무천천
備智世生無事縛	비지세생무사박
能知因果活非悁	능지인과활비연

○ 사람이 세상을 살면서 예지(豫智)를 갖추는 것이 대단히 중요하다. 『시경(詩經)』「빈풍치효(豳風鴟鴞)」에 “하늘에서 장마가 시작하기 전에 저 뽕나무 껍질을 벗기고 창과 창문을 동여매네(迨天之未陰雨 徹彼桑土 綢繆牖戶).”라고 하였다. 솔부엉이는 그해에 폭우가 내리고 태풍이 불 것을 미리 대비한다는 말이다. 그러므로 우리도 사전예지(事前豫知)를 갖추어서 매사를 예비(豫備)한다면 모든 일에 어그러지는 바가 없다.

악한 자는 허물을 지으면
惡者造愆

부모가 혹시 그른 재앙을 펼쳤다면
자식이 훌륭하다 해도 대신 거두기가 어렵네.
선한 사람은 선을 지어서 모든 복을 얻고
악한 자는 허물을 지어 재앙과 벌을 모으느니라.

父母或時非孼攤　　부모혹시비얼탄
子兒卓越代收難　　자아탁월대수난
善人作善皆禧獲　　선인작선개희획
惡者造愆殃罰摶　　악자조건앙벌단

○ 내가 보는 앞에서 부모가 혹 잘못을 저지른다면 어떻게 할 것인가? 훌륭한 자식의 입장이라도 어찌할 도리가 없다. 혹시 권력이나 부유로 해결할 수 있다면 자식의 능력으로 어떻게 할 수는 있을지 몰라도 인과의 이치가 있는 이상 면할 수는 없다. 그러기 때문에 선한 품성을 가지고 선업을 쌓는다면 복락을 얻을 수 있지만 반대로 악한 심성으로 온갖 허물을 짓는다면 재앙과 벌을 받을 수밖에 없다. 그러므로 우리는 적선지인(積善之人)이 되어야 한다.

사람이 이끌고 세상이 도와
人牽世助

금을 쌓아서 모든 아들 손자에게 나누어 줄지라도
뒤의 자손들은 많은 부유와 번성을 지키기 어렵네.
차라리 덕을 널리 베풀어 두루 이익을 심는다면
사람이 이끌고 세상이 도와 사는 길이 편안하리라.

積金皆遺別兒孫　　적금개유별아손
難守後仍多富繁　　난수후잉다부번
寧德普施周種益　　영덕보시주종익
人牽世助活程安　　인견세조활정안

○ 부유한 사람이 자손들에게 많은 재물을 나누어 준다고 할지라도 자손들이 그 재물을 지킬 역량이 없고 경영할 능력이 없으면 산재(散財)하지 않을 수 없다. 그러므로 부유한 부모라면 자손을 위해 이익을 베풀고 선덕을 심어 은보(隱補)를 마련하고 음덕(陰德)을 쌓아줌이 현명한 일이다. 그리하여 부모의 입장에서 교육은 하고 싶은대로 해줄지언정 재산을 상속하는 것은 잘 생각하여 취사를 해야 한다. 그러므로 우리는 종덕지인(種德之人)이 되어야 한다.

무리가 끌고 세상이 도와
群牽世助

책을 쌓아서 모든 아들 손자에게 나누어 줄지라도
뒤 자손은 많은 책이 번다하여 읽기 어렵네.
차라리 학당을 지어 사람을 널리 가르친다면
무리가 끌고 세상이 도와 사는 길이 편안하리라.

積書皆遺別兒孫	적서개유별아손
難讀後仍多冊繁	난독후잉다책번
寧建學堂人普教	영건학당인보교
群牽世助活程安	군견세조활정안

○ 세상에 모든 선비는 책을 사랑하고 아끼기를 목숨처럼 여기다가 늙음에 이르러 자손들에게 나누어 줄 경우 과연 그 후손들이 받아서 읽을 수 있을 것인가? 사람 됨됨이를 따라 다를 수 있겠지만 어렵다고 말하지 않을 수 없다. 그러므로 넉넉한 재물이 있다면 차라리 학교를 마련하여 영재(英才)를 교육하는 것이 그 공덕이 크다고 할 것이니, 곧 타자녀 교육이 되는 것으로 실행하는 것이 좋은 일이라고 볼 수 있다. 그러므로 우리는 설교교인(設校敎人)이 되어야 한다.

지난 생의 과보
過生果報

가령 기나긴 세월이 지나갈지라도
지은 바 업장은 정말 없어지지 않는다네.
이미 지었던 인연이 때가 이르러서 만나면
지난 생의 과보는 저절로 밝게 드러나느니라.

假令百劫做經行	가령백겁주경행
所作業障眞不亡	소작업장진불망
旣造因緣時至遇	기조인연시지우
過生果報自明張	과생과보자명장

○ 흔히 정업난면(定業難免)이라 한다. 즉 '이미 정해진 업은 면할 수 없다.'라는 의미이다. 심신을 움직여 지은 업장은 때가 이르러 보응이 이뤄지기 이전에는 절대 해소가 되지 않는다. 따라서 업장의 경중을 따라 며칠 또는 몇 개월, 일생 내지 몇 생을 두고 보응이 되는 것임을 알아서 감수(甘受)는 할지언정 불보(不報)하는 심행(心行)을 가져야 한다. 그러므로 우리는 일상에서 시막작악(始莫作惡)을 해야 한다.

지금 지은 업
只今造業

전세에 지은 인을 알고자 할진대
출현해서 몸으로 거두는 이것이 펼쳐짐이네.
다음 생애에 받게 될 바 과를 알고자 한다면
지금 지은 업 그것이 이르는 것임을 깨칠지니라.

欲知前世作之因	욕지전세작지인
出現身收這個伸	출현신수저개신
要識次生攸受果	요식차생유수과
只今造業覺其臻	지금조업각기진

○ "과거 현재 미래에 지은 일을 알고자 할진대 일체를 마음으로 만듦이 이것이라(夫欲知三世之作事 一切唯心造 是也)."라고 하였다. 즉, 현세는 과거의 나타남이요 미래는 현재의 지음임을 알지니 그 주체가 바로 마음의 작용임을 알아서 용심(用心)을 삼가고 조심하지 않을 수 없다. 그러므로 우리는 이런 이치를 깨달아 현세에서 신심 작용을 통해 상작선업(常作善業)을 해야 한다.

솟아나는 샘물이 많지 않아도
湧泉不夠

악이 작아 원망이 이르지 않는다고 가벼이 말지니
물이 떨어지는 것이 비록 작아도 큰 동이를 채운다네.
선이 조금이어서 복이 이르지 않는다고 소홀히 말지니
솟아나는 샘물이 많지 않아도 큰 강을 채우느니라.

勿輕惡小匪臻寃　물경악소비진원
水滴雖微盈大盆　수적수미영대분
莫忽善些非至福　막홀선사비지복
湧泉不夠滿鴻沅　용천불구만홍원

○ 조그만 악은 별것이 아니므로 가볍게 여겨도 된다는 생각은 참으로 위험하다. 아무리 작은 악이나 원망도 반드시 과보(果報)가 따른다는 사실을 알아야 한다. 복도 마찬가지다. 아무리 작은 복이라도 큰 이익이 된다는 사실을 알아 소홀히 여겨서는 절대로 안된다. 저 강과 바다도 한 방울 물이 채운다는 사실을 유념하여 막경소악(莫輕小惡)해야 한다.

하늘이 괴로움과 재앙을 준다
乾貽苦禍

길한 사람은 선한 말을 하고 선한 행동으로 나아가면
하늘이 즐겁게 복을 내려 균평하고 맑게 살도록 하네.
흉한 자가 악하게 말하고 간사하며 속이고 움직이면
하늘이 괴로움과 재앙을 주어 편치 않고 다투게 하나니라.

吉人善語善行征　　길인선어선행정
天降樂禧均瀞生　　천강낙희균정생
凶者惡言邪騙動　　흉자악언사편동
乾貽苦禍不安爭　　건이고화불안쟁

○ 길한 사람이 좋은 말을 하고 좋은 행동을 하며 살아간다면 하늘이 즐겁게 복락을 내려 균평할 뿐만 아니라 맑고 밝게 살도록 해 준다. 반면에 흉측한 사람이 악한 말을 하고 간사하고 속이는 행동을 하면 하늘이 고통과 재앙을 내려 살아가는 과정을 방해하여 싸우고 불목하도록 한다. 또한 세상을 살아가면서 좋은 마음, 좋은 행동, 좋은 일을 하며 살아야 한다. 그러므로 우리는 취선사악(取善捨惡)하지 않을 수 없다.

능히 품속을 넓혀
能弘懷裏

무릇 사람이 안정하면 반드시 하늘을 이기고
반면에 덕을 베풀면 수많은 무리가 돌아오네.
'내 가슴으로는 들어오는 자가 없다' 말하지 말고
능히 품속을 넓혀서 많은 사람이 모이게 할지니라.

夫人安定必勝天　　부인안정필승천
反面德施群衆旋　　반면덕시군중선
勿語我胸無入者　　물어아흉무입자
能弘懷裏夠員連　　능홍회리구원연

○ 사람이 한번 굳은 마음으로 작정하면 능히 하늘을 이길 수가 있다. 다시 말해서 '일을 계획함은 사람에게 있고, 일을 이룸은 하늘에 있다(謀事在人 成事在天).'라는 말과 같다. 즉 사람의 혜지능(慧之能)은 하늘을 이길만한 능력을 가졌으니 이를 능덕(能德)이라 할 수 있다. 그러므로 우리는 이 능덕으로 사람을 품고 일을 행하면 모든 인물(人物)이 무불귀덕(無不歸德)하게 된다.

그러므로 사람이 잘 살려면
故人善活

재물과 부유는 보시를 하는 속에서 오는 것이요
가난과 곤궁은 간탐하고 욕심내는 가운데 온다네.
그러므로 사람이 잘 살려면 많은 부처님을 따르고
맑은 마음 간직하려면 원래 성품으로 돌아갈지니라.

財富布施於裏來　　재부보시어리래
貧窮貪慾做中徠　　빈궁탐욕주중래
故人善活從多佛　　고인선활종다불
隨轀瀞心原性回　　수온정심원성회

○ 사람이 부유하게 살려면 보시를 많이 해야 한다. 지금 잘 사는 사람들은 전생에 보시를 잘한 사람이다. 즉 사은에 보은을 해야 한다는 말이다. 이와 달리 지금 빈궁한 사람은 보시도 안 했지만, 전생에 욕심도 많이 부렸기 때문이다. 그러므로 잘 살려면 부처님의 가르침을 좇아 공부하고, 맑은 마음을 간직하려면 자신의 원래 성품을 회복하여 무명이 덮이지 않도록 해야 한다. 그러므로 우리는 이심모성(以心慕性)을 하지 않을 수 없다.

목숨이 오램은 자비와 은혜 속에
壽長慈惠

짧은 목숨은 살생을 하는 속에서 오는 것이요

목숨이 오램은 자비롭고 은혜로운 가운데 온다네.

지위 높음은 부처 공경을 진실로 받듦에서 얻고

존귀함은 계금(戒禁)*을 먼저 지킴에서 배가 되느니라.

短命殺生於裏來	단명살생어리래
壽長慈惠做中徠	수장자혜주중래
位高敬佛眞奉得	위고경불진봉득
尊貴戒禁先守培	존귀계금선수배

○ 모든 사람은 단명이든 장수이든 간에 남의 생명에 대한 살활(殺活)과 관계가 있다. 즉, 남의 생명을 살리면 오래 살고, 남의 생명을 죽이면 일찍 죽는 것이 진리이다. 높은 지위는 부처님 공경에서 얻고 존귀는 부처님 계문의 금기를 먼저 지키는 데서 배가(倍加) 되는 것임을 알아야 한다. 그러므로 우리는 원불교란 종교에 들어서 막배불교(莫背佛敎)를 해야 한다.

* 계금: 모든 악을 금지하여 못하게 막음.

개벽은 물질과 정신이
開闢物神

개벽은 물질과 정신이 활짝 펼쳐짐에서 오고
일원의 진리는 깨달음을 이룸으로 온다네.
사은은 다 살리므로 없으면 살 수 없고
삼학의 수행은 밝은 지혜를 북돋느니라.

開闢物神豁展來　　개벽물신활전래
一圓眞理覺成徠　　일원진리각성래
四恩咸活無無活　　사은함활무무활
三學修行亮智培　　삼학수행양지배

○ 참된 개벽은 정신과 물질이 함께 열려가는 데서 온다. 일원의 진리도 깨달음을 이루었을 때 확실하게 밝아진다. 사은은 살려주는 자덕(慈德)이므로 보은으로서 이어야 한다. 삼학도 수행을 통해서 맑고 밝은 지혜가 자연 배양되게 된다. 따라서 바른 행동도 나타나게 되는 것이므로 게으를 수가 없다. 그러므로 우리는 개각지인(開覺之人)이 되어야 한다.

성품 가운데 마음이 일어나
性中心起

진리의 근원은 텅 비어서 형상이 없는 것이요
도의 뿌리는 참으로 비어서 물상의 모양이 없다네.
법을 이에 법이라 말하면 실상의 법이 아니요
성품 가운데 마음이 일어나 활용을 따라 펼쳐지니라.

理源虛曠象形無　　이원허광상형무
道體眞空物樣无　　도체진공물양무
法是法言微實法　　법시법언미실법
性中心起用隨敷　　성중심기용수부

○ 진리의 근원은 텅 비어서 어떤 형상도 없다. 도의 바탕도 참으로 비어서 모양을 그릴 수가 없다. 따라서 법도 이것을 들어 보여서 법이라 한다면 실상의 법이 될 수 없다. 반면에 우리의 성품에서 일어난 이 마음이 진리와 도와 법을 요리하여 부처를 만들어 내는 것이다. 그러므로 우리는 마음에 공들이는 심리공부(心裏功夫)에 힘쓰지 않고 달리 무엇에 힘쓸 것이 있겠는가?

입을 닫고 혀를 감추어
口閉舌藏

무릇 말을 하려는 사람은 먼저 마음을 볼지니
말과 행이 차이가 없으면 말소리를 토해낼지라.
말을 내놓고 밟아가지 아니하면 허망한 말일 뿐이니
입을 닫고 혀를 감추어 삼가 묵묵히 다물어야 한다네.

夫欲語人先見心	부욕어인선견심
說行差異吐談音	설행차이토담음
出言不踐虛言爾	출언불천허언이
口閉舌藏愼黙吟	구폐설장신묵음

○ 『설원(說苑)』에 "말은 자기에서 나오지만 남에게 그치게는 못하고, 행동은 가까운 데서 발하지만 멀리까지 그치게는 못하니라(言出於己 不可止於人 行發於邇 不可止於遠)."라는 말이 있다. 말이나 행동이 나에게서 나오면 바로 남에게 날아가서 시빗거리가 되므로 출언(出言)과 발행(發行)을 삼가고 조심해야 한다는 뜻이다. 그러므로 우리는 선언정행(善言正行)이 아니면 입도 닫고, 행동도 멈추어야 한다.

덕이 작지만 널리 베풀면
德小普施

선량을 쌓지 않으면 명예를 이루지 못하고
악업을 쌓지 않으면 마음에 군더더기가 없네.
덕이 작지만 널리 베풀면 사람들이 배반하지 않고
자신에게 이익이 될 때 의(義)에 마땅하면 맞이할지라.

善良不積不名成　선량부적불명성
惡業非儲非意瘿　악업비저비의영
德小普施人匪叛　덕소보시인비반
身臻利益義宜迎　신진이익의의영

○ 사람이 주변에 사는 사람들에게 선량하다는 말을 듣지 못하면 명예를 이루지 못한다. 살아가면서 악한 마음을 갖지 아니하고 선량한 마음으로 사람들에게 도움을 준다면 마음에 상처받을 일이 적다. 작은 덕이라도 남에게 베풀면 그 은덕을 입었음에 어지간한 사항이 이르러도 사람들은 배반하지 않는다. 더 중요한 것은 이익을 자신에게 돌리지 않아야 한다. 될 수 있으면 널리 베풀어서 은혜가 고루 입혀지도록 해야 한다. 그러므로 우리는 견리사의(見利思義)하는 마음을 놓지 않아야 한다.

선을 베풂이 비록 클지라도
善施雖大

선을 베풂이 비록 클지라도 잘못을 가릴 수는 없고
부유에 뜻이 없다 할지라도 이익을 만나면 기운다네.
거친 풀은 어린뿌리에서 제거하기가 쉽지만
크게 자라 뿌리 깊어지면 실로 긁어내기 어려우니라.

善施雖大誤非遮	선시수대오비차
富意爲無遇利斜	부의위무우이사
粗草稚根除去易	조초치근제거이
大長深柢實難爬	대장심저실난파

○ 어떤 사람이 선을 많이 베풀었다고 할지라도 어쩌다 잘못을 범하게 되면 다른 사람들은 설령 이해는 할지언정 자신에게 불이익이 돌아오면 그 잘못을 가려주지는 않는다. 또한 부유하고 재산을 모으는데 별다른 뜻이 없다고 할지라도 이익을 보거나 만나면 자신도 억제할 수 없이 기울어진다. 잡초는 어릴 때 뽑아야 잘 뽑히지만 커버리면 어렵다. 그러므로 우리는 상근시선(常謹施善)을 해야 한다.

일원 진리를 크게 깨쳐야
一圓鴻覺

천 번 악곡(樂曲)을 들어야 비로소 소리를 깨우치고
만 번 용연(龍淵)*을 살펴야 비로소 명성을 안다네.
셀 수 없이 마음 닦아야 조사위(祖師位)에 오르고
일원 진리를 크게 깨쳐야 부처를 이루나니라.

聽千樂曲始醒聲　　청천악곡시성성
察萬龍淵肇識名　　찰만용연조식명
無數修心登祖位　　무수수심등조위
一圓鴻覺佛陀成　　일원홍각불타성

○ 통상 천 번 이상 악곡을 들어야 비로소 그 소리를 깨우칠 수 있다고 한다. 명검인 용연이라는 칼도 만 번 이상을 살펴야 비로소 그 명성을 알게 된다. 이처럼 여래위나 조사위에 오르려면 셀 수 없이 마음을 닦아야 한다. 그러므로 우리는 일원의 진리를 크게 깨쳐야 부처를 이루게 되는 것임을 알아서 게으름을 부리지 말고 근수불심(勤修佛心)을 해야 한다.

---

* 용연: 중국 초나라 때의 명검(名劍). 구야자(歐冶子)와 간장(干將)이 함께 만든 세 자루 가운데 하나.

인과가 서로 돌아
因果相廻

살아가는 떳떳한 길에 걸리지 않음을 이뤘어도
작행(作行)의 업장과 습관은 자신이 맞이하네.
때가 이르고 인연이 닿아서 전에 맺음이 드러남은
인과 과가 서로 돌면서 주고받음에서 생김이니라.

活去常程不礙成　　활거상정불애성
作行業慣自身迎　　작행업관자신영
時臻緣碰顯前結　　시진연팽현전결
因果相廻授受生　　인과상회수수생

○ 사람이 살아가는 길이 서로 다르지만 나는 떳떳하여 걸림이 없다고 할지라도 작행의 업장과 습관은 자신이 맞을 수밖에 없다. 이 작행의 결과가 때가 이르고 인연이 닿으면 고락의 결과가 자연스럽게 드러나는데, 바로 인과가 있어서 서로 돌다가 주고받아야 할 시기가 생겼을 때이다. 그러므로 우리는 시작선업(始作善業)은 할지언정 악업을 지어 나락으로 곤두박질쳐서는 안 된다.

다스리는 길이 손바닥 뒤집기로
理程反掌

정치의 나아가는 길은 정의와 명분을 밝혀감이니
권리를 세우고 국민을 원통하게 하면 자멸을 부른다네.
나라를 이롭게, 백성을 복되게, 어려움에 도움 있다면
다스리는 길이 손바닥 뒤집기로 서로 소통하여 맞으리라.

政治行路義名昭　정치행로의명소
權立恨氓自滅招　권립한맹자멸초
利國禧民難有助　이국희민난유조
理程反掌互通邀　이정반장호통요

○ 정치가 행하는 길은 정의와 명분이라고 할 수 있는데, 이를 무시하고 권력을 세워서 국민을 억울하게 하거나 원통하게 하면 자멸을 부르게 된다. 모름지기 위정자가 국리(國利)와 민복(民福)과 공정과 명분을 잘 세워서 다스려 간다면 정치는 손바닥을 뒤집는 일에 지나지 않을 것이다. 이에 이르면 국민과 소통에 어려움이 없으리니, 이 정도만 되어도 국무인란(國無人亂)이라 아니할 수 없다.

어진 자는 행동을 가려서
賢者擇行

어진 자는 행동을 가려서 뒤에 펼치고
뛰어난 스승은 장소가 없이 능력을 보이네.
소인은 남의 악을 걸러내지 않고 말하고
군자는 선량을 다 드러났음에 기뻐하느니라.

賢者擇行而後攤　　현자택행이후탄
聖師無處以能看　　성사무처이능간
小人人惡濾非語　　소인인악여비어
君子善良皆露歡　　군자선량개로환

○ 어진 사람이나 성자들은 자신의 말 한마디 행동 하나가 듣고 대면하는 사람에게 영향을 미친다는 것을 잘 알기 때문에 언행을 삼가지 않을 수가 없다. 군자는 자신의 선량을 드러냄으로써 여러 사람에게 모본(模本)이 됨과 동시에 소향지로(所向之路)가 되므로 조심하지 않을 수 없다. 반면에 소인은 남의 악행을 걸러내지 않고 함부로 말하여 시비의 원인을 만든다. 그러므로 우리는 신언조행(愼言操行)을 해야 한다.

내가 인을 지음으로 말미암아
我由因作

뭇 생령이 행하는 내력에 보응이 펼쳐짐을 보면
업이 자신에게서 일어나 자신에게 이르느니라.
아울러 과보의 가지가 두루 널리 뻗어짐을 보면
내가 인(因)을 지음으로 말미암아 보상되고 순환한다네.

衆生行歷見應伸	중생행력견응신
起業自身臻自身	기업자신진자신
覞視果枝周普展	요시과지주보전
我由因作報償循	아유인작보상순

○ 사람을 비롯해 일체 생령의 행한 내력이 펼쳐짐을 보면 모든 업장이 자신에게서 일어나 결국 자신에게 이르게 됨을 알 수 있다. 자신에게서 작업이 시작되어 다른 사람이나 경계에 미쳐가는 것을 보면 결국은 내가 지은 인연으로 말미암아 이루어질 뿐, 외부에서 들어오는 것이요 영신(靈神)이 주어서 그렇게 된 것은 아니다. 그러므로 우리는 어찌 궁작선업(躬作善業)하지 않을 수 있겠는가?

남이 있으면 반드시 죽고
有生必滅

명성이 바다 같을지라도 좁아져 시내처럼 흐르고
부귀가 산처럼 쌓였을지라도 작은 진흙으로 흩어지네.
모인 것은 결정코 떠나고 떠난 것은 다시 모이며
남이 있으면 반드시 죽고 죽으면 도리어 이어지느니라.

名聲似海狹流溪　　명성사해협유계
富貴儲山散靡泥　　부귀저산산미니
會者定離離復會　　회자정리리부회
有生必滅滅尤携　　유생필멸멸우휴

○ 사람의 명성이 바다처럼 넓기도 하지만 대개는 좁다란 시내가 되어 흘러가기도 한다. 부귀도 산처럼 쌓였다 할지라도 결국 진흙 먼지가 되어 흩어지고 만다. 이것이 '만난 것은 결정코 떠난다.'라는 회자정리(會者定離)의 의미이다. 사람도 낳음이 있는가 하면 소멸하고, 소멸하는가 하면 다시 낳음으로 이어진다. 그러므로 우리는 명부시운(名富視雲)하여 욕착(慾着)을 버려야 한다.

가고 오고 일어나고 소멸함이
逝來起滅

봉우리를 넘어온 붉은 해는 서쪽 바다로 떨어지고
바다를 건너는 화려한 배는 가벼운 잎처럼 넘어가네.
목숨은 반짝하는 빛이요 꽃잎에 붙은 이슬과 같으니
가고 오고 일어나고 소멸함은 눈동자 돌림과 같아라.

踰岑紅日落西瀛　　유잠홍일낙서영
渡海華船越葉輕　　도해화선월엽경
如命閃光花着露　　여명섬광화착로
逝來起滅似回睛　　서래기멸사회정

○ 저 동쪽 봉우리를 넘어온 붉은 해는 결국 서쪽 바다로 떨어진다. 바다를 건너는 배는 나뭇잎 하나가 가볍게 출렁거리는 것과 같다. 이처럼 우리의 목숨이란 꽃잎에 붙은 이슬과 같아서 100여 년을 넘기기가 어렵다. 이렇게 짧다면 짧은 인생인데 욕심을 부려 허둥댈 것이 무엇이겠는가. 모두 털어버릴 수는 없지만 자신의 분수를 지키며 살 수 있는 월등도인(越等道人)이 되어야 한다.

밑바닥에서 기초를 놓아
底層定礎

삶을 쉬움에서 도모하면 살아가는 데 어려움이 없고
일을 작음에서 시작하여 성공하면 탄성을 토해 내네.
이러므로 성인은 갖춰진 것을 바라지 아니하고
밑바닥에 기초를 놓아 높이 쌓아서 완성하느니라.

圖生於易活無難　　도생어이활무난
始事于些功吐嘆　　시사우사공토탄
是以聖人非望備　　시이성인비망비
底層定礎積高完　　저층정초적고완

○ 사람의 삶을 쉬운 데서 시작하면 살아가는 데 어려움이 없다. 일도 처음에는 비록 작은 데서 시작하지만, 마침내 성공하면 탄성을 자아낸다. 그러므로 어진 사람은 다 갖춰진 사람을 바라지 않는다. 따라서 밑바닥에 기초를 잘 놓아 한층 한층 쌓아 올리면서 높게 완성한다. 무슨 일이든 한 번에 이루려 말고 튼튼한 바탕에서 해 나가면 무불성공(無不成功)하지 않을 수 없다.

호리도 틀림이 없이
釐毫不忒

한 뿌리에서 두 가지가 나와 우거지니
인과와 아울러 생멸이 없다는 것이네.
업을 지으면 필연적으로 응보가 서로 번갈아들어
호리도 틀림없이 지은 인연대로 펼쳐지느니라.

一根拔出兩枝蕪 일근발출양지무
因果竝兼生滅無 인과병겸생멸무
作業必然應報遞 작업필연응보체
釐毫不忒造緣敷 이호불특조연부

○ 무릇 일원상의 진리는 한 뿌리이다. 여기서 인과보응의 이치와 불생불멸의 도가 갈라져서 두 가지가 되었다. 그런데 우리에게 직접적인 연관은 인과이다. 이 인과는 심신 작용의 결과가 곧 선악지업(善惡之業)이 된다. 이 업의 경중을 따라 보응됨은 호리도 틀림없기 때문에 몸과 마음을 움직여 업을 지음에 상작선인(常作善因)을 해야 한다.

기어코 부처 조사 되어
期做佛師

대종사님 탄생하실 때 우레가 진동하더니
일원 진리를 크게 깨쳐 영생의 길을 열었네.
헤아릴 수 없는 긴긴 세월에 이 법을 따라서
기어코 부처 조사 되어 즐거운 세상 지으리로다.

時誕宗師鳴震雷	시탄종사명진뢰
一圓大覺永程開	일원대각영정개
無量累劫隨斯法	무량누겁수사법
期做佛師樂世裁	기주불사낙세재

○ 우리 대종사님은 후천의 개벽 시기를 맞춰서 진리가 내신 주세 부처로, 이 세상에 탄강하여 우레의 울림으로 천지를 진동케 하였다. 그리고 진리 가운데 최고의 진리가 되는 일원 진리를 깨달아 생령에게 영생의 길을 열어주셨다. 우리는 이 대도 정법을 따라다니며 기어이 부처가 되고 조사가 되어 일체 생령과 함께 살아갈 낙원을 조성해야 할 의무책임(義務責任)이 있음을 명심하여 잊지 말고 실현을 시켜야 한다.

인생이 이 세상에
人生斯世

인생이 이 세상에 몸을 의탁하여 엮여짐은
사농공상이 공급을 베풀어주기 때문이니,
한 그릇 밥을 먹으면 농사짓는 괴로움을 생각하고
몸에 옷을 입으면 베를 짜는 시름을 생각할지니라.

人生斯世託躬編	인생사세탁궁편
農士工商以給宣	농사공상이급선
一器食餐農苦念	일기식찬농고념
着身衣服織慮悁	착신의복직려연

○ 사람이 이 세상에 태어나서 혼자 사는 것 같지만 사농공상들의 공급이 없으면 사실 살아 나가기가 어렵다. 그러므로 우리는 밥 한 그릇을 먹을 경우라도 농사를 짓는 괴로움을 생각하고, 옷 한 벌을 입을지라도 의복을 만드는 직공들의 안쓰러움을 생각해야 한다. 그러므로 이 세상을 이렇게 살면서 늘 감사지념(感謝之念)을 놓아버리지 말고 살아야 한다.

항상 불법을 받들고
常奉佛法

준엄은 욕심을 덜고 정애(情愛)를 버리는 데서 열리고
추루(醜陋)는 성냄으로 흥분하는 데서 배가 된다네.
이 세상에 인생이 죄가 없이 살아가려면
항상 불법을 받들고 가르치는 말씀을 받들지니라.

俊嚴損慾棄情開	준엄손욕기정개
醜陋恚瞋上氣培	추루에진상기배
此世人生無罪活	차세인생무죄활
常奉佛法敎言陪	상봉불법교언배

○ 사람이 준엄하다는 것은 깊은 수양이 쌓이고 도덕을 갖추어서 감히 범접할 수 없음을 말한다. 그러려면 욕심도 덜고 정애(情愛)도 버려야 한다. 반면 추루는 성질을 내고 흥분하는 데서 온다. 그러므로 사람이 죄고가 없이 세상을 살아가려면 부처님 법을 받들고 그 말씀을 잘 새겨서 내면에 쌓아두어야 한다. 그러므로 우리는 항봉불언(恒奉佛言)을 하여 잊지 말고 실천해야 한다.

수양으로 공력이 쌓이면
修養儲功

흙 무더기를 많이 쌓으면 큰 뫼를 이루고
이익을 많이 거두면 싸움이 생기기 쉽다네.
마음 가운데 욕심이 쌓이면 지옥문이 열리고
수양으로 공력이 쌓이면 부처 조사 밝아지리라.

夠積壤堆泰嶽成	구적양퇴태악성
多收利益易生爭	다수이익이생쟁
心中蓄慾獄門闢	심중축욕옥문벽
修養儲功佛祖明	수양저공불조명

◎ 저 태산은 흙먼지가 쌓여서 이루어졌기 때문에 먼지 하나를 빼내면 무너지고 만다. 이렇듯 이익을 많이 거두게 되면 서로 빼앗으려는 심사가 발동하여 쟁투가 생김으로 결국 이익을 잃기 쉽다. 마음 가운데도 욕심이 쌓이면 지옥의 문이 열리지만, 깊은 수양으로 공력을 쌓으면 부처와 조사가 밝아지는 법이다. 그러므로 우리는 자명불조(自明佛祖)를 해야 한다.

설사 사이가 없는
設使無間

설사 사이가 없는 부모와 자식의 갈래라도
서로 주고받지도 못하고 대신하기도 어렵네.
모르게 업을 지었으니 근심할 바 아니라지만
진리의 눈은 번개 빛보다 빨리 봄이 있느니라.

設使無間父子端　　설사무간부자단
相非授受代身難　　상비수수대신난
不知作業不攸慽　　부지작업불유척
理眼電光存速看　　이안전광존속간

○ 부모와 자녀는 간격이 없다고 해도 과언이 아니다. 그래서 부모 입장에서는 재물을 자식에게 다 주어도 아깝지 않게 생각한다. 그러나 죄업을 지었다면 부모와 자식 간이라 할지라도 줄 수도 없고 받을 수도 없으며 대신할 수도 없다. 나는 아무도 모르게 업을 지었으니 누가 알랴 하지만, 진리의 눈은 번개 빛보다 빠르기 때문에 보고 살피고 기억하지 않는 바가 없음을 알아야 한다. 그러므로 우리는 능지형안(能持炯眼)을 해야 한다.

사람이 인과를 알면
人知因果

사람이 인과를 알면 허물 지음이 적어지고
멸과 생이 없음을 알면 자신이 병들지 않네.
이러므로 공부에 게으름 드러내지 아니하고
복을 쌓고 지혜 닦아 은혜 갚길 더할지니라.

人知因果作過些	인지인과작과사
識不滅生不自瘕	식불멸생부자하
此故功夫非怠顯	차고공부비태현
積禧修慧報恩加	적희수혜보은가

◯ 대개 사람들은 어려움이 다가올 때 자신의 과거를 돌아보기가 어렵다. 그리하여 자칫 시대를 원망하고 주위를 불평하게 된다. 그러기 때문에 성자들이 오늘의 아픔은 전세에 허물을 해소하지 못하고 현재로 가지고 넘어온 결과라고 가르치고 있다. 결국 공부라는 길을 통해서 업보를 해소하는 방법을 배워 가는 것이니 이러한 길을 밟아가지 않으면 업가업(業加業)이 되어 빠져나올 수 없게 된다. 그러므로 우리에게는 자업소결(自業消潔)이 정말 중요하다고 할 수 있다.

정법과 상법 이미 지나
正象已過

정법과 상법 이미 지나 말법에 이르고
때가 멀고 성현 가서 정신이 해이했네.
하늘과 땅 열려 새로운 시기가 이름에
주세 부처 대종사 둥근 진리 펼쳤어라.

正象已過末法臻	정상이과말법진
遠時去聖弛精神	원시거성이정신
天開地闢新期到	천개지벽신기도
主佛宗師圓理伸	주불종사원리신

○ 과거 부처님을 정법 1000년, 상법 1000년, 말법 1000년이라 하여 3000년이 지나면 미륵불 용화회상(龍華會上)이 다시 나온다는 설화가 있다. 이러한 설화로 볼 때 지금이 대체로 말법 1000년이 지나는 새 시대가 도래하였으니 미륵불 용화회상이 열리는 것은 천지 공사이요 우주 대업으로 자연스러운 진리의 짜임[條理]이기 때문에 누구의 간언(間言)도 필요가 없다. 그러므로 우리는 신시전원(新時轉圓)하는 사람이 되어 주세불 소태산 대종사님의 법을 굴려 중생을 제도하고 낙원을 건설해야 할 책무가 두 어깨에 짐으로 지워져 있음을 알아야 한다.

04

信修兩門

신수양문

신앙문과 수행문

신앙과 수행의 두 문
信修兩門

진공의 묘유는 돈독한 수행문을 이름이요
인과의 보응은 도타운 신앙문의 길이라네.
두 기둥인 두 문은 우리의 교리이니
일원 진리의 실체인 큰 근원에서 생겨났음이라.

眞空妙有篤修名　　진공묘유독수명
因果報應敦信程　　인과보응돈신정
二棟兩門吾教理　　이동양문오교리
一圓實體大源生　　일원실체대원생

○ 우리 교리를 보면 진공묘유로는 수행의 문을 설정하였고, 인과보응으로는 신앙의 문을 설정하여 신앙과 수행을 병진(竝進)하게 하였다. 따라서 두 문을 세운 것은 일원 진리의 실체에 근원을 두고 형성된 강령의 양면이라고 할 수 있다. 그리하여 이대로 따르며 공부한다면 쉽게 목적을 이루리니, 천 여래 만 보살의 회잉태반(懷孕胎盤)이라고 할 수 있다.

많이 짊어지면 행하기 어렵다
够擔行難

집을 세운 기둥이 튼실하면 오래 살기가 안전하고
사람이 많은 인연 맺으면 삶을 누림이 편안하네.
그러나 공부를 하려 한다면 버리고 덜고 비울지니
건장한 소라도 많이 짊어지면 멀리 가기 어려우리라.

廈堅立棟久生完 하견립동구생완
人結多緣享活安 인결다연향활안
然欲功夫捐損曠 연욕공부연손광
健牛够擔遠行難 건우구담원행난

○ 집을 짓는 데 기둥을 튼실하게 세우면 무너질 염려가 없어서 안심하고 살아간다. 좋은 사람과 인연을 많이 맺으면 혹 도움을 받아 살기가 편안할 수 있다. 그러나 공부하려고 마음먹었다면 인연을 끊어버리는 것이 크게 이익이 될 수 있다. 만일 인연이 많으면 챙기기도 어렵다. 여기에 잘하면 저기서 뭐라 하고 저기서 잘하면 여기서 뭐라 하기 때문에 수도에 도움이 안 된다. 그러므로 아무리 튼튼한 소라고 할지라도 실린 짐이 많으면 난보원정(難步遠程)을 하게 된다.

입을 닫아 안으로 생각하면
口閉內思

입을 닫아 안으로 생각하면 말을 냄이 정성스럽고
눈을 가려 밖으로 봄에 바름과 삿됨을 밝힐 것이며,
귀를 가려 소리를 들음에 맑은가 흐린가를 구분하고
몸을 삼가 머물고 행함에 가볍게 놀리지 않을지니라.

口閉內思言出誠　　구폐내사언출성
眼蒙外見正邪明　　안몽외견정사명
耳遮聲聒分清濁　　이차성오분청탁
身謹留行匪耍輕　　신근류행비사경

○ 눈, 귀, 코, 입, 몸, 마음을 일러 육근이라고 한다. 여기에서 하나만 없어도 온전한 생활을 할 수가 없다. 눈, 귀, 코, 입, 몸은 마음이 들어서 움직이기 때문에 마음의 청탁이나 명암을 따라 생출하는 바가 다 다를 수 있다. 그러므로 '기둥을 치면 대들보가 운다'는 속담처럼 마음가짐을 존절히 하여 오근(五根)이 피해를 당하지 않도록 청명지심(淸明之心)을 가지고 살아가야 한다.

도를 밝히고 마음을 닦자
明道修心

도를 밝히고 마음을 닦는 데 뜻을 둔 사람은
물색에 끌리지 말고 한미한 가난을 즐길지니라.
만일 매이고 집착한다면 진겁(塵劫)*을 지낼지라도
일원과 아울러 진리의 신묘(神妙)를 알기 어렵다네.

明道修心有志人	명도수심유지인
勿牽物色樂寒貧	물견물색낙한빈
若縈執着過塵劫	약영집착과진겁
難識一圓兼理神	난식일원겸리신

○ 도를 밝히고 마음을 닦는 데 뜻을 두었다면 세상의 화려한 물색에 끌려 괴로워하지 말고 한빈(寒貧)을 즐거움으로 삼아야 한다. 만일 물질이나 사람에게 매이고 집착하여 벗어나지 못한다면 진겁을 지낼지라도 일원 진리의 신묘함을 깨닫기가 어렵다. 따라서 미혹한 중생이 머무는 무간지옥(無間地獄)에서 나오기 어렵기 때문에 성자들이 여구두연(如救頭燃)의 심정으로 공부하라고 고구정령(苦口叮嚀)하게 설파하여 가르쳐 주었음을 알아야 한다.

---

* 진겁: 과거, 미래의 티끌처럼 많은 시간.

본래 마음 부지런히 닦아
本心勤拭

무릇 이에 우리는 기나긴 생애를 굴러가면서
눈이 밝은 조사와 아울러 부처를 이루려네.
모름지기 일원 진리의 바탕을 깨닫고
본래 마음 부지런히 닦아 지혜를 밝힐지니라.

凡爰吾等轉長生　　범원오등전장생
睅眼祖師兼佛成　　훤안조사겸불성
須悟一圓眞理體　　수오일원진리체
本心勤拭慧頭明　　본심근식혜두명

◎ 살아가면서 어떤 서원도 없고 신앙이나 수행을 하지 않는다면 보통 인생을 면할 수가 없다. 그러므로 부처가 되려는 원력을 세우고 일원의 진리를 기어이 깨닫겠다고 다짐을 자신과 진리에게 올려야 한다. 또한 본래 마음을 잘 닦아서 원래 갈무리해 있는 지혜를 밝히겠다는 자기나 진리와의 약속을 잊지 말고 용맹정진으로 수도하는 수원지인(竪願之人)이 되어야 한다.

평소의 일상에서
平素日常

세상을 살아가는 방법은 주거와 밥과 옷이요
수행을 하는 방법은 삼학으로 돌아가는 것이네.
밭을 가는 데 힘을 쓰는 쇠스랑이 셋으로 나뉘듯
평소의 일상에서 스승의 가르침에 의지할지니라.

活世爲方住食衣　　활세위방주식의
修行做法學三歸　　수행주법학삼귀
耕田用力分參耙　　경전용력분삼파
平素日常師教依　　평소일상사교의

○ 세상을 살아가는 데 필요한 것은 집과 밥과 옷이니, 이 가운데 하나만 빠져도 불편한 삶이 된다. 논밭을 가는 데에는 세 발이 달린 쇠스랑이 필요한데, 쇠스랑의 발 하나라도 없으면 땅을 잘 팔 수 없다. 이처럼 수행하는 데에도 정과 혜와 계를 닦아가는 것이 정로(正路)이다. 하나만 소홀해도 원만한 수행이 아니므로 우리는 삼학병진(三學竝進)을 해서 균형을 맞추어 가야 한다.

일상에서 움직여 활용하며
日常動用

일상에서 움직여 활용하며 삶으로 옮겨가는 길에
밥을 먹음에 농부의 그 괴로운 행위를 생각하고,
물을 마심에 근원에서 흐르며 골짜기 뚫음을 생각하며
꽃을 구경함에 뿌리로부터 자양분을 맞이함을 생각하라.

日常動用活移程　　일상동용활이정
飤飯想農其苦行　　사반상농기고행
飮水思源流谷透　　음수사원유곡투
賞花自柢念滋迎　　상화자저념자영

○ 일상에서 무언가를 활용하며 살아갈 때 밥 한 수저를 먹을지라도 농부의 괴로움을 생각할 줄 알아야 한다. 또 물을 마실 때에는 그 근원이 있어 맑은 물을 마실 수 있음을 생각하며, 꽃을 구경할 경우에는 뿌리에서 자양분을 맞아서 줄기나 잎이나 꽃으로 분배하는 수고로움을 생각할 수 있어야 한다. 그러므로 우리는 이런 사람이야말로 사원지인(思源之人)이라 부를 수 있다.

한번 이별하면 만나기 어렵다
一別難遇

밖으로 일원의 종을 두드려서 사해를 울리고
안으로 마음과 성품을 깨달음은 영생의 길이네.
주세불의 인연은 한번 이별하면 정말 만나기 어려운데
우리는 다행히 만났으니 쉬지 않고 수행할지니라.

外叩圓鐘四海鳴　　외고원종사해명
內醒心性永生程　　내성심성영생정
佛緣一別難眞遇　　불연일별난진우
吾等幸遭非息行　　오등행조비식행

○ 종루(鐘樓)에 걸린 종을 두드리니 소리가 사해를 울린다. 또 안으로는 마음과 성품을 깨달아 성취함이 영생 삶의 길이 된다. 주세 부처님의 인연을 한번 여의게 되면 다시 만나기 어렵다. 우리는 다행히 이를 투관(透關)하여 입문하였고 공부까지 하고 있으니 이 기회를 잃어서는 안 된다. 그러므로 우리는 반드시 불연독지(佛緣篤摯)을 해야 한다. 그리하여 소태산 대종사님의 은혜에 만분의 일이라도 보답을 해야 한다.

다함이 없는 낙원
無盡樂園

앞으로 정신은 열려서 점점 지혜가 깨어나고
물질은 전개되어 세상의 마땅함으로 나타나네.
사람 삶에는 과학과 도학으로 아름다운 나라 건설되고
다함이 없는 낙원에는 달과 별들이 빛나리로다.

將闢精神漸智醒 장벽정신점지성
展開物質世便形 전개물질세편형
人生科道嘉邦建 인생과도가방건
無盡樂園彬月星 무진낙원빈월성

○ 대종사님은 '물질이 개벽되니 정신을 개벽하자.'라고 하셨다. 과학인 물질의 발전은 끊임없이 이어지지만 반면에 도학인 정신의 명정(明淨)은 쇠락(衰落)하고 있다. 정신과 과학을 제전(齊展)할 수는 없지만 주종(主從)을 세울 수는 있다. 이에 도학위체(道學爲體)하고 과학위용(科學爲用)을 하여 물질에 정신이 노예가 되지 아니하고 물질을 선용하여 낙원의 세계를 열어가는 병진원불(併進圓佛)이 되어야 한다.

돌 양과 쇠 호랑이
石羊鐵虎

달을 머금은 돌 양은 텅 빔으로 달아나고
바람을 따르는 쇠 호랑이는 구름 딛고 번득이네.
고기는 허공 가운데 뛰어서 하늘과 땅을 삼키고
솔개는 땅속을 날면서 우주를 뿜어내누나.

含月石羊虛曠奔	함월석양허광분
從風鐵虎踏雲飜	종풍철호답운번
空中魚躍乾坤嚥	공중어약건곤연
地裏鳶飛宇宙噴	지리연비우주분

○ 달은 빛으로 돌 양을 에워싸더니 저 텅 빈 허공으로 달려간다. 또 '운종룡 풍종호(雲從龍 風從虎)'라 하여 쇠로 된 호랑이가 바람을 따라 뛰어다닌다. 또한 물속에서 사는 고기는 공중에서 뛰며 하늘과 땅을 삼키고, 솔개는 땅속에서 날면서 우주를 뿜어내고 있다. 이러한 상황은 허공 즉 일원 진리 안에서 일어나는 불이불이(不二不異)인 것이니 사량과 분별을 놓고 천지미분전(天地未分前)이나 우주미생전(宇宙未生前)으로 돌아가고 잠정(潛靜)을 한다면 상하가 일직(一直)이요 종횡이 일통(一通)이 되어 일리일공(一理一空)이 되리라고 생각한다.

차라리 모두 덜고 덮자
寧皆棄蔽

무릇 이에 한 물건은 본래부터 없었거늘
어찌하여 누가 이름과 글자로 더럽히는가.
비뚤어진 눈으로 보려 말고 마음으로 헤아리지 말지니
차라리 모두 버리고 닫아서 더는 펼치지 말라.

凡爰一物本來無 범원일물본래무
何故孰誰名字汚 하고숙수명자오
橫眼勿看心勿測 횡안물간심물측
寧皆棄蔽莫加敷 영개기폐막가부

○ 대저 한 물건이라 하지만 두미(頭尾)도 없고 명자(名字)도 없다. 이렇게 없는 물건에다 이름을 붙이고, 꼬리를 달아 오염시켰다. 눈을 가졌어도 보려 말고, 마음이 있지만 추측하지도 말아, 모두 덜어내고 굳게 닫아 봉합을 해둘지언정 펼쳐서 더러움이 묻도록 해서는 안 된다. 그냥 두고 보아야 한다. 또 그냥 놔두어야 한다. 그러므로 우리는 막근일물(莫近一物)을 해야 한다.

꽃을 드니 미소하다
拈華微笑

꽃을 들었다거나 미소함이 본래 없었고
달을 가리키는 손가락도 원래 끊겼어라.
선찰에서 전하지 않았고 말할 물건도 아니니
부처도 또한 이에 그림자요 흔적임을 탄식하누나.

拈華微笑本來無	염화미소본래무
指月指頭原絶于	지월지두원절우
禪刹非傳非語物	선찰비전비어물
佛陀亦是影痕吁	불타역시영흔우

○ 부처님이 설법하실 때 하늘에서 화우(花雨)가 내렸다고 한다. 이에 부처님이 꽃을 들어 대중에게 보이니 가섭존자가 파안미소(破顔微笑)를 하였다. 그러자 부처님은 '정법안장(正法眼藏)을 가섭에게 전한다.'라고 했다. 사실 꽃도 없고 전할 것도 없다. 따라서 달도 없으니 그림자와 흔적이 어디 있겠는가? 그리하여 이렇다저렇다 하는 허설(虛舌)에 탄식하신 것이니 우리는 막설비공(莫說非空)을 해야 한다.

격외의 거침없음
格外縱橫

모든 부처의 여러 말씀은 활의 굽음을 말함이요
조사의 여러 말은 활의 줄을 가리킴이네.
이와 같은 교지는 공의 바탕을 이른 것이요
격외의 거침없음은 진리의 흔적을 보였음이라.

諸佛衆談弓曲言　　제불중담궁곡언
祖師群說指弧絃　　조사군설지호현
如斯教旨云空體　　여사교지운공체
格外縱橫示理痕　　격외종횡시리흔

◎ 모든 부처님은 자비를 가지고 교화하므로 중생에게 비유를 들어가며 설명하지만, 조사는 직설적으로 가부(可否)를 따라 봉할(棒喝)을 선호한다. 그러나 모든 교지의 근본은 오직 공체(空體)이니 왈가왈부가 필요없다. 여기에 이르러 아는 체하면서 격외(格外)*의 도리를 말하는 것은 밑이 없는 시루에 물을 붓는 몽매지인(蒙昧之人)이나 다름없다.

* 격외: 보통의 격식이나 관례를 벗어나 있음. 또는 그 정도.

도를 닦는 사람
修道之人

가령 발이 끊어진 쇠솥이 있다면
파괴되어 완전치 못해 쓸 수 없는 그릇이네.
도를 닦는 사람이 마음에 이지러짐이 있으면
실로 하늘을 가름과 같아 흔적도 찾지 못하리.

假令折足釜金存　　가령절족부금존
破壞不完無用盆　　파괴불완무용분
修道之人心有缺　　수도지인심유결
實如天判未尋痕　　실여천판미심흔

○ 솥이 한 발이 끊어졌다면 부서져 완전하지 못하기 때문에 더 이상 쓸 수 있는 그릇이 아니다. 이와 마찬가지로 도를 닦아가는 길에 무명이나 번뇌로 인하여 마음에 이지러짐이 생기면 칼로 하늘을 가르는 것과 같아서 흔적을 찾을 수가 없다. 즉 이지러진 마음의 한 조각을 어디서 찾으려는가. 그러므로 항상 삼가고 조심하여 곧 마음을 닦는 길로 나아가서 흔적없는 한 조각은 찾아 맞춰야 한다. 그러므로 우리는 능득공심(能得空心)을 하여야 한다. 매사에 여리박빙(如履薄氷)하는 마음으로 도를 닦아야 한다.

노친의 옹주
老親翁主

반만년의 오랜 서울 남쪽 기슭의 굽이에
두어 칸 기와집이 옥안(玉顔)*의 누대여라.
노친(老親)**의 옹주가 항상 노니는 곳으로
여기가 선루(仙樓)러니 지극한 즐거움 열렸다네.

半萬舊都南麓隈	반만구도남록외
數間瓦屋玉顔臺	수간와옥옥안대
老親翁主常遊處	노친옹주상유처
此是仙樓極樂開	차시선루극락개

○ 여기 한남동 수도원은 우리 교단 초기 정재(淨財)를 희사하여 회상의 주초를 놓았고, 또한 대종사님의 법설을 가장 많이 수필하여 '법낭(法囊)'이란 별호까지 얻은 구타원 이공주 종사가 기거한 선루(仙樓)이다. 필자는 서울보화당에 근무하면서 법회를 보러 다닌 곳으로, 그때 그 터전 옥안지루(玉顔之樓)의 인상이 아직도 깊게 남아 있다.

---

* 옥안: 잘생기고 환한 얼굴.
** 노친: 나이 많은 늙은 부인. 나이 많은 어버이.

마음을 진리 근원에서 찾아
心覓理源

위가 없는 크고 깊은 묘법인 공한 자리는
안과 바깥에 있지 않고 가운데도 있지 않다네.
그림으로 그리지 못하고 말로 다하지 못하나니
마음을 진리 근원에서 찾아 큰 깨달음으로 밝힐지니라.

無上丕深妙法空　　무상비심묘법공
不存內外匪存中　　부존내외비존중
以圖不繪非言盡　　이도불회비언진
心覓理源丕覺聰　　심멱리원비각총

○ 위가 없고 크고 깊으며 오묘한 법의 공한 자리는 안과 바깥에 있는 것이 아니요, 그렇다고 가운데 있는 것도 아니다. 이 자리는 그림으로 그릴 수도 없고 말로 다할 수도 없는 진체(眞體)가 되기 때문에, 오직 진리에서 찾고 마음과 성품에서 찾아 크게 깨달음을 이루어야 밝아진다. 그 흔적을 보고 겨우 짐작이나 하는 짐리지인(斟理之人)이라도 되어야 한다.

하늘 아래 사바세계
天下娑婆

하늘 아래 사바세계와 넓은 바다 가운데
배를 띄어 법을 싣고 미혹한 중생 건지려네.
우리가 사는 세상은 고통 아님이 없으니
부처 조사의 책임이 무겁기가 맷돌과 같으니라.

天下娑婆廣海中　　천하사바광해중
泛舟載法濟迷蟲　　범주재법제미충
吾生世上無非苦　　오생세상무비고
佛祖責任如重礱　　불조책임여중롱

○ 우리가 중생을 교화하고 제도한다는 것은 천개지벽(天開地闢)이 몇천 번 일어날지라도 다하기가 어렵고 또 어려운 일이다. 그러므로 나부터 교화되고 제도가 되어 이급(以及)해야 한다. 또한 세상을 고해로 알고 수행에 진력해서 심력(心力)을 얻어야 한다. 불조의 책임도 결코 작은 것이 아니어서 맷돌처럼 무겁다고 아니할 수 없다. 그러기 때문에 부처님들은 오고 또 와서 중생을 제도하나니 우리들은 전법장부(轉法丈夫)가 되어야 한다.

큰 은혜 저버리지 않아야 한다
不負鴻恩

매일 맑은 새벽 한 개의 향을 사르고
참 마음으로 세상 사람이 상서롭길 기원하네.
의지 없이 홀로인 나무는 가지런히 서기 어렵듯이
큰 은혜를 저버리지 않아야 삶에 광명이 비치리라.

每日清晨一炷香	매일청신일주향
眞心祈願世人祥	진심기원세인상
無依獨木難齊立	무의독목난제립
不負鴻恩照活光	불부홍은조활광

○ 들판에 나무 한 그루 홀로 서 있다 한다면 눈서리 비바람을 견디며 기울지 아니하고 바르고 곧게 설 수 있을까? 아마도 어려울 것 같다. 서로 의지하여 기댈 수 있어야 버틸 수 있기 때문이다. 우리도 사은(四恩)을 의지해서 바르게 서야 한다. 사은의 큰 은혜를 저버린다면 은광(恩光)이 비추지 아니하여 온전한 삶을 영위하기 어렵게 된다. 그러므로 우리는 배은지인(背恩之人)이 되어서는 안 된다.

뾰쪽한 집 높은 누대
尖屋高樓

뾰쪽한 집 높은 누대는 저무는 하늘에 솟고
소나무에 걸린 반달은 누대 앞을 비추누나.
차가운 바람 멀리서 불어 작은 티끌 쓸어가니
속세가 밝고 맑아 신선의 경지가 베풀어지누나.

尖屋高樓聳暮天　　첨옥고루용모천
掛松半月照臺前　　괘송반월조대전
寒風遠颯微塵掃　　한풍원삽미진소
俗世明淸仙境宣　　속세명청선경선

◎ 신선이 어디서 살며 거처하는 집은 어디일까? 뾰쪽한 누대는 하늘에 솟고 소나무에 걸린 반달이 비추는 곳일까? 이런 곳은 찾기도 어렵지만 참 신선이라면 이런 곳에 살지 않는다. 이 세상에 도법지풍(道法之風)의 바람이 불어 속진(俗塵)을 날리고, 밝고 맑은 원리지월(圓理之月)이 등불이 되는 모옥삼간(茅屋三間)이 바로 선루(仙樓)라고 할 수 있다. 즉 오리지인(悟理之人)이 사는 곳이 바로 선경(仙境)이라고 할 수 있다.

진리에 마음 뿌리를 심자
理植心根

귀로 듣고 코로 냄새 맡으니 멀리 있지 않고
생각으로 기억하고 입으로 말하나 흔적은 잡힘이 없네.
맑고 맑으며 밝고 밝아서 혼탁이 끊어졌으니
깨닫고자 하려면 진리에 마음 뿌리를 심을지니라.

耳聽鼻臭未遙存　　이청비취미요존
思憶口言無握痕　　사억구언무악흔
清瀞亮明渾濁絶　　청정양명혼탁절
欲醒於理植心根　　욕성어리식심근

○ 아무리 가지와 줄기가 성장하고 화려한 꽃을 피운다 할지라도 뿌리를 내린 땅이 옥토(沃土)가 아니라 박지(薄地)라면 얼마 못 가서 시들어 버리고 만다. 이와 마찬가지로 도를 닦는 사람이 마음의 뿌리를 마토(魔土)나 뇌지(惱地)에 심으면 깨어나기 어렵다. 그러므로 마음을 이체성원지전(理體性源之田)에 심지 아니하면 깨달음을 이룬 부처는 유령지일(踰嶺之日)에 지나지 않는다.

육도와 사생
六道四生

육도와 사생이 집안 아님이 없고
육범과 사성이 고향 아님이 없다네.
광명과 지혜는 하늘을 뚫어서 드러나고
이체와 성원은 본래부터 갈무렸어라.

六道四生無匪堂　육도사생무비당
陸凡肆聖未非鄉　육범사성미비향
光明智慧透天顯　광명지혜투천현
理體性源本始藏　이체성원본시장

○ 무릇 일원의 진리가 되는 그 바탕과 성품의 근원은 육도와 사생이 마음 놓고 사는 집이요, 육범과 사성이 태어나 자란 고향 아님이 없다. 그곳은 광명과 지혜가 하늘을 뚫어서 드러나고 아름다운 노랫소리 끊임이 없으며, 고운 새들이 지저귀고 노루 사슴이 뛰노는 본지(本地)이자 선향(仙鄕)이다. 그러므로 우리는 이런 곳에서 길이길이 노니는 선유지인(仙遊之人)이 되어야 한다.

차라리 공허에 던지리
寧擲空虛

일원의 진리란 과연 어떤 물건을 말하는가
본래 모양도 없었고 이름도 가지지 않았네.
아는 사람은 말하지 않고 말하면 알지 못하나니
차라리 공허에 던져버리고 다시는 기필(期必)*하지 않으리라.

圓理果然何物辭	원리과연하물사
本來無樣匪名持	본래무양비명지
知人不語言非識	지인불어언비식
寧擲空虛未復期	영척공허미부기

○ 무릇 진리란 이름을 붙인 그날부터 평리(平理)로 전락하여 사람들은 진리를 별스럽게 여기지 않는다. 그뿐만 아니라 조그만 알음알이가 생기면 분소의(糞掃衣)**에 조각 천을 덧대어 본의(本衣)가 없어지듯 온갖 난명(亂名)을 붙여서 진리를 부르고 있다. 그러므로 말하지 말라. 그리고 찾거나 만나지도 말라. 그리하여 이(理)는 이대로, 나는 나대로 살아 독유지인(獨遊之人)이 되어야 한다.

* 기필: 어떤 일을 꼭 이룰 것을 때를 정하여 약속함.
** 분소의: 똥 묻은 헌 헝겊을 주워 모아 지은 옷. 가사(袈裟).

사은에 보답하는 것은
肆恩報答

사은에 보답하는 것은 복을 받는 길이요
삼학을 수행하는 것은 지혜를 밝혀 얻음이네.
사요를 실천하는 것은 균등하게 살자는 것이니
지금 이에 교단과 사람이 급하게 밟아가야 하리라.

肆恩報答受禧程　　사은보답수희정
三學修行得智明　　삼학수행득지명
實踐四要均等活　　실천사요균등활
今爰教人急踏征　　금원교인급사정

○ 나는 지지리도 복이 없다고 원망하거나 말하지 말고 자신의 보은을 고시(顧視)하고 살펴보아야 한다. 또 나는 지혜가 없다고 한탄하거나 탓하지 말고 자신의 수행을 규시(窺視)하고 실행을 해야 한다. 또 세상과 어울려 잘 살아가려거든 사요의 광직지로(廣直之路)를 여인악수(與人握手)하고 걸어가야 한다. 그러므로 우리는 이러한 급사(急事)를 실천하는 재출지도(在出之徒)가 되어야 한다.

들풀과 연꽃
野草蓮花

들풀은 흔들리지 않으면 오히려 자라지 아니하고
연꽃은 진흙을 싫어하면 오히려 향기가 없다네.
폭풍이나 추위와 더위를 지내지 않는 만물은
가지 뻗어 열매를 아름답고 튼실하게 맺기가 어려우리라.

野草匪搖猶未長　　야초비요유미장
蓮花厭泥尙無香　　연화염니상무향
暴風寒暑非過物　　폭풍한서비과물
難結延枝果美剛　　난결연지과미강

○ 척박한 땅이든 기름진 땅이든 초목이 뿌리를 내린 후 비바람이나 상설(霜雪)을 이기며 흔들리지 않으면 튼튼하게 자라나지 않는다. 연꽃도 오니(汚泥)를 싫어하면 향련(香蓮)이 될 수 없다. 공부하는 사람도 이와 같다. 마구니나 번뇌나 업장 등의 요란(搖亂)을 견뎌 항마를 이루고 불과(佛果)를 성취하여 구세도생(救世度生)하는 불자가 되어야 한다.

삼학의 수행
三學修行

삼학을 수행하는 것은 깨달음의 기본이 되나니
세 가지 조목 위에서 첫째로 공을 알 것이며,
다음으로 원의 자리를 연구해서 원리를 터득하고
금계(禁戒)*의 올곧은 몸가짐으로 정의를 베풀지니라.

三學修行大覺基	삼학수행대각기
於仨條上一空知	어삼조상일공지
次研圓位攄原理	차연원위터원리
禁戒直身正義施	금계직신정의시

○ 불교에서 말하는 삼학은 계(戒)와 정(定)과 혜(慧)이다. 이 삼학을 잘 수행하여 불조(佛祖)를 이루자는 것이다. 불교의 삼학 수행과 달리 우리는 일원의 진리에 근간을 둔 삼학이기 때문에 대각의 기본이 된다. 그러므로 공(空)은 청정을 이루고 원(圓)은 지혜를 이루며 정(正)은 정의를 이루어야 한다. 그러므로 우리는 삼학공부를 잘 하여 항마를 이루고 여래위에 오르는 삼학병진(三學竝進)을 해야 한다.

* 금계: 그리하지 않도록 금하여 경계함. 나쁜 일을 금지하는 계율.

무명이 소멸하면
消滅無明

꽃 피면 향기를 발하여 뭇 나비를 맞이하고
바람이 불면 안개 걷혀 검던 하늘 맑아지네.
마음의 번뇌를 닦으면 성품 근원이 드러나고
무명이 소멸하면 부처의 지혜가 이뤄지리라.

花發放香群蝶迎	화발방향군접영
颯風捲霧黑天淸	삽풍권무흑천청
心修煩惱性源顯	심수번뇌성원현
消滅無明佛智成	소멸무명불지성

○ 나무나 풀은 꽃을 피워서 날아다니는 나비나 벌을 맞이한다. 검은 구름이 덮인 하늘은 바람이 불면 구름이 걷혀서 맑아진다. 이처럼 마음에 번뇌가 닦여지면 성품의 근원이 드러난다. 따라서 심성을 덮은 무명이나 업장이 녹아 사라지면 부처의 지혜가 발현하여 자연스럽게 부처가 되고 조사가 된다. 그러므로 우리는 부지런히 수행하여 불조가 되는 수심성지(修心成智)를 해야 한다.

삼학의 병행
三學倂行

세상에 인간이 살아가는 길에
의식주가 넉넉해야 편안하게 살아가네.
정신에는 정과 혜와 계가 함께해야
삼학이 병행하여 부처 조사를 이루게 되니라.

於世人間活去程	어세인간활거정
裕衣食住最安生	유의식주최안생
于神定慧兼俱戒	우신정혜겸구계
三學倂行佛祖成	삼학병행불조성

◎ 사람이 세상을 살면서 명예도 필요하고 부귀도 필요하지만 진짜 필요한 것은 옷과 밥과 거처라고 할 수 있다. 이 세 가지에서 하나만 부족해도 온전한 삶을 영위하기가 어렵게 된다. 이와 같이 우리의 정신에도 정과 혜와 계가 필요하다. 정신의 삼학을 병진해야 원만한 부처를 이루고 조사를 이루게 된다. 그리하여 영겁성자(永劫聖者)가 되어 중생 건지고 낙원을 세워야 한다.

내 한 물건을 품고
我懷一物

내가 한 물건을 품고 홀로 즐겨 살아가거늘
남이 시비를 말한들 무슨 다툼이 있겠는가.
깨달음 이룸도 나에게 있고 미혹도 몸에 있으니
먼 곳과 더불어 어두운 마음으로 구하지 말지니라.

我懷一物獨娛生　　아회일물독오생
人說是非何有爭　　인설시비하유쟁
成覺在余迷在己　　성각재여미재기
莫求遠處與心盲　　막구원처여심맹

○ 내가 한 물건을 가슴에 품고 즐겁게 살아가고 있다면, 남들이 시비를 말한다고 해서 그들과 무엇을 내세워 서로 다투겠는가. 깨달음을 이루는 것도 나에게 있고 미혹에 헤매는 것도 나에게 있는데, 어찌 먼 곳의 불상이나 사암(寺庵)에서 찾으려는가, 또한 마음이 청맹과니가 된 상황에서 구하고 또 찾으려 하겠는가. 그러므로 우리는 오직 물재명심(物在明心)임을 알아서 찾고 구해야 한다.

법을 품고 수행하고 신앙하자
法懷修信

호수 가운데 햇살 비추니 맑은 물결 주름지고
차가운 골짜기 새와 짐승 따뜻한 봄을 기다리네.
사람이 희망을 품으면 살아가는 길이 아름답고
법을 품어 수행하고 신앙하면 쉽게 진리 깨치리라.

湖中日照瀞波皴	호중일조정파준
寒壑獸禽溫待春	한학수금온대춘
人抱所希嘉活路	인포소희가활로
法懷修信易醒眞	법회수신이성진

○ 잔잔한 호수에 밝은 햇살이 비추면 물결이 주름져 반짝거린다. 차가운 골짜기에는 새와 짐승들이 서로 몸을 의지하여 따뜻한 봄이 오기를 기다린다. 이처럼 사람이 희망의 원력을 가지면 살아가는 길이 아름답게 전개된다. 스승님의 정법을 품고 수행과 신앙을 하면 진리를 깨닫기 쉽다. 그러므로 우리는 수신병독(修信併篤)을 하여 신앙이 수행을 돕고 수행이 신앙을 도와 나갈지언정 서로 상충(相衝)이 되지 않도록 해야 한다.

바른 법으로 비추고 닦으면
正法照修

방안이 가려져 검고 어둠을 이룰지라도
성냥불 하나 피어나면 물러가서 금방 밝다네.
마음에 업력이 쌓이면 앞길이 어두워지리니
바른 법으로 비추고 닦으면 저절로 밝고 맑아지리라.

房內蔽遮暗黑成　　방내폐차암흑성
火柴一發退今明　　화시일발퇴금명
雖儲業力前程闇　　수저업력전정암
正法照修自亮淸　　정법조수자량청

○ 지금 여기에 천년을 문 한 번 열지 않은 집이 있는데 그 방의 어둡기가 칠흑과 같다. 그러나 성냥불 하나 켜면 그 어둠을 순식간에 밝힐 수 있다. 이처럼 우리에게 업력이 쌓여서 앞길이 보이지 않는다 할지라도 오직 대종사님 법으로 비추어서 닦아내면 화로에 눈발이 녹듯이 밝고 맑게 되어 지혜로워지리니 우리는 소업득명(銷業得明)을 해야 한다.

큰 복과 큰 지혜
大福丕知

큰 복은 네 가지 은혜를 갚음에서 나오고
큰 지혜는 삼학의 문을 엶에서 나온다네.
일원의 오묘한 진리가 근원이 되는 것이니
영겁을 쉬지 아니하고 이 법을 당기리라.

大福生於報四恩　　대복생어보사은
丕知出也啓三門　　비지출야계삼문
一圓妙理根源做　　일원묘리근원주
永劫不休斯法掮　　영겁불휴사법흔

◎ 복이라는 것은 천복(天福)도 있고 인복(人福)도 있지만 전세(前世)에 사은의 은혜에 보답하지 않고 얻어지는 복은 있을 수 없다. 또한, 지혜라는 것도 삼학의 최고 수행을 거치지 않으면 발현할 수 없다. 이 모두가 일원 진리에서 생성되는 것이다. 만일 사은보은과 삼학 수행을 버리고 다른 곳에서 구할 수가 없을 것이니 대종사님의 바른 법을 공부하는데 끌어당겨서 찾아야 한다. 만일에 그렇지 않으면 연목구어(緣木求魚)에 지나지 않아서 영겁을 청명과니를 벗어날 수가 없게 된다.

무릇 두 귀가 없어도
凡無兩耳

무릇 두 귀가 없어도 들리지 아니함이 없고
또한 한 몸이 없어도 나아가지 아니함이 없네.
따라서 살펴보지 않아도 보이지 아니함이 없고
이에 알음알이가 없어도 신령하지 아니함이 없어라.

凡無兩耳不無聽　　범무양이불무청
亦匪一身未匪形　　역비일신미비형
因弗察看微弗見　　인불찰간미불견
迺非知解靡非靈　　내비지해미비령

○ 여기에 일원의 진리가 있다. 이 진리는 건곤과 우주와 만물에 두루 하지 아니함이 없다. 우리가 두 귀가 없어도 다 들을 수 있고, 몸이 없어도 움직여 나타나며, 보지 않아도 보이지 아니함이 없고, 알음알이가 없어도 신령스럽지 아니함이 없는 존재가 바로 일원 진리이다. 그러므로 우리는 이 진리를 알고 깨우쳐 여리동행(與理同行)을 하여야 한다. 그렇지 않으면 이자이아자아(理自理我自我)가 이아분리(理我分離) 밖에 될 수 없다.

무릇 사람의 인연을 얻었어도
夫得人緣

무릇 사람의 인연을 얻어 이 세상에 낳았을지라도
수행의 방법을 익히지 아니하면 마음이 밝지 않다네.
알음알이 있고 지식을 가졌으며 총명한 바가 있어도
이것으로는 참 진리의 길을 깨닫기 어려우리라.

夫得人緣此世生	부득인연차세생
修方不習匪心明	수방불습비심명
有知持識攸聰有	유지지식유총유
以此難醒眞理程	이차난성진리정

◎ 전세에 지은 인연으로 사람이 되어 이 세상에 나왔을지라도 수행의 방법을 익히지 아니하면 마음이 밝아지지 않는다. 비록 지금에 알음알이가 있고 상식을 가졌으며 총명한 바가 있어도 오히려 지암해폐(知暗解蔽)의 마장으로 인하여 참된 진리의 길을 깨치기가 어렵게 된다. 즉 식자자미(識者自迷)가 되어 오히려 조금 아는 것이 저절로 미혹이 되어 벗어나고 헤쳐나올 수 없게 된다. 그러므로 순수한 마음으로 수행하는 낙도지인(樂道之人)이 되어야 한다.

힘을 다하여 쉼이 없으면
盡力無休

큰길은 저 낙양으로 통한다고 하였지만
이 길도 처음 열릴 때는 가시가 우거진 곳이었네.
공부의 나아가는 길에 비록 번뇌가 있을지라도
힘을 다하여 쉼이 없으면 지혜의 빛이 솟으리라.

大道通衢彼洛陽	대도통구피낙양*
此程初闢棘纏場	차정초벽극전장
功夫進路雖煩在	공부진로수번재
盡力無休聳慧光	진력무휴용혜광

○ 낙양은 고대 중국의 수도로서 오랜 역사와 다양한 문화유산을 자랑하는 도시이다. 즉 화려하고 눈부신 문명을 꽃피운 도시지만 처음에는 가시덤불 우거진 곳에 불과했다. 우리도 처음 도문(道門)에 들어 공부하다 보면 번뇌와 업력의 마장이 쉼 없이 솟아오른다. 그러나 어떤 어려움, 곧 번뇌나 마장 등이 있을지라도 힘을 다하여 수도를 하면 지혜의 빛이 솟아 혜광건곤(慧光乾坤)하게 된다.

---

* 낙양(뤄양): 중국의 행정구역. 통칭 허난으로 불린다. 9개 나라의 수도이자 불교 중심지로 중국 역사에서 매우 중요한 위치를 차지하는 도시. 흔히 구조고도(九朝古都)라고 부른다.

공부하여 나아가는 길에
功夫進路

조그만 병증에 의연한 듯 아픔을 참는 사람은
이에 약을 먹음이 좋은 방법으로 펼침이 된다네.
공부하여 나아가는 길에 마군 무리가 치성한다면
법으로 녹이고 소멸시켜 미혹한 티끌을 씻어낼지니라.

少病毅然忍痛人　　소병의연인통인
迺爲服藥善方陳　　내위복약선방진
功夫進路盛魔衆　　공부진로성마중
以法銷消洗惑塵　　이법소소세혹진

◎ 조그만 병이 있으면 참는 것도 중요하지만 약을 먹는 것이 오히려 좋은 방법이라 할 수 있다. 우리가 공부해 나가는 길에 마구니가 되는 번뇌가 있고 무명이나 업장이 있을 때 정법으로 수행을 하면 모든 마구니가 사라지고 물러나서 밝은 지혜가 자연스럽게 솟아나 중생의 괴로움을 해결해 줄 수 있다. 그러므로 우리는 각법도중(覺法導衆)을 해야 할 의무와 책임이 부여되어 있음을 자각해야 한다.

아침에 일어남에 병이 나았다

起朝瘳病

마음을 닦으면 죄악의 업장도 녹아나고
따라서 망령된 생각과 환화(幻化)*도 사라지네.
어젯밤 꿈에 몸에 악창의 질병이 덮였지만
아침에 일어나니 병이 나아 건강한 몸으로 맞았어라.

修心罪惡業障銷	수심죄악업장소
因此妄慮幻化消	인차망려환화소
昨夢於身癰疾覆	작몽어신옹질복
起朝瘳病健身邀	기조추병건신요

○ 우리가 마음을 닦으면 모든 죄악이나 번뇌나 업장이 녹는다. 망령된 생각이나 환상의 변화도 자연히 사라지게 된다. 가령 우리가 꿈에 병이 나서 악창(惡瘡)이 몸에 덮였다고 할지라도 아침에 깨어나면 건강한 몸으로 돌아오게 된다. 그러므로 도문에 들어온 우리들은 이 법으로 마음을 닦아서 도를 알고 진리를 깨쳐 일체 생령을 건지고 세상에 평화를 이루는 치병불자(治病佛子)가 되어야 한다.

---

* 환화: 우주 만물이 환상(幻想)과 같이 변화하는 일.

외지를 찾지 않을지라
外解非尋

한 이치가 천 가지 만 잎으로 벌렸다지만
깨달음을 이뤄 걸림이 없으면 모든 어려움을 넘기네.
수행이란 원래 갈무려진 지혜를 꺼내서 밝히고자 함이니
바깥 알음알이 찾으려 말고 안의 지혜에 힘쓸지라.

一理千條萬葉敷　　일리천조만엽부
成醒無礙諸難踰　　성성무애제난유
修行出亮原藏慧　　수행출량원장혜
外解非尋內智劬　　외해비심내지구

◎ 한 이치가 천 가지, 만 가지로 벌려져 있다고 할지라도 깨달음을 이루게 되면 모두 하나님을 알게 됨으로 어떠한 어려움이 있어도 무탈하게 넘어갈 수 있다. 수행이란 우리에게 원래 갈무리된 지혜를 꺼내어 밝히는 방법이다. 부디 바깥에서 알음알이 찾으려 말고 안의 자기에게 갈무려 있는 본지(本智)를 이끌어 일으키고 찾아 간직한 지조지인(智照之人)이 되어야 한다.

머리 들어 한뜻으로 따르네
擡頭一追

담장 곁 조그만 밭에 하얀 해바라기 심어져
꽃을 피우더니 해를 따라 구르며 돌아가네.
수도하는 사람이 도덕 갖추고 아울러 진리 깨달으면
여러 무리가 머리를 들고 한뜻으로 따르리라.

墻側些田種白葵	장측사전종백규
發花隨日轉回之	발화수일전회지
修人備德兼醒理	수인비덕겸성리
群衆擡頭一意追	군중대두일의추

○ 담장 곁에 해바라기를 심었다. 시간이 흘러 꽃을 피우더니 해를 따라 시계처럼 자연스럽게 돌아간다. 우리 수도하는 사람이 진리를 깨달아서 도덕을 갖추게 되면 사방의 대중들이 모여드는 것이 해바라기가 해를 따르는 것과 같아서 모두 제도를 받아 새 사람으로 거듭나게 된다. 그러므로 우리는 진리를 따라 도는 회리지인(回理之人)이 되어 아름다운 원화(圓華)를 피워내야 한다.

동남풍이 분다
東南風颯

동남풍이 불어 따뜻한 봄이 오니
땅에 묻혔던 묵은 뿌리가 싹을 틔우며 열리네.
깊고 무르익은 수행으로 마음의 힘을 갖추면
머리 숙인 많은 무리가 저절로 찾아서 오리라.

東南風颯暖春來　　동남풍삽난춘래
埋地宿根萌動開　　매지숙근맹동개
深熟修行心力備　　심숙수행심력비
低頭多類自尋徠　　저두다류자심래

○ 겨울 얼었던 땅에 동남쪽에서 바람이 불어 따뜻해지면 땅속에 묻혔던 묵은 뿌리가 땅을 가르고 나와서 싹을 틔워 기지개를 켜고 숨을 고르면서 나온다. 우리가 수행에 정진하여 마음의 힘을 길러 갖추면 많은 무리가 머리를 숙이고 사방에서 모여들어 크게 공부를 펼쳐가는 도량이 된다. 그러므로 우리는 부지런히 수행하여 지혜의 빛을 발하는 동남풍취(東南風吹)로 고해 중생을 건져 낙원에서 살도록 해야 한다.

중생의 번뇌가 소멸하면
衆生消惱

동남풍이 부니 따뜻한 봄이 오고
만물이 모두 열려 어린나무 심어지네.
세상의 마당 가운데 정법의 바람이 불면
중생의 번뇌가 소멸하여 부처가 오리로다.

東南風颯暖春來　　동남풍삽난춘래
萬物皆開嫩木栽　　만물개개눈목재
於世場中法飄吹　　어세장중법습취
衆生消惱佛陀徠　　중생소뇌불타래

○ 동남쪽에서 바람이 불면 따뜻한 봄이 고개를 넘어 다가온다. 그러면 만물이 자신을 엶으로 어린나무 싹들이 올라오고 있다. 이와 같이 세상이란 마당에 살아가는 생령이 많은데, 정법의 바람이 불어온다면 그들이 진리의 위력에 힘입어 번뇌가 소멸하여 저절로 제도가 되어 지혜가 솟아나는 부처가 이루어지게 된다. 그러므로 우리는 필개기불(必開己佛)을 하여 즐거운 동산을 이루어야 한다.

은혜를 알아 은혜를 갚자
知恩報惠

은혜를 알려면 둥근 진리를 이에 깨쳐야 알아지고
은혜를 갚음은 생령을 살림이 최상의 자양분이라네.
우리는 숙세의 인연으로 이 법을 만났으니
능히 미혹한 중생에게 스승의 큰 자비를 베풀지니라.

知恩圓理迺醒知　　지은원리내성지
報惠生靈最上滋　　보혜생령최상자
吾等宿緣遭此法　　오등숙연조차법
能施迷衆傅丕慈　　능시미중부비자

○ 우리가 정말 사은의 은혜를 알고자 한다면 일원의 진리를 깨닫지 않으면 안 된다. 왜냐하면 원은(原恩)은 오직 일원과 동등하여 진리의 나타남이 은혜이기 때문이다. 그래서 원상(圓相)을 그리고 '사은지본원(四恩之本源)'이라 하였다. 즉 '일원은 사은의 본원이다.'라는 의미이다. 그러므로 우리는 이 회상에 살면서 전리지인(轉理之人)이 되어 중생의 앞길을 열어주는 사도가 되어야 한다.

긴긴 세월 마음을 열어
永歲啓心

큰 복은 큰 은혜를 안 뒤에 이뤄지고
큰 사람 큰 업적은 인덕을 쌓아야 행해지네.
일원은 참 은혜요 실지 근원의 바탕이니
긴긴 세월 마음을 열어 힘을 쌓아 밝힐지니라.

丕福丕恩知後成　　비복비은지후성
大人大業積仁行　　대인대업적인행
一圓眞惠實源質　　일원진혜실원질
永歲啓心儲力明　　영세계심저력명

○ 무릇 큰 복은 큰 은혜를 알고 갚은 뒤에 이루어진다. 또한 큰 사람의 큰 업적은 인덕(仁德)을 쌓아야 이뤄질 수 있다. 이러한 의미에서 일원의 진리를 사은의 실지 근원으로 동등시해야 한다. 그리하여 기나긴 세월을 닦고 열어가면서 마음의 힘을 쌓아 사은의 은혜를 갚아가야 한다. 즉, 지은보은(知恩報恩)을 해서 복혜쌍득(福慧雙得)한 수도자가 되어야 한다.

내가 없이 공을 받들자
無我奉公

무아란 나라는 흔적과 아울러 그림자 사라짐이요
공을 받듦은 뭇 중생 삶의 길을 밝혀가는 것이네.
기나긴 세월 긴긴 생애를 스승의 문정에 들어서
부처가 되어 낙원에서 크게 무리를 맞이하리라.

無我余痕兼影消	무아여흔겸영소
奉公萬衆活程昭	봉공만중활정소
生生世世師門入	생생세세사문입
爲佛樂園丕衆邀	위불낙원비중요

○ 무아라는 것은 나라는 흔적과 그 그림자까지도 사라짐을 말함이다. 또 공을 받든다는 것은 뭇 중생들을 제도하여 새로운 삶을 열어주는 것을 말한다. 긴긴 세월 긴긴 생애를 이 회상에 들어서 불국토를 이루고, 중생을 맞이하여 잘 살아가도록 모든 제도를 마련해 주는 봉공(奉公)하는 사람이 되어 낙원의 집을 짓고 소태산 대종사님을 맞이하여 모시고 은지만일(恩智滿溢)하도록 해야 한다.

봉공과 사용

奉公私用

봉공은 천하의 일에 공을 이루는 것이요
사용은 개인의 뜻대로 홀로 행동함이네.
세상을 살며 정이 없이 내 몸만을 안다면
흉악한 짐승이 철창 우리에 담겨 도망가기 어려우리라.

奉公天下事功成　　봉공천하사공성
私用個情爲獨行　　사용개정위독행
世活無情知我體　　세활무정지아체
難逃惡獸鐵籠盛　　난도악수철롱성

○ 공을 받듦은 천하의 모든 일을 공정하게 이뤄가는 것을 말한다. 사사롭게 쓴다면 독사(獨事)가 되고 고행(孤行)이 되어 개인화에 흐르게 된다. 즉, 세상을 살아가면서 서로 건네는 정이 없이 내 몸만을 위주로 한다면 마치 야수가 철창으로 만든 우리에 갇혀 절대로 떠날 수 없는 것과 같다. 그러므로 우리는 철창의 창살이 없는 경지에서 노니는 자유지인(自由之人)이 되어야 한다.

지혜를 얻고 복을 쌓자
得知積福

일원의 진리를 가운데 받들어 모시고
오른쪽 신앙문 왼쪽 수행문 둘로 펼쳤네.
삼학으로 지혜 얻어 길이 삶을 즐기고
사은으로 복을 쌓아 영생을 갈무리하리라.

一圓眞理侍奉央　　일원진리시봉앙
右信左修門二張　　우신좌수문이장
三學得知長活樂　　삼학득지장활락
四恩積福永生藏　　사은적복영생장

○ 우리의 교리 자체가 일원상을 중앙에 모시고 오른편은 인과보응의 신앙문이고 왼편은 진공묘유의 수행문으로 짜여 있다. 삼학으로는 부처님의 지혜를 이루어서 길이 삶을 즐기고, 사은으로는 부처님의 복락을 얻어서 긴긴 생애를 잘 갈무리하여야 한다. 이 공부 이 사업을 여의지 아니하고 즉신불조(卽身佛祖)가 되어서 중생을 제도하는 소태산 대종사님의 적통 제자로 살아가야 한다.

낙원을 건설하자
樂園建設

사은으로 복을 쌓음은 긴긴 생애의 펴임이요
삼학으로 지혜 얻음은 긴긴 세월의 여유라네.
부처 이루고 성현 되어 미혹한 중생 건져서
낙원을 건설하여 생령과 더불어 살으리로다.

四恩積福永生舒	사은적복영생서
三學得知長劫餘	삼학득지장겁여
成佛爲賢迷衆濟	성불위현미중제
樂園建設與靈居	낙원건설여령거

○ 무릇 사은에 보은하여 큰 복을 쌓아놓는 것은 긴긴 생애를 빈한 없이 활짝 펴고 잘살자는 것이요, 삼학을 수행하여 큰 지혜를 이룸은 긴긴 세월에 우매가 없이 거래하며 여유롭게 살자는 의미다. 그러므로 부처가 되어 미혹한 중생을 건지고 또한 낙원을 건설하여 모든 생령을 맞아 괴롭거나 고민이 없이 기쁘게 살아가도록 하는 제중건락(濟衆建樂)을 이루는 주인공이 되어야 한다.

진실한 믿음과 참된 우러름
實信眞仰

진실한 믿음은 의심과 더불어 계모(計謀)*가 없으며
참 우러름은 허물을 고함에 거짓과 속임을 않는다네.
마음 맑고 행동 의로워 삐뚤어진 바가 없으면
수행의 길이 크게 열려 부처의 지혜를 얻으리라.

實信無疑與計謀　　실신무의여계모
眞仰辜告不詐欺　　진앙고고불사기
心淸行義匪攸歪　　심청행의비유왜
修路丕開得佛知　　수로비개득부지

○ 우리는 신앙을 가져야 할지니 신(信)을 갖는다는 것은 진리나 스승에 대하여 의심하거나 모략을 갖지 않음이다. 또한 앙(仰)이란 자신의 허물을 고함에 거짓과 속임이 없음이다. 마음이 맑고 행동이 올바르며 삐뚤어지지 아니하면 살아가는 길이 크게 열려서 큰 지혜와 복락을 얻게 된다. 그리하여 혜복해비(慧福偕備)한 불조가 되어 중생을 건지고 낙원을 건설하자는 것임을 알아야 한다.

---

* 계모: 어떤 일을 이루기 위한 꾀나 수단.

한 척 꽃 배
一隻芳船

나무마다 네 가지 은혜 모두 들어서 머물고
가지마다 둥근 진리 드러나 깊고 그윽하네.
하늘과 땅 우주가 한 마당으로 터졌으니
한 척의 꽃 배를 여기에 띄우고 노닐리라.

木木四恩皆入留　　목목사은개입류
枝枝圓理顯深幽　　지지원리현심유
乾坤宇宙同場裂　　건곤우주동장열
一隻芳船浮此遊　　일척방선부차유

○ 나무나 풀을 가릴 것 없이 네 가지 은혜가 들어 있지 않은 것이 없다. 가지마다 일원의 진리가 깊고 그윽이 나타나지 않음도 없다. 이러한 나무와 가지를 베어다가 짜개고 깎아 꽃 배를 지어서 건곤과 우주에 띄워서 즐기려 하니 감히 누가 간섭하고 잔소리하겠는가. 그러므로 우리는 선유지인(船遊之人)이 되어 동에서 서로, 남에서 북으로, 하늘땅에서 우주로 자유롭게 오가는 자재지인(自在之人)이 되어야 한다.

드러나지 않은 큰 은혜
不顯鴻恩

모든 형상이 이에 생겨나서 자람에 이르도록
드러나지 않는 큰 은혜가 밑에 있어 베풂이네.
이와 같이 본다면 사람과 만물이 한 가지이니
항상 받들고 보호하여 상처되지 않도록 할지니라.

至於萬像迺生長　　지어만상내생장
不顯鴻恩有下張　　불현홍은유하장
如此觀之人物共　　여차관지인물공
恒常奉護做非傷　　항상봉호주비상

○ 모든 물상은 드러나지 않는 저 밑에 은혜라는 원천이 있어서 항상 생동함으로써 만물이 생기고 자라나며 거둬지고 갈무리되는 작용을 베푼다. 이렇게 본다면 사람이나 물질은 한 가지임을 알아서 잘 봉대(奉戴)*하고 조심하여 상처를 받지 않도록 해야 한다. 이 모두의 성장에 바탕이 되는 사은을 우리는 그 큰 이런 상황에서 이은육물(以恩毓物)을 해야 한다.

---

* 봉대: 공경하여 높이 받듦.

보리는 나무가 없다
菩提樹無

보리는 원래 박힌 나무가 없었고
따라서 면경도 가대가 없었다네.
처음부터 한 물건이란 형상이 없는 것이거늘
어찌하여 혀를 펴서 비었다 있다를 도모하는가?

菩提原來紮樹無	보제원래찰수무
隨而面鏡架臺无	수이면경가대무
自初一物形相滅	자초일물형상멸
何故舌伸空有圖	하고설신공유도

○ 육조대사(六祖大師)와 신수대사(神秀大師) 사이에 보리(菩提)와 경대(鏡臺)와 일물(一物)과 진애(塵埃) 등의 언어와 단어를 나열하면서 깨달음의 심천(深淺)을 말하고 있다. 그러나 진리의 저변(底邊)은 혀를 놀려서 왈가왈부할 수 있는 경지가 아니요 누구의 인가를 구하는 경지도 아님을 알아야 한다. 결국 자기 내면을 확실하게 바라보고 능득각리(能得覺理)하는 것이 중요하다.

정신을 닦고 인을 배운다
神修仁學

정신을 닦아 정신을 기름은 참된 정신이 아니요
어짊을 배워 어짊을 얻음은 실지의 어짊이 아니네.
어찌한 연고인가, 두 가지가 마음 바탕에 갖췄거늘
배우거나 깨친다면 허공을 채운 티끌에 지나지 않으리라.

神修神養匪眞神	신수신양비진신
仁學得仁非實仁	인학득인비실인
何故兩條心體備	하고양조심체비
斅醒不歷滿空塵	효성불력만공진

○ 우리가 자신의 정신을 닦고 기르는 것은 참된 정신이 될 수 없다. 또한 어짊을 배워서 어짊을 얻음은 실지의 어짊이라고 할 수 없다. 왜 그런가. 정신이나 어짊은 원래 우리 심성(心性)에 갖춰져 있기 때문이다. 그러므로 이 둘을 배우고 깨쳤다고 하여 별스러운 것이 아니라는 사실을 알아서, 안으로 심성을 열어서 솟아오르게 하는 돈각지인(頓覺之人)이 되어야 한다.

법을 봉대하고 닦아 행하자
戴法修行

머리가 어지러우면 따라서 꼬리도 어지러움 이루고
처음이 평정하면 이에 따라 끝도 평정하게 간다네.
사사가 많은 세상에선 공변되게 살기가 어렵지만
정법을 봉대하고 닦아 행하여 지혜의 밝음을 얻을지니라.

首亂隨而尾亂成　　수란수이미란성
初平因此末平征　　초평인차말평정
私多世上難公活　　사다세상난공활
戴法修行得慧明　　대법수행득혜명

○ 무릇 머리가 어지러우면 꼬리도 따라서 어지럽다. 또 처음이 평정하면 역시 끝도 평정해진다. 비록 우리가 살아가는 세상이 사사나 속임이 많아서 공적인 삶을 영위하기가 사실 어렵다. 그러나 우리는 대종사님의 정법을 본받고 수행하여 나아가면 밝은 지혜를 저절로 얻게 되기 때문에 많은 사람과 세상에 이익을 베푸는 사람이 될 수 있다. 그러므로 우리는 혜조무명(慧照無明)을 하면서 살아가야 한다.

여기 텅 빔에 합일하자
合此空虛

바람이 검은 구름을 쫓으면 달 모양이 맑아지고
법이 번뇌를 녹이면 성품과 마음이 밝아지네.
본래 맑고 깨끗하여 티끌이 소멸했기 때문이니
여기에 합한 텅 빔에 욕심을 채우지 말지니라.

風逐黔雲月樣晴	풍축검운월양청
法銷煩惱性心明	법소번뇌성심명
本來澄潔塵消故	본래징결진소고
合此空虛勿慾盛	합차공허물욕성

○ 아무리 달이 밝을지라도 검은 구름이 가리면 어둡다가 바람이 불어 구름을 몰아내면 맑게 드러난다. 심성도 번뇌가 가리면 요란하다가 번뇌가 녹으면 자연히 밝아지게 된다. 그러나 그 근본은 본래 맑고 깨끗하여 작은 티끌마저 소멸한 진체요 경지이다. 늘 텅 빔에 합하여 살지언정 결코 욕심을 그 곳에다 채워서는 절대 안 된다. 그러므로 우리는 살아가는 길에 멸욕지인(滅慾之人)이 되어야 한다.

항상 진공 자리를 본받자
常效眞空

우리가 한미하다고 함은 돈을 쥠이 없음이니
차라리 가난하여 허박(虛薄)*하면 마음 하늘이 보존되네.
사람이 살아가는 길에 어려움과 고통이 이를지라도
항상 진공 자리를 본받아 모든 욕심 버릴지니라.

我等寒微匪握錢　아등한미비악전
寧貧虛薄保心天　영빈허박보심천
人生活路臻難苦　인생활로진난고
常效眞空諸慾捐　상효진공제욕연

○ 우리가 보통 가난하다는 것은 돈이나 물질이나 부유함이 없음을 말한다. 차라리 이럴 경우 허박하다면 심천(心天)을 보존하는 것이 훨씬 수승할 수 있다. 사람이 살아가는 길은 욕심으로 인하여 고통이 따르기 마련이지만 참으로 비워진 자리를 본받아 기욕(嗜慾)을 한다면 저절로 맑고 밝아져서 평탄한 인생이 될 수 있다. 그러므로 우리는 보존천심(保存天心)을 하여 맑고 밝은 사람이 되어야 한다.

---

* 허박: 마음이나 몸이 튼튼하지 못하고 약함.

스승님 법에 귀의하면
師法歸依

이치를 깨침이 매우 깊으면 탐욕이 녹고
마음이 열리면 번뇌가 연기처럼 사라지네.
수행을 방해하는 것은 무명에 있으니
스승님 법에 귀의하면 업력도 맑아지느니라.

悟理甚深貪慾銷　　오리심심탐욕소
開心煩惱似煙消　　개심번뇌사연소
修行妨害無明在　　수행방해무명재
師法歸依業力漻　　사법귀의업력료

○ 깊은 진리를 깨닫지 못하면 욕심 하나도 녹일 수 없다. 모든 번뇌는 마음을 확실하게 알았을 때 연기처럼 사라질 수 있다. 수도인이 도를 닦는 데 방해가 되는 것은 무명, 곧 모든 번뇌 망상이다. 오직 소태산 대종사님의 정법에 귀의하여 부지런히 공부한다면 모든 업력이 자연 맑아진다. 그러므로 우리는 욕심을 버리고 무명을 밝혀 청헌도인(淸田道人)이 되어야 한다.

마귀의 군대가 돌입하여
魔軍突入

하늘에서 내리는 가는 비에 옷이 젖기 쉽고
개미구멍은 쌓은 둑에 세는 물줄기를 이루네.
도를 닦는 사람이 마음에 틈이 있으면
마귀 군대가 돌입하여 고요한 근원을 휘젓느니라.

降天細雨易濡衣　　강천세우이유의
蟻穴築堤成漏淝　　의혈축제성루비
修道之人心隙有　　수도지인심극유
魔軍突入靜源揮　　마군돌입정원휘

○ '가랑비에 옷 젖는 줄 모른다'는 속담도 있듯이 하늘에서 내리는 가느다란 비라 할지라도 옷은 젖기 마련이다. 또한 개미구멍이라 할지라도 쌓은 둑에 구멍을 내어 물줄기가 굵어져서 무너질 수밖에 없다. 이처럼 도를 닦는 데 있어서 바늘귀만 한 틈이 있으면 온갖 마구니가 침투하여 원래 고요했던 마음을 휘저어서 어지럽게 만든다. 이렇다면 마음에 어찌 영일(寧日)이 있을 수가 없다. 그러므로 우리는 수도하는 입장에서 소마지수(銷魔之修)를 하지 않을 수 없다.

홀로 밝고 홀로 드러난다
獨朏獨顯

본래 소멸하지 않음으로 본래 낳음도 아니며
원래 어둡지 않음으로 원래 밝지도 않다네.
무와 유, 색과 공의 형상과 그림자까지 녹여서
홀로 밝고 홀로 드러나며 홀로 길이 맑을지니라.

本非消滅本非生	본비소멸본비생
原不暗冥原不明	원불암명원불명
無有色空形影鑠	공유색공형영삭
獨朏獨顯獨長清	독훤독현독장청

○ 진리인 일원은 본래 죽지 않았기 때문에 낳는다는 것도 없다. 또한 어둡지 않았기 때문에 밝다는 것도 없다. 일원은 없음과 있음과 색과 공의 형상은 물론 그림자까지 녹여진 진공실무(眞空實無)의 자리이기 때문에 어떤 변역(變易)이나 혹각(惑覺)이 없다. 홀로 밝고 홀로 드러나며 홀로 맑고 홀로 무소비위(無所非圍)한 한 물건이라는 실체를 알아서 체득하는데 진력을 해야 한다.

한마디 말을 알지 못하면
一語不知

한마디 말을 알지 못하면 둘을 어찌 알며
세 마디 말을 능히 알면 넷은 의심이 없네.
그러므로 사람이 걸음 옮김에 진흙과 물을 알면
흙구덩이에 떨어지지 아니하고 저 언덕에 옮겨지리라.

一語不知二豈知	일어부지이기지
三言善解四無疑	삼언선해사무의
故人初步泥河識	고인초보니하식
非落土坑彼岸移	비락토갱피안이

○ 사람이 한마디 말을 알지 못한다면 두 번 말을 한다 해서 어떻게 알겠는가. 세 번째 말을 잘 이해해야 네 번, 다섯 번의 말을 해도 다 알 수가 있다. 그러므로 사람이 첫걸음 옮길 때 진흙인가 물인가를 안다면 흙구덩이에 떨어지지 아니하고 저 언덕까지 옮겨갈 수 있다. 그러므로 우리는 처음 발심(發心)으로 인하여 불생자별(佛生自別)하게 된다는 사실을 알아서 부처 조사가 되기에 노력을 해야 한다.

도를 닦아 지혜 얻으면
修道得知

물이 흘러 쉬지 않으면 큰 바다에 이르고
꽃이 피어 바람 불면 깨끗한 향기 풍기네.
도를 닦아 지혜 얻으면 가려지는 바가 없음으로
자연스럽게 걸리지 아니하여 실제 보고 듣게 되리라.

水流非息到鴻溟　　수류비식도홍명
花發吹風放潔馨　　화발취풍방결형
修道得知無所蔽　　수도득지무소폐
自然未礙實觀聆　　자연미애실관령

◎ 저 깊은 산골에서 흐르는 물이 쉬거나 막히지 않으면 넓고 큰 바다에 자연히 이르게 된다. 또한 꽃이 피면 자연 향기롭지만 바람이 불면 깨끗한 향기가 더욱 멀리 풍긴다. 도를 잘 닦아서 지혜를 갖추게 되면 막히고 가려진 바가 없으므로 다 알고 다 볼 수 있다. 그러므로 우리가 수행을 잘하여 물처럼 부드럽고 꽃처럼 향기롭다면 능히 중생의 삼독과 오욕을 맑히고 해소해 줄 수 있을 것이니 우리는 수도성지(修道成智)를 해야 한다.

사업을 이루고자 함에
欲成事業

사업을 이루고자 함에 다 이루려 말고
복을 누리려 함에 다 맞으려 않을지라.
세상에 섞여 살면서 먼저 굽히고 물러선다면
남으로부터 손가락 끝이 기울어짐을 받지 않는다네.

欲成事業勿都成	욕성사업물도성
要享福禧非盡迎	요향복희비진영
於世襍生先俛退	어세잡생선면퇴
自人不受指端傾	자인불수지단경

○ 우리가 사업을 이루었어도 다 이루었다는 생각을 하지 않아야 다시 이룰 사업이 생기게 된다. 복락을 누려도 다 누리지 말고 항상 남겨 두어야 다시 누릴 복락이 남게 된다. 사람으로 세상을 살면서 먼저 굽히고 물러선다면 남들 손가락 끝의 희롱으로 기우는 것은 받지 않고 살 수 있다. 그러므로 우리는 '다 해야지', '더 차지 해야지'를 놓고 퇴일보생(退一步生)을 한다면 결국 지은 복락 다 누리고 떳떳하게 살 수 있을 뿐만 아니라 중생을 건지는 부처님 사업도 이룰 수 있다.

널리 발산하는 도의 바람
擴散道風

연 줄기는 진흙을 뚫고 하얀 꽃으로 피어나
짙은 향기 두루 퍼져 저절로 맑고 화려하네.
사람이 진리 바탕을 깨쳐 마음의 힘이 쌓이면
도의 바람 널리 발산하여 미혹의 티끌 씻으리라.

蓮幹穿泥發白華	연간천니발백화
濃香遍佈自清葩	농향편포자청파
人醒理體儲心力	인성이체저심력
擴散道風洗惑瑕	확산도풍세혹하

○ 연소(蓮沼)에서 자라는 연꽃을 보면 더러운 진흙을 뚫고 화려한 꽃을 피워냄에 그 향기가 우리의 심신을 맑혀준다. 사람도 공부를 열심히 하여 진리 바탕을 깨쳐 마음의 힘을 축적하면 자연스럽게 도덕의 바람, 곧 도풍(道風)이 사방으로 확산하게 된다. 그러하면 인세의 미혹이나 괴로움들을 씻어 줄 수 있다. 그러면 자연 아름다운 세계가 펼쳐진 지상낙원(地上樂園)이 이뤄지게 된다.

한량없는 지혜
無量智慧

빛을 돌이켜 자기 마음의 뿌리를 반조하고
깨달음 돌리면 둥근 진리의 근원을 밝게 안다네.
자신을 돌아보며 도를 닦으면 번뇌가 끊어져서
헤아릴 수 없는 지혜가 샘물처럼 흘러가리라.

迴光返照自心根　　회광반조자심근
回悟明知圓理源　　회오명지원리원
修道顧身煩惱截　　수도고신번뇌절
無量智慧似泉湲　　무량지혜사천원

○ 공부하는 사람은 늘 바깥으로 새 나가는 빛을 돌려서 마음을 비추어야 한다. 그리고 나름 깨달음을 이뤘다 안심할 게 아니라 일원 진리의 근원을 밝게 알고 확실하게 깨쳐야 한다. 도를 닦을 때는 자신의 안으로 돌려서 모든 번뇌 망상을 제거했을 때 비로소 헤아릴 수 없는 지혜가 샘물처럼 솟아나게 된다. 그러므로 우리는 일체중생의 고통을 씻겨주는 수월보살(水月菩薩)이 되어 청정불토를 이루어야 한다.

번뇌 소멸하면 마음 열린다
滅惱心開

창문을 여니 맑은 기운이 가슴 가운데로 들어오고
번뇌 소멸하고 마음 열리면 도의 즐거움이 충만하리.
아침저녁으로 부지런히 닦아 미혹하지 않게 되면
지혜의 광명이 저절로 솟아 푸른 하늘까지 비추리라.

闢窓淸氣入胸中　　벽창청기입흉중
滅惱心開道樂充　　멸뇌심개도락충
朝夕勤修爲匪惑　　조석근수위비혹
慧光自聳照蒼穹　　혜광자용조창궁

○ 창문을 열었다. 맑은 공기 기운이 가슴속으로 파고든다. 이처럼 우리도 일체 번뇌가 소멸되고 또한 마음이 열리면 자연 도의 즐거움이 충만하게 된다. 아침저녁으로 부지런히 닦아 미혹하지 않으면 지혜의 광명이 저절로 솟아 하늘을 비추고, 나아가 일체중생의 마음속까지 비춰서 온갖 번뇌를 소멸시킬 수 있는 무능지능(無能之能)을 갖게 된다. 그러므로 우리는 청징종사(淸澄宗師)가 되어서 스승님의 원력을 풀어드려야 한다.

몸을 바루고 사람을 접하여
正己接人

몸을 바루고 사람을 접하여 진리의 현묘함을 말하고
법을 밝히고 무리를 품어서 스승과 인연 맺으려네.
안으로 마음의 바탕을 알아서 성품 근원을 깨치고
밖으로 신앙 수행을 돈독히 하여 일원 위력을 얻으리라.

正己接人語理玄	정기접인어리현
法明懷衆結師緣	법명회중결사연
內知心體性源覺	내지심체성원각
外篤信修得一圓	외독신수득일원

○ 몸을 바르게 가져 사람들을 대해 진리의 현묘함을 가르쳐 깨어나도록 하고, 법을 설하고 밝혀 대중을 품어서 주세 부처님과 인연을 맺게 해야 한다. 그러기 위해서는 내가 먼저 마음의 근본을 알고 성품의 바탕을 깨쳐 부처가 되어야 한다. 또한 밖으로 신앙과 수행을 돈독하게 실현하여 일원을 깨달아 체성에 합하고 위력을 얻어 원만불조(圓滿佛祖)가 되어야 한다.

바깥을 꾸밈에 지나지 않는다
非過外飾

뭇 종교의 사명은 사람을 건지는 데 있지만
돌아보지 않고 놓고 버리면 교화가 참되지 않으리.
화려한 교당에다 재물이 많을지라도
바깥 꾸밈에 지나지 않으므로 정신을 깨우지 못하리라.

群宗使命在拯人　　군종사명재증인
不顧放捐匪化眞　　불고방연비화진
華麗教堂財物夠　　화려교당재물구
非過外飾不醒神　　비과외식불성신

○ 세상에는 많은 종교가 있다. 화려하고 재물이 많은가 하면 허름한 건물에 가진 재물도 없는 종교가 있다. 그러나 모든 종교의 사명은 고해에서 사람을 건져내는 제도사업이라고 할 수 있다. 중생을 구제하지 못한다면 교화가 참되게 이뤄진다고 말할 수 없다. 그러므로 우리는 외식보다는 내실을 다져서 중생 제도에 진력지인(盡力之人)이 되어야 한다.

이에 진리의 은이 아니면
迺非惠理

지극한 선과 지극한 인과 지극한 사랑의 동산과
지극히 비고 지극히 구족하며 지극히 신령한 뿌리는,
이에 은혜와 진리가 아니면 밝게 드러나기 어렵나니
이러므로 일원 진리가 이에 바탕이요 근원이니라.

至善至仁至愛園　　지선지인지애원
極空極足極靈根　　극공극족극영근
迺非惠理難明顯　　내비혜리난명현
是故一圓乃體源　　시고일원내체원

○ 지극한 선과 인과 사랑과 또 지극한 공과 구족과 신령스러운 뿌리는 은혜와 진리가 아니면 밝혀질 수 없고 드러나지 아니하여 사람들이 알지도 못하고 깨칠 수도 없게 된다. 그러나 우리는 대종사님의 가르침으로 인하여 은혜와 진리의 바탕과 근원이 되는 일원을 알게 되었으니 천만다행이라고 아니할 수 없다. 그러므로 우리는 지은각리(知恩覺理)를 해서 사은(師恩)에 보답해야 한다.

어서 나루터의 배에 올라

速陟津船

세상에 부유하게 살고자 하거든 네 가지 은혜를 갚고
사람이 지혜롭게 살고자 하거든 세 개 문을 열어야 하네.
은혜와 지혜는 고해를 건너는 자비의 배이니
어서 나루터의 배에 올라 낙원으로 갈지니라.

世活富裕報四恩　　세활부유보사은
人生智慧啓三門　　인생지혜계삼문
惠知渡苦慈悲舶　　혜지도고자비박
速陟津船逝樂園　　속척진선서낙원

○ 세상에 사람이 부유하게 살려면 천지 부모 동포 법률의 네 가지 은혜에 보답해야 한다. 또 지혜롭게 살려면 정신수양 사리연구 작업취사의 세 가지 수행문을 열어야 한다. 그리하여 은혜와 지혜는 고해를 건너가는 자비의 배이다. 그러므로 낙원으로 떠나는 배를 빠르게 타고 노래를 부르며 나아가 승선서락(乘船逝樂)을 하여 스승님 뵈러 가야 한다.

피리를 들고 하늘이 울리도록
擧笛響天

피리를 들고 하늘이 울리도록 한 곡조 노래하고
활을 잡고 화살촉을 쏘니 태양에 꽂히네.
맑은 마음을 업장이 덮여 무명에 빠짐에
능히 둥근 빛을 쏘아 덮힌 미혹을 날리리라.

擧笛響天一曲歌　　거적향천일곡가
執弓放鏃太陽戈　　집궁방족태양과
淸心蔽業無明沒　　청심폐업무명몰
能射圓光覆惑飄　　능사원광복혹표

○ 어느 날 피리 하나 들고 천령(天靈)들이 다 듣도록 한 곡조를 읊었다. 또 활을 잡고 활시위를 당겼다가 놓으니 그 화살이 태양 속에 박혀 버린다. 따라서 맑은 마음이 업장에 가려서 무명에 빠져 헤어 나오지 못하기에 태양처럼 일원의 빛을 쏘니 덮였던 업장이 저절로 녹아버린다. 그러므로 우리는 대종사의 패창법군(佩槍法軍)이 되어 일체 생령을 제도하는 사도가 되어야 한다.

차라리 답답하거든 성탑 앞에서
寧沓塔前

무릇 나는 깨달음 이뤘다고 남에게 드러내려 말고
따라서 내가 깨닫지 못했다고 자신이 위축되지 말게.
아는 것과 알지 못하는 바는 처음부터 없었으므로
차라리 답답하거든 성탑 앞에서 큰 소리 내뱉을지니라.

凡我成醒勿顯人	범아성성물현인
隨而不覺莫萎身	수이불각막위신
所知非識自初滅	소지비식자초멸
寧沓塔前大喊伸	영답탑전대함신

○ 나는 깨달음을 이뤘다고 남들에게 자랑하며 드러내지 말라. 나는 아무래도 깨달음을 이룰 수 없다고 낙망하여 위축되거나 희망을 잃어서도 안 된다. 진리 자체는 원래 앎과 모름, 깨달음과 미혹함 등등이 처음부터 없으므로 굳이 깨쳐 알려고 고심할 필요가 없다. 그리하여 정말로 답답하거든 차라리 성탑에 가서 대함향탑(大喊響塔)을 하여 그 답답한 심경을 해소해야 한다.

힘이 다하도록 선을 수행하자
盡力修禪

늙어가는 몸에 이르러 닦아서 이루지 아니하면
오는 길에 어떤 누구도 책임을 기울이지 않는다네.
몸이 병들어 곧게 앉기가 어려우면 모르지만
그렇지 않으면 힘을 다해 선정 수행을 할지니라.

至於老體弗修成　　지어노체불수성
來路何誰未責傾　　내로하수미책경
躬病匪知難直坐　　궁병비지난직좌
不然盡力做禪行　　불연진력주선행

○ '신로심불로(身老心不老)'란 '몸은 늙어도 마음은 늙지 않는다.'라는 뜻이다. 물론 몸이 늙고 병들게 되면 앉기보다는 눕는 시간이 많게 된다. 그러나 너무 눕지만 말고 선정의 시간을 가져야 한다. 늙음에 이르러 선을 하지 아니하면 심력이 세워지지 않는다. 심력이 서지 않으면 오는 생애에는 어두울 수도 있음에 누구도 책임져 주지 않는다. 그러므로 스스로 힘써서 상습청선(常習淸禪)을 수행하여 심력으로 고요히 갔다가 조용히 온다면 현생의 일은 마쳐진 것이라고 자부할 수 있다.

진여의 오묘한 체성은
眞如妙體

진여의 오묘한 체성은 본원이 되는 근원으로
멸하거나 생기지 않음으로 이에 진리의 뿌리이네.
도와 법을 깊이 닦아 마음과 성품을 회복하면
두렷한 빛의 지혜가 우주까지 삼켜버리리라.

眞如妙體本源源　　진여묘체본원원
不滅不生爰理根　　불멸불생원리근
道法深修心性復　　도법심수심성복
圓光智慧宇寰呑　　원광지혜우환탄

○ 진여의 오묘한 바탕 자리는 본원이 되는 근원으로 소멸하거나 생성되지 않는 자리로 이에 모든 진리의 뿌리가 된다. 도와 법을 깊이 닦아서 마음을 알고 성품을 회복하면 우리 몸 전체에서 두렷한 지혜의 빛이 솟구쳐 만물을 감싸고 생령을 품어줄 수가 있다. 따라서 저 허공 법계까지도 집어삼킬 수 있는 도법지량(道法之量)을 갖추게 된다. 그러므로 우리는 자신이 진여 본체가 되어 모든 것을 구탄우환(口呑宇寰) 하는 사람이 되어야 한다.

사람으로 떨어진 첫울음
人落初鳴

사람으로 떨어진 첫울음에 축하드리며 모였지만
우리 스승이 나와 울리심이 최고의 웅장함이었네.
한량없는 오묘한 진리가 유전하여 펼쳐졌으니
어찌 지금 건져지지 않았다고 근심이 쌓이겠는가.

人落初鳴獻祝叢　　인락초명헌축총
我師出響最高雄　　아사출향최고웅
無量妙理流傳佈　　무량묘리유전포
豈不今濟做積忡　　기불금제주적충

○ 사람들이 세상에 첫울음을 터트리면서 자신의 생을 알리니 축하하는 사람들이 많이 모이게 되었다. 우리 스승이 출현하심은 최고의 웅장함으로 오심이 된다. 그리하여 한량없는 둥글고 오묘한 진리를 드러내어 누구나 부처를 이루도록 제법(制法)하여 전포하였으니 이보다 더 즐겁고 기쁨이 어디 있겠는가. 그러므로 우리는 이 진리 이법으로 당장 제도가 되지 않았다고 근심 걱정할 필요가 없다. 왜냐하면 이 진리의 법은 영겁을 굴려가지니 오고가다가 때가 이르면 부지지도(不知之度)를 얻을 수 있기 때문이다.

종지인 일원을
宗旨一圓

교리도 가운데 교리의 두 문을 열지니
오른쪽 신앙과 왼쪽 수행 두 개이어라.
종지인 일원을 가운데 받들어 모시고
사은과 삼학으로 부처 조사를 배양함이네.

圖中教理兩門開　　도중교리양문개
右信左修二箇哉　　우신좌수이개재
宗旨一圓央戴侍　　종지일원앙대시
四恩三學佛師培　　사은삼학불사배

○ 우리의 「교리도」에는 두 문이 설치되어 있으니, 하나는 오른쪽 신앙의 문이요 또 하나는 왼쪽 수행의 문이다. 그리고 중앙에는 우리 교단의 종지인 일원 진리를 받들어 모셨다. 따라서 깨침과 믿음과 닦음을 통해 일원의 위력을 얻고 체성에 합일하여 기나긴 생애에 부처가 되고 조사가 배양되도록 하였으니, 이보다 더 원만한 종교와 종지와 교리는 없다 하여도 과언이 아니다. 그러므로 우리는 영겁신수(永劫信修)를 하여 중생의 종자가 다할 때까지 제도사업은 쉬지 않아야 한다.

새벽에 피어나는 연기 같아
晨發如煙

무릇 사은에 보답을 하면 복을 거둠이 성대하고
아울러 삼학을 닦는다면 지혜를 얻어서 밝다네.
만일 사람이 노력하지 않고 원하는 바를 이루면
새벽에 피어나는 연기 같아 해가 나옴 원망하리.

夫報四恩收福盛	부보사은수복성
倂修三學得知明	병수삼학득지명
若人不勞成攸願	약인불로성유원
晨發如煙怨日生	신발여연원일생

○ 우리가 흔히 복은 그냥 얻어지고 지혜는 저절로 밝아진다는 생각을 해서는 절대 안 된다. 저 길가에 피어나는 꽃은 인마지답(人馬之踏)을 이겨내고 피어난다. 이와 같이 우리도 사은에 보답을 한 결과가 복이요 삼학을 닦은 결과가 지혜라는 것을 알아서 끊임없는 노력을 하지 않으면 성과를 이루기 어렵다. 새벽에 피어난 연기는 해가 뜨는 것을 원망한다. 그러므로 우리는 은복학지(恩福學智)라는 사실을 알아서 보은하고 닦아가는데 진력을 해야 한다.

다함 없는 지혜를
無窮智慧

항하 모래가 비록 가늘어도 세어 헤아려 알고
큰 바다에 물이 담겼어도 되고 헤아려 엿보네.
미혹한 중생이라도 마음이 한 번에 맑아지면
다함 없는 지혜를 누가 어찌 따르리오.

恒沙雖細數量知　　항사수세수량지
大海水盛升測窺　　대해수성승측규
迷惑衆生心一瀞　　미혹중생심일정
無窮智慧孰何追　　무궁지혜숙하추

○ 무릇 갠지스강의 모래가 많다고 할지라도 일일이 세어서 알 수가 있다. 또 큰 바다에 가득한 물이라도 일일이 되어서 추측할 수가 있다. 그러나 미혹한 중생의 마음은 부처의 지혜가 비추지 않으면 절대로 밝아질 수가 없으므로 진력의 수행을 하라 가르친다. 즉 중생이 도가에 산다고 저절로 부처가 되는 것이 아니라 수행의 노력을 하지 않으면 불경(佛境)에 들기 어렵게 된다. 그러므로 우리는 진력수행(盡力修行)을 해야 한다.

05

心地性源

심지성원

마음의 터전과 성품의 근원

이 가운데 부처 조사가
斯中佛祖

마음 터전은 원래 번뇌가 없고
성품 근원은 본래부터 실제 텅 빔도 없어라.
이 가운데 부처 조사가 길이 머물러 살며
우주와 하늘과 땅을 자재하며 이르누나.

心地原來煩惱無　　심지원래번뇌무
性源本始實空无　　성원본시실공무
斯中佛祖長留活　　사중불조장류활
宇宙乾坤自在徂　　우주건곤자재조

◯ 심지는 원래 맑고 밝아서 무명이나 번뇌가 없다. 성품 자체도 원래 텅 빈 것으로 무엇이 있는 것은 아니다. 그러나 번뇌가 없고 텅 빈 성품은 부처가 살고 머무는 집이다. 여기에 사는 부처는 하늘땅과 우주를 앞마당 삼아 노닐면서 어떻게 하면 일체 생령을 제도하고 낙원을 건설할까 하면서 노심초사하고 있다. 그러므로 우리는 내 자신이 바로 구생성자(救生聖者)가 되어야 한다.

종교의 길은 신앙에 있다
宗途在信

종교의 길은 오직 신앙하는 마음에 있는 것이니
집을 짓는 데 주춧돌 없으면 바로 가라앉길 부르네.
참된 이치를 표준 삼아 항상 봉대하고 갈무리하면
둥근 빛 안으로 비춰 성품의 근원 맑아지리라.

宗途唯在信仰心	종도유재신앙심
作屋無基召卽沈	작옥무기소즉침
眞理爲準常戴韞	진리위준상대온
圓光內照性源湛	원광내조성원잠

○ 종교의 길은 어디에 있을까. 여러 가지가 있겠지만 아마도 '신앙하는 마음'에 있지 않겠는가. 물론 진리가 좋고 제도가 좋아서 입문하기도 하지만 이 보다는 믿음이 없다면 종교의 생활은 어려울 수밖에 없다. 그러므로 믿음이 깊고 올바르면 종리(宗理)를 알고 깨닫는 데 어려움이 없게 된다고 말할 수 있다. 그러므로 우리는 이러한 신앙심을 가지고 사는 사람들이 쉽게 법을 받을 수 있는 길을 간다는 사실을 자각하여 여인성불(與人成佛)을 하여야 한다.

출가하여 도를 닦는 데
出家修道

혹시 젊어서는 탐하는 바가 있을지라도
늙고 쇠약함에 이르면 오히려 부끄러움으로 남는다네.
출가하여 도를 닦는 데 몸과 마음을 바치고
법을 스승의 문정에서 익힌다면 업장 걷혀 맑으리라.

或是壯年有所婪　　혹시장년유소람
至於老弱尙餘慚　　지어노약상여참
出家修道身心獻　　출가수도신심헌
諳法師庭捲業淡　　습법사정권업담

○ 젊었을 때는 이것저것을 취하고 쌓으려는 욕심을 부릴 수도 있다. 그러나 늙어서 힘이 없고 허약함에 이르러 과거를 생각하면 부끄러운 바가 있을 수도 있다. 특히 출가하여 수도에 뜻을 두고 이 진리 이 법에 몸과 마음을 바쳐 공부하였다면 모든 업장이 씻겨서 맑고 밝은 심행(心行)이 되어진다고 말할 수 있다. 그러므로 우리는 해업수인(解業修人)이 되어 남의 업장도 맑혀 주어야 한다.

신심·공심·공부·서원
信公功願

우리가 영생의 세월에 다다를지라도
신심과 공심을 또한 변하지 아니할지라.
능히 큰 원력을 가져 공부가 깊어진다면
긴긴 세월 여읨 없이 회상과 정법을 찾는다네.

吾等永生年月臨　　오등영생연월림
信心不變又公心　　신심불변우공심
能持大願功夫邃　　능지대원공부수
長劫無離會法尋　　장겁무리회법심

○ 우리가 영생을 오고 가면서 자의든 타의든 간에 종교를 여읠 수는 없다. 우리의 일상이 종교의 영향력(影響力) 안에서 이뤄지고 있기 때문이다. 그러므로 자연히 신심이나 공심이나 공부심이 요구가 되고 큰 서원이 견립(堅立)되었을 때 종교 생활이 수월할 수 있고 긴긴 세월로 이어질 수도 있다. 그러므로 우리는 신공원공(信公願功)이 되어서 충실한 종교생활을 하여야 한다.

부딪치고 깎여서
觸摚削灰

마귀를 대적하여 사납게 싸워 승리를 이루고
번뇌를 접하여 뿌리 끊어야 자신 마음이 밝으리라.
바닷가 조약돌이 맑은 빛을 드러내는 것은
부딪치고 깎여서 둥근 낱알로 생겨났음이라네.

對鬼暴爭勝利成　　대귀폭쟁승리성
接煩斷柢自心明　　접번단저자심명
瀛邊卵石清光顯　　영변란석청광현
觸摚削灰圓顆生　　촉팽삭회원과생

○ 바닷가에 가보면 돌들이 둥글다. 이는 오랜 세월 파도에 부딪혀서 자신의 살점이 떨어지고 깎여나갔기 때문이다. 우리의 공부도 이와 같다. 마구니가 달려들고 번뇌를 접한다고 할지라도 싸워서 이기고 뿌리를 끊어버리면 자연스럽게 마음의 빛이 발현하게 된다. 이러하면 자신의 업장이 녹아질 뿐만 아니라 다른 사람의 업장도 정화할 수 있다. 그러므로 우리는 이러한 공부인을 가리켜 세업성자(洗業聖者)라고 말할 수 있다.

향을 싼 보자기와 똥을 싼 비단
香袱糞錦

향을 싼 보자기 속에선 상서로운 향기 나오고
똥을 싼 비단 가운데선 똥 냄새를 이룬다네.
마음 안에 일어난 무성한 번뇌가 쌓인다면
부처 조사의 저 언덕을 가는 데 어려움이 있으리라.

包香袱裏瑞香生	포향복리서향생
裹糞錦中臭糞成	과분금중취분성
心內起盛煩惱積	심내기성번뇌적
有難佛祖彼丘征	유난불조피구정

○ 보통의 보자기도 향을 싸면 자연히 향 내음이 풍겨 나온다. 반면에 좋은 비단이라도 똥을 싸면 똥 냄새에 쩌려 냄새가 날아가지 않게 된다. 이처럼 마음에 번뇌가 켜켜이 쌓이고 덮여서 예심(穢心)이 된다면 짜증스러운 냄새를 풍기게 될 것이니, 어찌 저 언덕인 부처의 사는 청안(淸岸)에 도달할 수 있겠는가. 그러므로 공부하는 사람은 내삭번뇌(內鑠煩惱)를 해야 청정한 사람이 되어 부처님과 손잡고 노닐 수가 있다.

언덕에 선 늙은 소나무
岸立老松

언덕에 선 늙은 소나무는 청사(靑史)*를 머금었고
길가에 밟히는 풀도 꽃을 피워서 즐겼으리.
인생이 걸어가는 길은 길고 오래지 않나니
항상 자기 마음을 살펴 탐욕으로 기울이 없을지니라.

岸立老松靑史含	안립노송청사함
程邊蹋草發花耽	정변답초발화탐
人生步路非長久	인생보로비장구
常察自心無昃貪	상찰자심무측탐

○ 언덕에 외롭게 선 소나무라도 오랜 세월을 지내면서 좋은 꼴도 당했고 나쁜 상황도 보아 오롯하게 새기고 머금었다. 또한 길가에서 밟히며 자란 풀도 시절이 이르면 꽃을 피워서 스스로 즐거웠다. 인생이 걷는 길도 장구할 수는 없으리니, 항상 자신의 마음을 살펴서 욕심에 물듦이 없는 청빈한 생활을 해야 한다. 그리하여 우리는 청한도인(淸閑道人)이 되어야 한다.

---

* 청사: 역사상의 기록. 예전에 종이가 없을 때 푸른 대의 껍질을 불에 구워 푸른빛과 기름을 없애고 사실(史實)을 기록하던 데서 유래.

작은 선을 버리지 말라
小善勿捐

작은 선이 나에게 있으면 놓아 버리지 말고
점점 크게 기르면 저절로 자라서 뻗는다네.
마음 편안하고 몸이 펴져서 항상 노닐어 즐거우면
좋은 일이 늘 다다라서 긴긴 세월로 이어지리라.

小善存余勿放捐　　소선존여물방연
漸丕養毓自長延　　점비양육자장연
心安體胖常遊樂　　심안체반상유락
好事恒臨永劫連　　호사항림영겁연

○ 만일 나에게 조그만 선이 있으면 '이것은 작은 것이니까 버리자'라고 하지 말라. 이를 잘 기르면 점점 커져서 멀리까지 뻗어 남에게 이익을 주는 큰 선이 될 수 있다. 따라서 마음이 편안하고 몸이 펴져서 항상 즐거움을 느낀다면 자연스럽게 좋은 일이 늘 다다르고 길이 이어져서 선인이 되고 호인이 되어 세상의 칭송이 이어지게 된다. 그러므로 우리는 호선군자(好善君子)가 되어 선덕(善德)을 베풀며 살아가야 한다.

힘을 다해 수행하여
盡力修行

가장 위인 지혜를 가지려면 삼학에 다다르고
가장 뛰어난 진리를 깨치려면 일원에서 찾게.
이 둘을 여의면 높은 부처에 오르기 어려우리니
힘을 다해 수행하여 성품 깊음을 깨칠지니라.

莫上持知三學臨　　막상지지삼학림
最勝覺理一圓尋　　최승각리일원심
難離此二登高佛　　난리차이등고불
盡力修行悟性深　　진력수행오성심

○ 대개 밝은 지혜는 배우거나 듣는 것으로 이루어지지 않는다. 큰 진리의 깨침도 말을 듣고 보는 것으로 터지지 않는다. 그러므로 삼학 수행을 하지 않으면 지혜를 얻기 어렵고, 일원 진리를 멀리하면 깨달음을 이룰 수가 없다. 즉 이 둘을 버리고 가장 높은 부처의 경지에 오르고자 한다면 그렇게 되지 않을 것은 명약관화(明若觀火)한 일이다. 그러므로 자신의 성품을 힘을 다해 찾아드는 오성지인(悟性之人)이 되어야 한다.

배움에 힘써서 실행해야 한다
懋學實行

무릇 사람이 배움에 힘쓰되 실행을 질질 끈다면
원래 알지 못함과 다를 바가 없는 것이네.
가르쳐 주는 데 따르지 않으면 어리석은 사람이 되리니
항상 가르쳐 보임을 배워 자기 마음에 갖출지니라.

夫人懋學實行揄　　부인무학실행유
原似不知所異無　　원사부지소이무
斅授非隨愚者做　　효수비수우자주
學常教示自心俱　　학상교시자심구

○ 『예기(禮記)』에 이런 말이 있다. "배운 연후에 부족했던 것을 알게 되고, 가르쳐 본 뒤에 막혔던 것을 알게 된다. 부족함을 알게 된 연후에 스스로 돌이켜볼 수 있고, 곤란했던 점을 안 연후에 스스로를 강하게 한다. 그러므로 '가르치는 것과 배우는 것은 서로 자라게 한다'(學然後知不足 教然後知困 知不足然後能自反也 知困然後能自强也 故曰 '教學相長'也)."라는 '교학상장'의 이야기가 여기에서 나왔다. 그러므로 우리는 위인지학(爲人之學) 보다는 위기지학(爲己之學)을 하는 사람이 되어야 한다.

도를 닦는 데 선을 익혀야
修道習禪

울창한 숲은 나무를 심어서 아름다운 숲이 조성되고
도를 닦는 데는 선을 익혀야 냄새 나는 마음이 맑아진다네.
아침과 저녁으로 법당에 고요히 앉아 수행하면
번뇌가 제거되어 밝음을 이뤄 업장이 맑아지리라.

鬱森植木造嘉林　　울삼식목조가림
修道習禪瀞臭心　　수도습선정취심
朝夕法堂行靜坐　　조석법당행정좌
除煩成亮業障湛　　제번성량업장침

○ 무릇 숲이 울창하게 되는 것은 나무를 심어서 잘 가꾸었기 때문이다. 이처럼 우리의 마음도 본래 청정하였던 사람도 있겠지만 대개는 선정(禪定)의 수행을 통해서 맑히고 밝혀진다. 아침저녁으로 법당에 고요히 앉아 자신의 마음을 가라앉히는 연습을 오래도록 실행한다면 누구든지 청명한 마음을 가질 수 있다. 그러므로 수행하는 사람은 수심귀성(修心歸性)을 하지 않을 수 없다.

번뇌를 닦고 녹이자
煩惱修銷

바람이 잿빛 구름에 불면 고개를 넘어 사라지고
물이 티끌 무더기를 밀치고 씻어서 맑게 흐르네.
마음 가운데 업력이 쌓여 맑게 드러나지 아니하고
번뇌를 닦고 녹이면 맑고 밝게 드러나리라.

風颯灰雲越嶺消　풍삽회운월령소
水推塵聚洗淸澆　수추진취세청요
心中積業非澄露　심중적업비징로
煩惱修銷顯瀞昭　번뇌수소현정소

○ 검은 구름이 하늘을 가렸다고 할지라도 바람이 불면 자연히 사라진다. 또한 티끌이 쌓였다고 할지라도 거센 물이 몰아치면 깨끗하게 씻겨 나간다. 이처럼 마음 가운데 무명이나 업장이 쌓이면 심광(心光)이 발현하지 못한다. 그러므로 수행을 통해서 번뇌를 닦고 녹여내면 저절로 밝은 지혜의 빛이 우주로 뻗어 나가게 된다. 그러므로 우리는 천지와 물질을 뛰어넘는 투천수인(透天修人)이 되어야 한다.

새벽닭이 자주 울면

曉鷄數鳴

새벽닭이 자주 울면 동녘 고개 밝아지고
가뭄 시절에 비가 내리면 만물이 생성하네.
여러 사람이 화합하여 삶의 길을 열어가면
세상에 봄바람 불어 안개 걷히고 맑으리라.

曉鷄數鳴東嶺明　　효계삭명동령명
旱時降雨物生成　　한시강우물생성
衆人和合活程闢　　중인화합활정벽
世颯春風捲霧淸　　세삽춘풍권무청

○ 새벽에 여러 곳에서 닭들이 자주 울면 동쪽 고개에 붉은 해가 얼굴을 내밀고 웃으면서 떠오른다. 오랜 가뭄 끝에 비가 내리면 땅속에서 대기하던 생물들이 머리를 들어 올린다. 이와 같이 사람이 서로 화합을 이루어 살아간다면 이 세상은 봄바람이 부는 것처럼 욕심·시기·질투 같은 어둠이 녹고 씻어지게 된다. 그러므로 우리는 나도 청정하고 남도 청정하며 세상도 청정하게 하는 청정화세(淸靜和世)의 사람이 되어야 한다.

우주의 일원 진리는
宇宙一圓

우주의 일원 진리는 바른 법의 근원이요
마음은 부처와 조사의 집이니 기둥의 뿌리를 세우세.
자기 성품 깨쳐 얻어 조사와 부처가 되어서
반드시 뭇 생령 제도하여 낙원을 만들지니라.

宇宙一圓正法源	우주일원정법정
心家佛祖竪楹根	심가불조수영근
得醒自性爲師佛	득성자성위사불
必度群生造樂園	필도군생조낙원

○ 우주가 일원이요 일원이 우주이니 바른 법의 길이다. 따라서 마음은 부처 조사의 집이니 기둥의 뿌리를 잘 세워 불당(佛堂)을 만들어야 한다. 그리하여 자신의 성품을 보고 깨쳐 조사와 부처가 되어 능히 무량한 중생을 제도하고 낙원을 만들어서 함께 즐거움을 누려야 한다. 이렇게 행하는 것이 종교에 몸을 담은 사람의 할 일이라. 그러므로 우리는 제중지인(濟衆之人)이 되어 중생의 숫자를 줄여가야 한다.

의사의 말과 부처님의 말씀
醫談佛語

사람이 세상을 살면서 두 말씀은 들을지니
둘이란 의사의 말이요 주세 부처님의 말씀이네.
하나는 건강을 얻어 병들고 아픔이 없을 것이요
둘은 정신이 밝고 맑아 지혜가 신령하게 발현함이니라.

人生活世兩言聽	인생활세양언청
貳也醫談佛語聆	이야의담불어령
一得健康無病痛	일득건강무병통
二神明瀞發知靈	이신명정발지령

○ '건강한 육체에 건강한 정신이 깃든다.'는 유명한 격언은 고대 그리스의 철학자 탈레스가 처음 한 말이라고 한다. 그렇다면 정신에 있어서는 어떨까? 정신은 바로 청명(淸明)한 지혜(智慧)요 영지(靈知)이며 불지(佛智)이다. 이는 소태산 대종사님의 가르침으로 우리가 영생을 가지고 다닐 보언(寶言)이다. 그러므로 육신이 건강해야 혜명지불(慧明之佛)이 될수 있음을 잊지 않아야 한다.

한 걸음 옮기지 아니하고
不移一步

세상에 살며 공부하는 사람이 나아가는 길에
수도에 정근하려고 몸을 괴롭히지 말아야 하네.
번뇌를 마음 가운데서 제거하고 끊어 녹이면
한 걸음 옮기지 아니하고 죽음과 삶을 넘으리라.

世居功人進行途	세거공인진행도
修道精勤勿酷軀	수도정근물혹구
煩惱心中除斷鑠	번뇌심중제단삭
非移一步死生逾	비이일보사생유

○ 공부하는 사람이 되어 살아가는 길에 도를 닦는다고 몸을 너무 혹사하지 말라. 몸이 있어야 마음도 있는 것이요 공부도 하는 것이며 복락도 쌓고 지혜도 밝힐 수 있기 때문이다. 그리하여 번뇌를 마음속에서 제거하고 끊고 녹인다면 이것이 바로 수도이지, 몸을 괴상망측하게 비비 꼰다고 수행이 되는 것은 아니다. 따라서 생사가 한바탕이어서 넘을 수 있으니 우리는 생사재장(生死在掌)임을 알아야 한다.

번뇌가 마음을 흔들면
煩惱搖心

담을 넘어 물건을 탐하면 도적이라 이르고
정신 어지러워 편안치 않으면 미친 사람이라네.
번뇌가 마음을 흔드는 여기를 벗어나지 아니하면
중생을 면하기가 어려워 가장 낮아 어지러우리라.

越墻貪物盜人云	월장탐물도인운
神亂不安狂者君	신란불안광자군
煩惱搖心非這脫	번뇌요심비저탈
衆生難免最低紜	중생난면최저운

○ 만일 담을 넘어서 남의 물건을 훔치면 도적이 된다. 반면 정신이 어지러워서 항상 불안하면 미친 사람이 되기 쉽다. 또한 번뇌는 바깥에 있는 것이 아니라 마음 가운데 있다. 번뇌를 물리치거나 제거하지 아니하고 수도를 한다면 끝내는 중생을 면하지 못하고 가장 낮은 데서 어지러운 폐인이 되어 인생의 일생 내지 영생을 놓치고 만다. 그러므로 우리는 패란지인(敗亂之人)을 벗어나서 살아가야 한다.

사방에서 응대한다
四方應對

세상에 빛나게 이름을 억지로 전하려 한다면
누대를 모래 위에 세워서 굳게 버티려 함일세.
자연스럽게 생각마다 미혹한 중생을 위한다면
사람들이 사방에서 응대하며 따르게 되리라.

於世光名欲强垂　　어세광명욕강수
樓臺砂上立堅持　　누대사상립견지
自然念念爲迷衆　　자연염념위미중
人類四方應對隨　　인류사방응대수

○ 세상에 사람이 살면서 부유함이나 명예를 억지로 드러내려고 술수를 쓸 수가 있는데 이는 바람직하지 않다. 사상(沙上)에 세워지는 누대는 오래 버틸 수가 없다. 진정으로 명예를 드러내려면 미혹한 중생을 위하는 법도(法道)의 가르침으로 전정(前程)을 열어주어야 한다. 따라서 그런 일은 하지 아니하고 대우 받기를 바란다면 대중이 절대 호응하지 않고 반항을 하게 될 것이니 우리는 이법득명(以法得名)을 해야 한다.

옛 부처의 여러 말씀
古佛群言

옛 부처의 여러 말씀이 모든 경전을 채웠지만
그 말씀은 법에다 가죽을 입힌 것에 지나지 않다네
조사가 글귀를 보이고 아울러 손가락을 드는 것은
자신의 마음 및 진리의 공 자리를 가르치고자 함이라.

古佛群言諸典充　　고불군언제전충
不過其說法皮蒙　　불과기설법피몽
祖師示句兼擡指　　조사시구겸대지
欲教自心及理空　　욕교자심급리공

○ 옛 부처님들의 말씀이 경전이라는 책에 기록으로 남아 있는데, 이를 법이라 이르면서 좋은 가죽으로 둘러씌워 놓았다. 그러나 법이란 원래 없다. 원래 없는 것인데 교묘한 말이나 행동으로 그것을 가르치려 하는 그때 법은 이미 천리만리 멀어진다. 그러니 가르치거나 보이려 말고 내버려두어야 한다. 왜냐하면 법의 근원은 공(空)이다. 이 공을 무엇으로 말하고 그리겠는가. 차라리 놓아 두는 것이 최상책이라고 할 수 있다. 그러므로 이심해공(以心解空)을 해야 한다.

배를 타고 바다를 건너다
乘船渡海

배를 타고 바다를 건넌 뒤에는 응당 버리고
쌀은 먹고 겉껍질은 손에 쥘 필요가 없네.
가르침으로 인하여 마음 알고 진리 깨쳐 얻었다면
그 나머지는 하늘 바깥 멀리 가장자리에 버릴지니라.

乘船渡海後應捐　　승선도해후응연
食米糠殼不必拳　　식미강각불필권
因教知心醒理得　　인교지심성리득
其餘天外遠丟邊　　기여천외원주변

○ 우리가 배를 탄다는 것은 저 언덕으로 건너가기 위해서이다. 또 농사를 짓는 것은 겉의 껍질은 버리고 쌀을 얻어서 먹고살기 위함이다. 우리가 어떠한 가르침을 받들어 공부하는 것은 이치를 깨닫고 마음을 알아서 부처와 조사를 이루고자 함이다. 따라서 수도에 방해가 되는 것은 하늘 바깥 멀리 버리고 공부를 해야 한다. 그리하여 우리의 숙원이 되는 중생 건지고 낙원공유(樂園共遊)를 하자는 의미이다.

출가와 재가는 나뉜 게 아니다
出在非別

때가 없이 번뇌를 녹이면 내 마음 맑아지고
곳이 없이 어둠 밝히면 성품이 개운하다네.
출가와 재가가 본래 둘로 나누어진 게 아니니
대종사님 가르침 따르면 부처도 따라 이뤄지리라.

無時鑠惱我心清	무시삭뇌아심청
毋處暗明性裏晴	무처암명성리청
出在本來非二別	출재본래비이별
宗師隨教佛隨成	종사수교불수성

○ 우리의 몸속이나 마음속은 둘일 수 없는 하나이다. 그래서 무명이 밝혀지거나 번뇌가 제멸되면 자연스럽게 몸과 마음이 맑아지고 밝아진다. 여기에 재가와 출가의 구별이 어디 있겠는가. 공부하여 이체를 체득하고 심원을 밝히면 대종사님의 제자 됨으로 충분하다. 그러므로 우리는 다른 공부하려고 말고 대종사님의 교법을 따르고 배우며 익히는 법통제자(法統弟子)가 되어야 한다.

마음의 향기는 우주를
心香宇宙

깊은 산골 으슥한 골짜기 하나의 난초가 자라
꽃을 피우니 머금은 향기 저절로 퍼져나가네.
여기에 바람이 불면 온 세상이 향기롭듯이
마음의 향기는 우주와 하늘과 땅을 맑히느니라.

深山幽谷一蘭長	심산유곡일란장
花發含馨做自張	화발함형주자장
於此颯風全世馞	어차삽풍전세발
心香宇宙地天瀼	심향우주지천양

○ 깊은 골짜기 인적이 드문 곳에서 외롭게 자라난 난초가 꽃을 피워 향기를 풍기니 뭇사람이 모여들어 향기를 맡으며 몸과 마음을 정화한다. 이렇게 향기는 악취를 선향(善香)으로 승화시켜 세상을 깨끗하게 만들어간다. 이와 같이 수도인이 공부를 잘하여 진리를 오득하면 저절로 향기가 발현한다. 이것이 마음의 향기로 발하기만 하면 우주를 맑히고 하늘땅을 맑혀 정세(淨洗)를 하게 된다. 그러므로 우리는 일향심주(一香心炷)로 청정한 낙원을 만들어 가야 한다.

한 숨 단전에 머무니
一息留丹

한 숨 단전에 머무니 모든 생각 사라지고
여러 번뇌 텅 빔에 이르면 저절로 마음 맑아지네.
하늘에 뜬 새벽달은 선방의 창문을 비추는데
멀리 울리는 닭울음은 오묘한 노래여라.

一息留丹萬念消	일식류단만념소
諸煩臻曠自心昭	제번진광자심소
浮天晨月禪窓照	부천신월선창조
遠響雞鳴奧妙謠	원향계명오묘요

○ 새벽에 사람들이 모여서 좌선을 한다. 한 숨[생각·기운]을 단전에 머무르면 다른 잡념은 자연히 사라진다. 텅 빔에 이르면 모든 번뇌가 흔적도 없이 사라져서 공(空)의 상태 그대로이다. 하늘의 달은 교교(皎皎)하여 선창을 밝게 비추고 어디선가 들려오는 새벽닭의 울음은 천상에서 부르는 오묘한 노래가 되어 선객들이 마음을 즐겁게 한다. 이러하면 무명 업장이 밝아지고 맑혀진다. 그러므로 우리는 청징공효(淸澄空曉)가 되어 우주와 일원과 더불어 하나가 된다.

나의 성품 부처 어미
我性佛母

원불교 총부 경내 모퉁이를 소요하다가
허리 굽혀 나뭇잎을 주워 먼지 털고 펼쳐서,
일원상을 두렷하게 그리고 문장을 쓰기를
"내 성품이요 중생 마음이며 부처의 어미인저!"

總部逍遙境內隅　　총부소요경내우
彎腰拾葉拂塵敷　　만요습엽불진부
圓相圜繪文章寫　　원상환회문장사
我性生心佛母乎　　아성생심불모호

○ 어느 날 총부 구내를 소요하는데 커다란 나뭇잎 하나가 떨어져 반쯤 흙에 묻혀 있다. 이를 주워서 흙먼지를 털고 그 위에다가 일원상을 그리고 그 아래에 '나의 성품이요 뭇 생령의 마음이며 부처의 어미여라.'라고 썼다. 일원의 진리 자리는 내 성품 자리요 마음자리며 부처가 나온 어미라는 뜻이다. 그러므로 우리는 이 자리를 여의지 않고 조불성조(造佛成祖)가 되어서 중생 제도하고 낙원을 세워야 한다.

진리는 먼 데 있지 않다
理不有遙

상대에게 참되라고 말고 자기가 먼저 참되며
이에 홀로 어질려고 말고 무리와 아울러 어질지라.
진리는 먼 데 있는 게 아니요 가까운 나에게 있으니
항상 마음속을 보아 도가 가난하지 않게 하려네.

莫眞相對自先眞	막진상대자선진
勿乃獨仁兼衆仁	물내독인겸중인
理不有遙近有我	이불유요근유아
常觀心裏道非貧	상관심리도비빈

○ 바닷가에 어미 게와 새끼 게가 나와 햇빛을 받으며 노닌다. 어미가 보니까 새끼가 자꾸 옆으로 걷는다. '얘야, 똑바로 걸어야지 왜 옆으로 걷니?' 그러자 새끼가 대꾸한다. '엄마는 옆으로 걸으면서 저한테는 왜 똑바로 걸으라고 하세요?' 이와 같이 우리는 어려서 부모에게 배우고 그 배운 것이 일생을 갈 수가 다분하다. 그러기 때문에 내가 먼저 발라야 남을 바를 수 있다. 모두가 나로부터 생성이 되고 시작이 된다. 그러기 때문에 우리는 이신선지(以身先之)로 먼저 나아가야 다른 사람도 따라서 바를 수 있다.

조그만 기미를 보면
見少幾微

산 넘어 연기가 솟아오르니 사는 사람이 있고
물 깊어 거품 솟으니 물고기가 잠겨 숨었네.
세상에 잡다한 사건이 많아 비록 나타나지 않을지라도
조그만 기미를 보면 사태의 펼쳐질 것을 아느니라.

山越聳煙有活人　　산월용연유활인
水深湧沫隱魚湮　　수심용말은어인
世多雜件雖非現　　세다잡건수비현
見少幾微識事伸　　견소기미식사신

○ 무릇 산을 넘어서 연기가 솟아오르는 것을 보면 사람이 산다는 것을 알 수 있다. 물 위에 거품이 오르면 밑에 고기가 숨어 숨 쉬는 것을 알 수 있다. 이처럼 세상에 잡다한 사건이 있을 경우 미리 알려고 하지 말고 그 작은 기미가 나타나는 것을 보면 앞으로 나타날 상황을 미리 알 수 있게 되는 것이니, 어떤 사태를 엿듣고 엿보아서는 안된다. 그러므로 우리는 선지기미(先知幾微)를 해야 한다.

자기 마음 부처가 다다른다
自心佛臨

큰 바다는 흐르는 강의 물을 모아 윤택하고
큰 산에 자라는 나무는 모여서 수풀 이루네.
천만 가지 생각을 무념이 되도록 한다면
찾지 아니하여도 자연 마음의 부처가 다다르리라.

大海流江水合淫	대해류강수합음
泰山長木集成林	태산장목집성림
千思萬念爲無念	천사만념위무념
不覓自然心佛臨	불멱자연심불림

○ 저 큰 바다는 많은 물을 모아서 파도를 치고 윤택하며 넘실대고 노래를 한다. 숲도 나무 하나하나가 모여서 큰 삼림을 이룬다. 우리가 천 가지 만 가지의 생각이 일어난다고 할지라도 이런 생각을 다 모아 무념을 만들어 공념(空念)을 이루고 일원육창(一猿六窓) 하는 마음을 모아 공심(空心)을 만든다면 이런 공에서 부처 조사가 기림(起臨)하게 된다는 사실을 알아야 한다. 그러므로 우리는 막영타불(莫迎他佛) 하고 상영자불(常迎自佛)을 해야 한다.

태풍이 바다를 치다
颱風擊海

태풍이 바다를 쳐서 큰 파도가 일어날지라도
중앙은 움직이지 아니하여 눌려진 언덕과 같다네.
번뇌가 바깥으로부터 와서 마음속을 휘저을지라도
바위에 메뚜기가 부딪침과 같아 흔들리고 끌림 없어라.

颱風擊海起弘波	태풍격해기홍파
不動中央似壓坡	부동중앙사압파
煩惱外來心裏撥	번뇌외래심리발
如巖撲蜚不搖拖	여암박비불요타

○ 바다에 태풍이 부는 것을 보면 무시무시하지 않을 수 없다. 그러나 바다의 중앙인 한가운데 물은 조금도 움직이지 아니하여 큰 언덕과 다름이 없어서 조금도 움직이지 않는다. 이처럼 우리가 마음의 힘을 갖춘다면 바깥으로부터 어떤 마구니가 들어와서 훼방을 놓는다 할지라도 마치 메뚜기가 바위에 부딪침과 같아서 바위는 미동도 아니한다. 그러므로 우리는 뭇 경계에 흔들리고 끌리지 않는 홍암보살(鴻巖菩薩)이 되어야 한다.

고통 소멸하고 정신 맑아
滅苦淸神

세상에 인연이 없으면 성현도 나오기 어렵지만
우리 스승 원력을 세워 큰물 여울을 열었다네.
자신의 마음에서 지혜가 솟아 작은 번뇌까지 녹인다면
고통 소멸하고 정신 맑아 지극한 즐거움에 돌아오리라.

世上無緣出聖艱　　세상무연출성간
吾師立願闢洪灘　　오사립원벽홍탄
自心慧聳微煩鑠　　자심혜용미번삭
滅苦淸神極樂還　　멸고청신극락환

○ 무릇 세상도 큰 성현과 인연이 있어야 맞이하게 된다. 우리는 주세 부처님 대종사님과 숙세의 인연이 있어서 입문하였고, 대종사님은 숙겁의 원력을 세워서 사바(娑婆) 곧 세상이라는 큰 여울에 몸과 마음을 열어서 중생 제도를 위해 현신(現身)하였다. 그러므로 고해를 건너는 지혜는 자신의 마음으로부터 나오는 것임을 안 우리는 이 공부에 심력을 얻어서 제미혹중(濟迷惑衆)을 하여야 한다.

어찌 업력을 녹여야
何銷業力

원래 사람은 원만하여 그릇된 바가 없거늘
부처와 조사가 출생하여 속여 말하고 꾸짖었네.
마음의 힘 안에 쌓아 밝은 지혜를 얻었거늘
어찌 업력을 녹여야 낙원마을에 산다하리요.

原人圓滿不攸訛　　원인원만불유와
佛祖出生欺語訶　　불조출생기어가
心力內儲明智得　　심력내저명지득
何銷業力樂園村　　하소업력낙원촌

○ 무릇 사람은 원래 지혜와 복락이 구족한 부처요 조사로서 그릇된 바가 하나도 없다. 그러므로 부처와 조사가 출생하여 원만하게 갖추었음을 그대로 보면 되거늘 왈가왈부하여 꾸짖음은 잘못이라고 할 수 있다. 우리는 안에 심력을 쌓아 밝은 지혜를 얻었으니 그대로 일체 생령을 제도하고 낙원을 세상에 만들어 내야 한다. 그리하여 버려지고 놓쳐지는 바가 없이 뭇 생령과 함께 공생낙원(共生樂園)을 해야 한다.

밝은 지혜 나오지 아니하면
不生明智

봄이 가까운데 눈이 내리니 봄이 아닌 듯하고
허공 검은데 구름 걷히니 저절로 하늘 맑아지네.
망령된 생각이 안에 쌓이면 마음이 어지러워 흐려지고
밝은 지혜 생겨나지 아니하면 도(道)의 길이 막히리라.

近春降雪似非春　　근춘강설사비춘
空黑捲雲自瀞旻　　공흑권운자정민
妄念內儲心亂混　　망념내저심란혼
不生明智道程湮　　불생명지도정인

○ 봄이 가까워지는데 눈이 내리니 봄과 같지 않은데 눈은 서설(瑞雪)로 내려 사람들이 추워하지 않고 오히려 즐거워 한다. 허공에 검은 구름이 덮였다가 바람이 불면 걷혀서 맑은 하늘이 된다. 수행도 망념이 쌓이면 마음이 어지럽고 흐려지게 되는 것이다. 따라서 지혜가 생겨나지 않으면 도의 길도 막히게 된다. 그러므로 우리는 심출불혜(心出佛慧)가 되도록 공부를 열심히 해야 한다.

꽃이 피고 새가 운다
開花鳴鳥

꽃이 피어 웃는 것 같으나 소리 듣기 어렵고
새가 울어 슬프지만 눈물은 보기가 어려워라.
마음이 가려져 밝음이 없으면 앞길이 어두워지고
깨달음 이루면 업력이 녹아 부처의 길이 열린다네.

開花似笑韼聽難　　개화사소광청난
鳴鳥如哀艱淚看　　명조여애간루간
心蔽無明前路暗　　심폐무명전로암
成醒銷業佛程攤　　성성소업불정탄

○ 꽃이 활짝 핀 모습을 보면 웃는 것 같지만 소리는 들리지 않는다. 또 새가 슬프게 우는 것 같지만 눈물은 보이지 않는다. 만일에 마음을 무명이 가리면 수행의 길이 어두워져서 일생뿐만 아니라 영생이 어긋날 수 있다. 반면에 깨달음을 이룬다면 두터운 업력이 녹아 부처의 길이 자연히 열리게 된다. 그러므로 우리는 근면수행(勤勉修行)하는 공부인이 되어야 한다.

원래 마음이 부처 뿌리다
原心佛根

먼저 원래 마음이 이에 부처의 뿌리임을 깨치고
다음으로 본체의 이승(理乘)*인 근원을 깨칠지니,
그러나 이 두 물건이 멀리 있는 게 아니요
눈을 뜨면 바로 보고 그 존재도 알게 되느니라.

先覺原心乃佛根　　선각원심내불근
次醒圓體理乘源　　차성원체이승원
然斯兩物非遙在　　연사양물비요재
開眼卽觀解厥存　　개안즉관해궐존

○ 우리에게 천만번 다행스러운 일은 부처님들이 우리를 중생으로 보지 않고 부처로 보았다는 점이다. 그렇기 때문에 내 마음이 바로 부처의 뿌리임을 알게 되고, 둥근 바탕 이승(理乘)도 깨닫기가 쉬워진다. 이런 마음과 진리는 멀리 있는 것이 아니라 나에게 존재하는 것이므로, 눈을 뜨고 바로 보아야 한다. 그러하면 우리가 바로 족하성불(足下成佛)하게 되어 중생 구제가 쉬워진다.

* 이승: 절대로 변하지 않는 만유의 본성.

경전의 글과 부처님 말씀
經文佛言

일만 글자 경문은 부처 조사의 말씀이요
성품과 마음 진리는 일원에 근원하였네.
본래 흔적도 없어서 텅 비었을 뿐이니
얻으려 말고 알려 말며 또한 삼키려고도 말라.

萬字經文佛祖言	만자경문불조언
性心眞理一圓源	성심진리일원원
本無痕迹空而已	본무흔적공이이
勿得勿知亦勿呑	물득물지역물탄

○ 종이 위에 부처님 말씀을 글자로 써넣으면 바로 경전이 된다. 우리의 심성이나 세상의 이치가 모두 일원의 진리에 근원을 하고 있다. 그러나 이 진리는 원래 흔적이 없어서 텅 비었을 뿐이니 얻을 것도, 알 것도 없다. 그래서 깨친다는 것도 망령이요 삼킨다는 것도 역시 망령이다. 그냥 그대로 놔두고 관조(觀照)를 해야 한다. 그리하여 각각의 사람이 짐각(斟覺)을 이루고 그런 뒤에 본각(本覺)을 이룬다면 불재처처(佛在處處)하게 된다.

검은 구름 저절로 걷혀서
黑雲自捲

문의 바람을 막고자 하면 벌어진 틈을 도탑게 하고
무거운 업을 녹이려면 마음의 흔적을 맑힐지라.
수행을 부지런히 힘써서 쉼이 없이 나아가면
검은 구름 저절로 걷혀서 즐거운 동산이 열린다네.

欲閼門風列隙敦 욕알문풍열극돈
要銷重業瀞心痕 요소중업정심흔
修行勤勉不休進 수행근면불휴진
黑雲自捲闢樂園 흑운자권벽낙원

○ 만일 바람이 문틈으로 들어오면 틈새를 막으면 된다. 또 무거운 업장을 녹이려면 업력이 박힌 마음의 흔적을 뽑고 끊으면 된다. 수행을 부지런히 하여 쉼이 없이 나아가면 무명이 되는 검은 구름이 저절로 걷혀서 밝고 맑은 빛이 비치는 즐거운 동산이 열리게 된다. 이는 업장과 흑운을 거두고 녹인 마음에서 열리는 것이니 여기가 바로 낙원지촌(樂園之村)이 된다고 말할 수 있다.

눈 어두운 사람이 배를 타고
盲人乘船

대개 우리가 도를 닦아 나가는 길에
진리 깨치고 마음 앎을 으뜸으로 이룰지니,
만일 자신의 밝은 눈이 열리지 아니하면
맹인이 배를 타고 바다에 뜸과 같나니라.

概吾修道進行程　　개오수도진행정
理覺心知首位成　　이각심지수위성
萬一非開余炯眼　　만일비개여형안
盲人乘船似浮瀛　　맹인승박사부영

○ 우리가 도를 닦아 나가는 길에 일원의 진리를 깨닫고 마음을 아는 것을 최고 으뜸으로 삼아야 한다. 밝은 눈을 가지지 아니하면 험로를 행하기가 어렵듯이, 혜안이 열리지 아니하면 일생은 물론 영생이 어둡게 될 수밖에 없다. 이는 마치 눈이 어두운 사람이 배를 타고 바다에 떠서 목적지로 향하지만, 목적지에 이르기 어려운 것과 같다고 아니할 수 없다. 그러므로 우리는 진리와 마음의 바른 방향을 밟아 나아가야 한다. 그러니 수도하는 사람은 이심지로(理心之路)를 흔들리거나 기우러짐이 없이 나아가는 것이 중요하다고 아니할 수 없다.

나침반과 업경대
針盤鏡臺

나침반은 멀리까지 분명하지 못함을 헤아리고
업경대(業鏡臺)*는 인연의 지었던 모습을 비춰본다네.
사람이 육근을 움직여 행사를 짓는다면
반드시 주고받게 되어 뒤에 올 것을 아느니라.

羅針盤測遠迷離　　나침반측원미리
業鏡臺昭緣作姿　　업경대소연작자
人動六根行事造　　인동육근행사조
必爲授受後來知　　필위수수후래지

◎ 나침반은 분명하지 못한 먼 곳까지 헤아려서 예측할 수 있다. 저승으로 들어가는 입구에는 업경대가 놓여 있어서 지나가는 사람 전생의 행실을 그대로 비춰서 판단하기 때문에 속이거나 거짓말을 할 수가 없다. 우리가 육근 동작으로 업을 지어 놓으면 반드시 선악 간에 주고받음이 따르게 되는 인과의 법칙을 알아서 지어가는데 중점을 두고 매사에 불공의 정성을 하지 않을 수 없다. 그러므로 우리는 살아가면서 선작행업(善作行業)을 해야 한다.

---

* 업경대: 저승의 입구에 있다는 거울. 그 앞을 지나는 사람의 생전 행실(行實)을 그대로 비춘다고 한다.

도를 알고 마음을 알자
解道解心

도를 알고 마음을 알며 아울러 신령스러움을 알고
하늘을 알고 땅을 알며 또한 사람을 알아야 하네.
그리하여 지혜의 힘으로 어리석은 생령 건져서
날마다 낙원에서 어울려 걸어다니리라.

解道解心兼解神	해도해심겸해신
知天知地亦知人	지천지지역지인
故成慧力癡生濟	고성혜력치생제
日日樂園倂步遵	일일낙원병보준

○ 우리는 도를 알고 마음을 알며 신령스러움을 알아야 한다. 또한 하늘을 알고 땅을 알며 아울러 사람을 안다면 세상과 진리를 거의 통달하였다고 하여도 무방하다고 아니할 수 없다. 여기에다 수행을 잘한 지혜의 힘으로 어리석은 생령을 건져서 낙원에서 함께 걸어다니며 살아야 한다. 그러므로 우리는 깊은 수행으로 깊은 지혜를 얻어 도중대업(度衆大業)을 이루어야 한다는 말을 하지 않을 수 없다.

늙어서 사는 게 평안함은
老活平安

늙어서 사는 게 평안함은 회상의 은혜이요
영생에 걸림 없음은 스승의 문정(門庭)*에 들어서라네.
수행에 게으르지 아니하면 자신의 마음 알게 되고
교화를 부지런히 펼치면 즐거운 마을 넓혀지리라.

老活平安會上恩　　노활평안회상은
永生無礙入師門　　영생무애입사문
修行不怠自心解　　수행불태자심해
教化勤敷擴樂村　　교화근부확락촌

○ 우리가 현역에서 은퇴하여 별다른 근심 걱정 없이 사는 것은 분명 회상의 은혜이다. 또한 영생을 오고 가는 데 크게 걸림이 없는 것은 스승의 문정에 들어 정법을 공부하였기 때문이다. 그러므로 수행에 게으르지 말고 교화도 열심히 하여 중생을 인도하여 낙원의 세계에서 살게 한다면 낙원의 마을이 그만큼 확장되는 것이라고 볼 수 있다. 그러므로 우리는 자신이 먼저 청정수인(淸靜修人)이 되고 성낙원인(成樂園人)이 되어야 한다.

---

* 문정: 대문이나 중문 안에 있는 뜰.

악을 버리고 선을 취해야
惡捐善取

무릇 사람이 도를 밟아 나가는 길에
자신의 심성 정황을 귀복(歸復)*해야 한다네.
날마다 시간을 쌓아서 영겁으로 이어지나니
악을 버리고 선을 취해야 후래(後來)의 생이 맑으리라.

夫人踰道進行程	부인답도진행정
歸復自身心性情	귀복자신심성정
日日積時連永劫	일일적시연영겁
惡捐善取後生清	악연선취후생청

○ 사람이 도를 밟아 나가는 길에 있어서 중요한 것은 자신의 심성 본원으로 돌아가는 일이다. 사람에게 영겁이라는 것은 시간이 쌓이고 또 달이 쌓이며 해가 쌓이고 일생이 쌓여 결국 영생이 되는 것이라고 말할 수 있다. 그러므로 개개인이 악을 버리고 선을 지어간다면 후생이 자연 맑고 밝게 되어 아름다운 생이 전개된다는 사실을 알아야 한다. 그리하여 우리는 영겁선생(永劫善生)을 해야 한다.

---

* 귀복: 본디 상태나 자리로 다시 돌아감.

등불 들고 깊은 밤에
擧燈深夜

무릇 이에 자신의 마음을 밝힘이 없으면
앞길이 어둡고 희미하여 쉽게 악도(惡道)에 빠지네.
반면에 수행하여 밝은 지혜를 갖추면
등불 들고 깊은 밤에 길을 찾아감이니라.

凡爰無亮自身心　　범원무량자신심
前路暗迷易惡沈　　전로암미이악침
反面修行明慧備　　반면수행훤혜비
擧燈深夜逝程尋　　거등심야서정심

○ 자신의 마음을 밝히지 아니하면 나아가는 앞길이 어둡고 미혹하여 악도에 빠지기 쉽게 된다. 반면에 깊이 수행하여 마음이 밝은 지혜를 가지게 되면 나가는 길이 밝지 않음이 없다. 그리하여 우리가 길을 갈 때 등불이 있으면 아무리 어둡고 깊은 밤이라도 길을 쉽게 찾아갈 수 있다. 그러므로 우리는 각자가 혜등(慧燈)을 높이 드러내 길뿐만 아니라 다른 사람의 길도 아무리 어둡고 깊은 밤이라도 비춰주어 집수왕락(執手往樂)을 해야 할 의무와 책임을 분명히 가졌다.

우주가 내 마음이다
宇宙余心

우주는 내 마음의 깊은 근원을 이름이요
하늘과 땅도 내 몸에 확실하게 펼쳐 있다네.
능히 큰 나를 알고 지금의 나도 안다면
긴긴 세월 사는 길에 어둡이 덮이지 않으리라.

宇宙余心謂邃源　　우주여심위수원
乾坤吾體確敷存　　건곤오체확부존
能知大我今余識　　능지대아금여식
永劫活程非覆昏　　영겁활정비복혼

◯ 우주가 우리 마음이다. 하늘땅도 내 몸이요 자신의 넓힘이다. 즉 우주와 천지가 원래 둘이 아니요 나뉘거나 다른 게 아니다. 이 우주와 천지는 이원(理源)이요 기체(氣體)이다. 그러므로 우리의 큰 나를 봄과 동시에 현실의 나도 알아서 떳떳하게 걸림이 없이 살아간다면 세상 삶이 어렵지 않고 악도의 어둠으로 들어가지 않을 것이니 우리는 일원 진리의 길을 걸어가면서 상하나 좌우, 삼세나 삼계에 무애지인(無礙之人)이 되어야 한다.

마음 열어 능히 삼키라
心開能噬

뭇 생령은 생존하지 아니한 바가 없고
만물도 당연히 자라고 길러져 번성한다네.
이유를 알고자 할진대 멀리 찾지 말고
마음 열어 능히 둥글게 달린 열매 따서 삼킬지니라.

衆靈無所不生存　　중령무소불생존
萬物當然長毓繁　　만물당연장육번
欲識理由遙勿覓　　욕식이유요물멱
心開能噬摘懸圓　　심개능서적현원

○ 무릇 뭇 생령은 생존하지 아니함이 없고 만물 역시 살려지고 번영하지 아니함이 없으니 그 이면에는 둥근 진리가 있고 자은(慈恩)의 마음이 있었기 때문이다. 그리하여 이심(理心)을 멀리서 찾으려 말라. 바로 앞에 있다. 내 안에 있다. 깨달은 이치, 열린 마음으로 원과(圓果)를 따서 맛있게 먹고 나누어 줄 수 있어야 한다. 즉 우리는 사은과 둥근 진리 속에서 살아가고 있으니, 바로 우리가 일원의 원종자(原種子)라고 할 수 있다. 그러므로 우리는 연원장부(嚥圓丈夫)가 되어야 한다.

우주는 가장자리가 없다
宇宙無邊

우주는 가장자리가 없어 확실한 짐작이 어렵지만
별과 해와 달이 달렸고 양과 음이 갈마드네.
원래 마음 크게 비어 흔적 찾을 수 없지만
한 생각이 나오면 부처와 조사가 다다르나니라.

宇宙無邊難確斟	우주무변난확짐
懸星日月遞陽陰	현성일월체양음
原心大曠非痕覓	원심대광비흔멱
一念出生佛祖臨	일념출생불조림

○ 우주는 무변하다. 가장자리가 없기 때문에 짐작을 할 수가 없다. 그렇지만 별 무리와 해와 달이 달렸고 또 음과 양이 갈마들어서 오고 간다. 우리 마음도 크게 비어서 흔적을 찾을 수 없지만, 한 생각이 나오게 되면 자연 모든 부처와 조사가 일어나 깨어난다. 즉 소태산 대종사님의 심통 제자로 살아나고 있다고 말할 수 있다. 그러므로 우리는 봉원지인(奉圓之人)이 되어야 한다.

더욱 은혜 펴고 베풀어
尤惠敷施

천지는 부모의 항렬 아님이 없으므로
가슴에 만물을 품어 깊이 갈무린다네.
만일 모래나 풀이 상하면 유감스럽게 생각하여
더욱 은혜 펴고 베풀어 성대하게 아니함이 없어라.

天地無非父母行　　천지무비부모항
胸懷萬物做深藏　　흉회만물주심장
若傷沙草念遺憾　　약상사초념유감
尤惠敷施匪匪傍　　우혜부시비비방

○ 우리의 사은은 천지, 부모, 동포, 법률이다. 이런 사은은 가슴에 만물을 깊이 품고 갈무리하여 기르고 안정을 도모케 한다. 그리하여 모래나 풀 한 포기라도 부서지거나 상처남이 있다면 매우 유감스럽게 생각하며 널리 품어 더욱 은혜를 펼치고 베풀어서 스스로 성장하고 성대(盛大)하도록 진은(盡恩)을 하고 있다. 그러므로 우리는 사은은 없어서는 살 수 없는 홍보지은(鴻普之恩)을 생각하며 살아가야 한다.

주세불 우리 스승
主佛吾師

주세불 우리 스승 일원 진리의 길을 드러내고
법장(法藏)*을 제정하여 수행을 제시하였네.
정신이 어지러운 많은 무리 이 길을 밟아가면
저절로 맑고 더욱 밝아서 부처 조사가 이뤄지리라.

主佛吾師顯理程　　주불오사현리정
法藏制定示修行　　법장제정시수행
亂神多衆此途蹹　　난신다중차도답
自淨尤明佛祖成　　자정우명불조성

○ 주세 부처님으로 오신 대종사님이 드러낸 여러 가지 가운데 일원의 진리가 제일이요 으뜸이다. 우리의 법장이 여기에 근거를 두고 제정되어 원만한 교리의 체계를 이루었다. 누구든지 이 길을 따라 밟아나간다면 저절로 맑아지고 또 밝아져서 부처와 조사가 이뤄지게 된다. 그러므로 우리는 오나가나 일원 진리를 짊어지고 세상에 전파하여 일체 생령을 건져내는 제령사도(濟靈使徒)가 되어야 한다.

---

* 법장: 법(法)의 진리(眞理)를 갈무리하고 있다는 뜻.

사람은 원력이 없으면
人無願力

사람은 원력이 없으면 희망하는 바도 없고
또한 자비 사은이 아니면 만물이 살지 못하리.
진리는 하늘과 땅과 아울러 우주를 안았고
부처는 어짊과 사랑으로 중생을 둘러싸 건져주네.

人無願力不攸希　　인무원력불유희
亦匪四恩物活非　　역비사은물활비
理抱乾坤兼宇宙　　이포건곤겸우주
佛拯仁愛衆生圍　　불증인애중생위

○ 수도하는 사람이 되어서 원력을 갖지 않는다면 희망도 끊어져 보통 사람과 다를 바가 없다. 또 사은의 은혜가 아니면 천지에 살아남을 물상은 하나도 없다. 그러므로 진리는 하늘땅과 아울러 우주를 품고 관리하면서 제 일을 하도록 하고, 부처는 자비와 은혜로 일체중생을 둘러싸고 품어서 건지고 인도하여 낙원에서 살도록 한다. 그러므로 만물은 사은이 아니면 살 수가 없고 중생은 부처가 아니면 제도를 받을 수가 없다. 그러니 우리는 증중지인(拯衆之人)이 되어야 한다.

마음 알고 성품 회복하면
知心復性

무릇 생은 머묾도 아니요 머물지 않음도 아니며
또한 죽음은 아주 가는 게 아니요 가지 않음도 아니네.
사람이 살아가는 길에 업의 가림이 있을지라도
마음 알고 성품 회복하면 걸리지 않고 벗어나리라.

夫生匪住匪非停　　부생비주비비정
亦死未丟未靡征　　역사미주미미정
人活去程存業蔽　　인활거정존업폐
知心復性脫弗縈　　지심복성탈불영

○ 사람이 산다는 것과 죽는 것, 또 간다는 것과 온다는 것은 현실적으로 볼 때 다를 수가 있지만 근본에 있어서는 사실 다른 바가 없다. 가고 옴, 죽고 삶은 육신을 기준으로 해서 분별하는 것이지만 심성에 있어서는 가는 것도 아니요 오는 것도 아니며 죽는 것도 아니요 사는 것도 아니다. 그리하여 살았을 때는 개령(個靈)이지만 몸을 버리게 되면 대령(大靈)에 합일이 되어 본 성령(本性靈)으로 돌아가는 것이니, 우리는 대성지인(大性之人)이라고 할 수 있다.

업장 녹고 번뇌 사라져
銷業消煩

공기 맑고 물 맑으며 마음 저절로 맑고
하늘 밝고 해 밝으며 성품도 이에 밝네.
이와 같은 가운데 나도 따라서 굴러간다면
업장 녹고 번뇌 사라져 열린 삶 펼쳐지리라.

氣瀞水澄心自清　　기정수징심자청
天晴日亮性爰明　　천청일양성원명
如斯之裏余隨轉　　여사지리여수전
銷業消煩展開生　　소업소번전개생

○ 공기가 맑고 물도 맑으며 따라서 마음도 맑다. 하늘도 밝고 해도 밝으며 성품도 또한 밝다. 이러한 가운데 우리도 따라서 굴러간다면 자연적으로 맑고 밝아지게 된다. 그리하여 업장이 녹고 번뇌가 녹아서 열린 생이 길이길이 전개되어 진다. 그러므로 우리는 일원의 진리를 따르고 자기의 성품에 근원하여 살아간다면 크게 열려서 아름답고 평화로운 삶을 이어가리니 무굴지인(無屈之人)이 되어야 한다.

마음 맑고 경계 맑고
心淸境瀞

살구꽃 나비가 되어 바람 쫓아 가볍고
단비에 어린싹은 땅을 뚫어 나오누나.
한가롭게 앉아 생각 없고 또한 일도 없으니
마음 맑고 경계 맑고 꿈도 도리어 맑아라.

杏花爲蝶逐風輕　　행화위접축풍경
甘雨嫩芽鑽地生　　감우눈아찬지생
閑坐無思無亦事　　한좌무사무역사
心淸境瀞夢還淸　　심청경정몽환청

○ 화림(花林)에 살구꽃이 활짝 피었다가 떨어지면서 나비처럼 날아다닌다. 또한 하늘에서 단비가 내리니 어린싹이 땅을 뚫고 나온다. 이러한 때 한가롭게 앉아 생각도 없고 일도 없으니 자연 마음도 맑고 경계도 맑으며 꿈도 또한 맑다. 사람이 세상을 살아가면서 경계도 많고 꿈도 많지만, 여기에 흔들리지 아니하여 일 없는 사람이 되어야 한다. 만일 사람이 수도를 하지 않으면 일 속에서 나서 일 속에서 살다가 일 속으로 죽어 간다면 인생의 보람은 반감(半減)이 되리니, 어찌 억울하지 않겠는가? 그러므로 우리는 죽더라도 수도하다 죽는 곧 수도이사(修道而死)를 하여야 한다.

봄에 경치를 구경하려고
要觀春景

봄에 경치를 구경하려고 조그만 산에 올라
가까운 언덕을 바라보니 아지랑이 피어오르네.
눈을 사방으로 돌려도 무엇도 찾을 수 없었는데
문득 발아래를 보니 어린싹이 증명을 하누나.

要觀春景小山騰　　요관춘경소산등
望見近岸野馬登　　망견근안야마*등
眼顧四方無覓怎　　안고사방무멱즘
驀看足下幼芽徵　　맥간족하유아징

○ 봄이 왔다고 사방에서 떠들어대기에 혹시 찾을 수 있을까 싶어 야트막한 산에 오른다. 저만치 언덕에서 아지랑이는 피어오르는데, 눈을 동그랗게 뜨고 사방을 둘러보아도 한 점 봄이 보이질 않는다. 그러다가 문득 고개를 숙이고 발밑을 보니 어린싹이 머리에 쓴 흙을 털고 올라오고 있다. 봄이 오는 증거이다. 그러므로 우리는 진리와 마음을 찾는다고 사방으로 쏘다니고 사전(寺殿)도 가보지만 단연코 있을 수 없다. 그러니 결국 자기에게로 돌아와 내면을 볼 수 있어야 비로소 찾아지리니 외치지인(外馳之人)이 되어서는 안 된다.

---

* 야마: 햇빛이 강한 봄날. 공기가 아른거리는 현상. 아지랑이.

지월이 마음에 솟아
智月聳心

새벽달 창문에 쏟아져 한낮인가 의아해서
침상에서 얼른 내려와 창문을 열었네.
때가 대낮은 아닌데 빛이 밝게 비치듯이
지혜 달이 마음에 솟으면 미혹한 중생도 빛나리라.

曉月瀉窓晌午疑　효월사창상오의
從牀快下牖開之　종상쾌하유개지
非時白晝光明照　비시백주광훤조
智月聳心迷衆熙　지월용심미중희

○ 새벽에 일어났다. 창이 밝다. 의아해서 창문을 여니 달빛이 지상에 내려 대낮처럼 밝다. 이와 같이 지혜가 마음속에서 솟아나면 일체의 업장이나 무명들이 자연히 녹는다. 더 나아가 지혜의 달이 중생의 마음에서 솟아 비치면 그동안 다져졌던 무명 업장이 녹아서 부처와 조사로 변하게 된다. 그러므로 우리 수도인들이 부처가 되기를 바란다면 수도에 공을 들이지 않을 수 없는 것이니 게으름 부리지 말고 소태산 대종사님의 가르침을 따른다면 무불성도(無不成道)하게 된다.

마음 자리를 텅 비우고
心地空虛

높은 봉우리 험한 뫼는 진토(塵土)를 사양하지 않고
물이 모인 큰 강은 가느다란 물까지 받아들이네.
마음 자리를 텅 비우고 성품을 깨쳐 얻으면
한 걸음도 옮기지 아니하고 본래 정신 새로워지리라.

高峰險嶽未辭塵　고봉험악미사진
集水鴻江受細潾　집수홍강수세린
心地空虛醒性得　심지공허성성득
非移一步本神新　비이일보본신신

○ 높은 산이나 낮은 산은 가는 흙이 아니면 산의 모습을 이룰 수가 없다. 물이 모인 큰 강도 방울의 물이 아니면 강하를 이룰 수가 없다. 이처럼 우리 마음 자리는 텅 비었고 또한 근원이 되는 성품이 우리에게 존재한다. 그러므로 성품을 깨쳐 얻는다면 한 걸음을 옮기지 아니하고 부처의 근본 정신을 새롭게 갈무리하게 된다. 그러므로 우리는 마음이나 정신이나 성품이 같기 때문에 깨우치고 회복하면 자성불조(自成佛祖)를 하게 된다.

마음의 힘을 크게 쌓자
心力丕儲

작은 배는 큰 물결을 막아내지 못하고
외로운 나무는 큰바람 부는 실마리를 견디기 어렵네.
마음의 힘이 크게 쌓여 어리석고 어지러움이 사라지면
천마가 설사 이를지라도 감히 후려치지 못하리라.

小船難防大波瀾　　소선난방대파란
孤木艱堪颯飄端　　고목간감삽습단
心力丕儲消呆亂　　심력비저소매란
天魔設至敢非摶　　천마*설지감비단

○ 바다에 뜬 작은 배는 높이 솟는 물결을 막아내지 못한다. 홀로 선 나무는 태풍이 불어오는 그 바람을 견뎌낼 수가 없다. 그러나 우리가 공부하여 마음의 힘을 쌓아 어떤 어리석음이나 어지러움에 흔들림이 사라진다면, 어떠한 마구니가 달려든다고 할지라도 끌려가지 아니하고 중심을 잡을 수 있다. 그러므로 우리는 소태산 대종사님의 교법을 따라서 공부를 함으로써 능성불조(能成佛祖)가 되어야 한다.

---

* 천마: 사마(四魔)의 하나. 육계 제6천에 사는 마왕(魔王)과 그 일속을 말한다.

내 큰 전대를 매고
我荷丕橐

내가 큰 전대를 매고 일원을 담아
이 땅에 비록 머물지만 연객(煙客)*으로 살려네.
명성과 아울러 부귀를 얻으려 말고
우주를 종횡하여 내 마음대로 행하리라.

我荷丕橐一圓盛　　아하비탁일원성
此土雖留煙客生　　차토수류연객생
莫得名聲兼富貴　　막득명성겸부귀
縱横宇宙我心行　　종횡우주아심행

○ 내가 큰 주머니인 전대를 장만하였다. 여기에 잡다한 것은 다 빼버리고 오직 일원을 담아 매고 신선처럼 살려고 한다. 세상에서 누리는 명성이나 부귀는 누리지 아니하고 멀리하면서 이 우주를 내 맘대로 거침없이 오가면서 살아간다면 무얼 더 바랄 것이 있겠는가? 그리하여 바라지 말자. 명성이나 부귀가 무엇이라고 고귀한 불자로서 욕심을 부려 하민하인(下民下人)이 될 수 있겠는가. 그러므로 우리는 일원 적자(一圓嫡子)가 되어야 한다.

* 연객: '안개를 마시며 사는 사람'이란 뜻으로, 신선(神仙)을 일컫는 말.

샘에서 솟아 흐르는 물
湧泉流水

샘에서 솟아 흐르는 물은 맑아 흐리지 아니하고
깨끗하고 고요한 참 마음은 먼지도 털 것이 없네.
번뇌에 끌리지 아니하고 많은 생각까지도 끊어서
항상 근원 자리에 머물러 함부로 돌려지지 아니하리라.

湧泉流水不渾淳	용천유수불혼순
潔靜眞心未拂塵	결정진심미불진
煩惱匪牽多念絶	번뇌비견다념절
常留源處肆非巡	상류원처사비순

○ 샘에서 솟는 물은 맑아 흐리지 않지만 흐르다 보면 이것저것 섞여 흐려진다. 또 참 마음은 맑고 고요하여 티끌을 털 게 없지만 사용하다 보면 진애(塵埃)가 따른다. 그러므로 우리는 수도하면서 온갖 번뇌에 끌리지 않아야 하고, 잡다한 생각들을 끊어서 자신의 근원처에 들어가서 살아가야 한다. 그리하여 함부로 이것저것에 따르다 보면 미혹한 중생이 되기가 쉽다. 이러한 의미에서 우리 수도인은 사법(師法)을 따라 열심히 공부하고 사업하여 불은세계(佛恩世界)를 만들어야 한다.

세상에 마음 농사 잘 지으면
世善心農

사람이 세상에 나서 마음 농사를 잘 지으면
복의 열매 많이 달리고 밝은 지혜가 풍족하네.
뜻이 한쪽으로 치우치면 기울어 미끄러지게 되지만
성품을 참 빈 곳에 두어 많은 번뇌 비워지리라.

人生於世善心農	인생어세선심농
福果多懸瞮智豊	복과다현철지풍
意偏一側仄爲辶	의편일측측위일
性有眞虛夠惱空	성유진허구뇌공

○ 사람이 세상에 나서 살아가면서 각자의 마음 농사를 잘 지어야 한다. 만일 일반적으로 폐농(廢農)을 하면 먹고 살기가 어렵게 된다. 이와 같이 마음 농사 잘못 지으면 죄고의 씨앗이 될 수 있다. 그리하여 복이나 지혜를 가질 수 없게 된다. 또한 텅 빈 성품을 간직하면 저절로 법력(法力)이 쌓여 뭇 생령을 안고 보듬어서 구제할 수가 있다. 그러므로 우리는 심농지인(心農之人)이 되어야 한다.

사는 길에 걸리지 않고
活程不礙

뜻이 통하면 거리의 가깝고 멂이 없고
마음이 세파에 끌리면 어지러워 설 수가 없네.
우주는 사이가 없어 원래 투철(透徹)하였으니
사는 길에 걸리지 않고 잡혀 끌리지 않으리라.

意通距里近遙無　　의통거리근요무
心引世波亂立无　　심인세파난립무
宇宙毋間原透徹　　우주무간원투철
活程不礙不牽拘　　활정불애불견구

○ 사람이 서로 뜻이 잘 통한다면 거리의 멀고 가까움과는 상관없이 이어진다. 그러나 마음이 세파에 끌려서 허황하고 어지럽게 된다면 자신의 설 자리도 없게 된다. 그러므로 저 우주처럼 간격이 없이 투철한 마음으로 어디에 얽매이거나 끌리거나 구속되어 자유가 없는 삶을 지양하고, 자재로운 삶으로 엮어가야 한다. 그리하여 천지나 우주를 안마당으로 삼아 마음껏 뛰어놀 수 있는 심력과 법력을 갖추어 도중건락(度衆建樂)을 하여야 한다.

자기 마음에서 부처 찾다
自心覓佛

남을 가르치기만 좋아하면 스승 되기가 어렵고
자기를 살피려 글을 배운다면 스승 됨이 편안하리.
모래나 흙에서 금 조각을 찾기는 어렵지만
자기 마음에서 부처 찾기는 손바닥 뒤집어 펼침이라.

爲人好斅作師難 위인호효작사난
省己學文做傅安 성기학문주부안
沙土艱尋金碎片 사토간심금쇄편
自心覓佛掌飜攤 자심멱불장번탄

○ 학문에 위인지학(爲人之學)이 있고 위기지학(爲己之學)이 있다. 위인지학은 '남에게 자기 자신을 드러내기 위한 학문'을 말하고, 위기지학은 '자기 자신의 인격 수양을 위한 학문'을 말한다. 흙이나 모래에서는 금 조각을 찾기가 어렵지만 마음 밭에서 부처 찾기는 손바닥을 뒤집기처럼 쉽다. 그러므로 우리는 외적 실력으로 남을 위한 지도자가 되려 하지 말고, 내적 실력을 쌓는 자기 수양에 힘써서 심력을 쌓아가는 수기지인(修己之人)이 되어야 한다.

마음에 번뇌 버리고
心捐煩惱

마음에 번뇌를 버리고 씻어 밝히면 빛나나니
죽지 않고 길이 사는 우리의 실제 고향이네.
삼매에서 항상 노닐다가 천계에 들어서서
그리하여 염라대왕을 만나더라도 두려워하지 않을지니라.

心捐煩惱洗明光　　심연번뇌세명광
不死長生我實鄉　　불사장생아실향
三昧恒遊天界入　　삼매항유천계입
於是弗恐遇閻王　　어시불공우염왕

○ 도를 닦는 사람이 번뇌 망상을 버리고 밝게 씻으면 빛이 나게 되는데, 이것이 죽지 않고 사는 나의 실지 고향이 된다. 깊은 수행으로 삼매에서 항상 노닐다가 천계에 들어가서 염라대왕을 만날지라도 조금의 두려움이 없이 살 수 있는 궐기(蹶起)와 기백(氣魄)을 가져야 한다. 그리하여 삶과 죽음이 나에게 있는 것이니, 누구에게 애걸복걸할 필요가 없다. 내 문제는 내가 해결하는 것이 최상의 방법이다. 그러므로 우리는 열심히 공부하여 영겁토록 대자유인(大自由人)이 되어야 한다.

법을 법이라 주장한다면
法法主張

법을 법이라 주장한다면 법이 아니라 상이요
마음을 마음이라 힘주어 말해도 이미 마음이 없네.
일원 근원에 구족하여 갖춰지지 아니함이 없어서
구르는 곳마다 항상 있어 오묘한 이치 드러나누나.

法法主張微法相　　법법주장미법상
心心力語旣心亡　　심심력어기심망
圓源具足無非備　　원원구족무비비
轉處常存妙理揚　　전처상존묘리양

○ 우리가 법을 법이라고 주장한다면 참 법이 될 수 없고 오히려 상을 내게 된다. 또한 마음을 마음이라 힘써 말해도 이미 마음이 아니다. 저 일원의 근원에는 구족하여 갖추어지지 아니함이 없다. 그리하여 굴러 이르는 곳마다 항상 존재를 나타내고 아울러 오묘한 묘리는 드러내고 있으니 아는 사람은 눈을 감고도 알지만 모르는 사람은 눈을 뜨고도 알 수도 없고 볼 수도 없다. 그러므로 우리는 심행원전(心行圓轉)임을 알아야 한다.

본래부터 모두 갈무리되어
本始皆藏

사람은 지극히 고요함이 있기에 저절로 맑음이 있고
또한 지혜를 가짐이 있기에 아울러 밝음도 있다네.
본래부터 모두 갈무리되어 바깥으로 새 나감이 없으니
찾지도 말고 알려고도 말며 이름을 부르지도 말라.

人存至靜自存淸　　인존지정자존청
亦有慧持兼有明　　역유혜지겸유명
本始皆藏無外漏　　본시개장무외루
勿尋勿解勿呼名　　물심물해물호명

○ 사람이 지극히 고요함에 잠기면 저절로 맑음이 있게 된다. 또한 지혜를 가짐이 있으면 아울러 밝음도 드러나게 된다. 이러한 맑은 마음과 밝은 지혜가 본래부터 다 갈무리해 있어서 조금도 바깥으로 새어 나가지 아니하고 안에 다 갖춰져 있으니 굳이 찾는다거나 알려고 한다거나 이름을 부르지도 말라. 왜냐하면 아무리 찾으려 해도 형상이 없으니 찾을 수 없고 알려고 해도 무엇인지 모르니 알 수가 없으며 이름 부르려해도 생겨남이 없으니 이름도 없다. 그러므로 우리는 인각이짐(因覺而斟)을 해야 한다.

이치의 물에 욕심 씻으면
理河洗慾

이치의 물에 욕심 씻으면 본래 마음 맑아지고
법의 큰바람에 번뇌가 털리면 원래 성품 밝아지네.
도를 닦아 부지런히 행하면 업장 얽힘이 녹아져서
하늘과 땅, 우주에 자유를 이루게 되리라.

理河洗慾本心淸	이하세욕본심청
法颯拂煩原性明	법삽불번원성명
修道勤行銷業縛	수도근행소업박
乾坤宇宙自由成	건곤우주자유성

○ 진리라는 물에 욕심을 씻으면 본래의 마음이 맑아지고, 법이라는 큰바람에 번뇌를 털리게 되면 원래 성품도 밝아진다. 우리가 도를 부지런히 닦는다는 것은 전로를 막아서는 업장을 녹이는 데 있다. 따라서 업장을 녹이려는 이유는 해탈과 자유를 이루기 위해서이다. 이렇듯 자유를 이룬 뒤에는 하늘땅과 우주를 뛰노는 자재지인(自在之人)이 되려고 함이다. 그러므로 우리는 자유인이 된다면 마음대로 일체 생령을 제도하고 낙원을 세울 수가 있기 때문이다.

정진하기를 일심으로
精進一心

높고 험준한 산록 언덕에 외로운 나무 솔은
차가운 바람 참고 견디며 이슬과 서리 수용하네.
수행하는 험난한 길에 천마(天魔)*가 들어올지라도
정진하기를 일심으로 하면 눈처럼 녹아지리라.

高峻山陵孤樹松　　고준산릉고수송
寒風忍耐露霜容　　한풍인내로상용
修行險路天魔入　　수행험로천마입
精進一心如雪溶　　정진일심여설용

○ 저 높고 험준한 산비탈 언덕에 선 한 그루 소나무는 많은 세월을 지내면서 찬 바람을 견뎠고 또 눈비를 견뎠으며 이슬과 서리를 견디며 꿋꿋이 자랐다. 이처럼 수행하는 길에 천마 즉 온갖 번뇌가 들어온다고 할지라도 일심으로 수도하고 정진해야 한다. 붉은 화로에 눈발이 떨어지면 바로 녹는 것과 같은 이치이다. 그러므로 우리는 대도(大道)와 대법(大法)에 발을 돌려놓고 있으니 따라만 가면 부처와 조사를 이루어 일체 생령을 제도하는 교화도인(敎化道人)이 될 수 있다.

---

* 천마: 사마(四魔)의 하나. 욕계(欲界) 제육천(第六天)에 사는 마왕(魔王)과 그 무리. 불법 수행과 사람이 착한 일을 행하는 것을 방해한다고 한다.

능히 손가락 마져 버려
能棄指頭

참 부처는 애오라지 지금 내 마음에 있으니
엿보거나 잡으려 말고 더듬어 찾지도 말게.
하늘에 뜬 참 달은 본래 드러났으니
능히 손가락 마져 버려 가리키고 짐작하지 말라.

眞佛聊在今我心　　진불료재금아심
勿窺勿執勿探尋　　물규물집물탐심
浮天眞月本來顯　　부천진월본래현
能棄指頭莫指斟　　능기지두막지짐

○ 무릇 참 부처는 어디에 있을까? 지금 내 마음에 있고 다른 데 있지 않다. 오롯이 내 것이다. 내 것을 엿보거나 잡으려 하거나 찾으려 할 필요가 없다. 즉 하늘에 본래 떠 있는 달과 같아서 조그만 흠결(欠缺)도 없이 항상 두렷하게 드러나 있다. 그러나 그 현상은 없기 때문에 달을 가리키는 손가락을 먼저 버려야 한다. 그리하여 손가락 끝에 올려놓고 있다 없다를 따지지 말라. 그러므로 우리는 지전간월(指前看月)을 해야 한다.

담장 곁에 어린아이
牆側幼兒

홀연히 온화한 바람 불어 따스한 기운 이룸에
정원의 여러 나무는 어린싹이 나오네.
봄에 이끌려 밖으로 나가 어정거리며 걸으니
담장 곁에 어린아이는 손을 흔들며 가누나.

忽颯溫風陽氣成　　홀삽온풍양기성
庭園衆木嫩芽生　　정원중목눈아생
引春出外彷徉步　　인춘출외방양보
牆側幼兒搖手行　　장측유아요수행

○ 저 언덕을 넘어서 홀연히 온화한 바람이 불어오니 따스한 기운을 이룬다. 이에 맞춰 정원의 나무는 잎이 나오고 꽃들은 앞을 다투며 피어난다. 이러한 봄에 이끌려 밖으로 나가 정원을 어정거리며 걸으니, 기분이 상쾌하다. 담장 곁을 지나가던 어린아이들이 손을 흔들며 인사하고 걸어간다. 이러한 현상이 작으나마 자연에 묻혀 살아가는 모습이라고 할 수 있다. 즉 봄도 있고 나무도 있으며 꽃도 있고 아이도 있으며 어정거리며 걷는 나도 있다. 아~ 우리는 청빈지락(淸貧知樂)을 할 줄 알아야 한다.

얼굴에 붙은 가는 티끌
附面細塵

무릇 이에 밝은 거울은 얼굴에 다다라 비추고
또한 일원 진리는 본래 마음을 이룬다네.
얼굴에 붙은 작은 티끌을 맑게 씻으면 깨끗해지고
번뇌 녹여내면 가렸던 성품 찾지 않아도 드러나니라.

凡爰明鏡照顔臨　　범원명경조안림
亦是一圓成本心　　역시일원성본심
附面細塵淸洗潔　　부면세진청세결
銷煩遮性顯非尋　　소번차성현비심

○ 맑은 거울은 얼굴을 비롯하여 물상을 비추면 물상이 있는 그대로 드러난다. 일원의 진리도 본래 마음에 비치면 업장이 녹아서 밝아진다. 예컨대 얼굴에 묻은 티끌을 씻으면 깨끗해지는 것과 같다. 우리의 성품은 원래 가린 것도 없지만 마음이 지은 업장과 온갖 번뇌가 가리고 있다 할지라도 깊은 수행으로 녹여내면 찾지 아니하여도 드러난다. 그러므로 우리는 의법수행(依法修行)하고 인리성각(因理成覺)하여 거래 간이나 생사 간이나 좌와(坐臥) 간에 청성진불(淸性眞佛)이 되어야 한다.

구름을 뚫은 밝은 달은
透雲明月

구름을 뚫은 밝은 달은 선당을 비추고
차가움이 바람을 타고 가슴에 들어 싸늘하네.
네 계절의 자연은 이치를 따라 변화하고
마음 가운데 생각들은 소멸과 생성으로 다투누나.

透雲明月照禪堂　투운명월조선당
寒冷乘風胸入滄　한랭승풍흉입창
四季自然隨理變　사계자연수리변
心中想念滅生爭　심중상념멸생쟁

○ 저 허공의 밝은 달이 구름을 뚫고 청정한 참선의 집을 비춘다. 차가운 기운이 바람을 타고 가슴속으로 스며드니 싸늘하여 옷깃이 저절로 여며진다. 봄 여름 가을 겨울의 계절은 자연의 순환하는 이치를 따라 변화를 이룬다. 마음 가운데 일어나는 온갖 생각도 사라졌다 생겨나고, 생겨났다 사라지곤 한다. 이러한 현상이 저절로 그렇게 되는 자연의 거래라고 할 수 있다. 그러므로 우리는 자연을 따라 돌기는 하지만 불변불역(不變不易)의 성리(性理)를 갖추고 있기 때문에 자성이체(自性理體)에 잠겨 사는 수행인이 되어야 한다.

문풍지 슬피 울어
窓紙哀鳴

흰 눈이 날고 날려 다져진 마당으로 내리는데
객지 마음 슬퍼져 고향이 생각나네.
소리를 토해내는 외로운 기러기 어디로 날아가는가?
문풍지 슬프게 울어 슬픔만 더해지누나.

白雪翩翩降築場	백설편편강축장
客心慽慽念家鄉	객심척척념가향
吐聲孤雁何飛去	토성고안하비거
窓紙哀鳴益惋傷	창지애명익완상

○ 하얀 눈이 내린다. 너풀너풀 춤을 추면서 마당 위에 살포시 내려앉는다. 문득 고향에서 놀았던 어린 시절이 그립다. 그리움이 깊어지는 찰나, 기러기 소리가 허공에서 들려온다. 어디로 가며 토해내는 소리인가. 닫힌 문틈으로 문풍지가 운다. 추운 겨울을 견디는 슬픈 소리다. 대개 사람이 한 자리에서 나서 살다가 죽는 경우는 드물고 고향을 떠나서 사는 사람이 많다고 볼 수 있다. 이러하면 자연스럽게 고향이 생각나고 그리워진다. 따라서 우리는 육신의 고향만을 생각하지 말고 마음의 고향을 찾아 돌아가는 심향멱귀(心鄕覓歸)를 해야 한다.

사사로운 생각 내지 아니하면
不生私念

사사로운 생각 내지 아니하면 올바른 사람이 돌아오고
간사한 마음을 내지 않으면 많은 무리가 의지하네.
내면을 텅 비워서 번뇌가 일어나지 않도록 하고
덕과 지혜 원만하게 갖추면 많은 무리가 바라보리라.

不生私念正人歸	불생사념정인귀
匪出邪心多衆依	비출사심다중의
內面虛空非起惱	내면허공비기뇌
德知圓備夠群睎	덕지원비구군희

○ 우리가 사사로운 생각을 내지 않으면 올바른 사람이 돌아오고, 삿된 마음을 내지 아니하면 무리가 의지하게 된다. 또한 안을 비워 번뇌가 일어나지 않도록 해서 덕과 지혜를 원만하게 갖추면 많은 사람이 존경심을 가지고 우러러보며 귀의하게 된다. 따라서 귀의하는 그 사람들을 이끌고 제도하여 낙원의 세계를 세운다면 그 나머지도 보고 들어서 더 많이 돌아오게 될 것이니 우리는 도인귀법(導人歸法)토록 해야 한다.

법신불의 바탕
法身佛體

법신불의 바탕은 광명 아님이 없고
성품의 근원도 밝지 아니함이 없네.
삼라의 만상도 밝아서 어둡이 끊어지고
둥근 진리 깨쳐 얻으면 내 마음도 밝으리라.

法身佛體不非光	법신불체불비광
性稟根源無匪彰	성품근원무비창
萬象森羅昍暗絶	만상삼라훤암절
得醒圓理我心陽	득성원리아심양

○ 무릇 법신불의 자체 바탕은 밝음으로 되어 있다. 또한 우리의 성품 근원도 밝게 빛을 발현하지 아니함이 없다. 그렇다면 만상은 어떤가. 그들 하나하나도 빛으로 뭉쳐 있기 때문에 빛을 낸다. 더욱 중요한 것은 우리가 둥근 진리를 깨달으면 내 마음이 바로 밝은 빛을 내어 두루두루 비추게 된다. 그러므로 우리가 진리도 밝고 성품도 밝으며 만상도 밝다. 따라서 우리의 마음이 수행을 많이 하여 지혜의 밝음을 얻었다면 바로 묘광(妙光)이 되기 때문에 이 빛으로 중생을 제도하여 낙원을 만들어가는 광명화인(光明化人)이 되어야 한다.

기운은 만상에 스며들어
氣滲萬像

기운은 만상에 스며들어 때를 따라 길러내고
이치는 우주를 정통하여 사람 세상에 펼치네.
성품은 깊어 밝고 텅 비어 지혜의 빛을 쏟아내고
마음은 원래 맑고 고요하여 하늘땅을 채웠어라.

氣滲萬像養隨時　　기삼만상양수시
理達宇寰人世施　　이달우환인세시
性邃明空光慧瀉　　성수명공광혜사
心原瀞靜地天彌　　심원정정지천미

○ 천기는 만상에 스며들어서 때를 따라 나오도록 하여 잘 길러내고 있다. 또한 진리는 우주를 정통하여 사람이 사는 세상에 베풀어 준다. 우리 성품도 본래 밝고 텅 비어서 지혜의 광명이 쏟아져 나오고, 원래 마음도 맑고 고요하여 하늘땅에 가득 채우고 있다. 다시 말하면 천기와 진리와 성품이 있다고 할지라도 마음이 기(氣), 이(理), 성(性)을 아울러 운용하고 있기 때문에 기는 기. 이는 이. 성은 성으로써 자능(自能)을 발휘할 수 있다. 그러므로 우리는 정심운용(瀞心運用)을 잘 해야 한다.

모두 낙원으로 인도하여
都導樂園

근원의 물은 본래 흐리지 않아서 맑고
뿌리 마음은 원래부터 어둡지 않아 밝다네.
이에 둥근 진리 깨쳐 사람의 길에 펼쳐서
모두 낙원으로 인도하여 무리와 삶을 이루리라.

源水本來非濁清　　원수본래비탁청
根心原始匪瞑明　　근심원시비명명
迺醒圓理佈人道　　내성원리포인도
都導樂園群活成　　도도낙원군활성

○ 골짜기에서 솟은 물은 탁함과 섞이지 아니하여 맑고, 근본 마음도 번뇌에 시달리지 아니하여 본래 밝다. 여기에다 둥근 진리를 깨달아 명혜(明慧)의 힘을 갖추어 사람이 살아가는 길에 펼쳐서 활용하고 있으니 금상첨화(錦上添花) 아님이 없다. 그러므로 우리는 무리를 낙원으로 인도하여 아름다운 삶을 이루도록 한다면 그들이 제도가 될 것이며 제도가 되면 세상에 화평이 저절로 이루어질 것이니, 이에 화평성세(和平聖世)를 이루는 것이 우리의 사명이라고 할 수 있다.

은혜 마음 가슴에서 나온다
惠心胸出

은혜 마음이 가슴에서 나옴은 억지로 나는 게 아니요
가슴이 열린 자비에서 저절로 솟아 채워진 것이네.
사람은 각각 원래 은혜의 덩어리가 갖춰져 있으니
항상 펼치고 잘 활용하여 세상에 화합을 이룰지니라.

惠心胸出强非生　　혜심흉출강비생
開臆慈悲自聳盛　　개억자비자용성
人各元存恩塊福　　인각원존은괴복
恒敷善用世和成　　항부선용세화성

○ 은혜로운 마음이 가슴에서 나온다는 것은 반드시 열린 가슴에서 자비와 사랑이 채워져 넘치는 것이라고 말할 수 있다. 사람마다 은혜의 덩어리가 심흉(心胸)에 가득 차 있다. 그러므로 이를 잘 펼치고 활용한다면 세상은 저절로 평화를 이루게 되어 전쟁과 반목이 사라져서 자은애세(慈恩愛世)가 이루어지게 된다. 그러므로 우리는 이 회상에 입문하여 소태산 대종사님의 법을 알고 배우고 깨쳤으니 이 세상에 건은낙원(建恩樂園)을 해야 한다.

진리의 모습은 순수하여
理相純粹

진리의 모습은 순수하여 섞이고 가림이 없고
둥근 형상은 참 빛이니 덮이고 어두움이 없다네.
심성은 오직 밝아서 어둡지 아니할 따름이니
검은 굴속에 가두지도 말고 병에다 담지도 말라.

理相純粹襍遮無 이상순수잡차무
圓像眞光覆闇无 원상진광복암무
心性唯明非暗爾 심성유명비암이
勿囚黑窟勿盛壺 물수흑굴물성호

○ 무릇 진리의 모습은 순명(純明)한 그 자체로, 섞이거나 가려진바가 없다. 둥근 형상도 참 빛으로 덮이거나 어두움이 없다. 따라서 우리의 마음이나 성품도 오직 밝아서 어둡지 않으므로 검은 굴속에 가두지도 말고 조그만 병 속에 넣어두려 해서도 안 된다. 다시 말하면 공부를 한다고 토굴 속에 들어가거나 겨우 몸만 들어가는 방이나 상자 속에 들어 앉아 뭔가를 찾으려 "이 뭣고"만 해서는 안된다는 말이다. 그러므로 우리는 처처일원·재재진리(處處一圓·在在眞理)임을 알아 공부를 해야 한다.

주세불을 만나 문정에 놀다
遇佛遊庭

세상에 사람으로 나와 대종사님의 법을 만나서
일원의 진리를 깨달아 알았으니 즐겁다네.
여기에서 몸과 마음의 업을 녹이지 않는다면
주세불을 만나 문정에 놀았던 보람이 감춰지리라.

於世出人師法遭	어세출인사법조
一圓眞理覺知遨	일원진리각지오
于斯不鑠身心業	우사불삭신심업
遇佛遊庭意義韜	우불유정의의도

○ 세상에 나와 별다른 일이 없이 그저 살고만 가는 사람이 있다. 반면에 우리는 주세 부처님 대종사의 법을 만나서 일원의 진리를 깨닫고 알아서 그 문정에 노닐었으니 얼마나 다행한가. 만일 여기에서 마음과 몸의 업장을 녹여내지 못한다면 부처님을 만난 보람이 어디 있겠는가. 그러나 우불조법(遇佛遭法) 하였다고 날마다 놀며 게으름을 피워도 업장이 녹고 각지(覺知)가 얻어지는 것은 아니다. 그러므로 우리는 남다른 공부를 통해서 세업청심(洗業淸心)을 해야 한다.

정법은 시방에 전하여
正法方傳

석가부처님이 영산에서 꽃을 들지 않았고
탑 앞에 좌석을 나눔에 오히려 전하기가 멀어졌으며,
열반을 사라쌍수(娑羅雙樹)에서 크게 드러내지 않았어도
정법은 시방에 전해져 우담발화(優曇鉢華) 피었으리라.

釋佛靈山不擧花　　석불영산불거화
塔前半座尙傳遐　　탑전반좌상전하
涅槃雙樹非丕顯　　열반쌍수비비현
正法方傳發鉢華　　정법방전발발화

○ 무릇 인류 세계에 정법이 묵어지지 않고 지금까지 이어 올 수 있었던 것은 선지자가 있었기 때문이다. 부처님도 삼처전심(三處傳心)* 을 통해서 전법을 하였다. 설령 이렇게 아니했어도 정법은 반드시 전해지게 마련이다. 우리 대종사님의 법도 어려움은 있겠지만 길이 전해지리니, 우리는 법의 수레바퀴를 굴리는 전법사도(轉法使徒)가 되어야 한다.

---

* 삼처전심: 부처님이 가섭에게 3번 마음(법)을 전했다는 이야기이다. 다자탑전분반좌(多子塔前分半座), 영산회상거염화(靈山會上擧拈花), 니련하반곽시쌍부(泥連河畔槨示雙趺)이다.

부처 이루고 중생 건져
成佛拯生

새가 푸른 숲에서 우는 것은 좋은 짝을 바람이요
고기가 깊은 물에 헤엄침은 놀려는 짝을 찾음이네.
정법의 인연을 깊이 맺어 등지고 떠나지 아니함은
부처 이루고 중생 건져 낙원 세상 뽑으려는 것일세.

鳥啼青林望好逑　　조제청림망호구
魚游深水覓遊儔　　어유심수멱유주
法緣深結背離未　　법연심결배리미
成佛拯生樂世抽　　성불증생낙세추

○ 새들이 숲에서 지저귀는 것은 좋은 짝을 바람이 있기 때문이다. 고기가 깊은 물에서 헤엄치는 이유는 함께 놀 친구를 찾는 것이라고 할 수 있다. 우리는 대도 정법과 깊은 인연을 맺어 전무출신을 하고 거진출진이 되었다. 그러므로 부처를 이루고 중생을 제도하여 낙원을 이루고 세상에 평화를 구축하는 데 앞장서야 한다. 그리하여 이 법으로 구중 낙원(救衆樂園)을 이뤄내지 못한다면 스승을 만나고 정법을 공부하는 보람을 잃게 된다. 그러므로 우리는 이법건락(以法建樂)을 해야 한다.

힘을 다해 법을 전해
盡力法傳

세월이란 흐르는 물과 같아 가면 돌아오지 아니하고
또한 사람도 고개를 넘으면 얼굴 보지 못한다네.
우리는 스승의 제자로 함께 인연을 이어가며
힘을 다해 법을 전해 스승의 원력을 빛낼지니라.

如歲水流逝不還 여세수류서불환
又人越嶺匪看顔 우인월령비간안
吾師弟子同緣續 오사제자동연속
盡力法傳師願斕 진력법전사원란

○ 우리가 전무출신으로 산다는 것은 내 일을 하자는 것이 아니라 대종사님의 사업을 하자는 데 방점이 있다. 즉, 공부는 대종사님 법을 공부하고 사업은 대종사님 사업을 실행하면 된다. 그리하여 진리를 깨친 적자(嫡子)가 되고 정법을 굴리는 제자가 되며 중생을 건지는 교화자가 되고 낙원을 세우는 일꾼이 되어야 한다. 그러므로 생각을 해보면 숙세의 불연이 있었고 법연이 있었기 때문에 세상에 태어나 이 회상에 찾아 들었으니 얼마나 다행인지 모른다. 이러한 의미에서 우리는 두 어깨에 이 법을 짊어지고 나아가는 전법적자(轉法嫡子)가 되어야 한다.

만물은 같은 몸이다
萬物同體

만물은 나로 더불어 같은 몸을 이루고
일원은 나와 아울러 진리 근원이 평등하네.
성품과 마음 활짝 열리면 잠긴 부처 솟아오르니
은혜 펴고 자비 베풀어 구류 중생을 맞을지니라.

萬物與余同體成	만물여여동체성
一圓倂我理源平	일원병아리원평
性心豁啓騰潛佛	성심활계등잠불
敷惠施慈九類迎	부혜시자구류영

○ 만물은 나와 한 몸, 한 뿌리이기 때문에 동체(同體)이다. 일원의 진리도 나와 아울러 근원에 차이가 없는 평등함이다. 이런 가운데 성품과 마음을 활짝 열면 그동안 잠겼던 부처가 솟아오르게 된다. 이에 은혜를 펼치고 자비를 베풀어 낙원을 마련하여 구류 중생을 맞아다가 살도록 자리를 마련하는 불자가 되어야 한다. 그러므로 우리는 만물과 한 몸이요 진리와 한 근원이라는 사실을 인지하여 이 세상에 전법하여 중생을 구제하는 동체원리(同體圓理)임을 알아야 한다.

어리석고 미혹한 무리
愚迷衆類

부유한 집안에는 윤택한 빛이 가득하고
계곡물 흐르는 시내엔 잉어와 자라 산다네.
법을 갖춘 몸과 마음은 자비와 은혜가 발현하므로
어리석고 미혹한 무리 저절로 이르러 맑아지리라.

富裕家屋潤光盈　　부유가옥윤광영
磵水流溪鯉鼈生　　간수류계이별생
具法身心慈惠發　　구법신심자혜발
愚迷衆類自臻淸　　우미중류자진청

○ 부유한 집안을 보면 구축해 놓은 물상들이 윤택하고 광채가 가득한 것 같다. 또 계곡에 물이 흐르면 자연스럽게 고기들이 모여들어 헤엄치며 사는 것을 볼 수 있다. 우리도 몸과 마음에 법을 간직하고 은혜와 자비를 베푼다면 미혹한 생령이 자연스럽게 모여들어 자신의 묵은 업장을 씻으려 한다. 그러므로 우리는 법탕(法湯)이 되고 은수(恩水)가 되어 세파에 찌들린 그들을 씻겨주고 음용하는 물이 되어야 한다. 이러한 뜻에서 열심히 공부하여 세심지수(洗心之水)가 되어야 한다.

원래 마음 변하지 아니하고
不變原心

금이 더러운 진흙 가운데 묻혔을지라도
본래 색깔 더러워지지 아니하고 더욱 밝다네.
부처가 중생 속에 섞였다 할지라도
원래 마음은 변하지 아니하고 한결같느니라.

金也埋於穢埴中　　금야매어예식중
非汚本色更加聰　　비오본색갱가총
佛陀混雜衆生裏　　불타혼잡중생리
不變原心如一同　　불변원심여일동

○ 무릇 점철성금(點鐵成金)은 원래 밝다. 잡철이 빠져버린 금의 색깔은 더욱 선명하게 빛이 나서 어디에 묻어놓아도 조금도 변하지 않는다. 이처럼 부처가 어리석은 중생 속에 섞여 있다 할지라도 원래 가진 청정하고 명량(明亮)한 그 마음은 변하거나 달라지지 아니한다. 그러므로 우리가 이 세상을 살아가면서 부처로 살 것인가 아니면 중생으로 살 것인가. 또한 어둡게 살 것인가 아니면 밝게 살 것인가를 생각하면서 능지금심(能持金心)을 놓지 않아야 한다.

자연의 조화
自然造化

창문을 밀치니 저 언덕에 자목련 피었는데
곁에 선 돌 등은 고독이 더해지누나.
호화로운 시절 봄이 멀리에서 이르니
자연의 조화는 싹들이 나오기를 재촉하누나.

推窓彼岸紫蓮開　　추창피안자연개
側立石燈孤獨培　　측립석등고독배
時節豪華春遠到　　시절호화춘원도
自然造化出芽催　　자연호화출아최

○ 아침에 일어나 창문을 밀치니 정원 언덕에 자목련이 전개(全開)하기도 하고 반개(半開)한 것도 있는 모습이 자못 화려하다. 그런데 곁에 있는 석등이 어쩐지 외롭게 보인다. 시절은 호화로워 봄이 가득히 이르니 자연의 조화로 싹들이 나오기를 재촉한다. 우리도 이 회상에 살면서 진리를 따르고 법을 따르며 스승을 따라 신앙하고 수행하여 이 교단을 반석 위에 올려 놓아야 한다. 그리하여 세상을 책임지고 제도하고 평화를 이루어야 한다. 그러므로 우리는 이법제세(以法濟世)를 해야 한다.

기쁜 마음 얼굴 가득
喜心滿面

어두운 길 고통의 어려움에서 배회하다가
기쁜 마음 얼굴 가득히 이 교단에 들었네.
사은에 보답하면 복락이 태산보다 높고
삼학을 수행하면 지혜가 열리고 솟으리라.

闇路徘徊痛苦難　　암로배회통고난
喜心滿面入斯團　　희심만면입사단
四恩報答高禧嶽　　사은보답고희악
三學修行聳慧攤　　삼학수행용혜탄

○ 교단에 들어오기 이전에 각자의 삶에서 즐거움도 있었지만 괴롭고 어려움에 있다가 시절 인연이 도래하여 이 회상의 문을 열고 들어오니 기쁜 마음이 저절로 일어난다. 태산 같은 복락을 누리려거든 사은에 보은하고 커다란 지혜를 가지려거든 삼학을 수행해야 한다. 그리하여 우리는 기쁘고 즐거운 마음으로 이 회상에 들어와서 공부하고 사업을 하였으니 정말로 다행 중 다행이라고 하여도 과언이 아니다. 그러므로 우리는 회상지주(會上之主)가 되어야 한다.

몸 닦길 게으르지 아니하여
修身不懈

시내 물이 잔잔하게 흐르면 고기가 집을 짓고
꽃이 피어 향기를 놓으면 많은 벌이 나르네.
몸 닦길 게으르지 아니하여 마음의 힘을 쌓으면
우주와 하늘과 땅에 커다란 빛이 비쳐지리라.

溪水潺流魚作廊	계수잔류어작랑
花開放馝衆蜂揚	화개방필중봉양
修身不懈儲心力	수신불해저심력
宇宙乾坤照大光	우주건곤조대광

○ 저 시내 물이 거세지 않고 잔잔하게 흐르면서 풀숲을 만들어 은신처를 제공하면 뭇 고기가 집을 짓고 살아간다. 또한 깊은 골짝이라 할지라도 꽃이 피어 향기를 풍기면 벌과 나비가 저절로 날아오게 된다. 이와 같이 수도인이 수행을 잘하여 마음의 힘을 쌓아 심광(心光)이 나타나면 우주는 물론 하늘과 땅에 큰 빛을 비추게 된다. 그러므로 우리는 깊은 수행을 해야 한다. 수행이 깊으면 깊을 수록 백호대광(白毫大光)이 발현하여 중생의 미혹지업(迷惑之業)을 거두고 녹이게 된다는 사실을 알아야 한다.

번뇌를 변화하고 옮겨서
煩惱變遷

골짝에서 나온 맑은 물은 큰 바다로 바뀌고
땅에서 나온 어린싹은 큰 열매를 맞이하네.
번뇌를 변화하고 옮겨서 보리를 성취하고
미혹을 굴려 깨달음 열어 부처 조사 이룰지니라.

壑生清水易鴻瀛	학생청수역홍영
地出嫩芽丕實迎	지출눈아비실영
煩惱變遷菩提就	번뇌변천보리취
轉迷開悟佛師成	전미개오불사성

○ 저 산골 샘에서 솟은 물이 바다에 이르면 짭짤한 물로 바뀐다. 또한 어린싹이 비바람을 맞아가면서 자라지 않으면 튼실한 열매를 맺기가 어렵다. 이와 같이 "번뇌가 곧 보리요 보리가 바로 번뇌(煩惱卽菩提 菩提卽煩惱)"이니 번뇌를 성가시게 여기지 말고 잘 다스려 공부하면 바로 보리를 이룰 수가 있다. 즉 미혹하지만 깨달음을 이룰 수가 있고, 깨달았어도 미혹으로 추락할 수도 있다. 그러므로 우리는 수행에 진력하여 불실보리(不失菩提) 하여야 한다.

여러 마군 떼를 지어
群魔作們

나에게는 쟁쟁한 하얀 칼날의 칼을 찼으니
누구든지 함부로 말썽부리며 떠들지 말라.
여러 마군 떼를 지어 몸과 마음을 괴롭혀도
높이 들어 크게 휘두르면 털 끊겨 흩어지리.

我佩錚錚白刃刀 아패쟁쟁백인도
莫誰別亂惹生騷 막수별란야생소
群魔作們身心苦 군마작문신심고
高擧鴻揮散斷毛 고거홍휘산단모

○ 우리는 항상 날이 선 시퍼런 칼을 차거나 옆에 두고 있어야 한다. 그러다가 어떤 마군이 달려들면 바로 처단(處斷)을 해야 하기 때문이다. 즉 마군에게 내가 지게 되면 항마(降魔) 하기가 쉽지 않음으로 백인도(白刃刀)를 준비하였다가 달려들면 곧 착단(斮斷)을 해야 한다. 우리의 수행이 마군을 끊지 않고선 공부에 진전할 수가 없기 때문에 마군을 이기는 것이 첫 번째라고 할 수 있다. 그러므로 우리는 일원의 진리를 깨닫고 정법을 굴려서 생령을 제도하고 낙원을 건설하는 오리전법(悟理轉法)의 사도가 되어야 한다.

법을 이어 널리 전하는
法繼普傳

우리는 다행스럽게 주세 부처를 만나서
이에 둥그런 진리 깨치고 마음 알았으니,
알음알이로 이해하는 무리 이루려 말고
법을 이어 널리 전하는 지혜 부처 되리라.

我們幸遭主佛陀	아문행조주불타
迺醒圓理識心窩	내성원리식심와
勿成知解宗徒類	물성지해종도류
法繼普傳爲慧迦	법계보전위혜가

○ 가만히 생각해 보면 다행한 가운데 최대 다행함은 비록 성안(聖顔)은 뵙지 못했을지라도 주세 부처님 대종사를 만남이고 또한 진리 가운데 최상의 진리가 되는 일원의 종지를 알음이며 또한 복 가운데 최고의 복이 되는 사은을 받음이고 또한 지혜 가운데 최고의 지혜가 되는 삼학을 배움이라고 할 수 있다. 그러므로 영겁토록 이러한 공부를 하여 생령을 제도하고 낙원을 세워서 함께 살아갈지언정 지해를 학습하는 지해종도(知解宗徒)*는 되지 않아야 한다.

---

* 지해종도: 깨달음을 체득이 아닌 알음알이로 이해하는 무리.

지혜는 물줄기가 샘에서
智慧源泉

저울에 달은 뒤라야 무거움과 가벼움을 알고
잣대로 재어 봤을 때 긴 것과 짧음이 정해지네.
알음알이는 비록 많아도 쓰는데 다함이 있지만
지혜는 물줄기가 샘에서 솟는 물의 바탕이어라.

權衡然後重輕知　　권형연후중경지
尺咫看時長短期　　척지간시장단기
知解雖多存用盡　　지해수다존용진
智慧源泉湧水資　　지혜원천용수자

○ 무릇 물건을 저울에 달아보면 무겁고 가벼움을 안다. 또 잣대로 재어 보아야 길고 짧음을 알게 된다. 즉 지해(知解)와 지혜(智慧)는 겉으로 볼 때 별로 다른 바가 없는 것 같지만 더 들어간다면 지혜가 근원이 된다고 할 수 있다. 즉 지해는 고인 물과 같고 지혜는 솟아나는 샘물과 같은 것으로 아무리 퍼다 써도 마르지 않게 된다. 그러므로 공부하는 사람은 상식과 같은 지해보다는 수행을 통하여 솟아나는 지혜를 갖추는데 진력해야 한다. 그리하여 우리는 발혜지인(發慧之人)이 되어야 한다.

이 마음이 곧 부처이니
是心卽佛

참된 이치인 일원은 텅 빈 도를 짝하였고
이 마음이 곧 부처이니 멀리 구하지 말라.
삼천 대천 세계가 작은 티끌에 세워졌고
우주와 시방이 손톱 위에서 노니는구나.

眞理一圓空道儔　　진리일원공도주
是心卽佛莫遙求　　시심즉불막요구
三千大界微塵建　　삼천대계미진건
宇宙十方爪上遊　　우주시방조상유

○ 일원 진리의 바탕은 텅 빈 공(空)이다. 진리가 텅 비어있지 않고 미진에 걸립 된 삼천대천세계나 손톱 위의 우주나 시방으로 채워져있다면 뿌리나 바탕이 될 수 없음으로 텅 비워질 수밖에 다른 도리가 없다. 따라서 부처도 아무 곳이나 가서 찾고 얻어지는 것이 아니라 가장 가까운 내 마음속, 바로 이 마음이 부처임을 깨치는 것이 상책이다. 그러므로 우리 불제자들은 일원아주(一圓我儔)하기에 전력을 해야 한다.

마음을 알고 진리를 깨달으면
知心覺理

마음을 알고 진리를 깨달으면 일생이 넉넉하고
도를 알고 법을 깨달으면 날마다 삶이 기쁘다네.
세상에 거하여 자신을 먼저 닦기에 힘을 쓸지니
허물 쌓이면 제거하여 맑은 사람으로 펴갈지니라.

知心覺理一生寬　　지심각리일생관
道識法醒日活歡　　도식법성일활환
居世自身先拭懋　　거세자신선식무
積過除去滯人攤　　적과제거정인탄

◯ 옛글에 "부는 집을 윤택하게 하고, 덕은 몸을 윤택하게 한다(富潤屋德潤身)"고 하였다. 즉 가대(家垈)가 허름하다 할지라도 부유한 태가 흐르는 집이 있고, 사람 생김새는 잘난 것 같지 않은데 덕이 흐르는 사람이 있다. 이는 우연히 되는 것이 아니라 이재(理財)에 정당한 힘을 쏟으면 부윤(富潤)이 되고, 사람도 수도를 많이 하여 심력을 쌓으면 덕윤(德潤)이 되는 것임을 알아야 한다. 그러므로 우리는 옥신유윤(屋身流潤)이 되도록 하여야 한다.

밖을 향해 달리지 말고
向外勿馳

물속에서 물을 찾으면 이게 능한 것이 아니고
산 가운데 산을 찾으면 이를 긍정하지 못하리.
부처와 조사 마음에서 나오니 법을 따르지 말고
밖을 향해 달리지 말고 자신 내면에 응할지라.

水裏水尋爰不能	수리수심원불능
山中山覓是非矜	산중산멱시비긍
佛師心出莫從法	불사심출막종법
向外勿馳自內應	향외물치자내응

○ 우리가 물속에서 물을 찾는다면 아무리 찾아도 찾을 수가 없다. 또한 산 가운데서 산을 찾을 경우도 산을 찾을 수가 없다. 즉 물속에 있을 때가 물이요 산에 있을 때가 산이다. 그러므로 부처나 조사를 부처와 조사에게 찾으면 찾을 수가 없고 오로지 안으로 향하여 자신의 마음에서 찾아야 참 부처 조사를 찾게 된다. 이런 의미에서 우리는 바깥으로 달려가려 말고 안에서 개심기불(開心起佛)을 해야 한다.

엄수하여 게으르지 않으면
嚴修不怠

놋그릇을 닦으면 윤택과 빛이 더해지고
거친 들길도 다니면 번들거려 이어지네.
번뇌가 치성하여 심성을 얽었을지라도
엄하게 닦아 게으르지 않으면 혜등이 넓으리라.

黃銅器拭潤光增	황동기식윤광증
荒野程行油滑承	황야정행유활승
煩惱熾盛心性縛	번뇌치성심성박
嚴修不怠慧燈弘	엄수불태혜등홍

○ 가령 얼룩이 묻혀있는 놋그릇이라도 닦고 또 문지르면 윤택이 더하고 빛이 나서 노란빛을 띤 아름다운 그릇이 된다. 또한 저 거친 들판의 길이라 할지라도 이 사람 저 사람이 다니면 기름칠한 것처럼 반들거리는 길이 된다. 이와 같이 우리의 마음이 뭇 번뇌에 얽히고설켜서 희미해졌다 할지라도 엄하게 닦아서 게으르지 아니하면 지혜의 등불이 크고 넓게 비추어서 하늘과 땅과 사람과 만물을 통합하여 잘 조화(調和)롭게 활용이 되어진다. 그러므로 우리는 혜등조세(慧燈照世)를 하여 사람의 마음이나 세상에 어두움이 스며들지 않도록 해야 한다.

닦음이 없어도 부처 조사는
無修佛祖

마당 가장자리 여러 풀 모두 베지 아니하여도
서리 내리는 가을 이르면 저절로 다 거둬지네.
우리의 마음 가운데는 원래부터 맑고 밝아서
닦음이 없어도 부처 조사는 우주에 빛나니라.

場邊雜草未都芟	장변잡초미도삼
霜降臻秋自悉緘	상강진추자실함
我們心中原瀞亮	아문심중원정량
無修佛祖宇寰彬	무수불조우환빈

○ 저 마당 가장자리에서 자라는 풀은 누가 뽑고 베지 않는다 할 지라도 서리가 내리는 늦가을이나 이른 겨울이 되면 저절로 모두 마르거나 시들어 거둬진다. 따라서 우리의 마음은 원래부터 맑고 밝은 발광체(發光體)이기 때문에 고뇌의 수행을 아니 하여도 자연스럽게 우주에 빛이 어리고 서려서 뭇 생령이 흠모하는 대상이 된다. 그러므로 우리는 내 마음의 부처를 잘 살펴서 그대로 놓고 보는 함광불심(含光佛心)을 이루어야 한다.

잃어버린 송아지 찾으려고
失犢要尋

영산이 저기 아득한 산록에 있는 것이 아니고
앉은 곳이나 설 때나 놀거나 먹는 사이이네.
잃어버린 송아지 찾으려고 해가 넘도록 달리다
기운 잃고 집에 돌아오니 빗장 열지 않았어라.

靈山不在彼幽山　　영산부재피유산
坐處立時遊食間　　좌처입시유식간
失犢要尋逾日趣　　실독요심유일취
喪氤復屋不開關　　상인복옥불개관

○ 무릇 영산회상이 멀리 있지 않다. 사실 앉고 눕고 서고 놀 때가 바로 영산임을 알아야 한다. 따라서 옛글에 "갓 태어난 송아지는 호랑이를 두려워하지 않는다(初生之犢不怕虎)"고 하였다. 즉 유처(留處) 없이 날뛰는 송아지처럼 수양이 없는 우리 마음은 일원육창(一猿六窓)의 원숭이 같다. 그리하여 잃어버린 송아지를 찾으려 헤매다가 늦게 집에 돌아와선 외양간을 가 보니 당초에 빗장문을 열지 않았다. 즉 원래 송아지는 외양간을 나가지 않았다. 이와 같이 우리의 심독(心犢)은 밖으로 뛰어 달리지 아니하고 제자리에 있었으니 곧 구재원독(廐在原犢)이었다는 사실을 알게 되었다.

하늘땅 지극히 두터워
乾坤至厚

성품은 하나지만 마음이 나옴은 많은 실마리 있고
진리의 바탕은 일원에 발하여 오묘함을 완전히 갖췄네.
우주는 시공(時空)이 끝없어 실체를 헤아리기 어렵고
하늘땅 지극히 두터워 만물 기르는 밑받침이어라.

性源心出有多端　　성원심출유다단
理體發圓俱妙完　　이체발원구묘완
宇宙無窮難實測　　우주무궁난실측
乾坤至厚物長盤　　건곤지후물장반

○ "일성다심(一性多心) 일리다사(一理多事)"이다. 즉 '성품은 하나지만 마음은 많고, 이치는 하나지만 일은 많다.'는 뜻이다. 성리(性理)란 원래 하나이다. 실은 하나라고 할 수도 없다. 따라서 우주의 전륜(轉輪)은 헤아릴 수가 없고 건곤의 후덕으로 만물이 생성을 하게 된다. 즉 우주나 건곤이나 만물의 이면에는 성리가 있어서 작용을 하기 때문에 산 우주, 산 건곤, 산 만물이라고 할 수 있다. 그러므로 우리는 일원의 진리에 근원하여 성리를 알고 깨달아 대각지인(大覺之人)이 되어야 한다.

미혹 중생 마음 근원
迷衆心源

부처와 조사의 법신은 넓은 허공과 같아
물에 응하여 나타남이 강 가운데 달과 같네.
막히거나 걸림이 없어서 자유를 다하나니
미혹 중생의 마음 근원도 이로 더불어 같아라.

佛祖法身如廣空　　불조법신여광공
物應似現月江中　　물응사현월강중
無障無礙自由盡　　무장무애자유진
迷衆心源與此同　　미중심원여차동

○ 우리의 마음이 미혹하다 할지라도 근원에 있어서는 진리와 부처와 성인과 조금도 다름이 없다. 그리하여 이 마음이 공리(空理)에 들면 법신이 되고 물에 응하면 은혜가 되어 어루만져 키운다. 그러니 이런 마음이 작다거나 걸린다거나 번뇌라거나 미혹하다는 단정을 짓지 말자. 또한 이 마음을 펼치면 우주에 가득 차지만 오므리면 미진보다 더 작은 것이니 그러므로 우리는 전협(展狹)을 자유로 할 수 있는 통리군자(通理君子)가 되어야 한다.

한 마음 갈무리지 않으면
不韞一心

상하와 사방 팔방의 세계에 모든 여래라도
한 마음 갈무리지 않으면 부처를 열기 어렵네.
비록 중생으로 나와 어리석음과 어둠이 덮여도
수행하기에 힘을 다하면 본원에 돌아가리라.

十方世界諸如來　　십방세계제여래
不韞一心難佛開　　불온일심난불개
雖出衆生愚昧覆　　수출중생우매복
修行盡力本源回　　수행진력본원회

○ 무릇 시방세계의 모든 여래라고 할지라도 원래 간직하였던 마음을 열지 않았다면 부처라고 말할 수가 없다. 즉 여래인 부처가 된다는 것은 마음으로 되는 것이지 물질이나 권력으로 되는 것이 아니기 때문이다. 그러므로 비록 중생이라 할지라도 마음을 알아 수행을 하면 부처인 여래가 된다는 사실을 알아 한다. 반면에 알지도 못하고 수행도 게으르다면 천만년을 살아도 부처와 멀어진 미혹중생(迷惑衆生)을 면할 수 없다는 사실을 똑똑하게 알아야 한다.

지혜를 부처 마음에 발하여
發智佛心

정수리 가운데 털 구멍에서 광명을 놓으면
널리 세간의 뭇 번뇌 소멸하여 맑아진다네.
지혜를 부처 마음에 발하여 시방을 비춤에
저절로 모든 고가 녹여져 낙원이 이뤄지리라.

頂中毛孔放光明	정중모공방광명
普滅世間群惱清	보멸세간군뇌청
發智佛心十方照	발지불심시방조
自銷皆苦樂園成	자소개고낙원성

○ 이 세간은 어두운 세계이다. 그러다가 동방에서 한 빛이 비치면 밝아지지 않음이 없다. 이와 같이 중생의 미몽 세계는 무명 업장으로 가리고 덮여서 호광(毫光)도 비추지 않는 어두운 세계이다. 그러다가 부처 마음의 지혜가 시방에 솟아 비추면 밝아지지 아니함이 없다. 동시에 모든 고통이 저절로 녹고 사라져서 무량 낙원의 세계가 열리게 된다. 그러므로 우리는 조지멸뇌(照智滅惱)하는 사람이 되어야 한다.

마음 바탕을 맑게 닦아
心體淸修

사람 판단이 진리 판단으로 아는 것만 같지 못하니
높은 관직의 권력을 잡아 가짐에 가까이 말라.
재물 탐하는 더러운 욕심 후신에 어긋나리니
마음 바탕을 맑게 닦아 부처 조사가 될지어다.

人判非如理判知	인판비여리판지
高官莫近執權持	고관막근집권지
貪財穢慾後身忒	탐재예욕후신특
心體淸修佛祖爲	심체청수불조위

○ 무릇 사람이 무엇인가 실행하여 성공을 하였다 할 지라도 그 이면에는 진리의 조리(條理)가 없었다면 절대 불가능한 일이다. 즉 일호(一毫)도 틀림이 없는 진리의 배경(背景)이 이미 짜여있기 때문에 그에 맞추어 실행하였을 때 아름다운 결과를 얻을 수 있다. 그러므로 우리는 무엇을 내가 성공했다고 말하기 이전에 그 이면에 있는 천조(天助) 곧 진리의 지교(指敎)를 배제하는 물물을 가리지 않고 제멋대로 날뛰는 송아지처럼 인격과 지혜의 장애를 가진 저능지인(低能之人)이 되어서는 안 된다.

깨침도 몸소 깨치고
悟也躬醒

보통 부처님의 정법은 평상에 있고
따라서 일원 진리도 성품에 갊아 있네.
깨침도 몸소 깨치고 미혹도 자기이니
먼 곳에 찾지 말고 마음 고향 돌아가라.

普通佛法在平常	보통불법재평상
因此一圓存性藏	인차일원존성장
悟也躬醒迷也己	오야궁성미야기
遠方勿覓復心鄉	원방물멱복심향

○ 무릇 불법이 평상이나 일상에 있다는 말은 여러 불조의 토설한 바가 많이 있다. 즉 절간을 찾고 산골에 들어가며 스승을 찾지 않아도 얼마든지 부처가 되고 조사가 될 수 있다는 의미이다. 왜냐하면 성불(成佛)과 성조(成祖)을 이루는 요소인 마음이 나에게 있기 때문에 굳이 멀리까지 가서 두리번거리지 않아도 된다. 그러므로 우리는 눈을 깜박거리거나 한 걸음 옮기지 않고 즉성불조(卽成佛祖)하는 사람이 되어야 한다.

본래 마음 알고 깨쳐서
本心知覺

일원의 진리는 공에 뿌리를 두었고
대종사 법은 종이와 먹 가운데 있지 않네.
여섯 자가 겨우 되는 몸의 속에 갈무려진
본래 마음 알고 깨쳐 마칠 바도 없어라.

一圓眞理有根空　　일원진리유근공
傳法不存紙墨中　　부법부존지묵중
六尺纔爲身裏韞　　육척재위신리온
本心知覺匪攸終　　본심지각비유종

○ 우리의 일원 진리 체원(體源)이 공(空)이라고 하지만 사실 공이랄 수도 없다. 또한 팔만 장경이나 우리 교서가 지묵으로 되어 있지만 이 종이에 부처님의 법이나 소태산 대종사의 법이 있는 것도 아니다. 즉 여섯 자도 안 되는 우리 몸 가운데 자리하고 있는 심왕(心王)이 주체가 된다. 이 마음을 알고 깨치되 알고 깨쳤다는 경계도 돈공(頓空)한 경지에 이르러야 한다. 그러므로 우리는 귀의심왕(歸依心王)하는 사람이 되어야 한다.

마음 향기가 짙게 드러나
濃顯心香

저기에 꽃이 피어있으면 향기가 저절로 발하고
여기에 똥이 쌓여 있으면 냄새 더럽게 드러나네.
부지런히 닦아 게으르지 않고 맑고 밝게 이루면
마음 향기가 짙게 드러나 미혹한 세상 깨우치리라.

在彼花開自發馨 재피화개자발형
存斯糞積臭汚形 존사분적취오형
勤修不怠淸明就 근수불태청명취
濃顯心香惑世醒 농현심향혹세성

○ 가령 여기에 향과 똥이 놓여 있다면 향냄새에 의해서 똥 냄새는 자연히 정화되어 향기롭게 된다. 그러므로 심향(心香)이 멀리 있는 것이 아니라 바로 나에게 있고 발밑에 있으며 눈 돌리는 데 있는 것이니 이 심향을 알고 얻으면 이 천하에 아무리 더러운 냄새가 나온다고 할지라도 다 정화할 수 있게 된다. 그러므로 우리는 심향과 이향(理香)과 법향(法香)으로 중생과 사바세계를 척정(滌瀞)하는 정세지인(淨世之人)이 되어야 한다.

06

生死逝來

생사서래

낳음과 죽음, 감과 옴

늙음에 당하여 더욱 맑고
老當益瀞

늙음에 당하여 더욱 맑고 또한 더 아름다우려면
욕심과 탐심을 절제하여 삿됨에 빠지지 말 것이며,
삶의 길에 조그만 애착을 가짐이 없어야 할 것이요
죽음의 길에 조금의 두려운 싹도 나오지 않게 하라.

老當益瀞又加嘉　　노당익정우가가
節慾除貪勿溺邪　　절욕제탐물익사
生路無持些愛着　　생로무지사애착
死程不出少惶芽　　사정불출소황아

◎ '노당익장(老當益壯)'이라는 말이 있다. '나이를 먹을수록 기력이 더욱 건장해진다.'라는 의미이다. 이를 바꾸어 말하자면 늙을수록 정중하고 여유로우며 청결하고 아름다워야 한다는 뜻이 된다. 즉 아름답다는 것은 탐욕이 없고 삿됨으로 흐르지 아니하며 애착을 갖지 않아야 한다는 말이다. 나아가 죽음의 길에 당한다고 할지라도 두려움의 싹이 터져 나오지 않아야 한다는 의미이기도 하다. 따라서 우리는 수행을 깊이 하여 심력을 길러서 세상을 떠날 때라도 사무공포(死無恐怖)가 되어야 한다.

본래 삶과 죽음이 없다
本無生死

세월이 비록 갈지라도 나는 따르지 않을 것이요
80세가 물 흐름이라지만 또한 기약한 것 아니네.
본래 삶과 죽음이 없었고 오고 감도 없었으니
홀로 하늘과 땅을 노니는 자리로 삼으리라.

歲月雖丢我不隨　　세월수주아불수
杖朝流水亦非期　　장조유수역비기
本無生死無來去　　본무생사무래거
獨做乾坤遊處爲　　독주건곤유처위

○ 세월이 유수와 같다 하지만 흐르는 세월이야 그냥 흘러가게 두면 그만이다. 금년에 필자의 나이 80세이다. 애초에 80년의 세월을 기약한 것도 아니었지만 80세를 살아 왔다. 본래는 삶과 죽음이 없고 또 가고 옴도 없다. 진리 근원에 잠겨 홀로 독야청청(獨也靑靑)할 수 있는 자세가 필요하다. 그리하여 인간으로서 많은 일을 대하며 살고 있지만 결국 나는 나은 일은 일이라고 생각하면서 살아야 한다. 다시 말하면 사람과 일(경계)을 섞을 필요가 없다. 그러므로 우리는 건곤독유(乾坤獨遊)를 할 줄 알아야 한다.

죽음에 다다라 외롭게 가리니
孤逝臨終

홀로 죽고 홀로 나며 홀로 앉아 머물고
함께 오고 함께 가며 함께 말하면서 떠드네.
사람이 이 세상에 몸을 의지하여 살지라도
죽음에 다다라 외롭게 가리니 어찌 근심되지 않으랴.

獨死獨生獨坐留　　독사독생독좌유
與來與去與言咻　　여래여거여언휴
人間此世身依活　　인간차세신의활
孤逝臨終豈不憂　　고서임종기불우

◎ 세상의 삶 속에서는 사랑하는 가족과 친구들과 함께할 수 있으나 죽음은 결국 혼자만의 길이다. 이것이 변함없는 이치이요 상도(常道)이다. 현실에서 사람은 세상에다가 몸을 의지하고 살기 때문에 혼자일 수만은 없다. 그렇지만 죽음의 길만은 홀로 갈 수밖에 없으니 홀로 가기 싫으면 해탈(解脫)을 해야 한다. 다시 말하면 현실을 살면서 육신을 가지지 않을 수 없기 때문에 사방을 맞지 않을 수 없다. 그러므로 이를 벗어나려면 자득열반(自得涅槃)을 이루어야 한다.

79세의 그른 행동
七九非行

내 팔십 세에 이르러 삶의 정황을 돌아보니
비로소 칠십구 년의 삶에 그름이 있었음을 알겠네.
일상을 스승님 법으로 길들임에 이르러야
경애*를 걷는 걸음걸이 길에 후회함이 없으리라.

我到傘齡顧活情	아도산령고활정
始知七九有非生	시지칠구유비생
日常傅法爲馴致	일상부법위순치
無悔境涯步履程	무회경애보리정

○ 금년에 80살이 되었다. 80살에 이르러 79년간 살아온 과정을 뒤돌아보면 잘한 것도 있었지만 잘못했던 삶이 있었다고 회상하지 않을 수 없다. 따라서 이번 생의 남은 시간, 그리고 앞으로의 세세생생은 후회가 없는 생애가 되도록 대종사님 법으로 오롯이 길들여 가야 한다. 그리하여 스승님의 정법을 두 어깨에 매고 사방을 향하여 교화를 해야 한다. 그러므로 우리는 소태산 대종사님의 직통제자(直統弟子)가 되겠다는 서원을 간직하고 살아가야 한다.

* 경애: 자기 자신이 처하여 있는 환경과 생애를 말한다.

긴긴 생애의 미래
永生未來

긴긴 생애 진겁의 미래가 이르도록
이 법을 여읨이 없이 일원 진리의 신비로움 깨치리.
인과의 보응과 생멸이 없는 도라야
뭇 종교 속에서 울림의 소리 새로워지리라.

永生塵劫未來臻	영생진겁미래진
斯法不離醒理神	사법불리성리신
因果報應無滅道	인과보응무멸도
群宗教裏響音新	군종교리향음신

○ 긴긴 생애를 이 공부, 이 사업하면서 살아야 한다. 물론 세상일이나 우리의 일이 둘일 수는 없지만 이 일을 하는 것이 일원 진리의 인과보응과 불생불멸을 더 쉽게 깨칠 수 있는 길이 되기 때문이다. 이런 진리가 진리 가운데 제일이요, 종교 가운데 제일이 됨을 알아서 사법(師法)을 전파하는 전법(傳法)의 주인공이 되어야 한다. 우리가 이 세상에 나와서 다름이 있다 한다면 일찍부터 원불교에 들어와서 일원의 진리를 알았고 사은을 알았으며 삼학을 알았다. 이렇게 정법(正法)이 조성되었으니 이 법을 체받아 중생제도(衆生濟度) 원력을 두 어깨에 매고 달려가야 한다.

몸소 전무출신하였다
躬爲專務

무릇 나의 일생에 있어서
가장 좋은 일을 행한 두 가지 길이 있네.
몸소 전무출신함이요 여아도 따라 참여함이니
영겁을 함께 옮길지언정 다른 데는 기울지 않으리라.

凡有我之於一生　　범유아지어일생
最行善事二條程　　최행선사이조정
躬爲專務與隨女　　궁위전무여수녀
永劫偕遷不他傾　　영겁해천불타경

○ 나에게 두 가지 보람된 일이 있으니, 하나는 몸소 전무출신을 함이요, 둘은 여아가 전무출신[준타원 오덕만(畯陀圓 吳德萬) 교무]을 함이다. 처음 맺은 인연은 혈연이지만 법연까지 겸했으니 이 얼마나 지중한 인연인가. 이 인연으로 영겁을 통하여 다른 데로 기울어지지 않고 일이관지(一以貫之)해야 한다. 그리하여 이 회상에서 영겁토록 공부하고 사업하며 중생 제도하고 결국 낙원을 건설하여 여중공락(與衆共樂)을 하자 함이다.

자비와 은혜가 천하에
慈恩天下

자비와 은혜가 천하에 새롭게 실행되면
생령과 만물이 자연히 무성함에 이른다네.
반면에 덕행의 교화가 이뤄지지 아니하면
세인이 희망 없는 데로 나감을 면키 어려우리라.

慈恩天下做新行	자은천하주신행
生物自然臻茂盛	생물자연진무성
因此不成爲德化	인차불성위덕화
世人難免匪希征	세인난면비희정

○ 사은의 은혜가 천하에 새롭게 펼쳐진다면 생령은 물론 만물과 자연이 무성함으로 이르게 된다. 반면에 도덕의 교화가 이뤄지지 아니하면 세상에 약육강식(弱肉强食)이 자행되어 힘이 없는 사람은 희망을 잃고 어깨를 떨구고 살게 될 것이니 어찌 근심하지 아니하리오. 그러므로 우리는 이 회상에 살면서 자신이 은혜의 화신(化身)이 되어 가는 곳마다 은혜를 베풀고 나누어주는 시은화인(施恩化人)이 되어야 한다.

홀연히 눈빛이 떨어지면
忽落眼光

무릇 이 세상에 사람이 되어 나왔을지라도
부처 인연이 박약하면 도를 이루지 못한다네.
홀연히 눈의 빛이 떨어져 앞길이 어두우면
삼악도를 면하지 못하고 마음의 밝음도 잃으리라.

大凡斯世做人生　　대범사세주인생
薄弱佛緣非道成　　박약불연비도성
忽落眼光前路昧　　홀락안광전로매
三途難免失心明　　삼도난면실심명

○ 사람이 불연(佛緣)이 박약하고 법연이 소원하면 도를 이루고 부처가 된다는 것이 쉽지는 않다. 그러다가 죽음에 이르면 죽어가는 길이 어두울 것이요, 어둡게 되면 아귀 축생 지옥의 삼악도*를 면하지 못할 뿐만 아니라 마음을 밝힐 기회도 잃게 되어 미망(迷妄)의 늪으로 빠지게 된다. 그러하면 제도를 받는 것이 쉽지 않으면 일원의 진리를 깨칠 수 없고, 또한 사은과 삼학도 알 수가 없을 것이니 어떻게 출두장부(出頭丈夫)가 될 수 있으리오.

---

* 삼악도: 악인이 죽어서 가는 세 가지의 괴로운 세계. 지옥도(地獄道), 축생도(畜生道), 아귀도(餓鬼道)이다.

세월의 빛이 신속하다
歲光迅速

산 경치 숲에 단풍은 아직 붉어 날리진 않는데
오동은 유별나게 옷을 노랗게 입었어라.
세월의 빛이 신속하여 틈새를 지나감과 같으니
가족 생각하니 공연히 나오는 눈물에 상심이 되누나.

山景林楓未紫揚 산경림풍미자양
梧桐有別着衣黃 오동유별착의황
歲光迅速如過隙 세광신속여과극
念族空然出淚傷 염족공연출루상

○ 원기68년은 1983년으로 필자 나이 42세가 되는 해이다. 여기저기 소요하다가 숲과 나무를 보니 붉어진 모습이 역력하다. 오동나무에도 가을이 들어와 노랗게 물이 들었다. 이처럼 세월은 누구를 기다리지 아니하고 앞으로 갈 뿐이다. 바위에 앉아 문득 멀리 있는 가족들을 생각하니 마음이 울적하다. 아! 수도인으로 일생을 살기로 일원 진리와 소태산 대종사와 사은에 맹세를 하였지만 멀리 떨어져 사는 가족들을 생각하는 마음은 때때로 일어나지 않을 수 없다. 그러나 결국 우리는 회리장부(懷理丈夫)의 교화자로 이 회상에서 스승님 모시고 살아가야 한다.

장차 펼쳐지는 세상
將來敷世

무릇 역사는 승리한 사람의 기록이라지만
진실하고 올바른 글이라야 최후까지 빛나네.
만일 거짓 글로 속이는 기록이 있었다면
장래 펼쳐지는 세상에 선한 행위 묻혀지리라.

凡爰歷史記勝人	범원역사기승인
眞實正書最後彬	진실정서최후빈
萬一假文存騙錄	만일가문존편록
將來敷世善行湮	장래부세선행인

○ 무릇 국가의 역사는 승자의 기록이다. 전쟁을 하여 승리했다면 이긴 국가에 이롭게 역사를 미화하고 새로 각색하여 기록한다. 그렇다 보니 그때 상황과 괴리를 이룰 수도 있다. 그러나 진실한 기록이 참 된 기록이기 때문에 나라의 승패를 떠나서 바르게 기록을 해 놓아야 한다. 특히 선행은 거짓 없이 기전(記傳)하여 전감(前鑑)이 되도록 해야 하고 만일 악행이 있다면 역시 기록하여 조전정경(照前程鏡)을 삼아야 한다.

뭇 물이 살아가는 길에
群物活程

진리 안에서는 원상이 제일이라 말하고
세상에 있는 종교엔 우리 종교가 으뜸이네.
지상에 펼쳐진 모든 법 중 대종사님 법이 빼어나고
뭇 물이 살아가는 길에 은혜를 뿌리함이 첫째이니라.

理內圓相第一言　　이내원상제일언
世存宗教我宗元　　세존종교아종원
地舒諸法秀師法　　지서제법수사법
群物活程首惠根　　군물활정수혜근

◯ 동서고금의 진리를 보더라도 원상을 뛰어넘는 진리는 없다. 종교도 우리 종교가 제일이요, 법도 주세 성자가 편정(編定)한 법이 첫째이다. 만물이 살아가는 데는 은혜에 뿌리를 내리는 것이 으뜸이 된다. 그러므로 우리는 제일가는 원상 진리와 새로운 종교와 대종사님을 만나고 사은을 알았으니 이 진리와 은혜를 세상에 펼치고 생령에 전파하여 낙원을 이루고 제도를 베풀어야 한다. 이에 우리는 전법불자(傳法佛子)가 되어야 한다.

삶과 죽음의 그물을 걷자
捲死生網

무릇 사람이 삶과 죽음의 그물을 걷고자 할진대
반드시 무명의 미혹 주머니를 깨부술지니라.
이와 같은 마음의 얽힘과 묶임을 끊어내지 못한다면
해탈의 고개를 넘지 못하고 업에 가리고 숨겨진다네.

夫人欲捲死生網	부인욕권사생망
必破無明迷惑囊	필파무명미혹낭
不絶如斯心繫縛	부절여사심계박
非踰脫嶺業遮藏	비유탈령업차장

○ 사람으로서 생사의 펼쳐진 그물을 걷고자 한다면 무명의 미혹한 그물을 부수고 걷어내야 한다. 마음의 얽히고 묶임을 끊어내지 못한다면 해탈의 고개를 넘지 못할 뿐만 아니라 오히려 업장에 가려지고 묻혀서 헤쳐나올 기약이 없게 된다. 우리는 삼가고 조심하여 무명 업장으로부터 자유로운 해탈을 이루어야 한다. 다시 말하면 업이라는 것이 무명에 의하여 이루어지면 죄업(罪業)이 되고 명지(明智)에 의하여 이루어지면 복업(福業)이 된다는 사실을 알아야 할지니, 그러므로 우리는 명심조업(明心造業)을 해야 한다.

비로소 열반을 얻다
始得涅槃

도를 닦는 과정에서 번뇌를 끊었다 할지라도
업장의 실마리를 벗어나기란 사실 어렵다네.
마음마저 일어난 바가 없는 텅 빈데 이르러야
비로소 열반을 얻고 보살로 펼쳐가리라.

修道過程煩惱剌　　수도과정번뇌단
實難欲脫業障端　　실난욕탈업장단
無心不起空虛到　　무심불기공허도
始得涅槃菩薩攤　　시득열반보살탄

◎ 도를 닦아가는 과정에서 모든 번뇌를 끊었다 할지라도 알고도 짓고 모르고도 지었던 업장은 쉽게 벗어날 수가 없다. 그러므로 수도인이 공부를 잘해서 일체 번뇌는 물론 마음마저도 일어난 바가 없는 텅 빈 곳에 이르러야 한다. 이렇게 되어야 생활을 함과 동시에 비로소 생사지간(生死之間)에 열반을 얻고 보살이 될 수 있다. 그러므로 이러한 능력을 가지고 중생을 제도하는 데 진력하는 출중장부(出衆丈夫)가 되어야 한다.

꽃은 열흘을 붉지 않다
花無十日

꽃은 열흘을 이어 붉게 필 수 없는 것이요
권력도 십 년을 지속하지 못한다네.
이렇듯 인생도 백 년을 살기가 어려운 것이니
세상에 머무는 순간까지 세세하게 정신을 배양할지니라.

花無十日迺紅開　　화무십일내홍개
權不拾年持續推　　권불십년지속추
如此人生難百活　　여차인생난백활
世留瞬息細神培　　세류순식세신배

○ 아무리 아름다운 꽃도 열흘 이상 피어 있기가 쉽지 않다. 권력도 십 년을 유지하기가 어렵다. 그렇다면 인생은 어떠한가. 옛글에 '인무백세인 왕작천년계(人無百歲人 枉作千年計)', 즉 '사람은 백 년 사는 사람이 없건만 부질없이 천년의 계획을 세운다.'라는 말이 있다. 그러므로 우리는 세상에 머물러 사는 동안 자신의 정신을 잘 배양하여 진리를 깨닫고 밝혀서 세상과 중생을 위하여 크게 이익을 주는 무량보살(無量菩薩)이 되어야 한다.

세상에 나오는 사람 몸
世出人身

세상에 나오는 사람의 몸을 얻기가 매우 어렵고
공전절후(空前絕後)*한 정법의 반석이 되기는 실로 어려우리.
두 실마리를 돌파하고 스승과 교단을 만났으니
길이 이 길 밟아서 부처와 조사로 열어갈지니라.

世出人身很得難　　세출인신흔득난
空前正法實艱磐　　공전정법실간반
兩端突破師團會　　양단돌파사단회
永蹈斯程佛祖攤　　영답사정불조탄

○ 옛글에 '인신난득 불법난봉(人身難得 佛法難逢)'이라 하였다. 즉, '사람의 몸을 얻기가 어렵고, 불법을 만나기가 어렵다.'라는 뜻이다. 우리는 다행히 이생에 사람의 몸을 받았고 스승님의 교단에 참여하였으니, 길이길이 이 길을 밟아 나가서 부처가 되고 조사가 되어 중생을 제도하고 낙원을 건설하는 데 선도지인(先導之人)이 되어야 한다. 사실 세상의 화평과 생령은 오직 우리가 먼저 건져야 할 급선지무(急先之務)라고 하지 않을 수 없다.

* 공전절후: 전무후무(前無後無)와 같은 말.

세상을 행해가는 길
於世行程

세상살이 여정에 본래 자기에게로 돌아갈지니
자신을 여의고 다른 데로 나가면 잘못을 범하기 쉽네.
살아가는 가운데 항상 돌아보고 또 항상 살핀다면
마음이 밝아서 지옥의 문짝은 두드리지 아니하리라.

於世行程本己歸　어세행정본기귀
離身進他易干非　이신진타이간비
活中常顧又恒察　활중상고우항찰
不叩心明地獄扉　불고심명지옥비

○ 사람이 세상을 살아감에 있어서 본래의 자기에게로 돌아올 줄을 알아야 한다. 만일 자신을 여의고 다른 곳으로 간다면 그른 짓을 범하기가 쉽다. 살아가는 가운데 항상 자신을 돌아보고 또 살펴서 마음을 밝게 가져야 한다. 그래야만 지옥의 문을 두드리지 아니하고 맑고 밝은 세상에서 뭇사람과 손을 잡고 살아갈 수 있다. 사람에게 있어서 인도를 얻는다는 것은 하늘에 별 따기 보다 훨씬 어렵다는 사실을 알아야 한다. 그리하여 사람에서 사람 얻기가 쉽지 사람을 떠나면 사람되기란 대단히 어려움을 알아 위인실인(爲人失人)은 안 해야 한다.

환경은 더욱 흐려지다
環境加渾

우리나라는 원래 사계절이 맑아서
나는 새나 달리는 짐승이 사람과 함께 살았네.
공장이 건설되면서 매연이 나오니
환경은 더욱 흐려져 견디기 힘들게 되었어라.

我國原來四季清　　아국원래사계청
飛禽走獸與人生　　비금주수여인생
工場建設煤煙出　　공장건설매연출
環境加渾耐懋成　　환경가혼내무성

○ 우리나라는 은혜롭게도 봄, 여름, 가을, 겨울의 사계절이 뚜렷하다. 또한 수많은 외세의 침략을 막아내고 경제를 발전시켜 세계에 돌풍을 일으킨 나라이다. 그런데 근래에 공장이 들어서면서 매연이 배출되어 공기가 나빠지고 환경이 파괴되었을 뿐만 아니라 외부에서 날아오는 오염 물질이나 오염 공기도 우리의 삶을 움추려들게 한다. 그러므로 이러한 때일수록 환경과 공기에 관심을 가져서 아름다웠던 금수강산(錦繡江山)을 대대로 후손에게 물려 주어야 한다.

눈을 뜨고 하늘 보다
開眼觀天

세월이 지름길로 와서 내 얼굴을 늙게 하니
다니기는 더디고 걸음은 삐뚤어져 파리하게 허리 굽었네.
이와 같은 상황에서 어찌 누구를 원망할 것인가
눈을 뜨고 하늘을 보며 크게 웃음 펼치리라.

歲月徑來老我顔　　세월경래노아안
行遲步歪瘠腰彎　　행지보왜척요만
此如狀況何誰怨　　차여상황하수원
開眼觀天丕笑頒　　개안관천비소반

○ 자연을 거스르면 살기가 어렵다. 낳고 늙고 병들고 죽는 것은 우주 자연의 담당이므로 기계나 약력(藥力)이나 인술(人術)로 해결할 문제가 아니다. 그러므로 수원수구(誰怨誰咎)할 필요가 없이 자신을 돌아보고 안분(安分)을 해야 한다. 따라서 인생에 면할 수 없는 경계가 많이 있지만 생사의 문제만은 어떤 누구도 거스를 수가 없음을 알아야 한다. 그리하여 이러한 문제에 마음이 답답하거든 저 하늘을 올려다보고, 한바탕 큰 웃음으로 여러 경계에 해소(解消)를 해보자. 그러하면 가슴이 트여서 소소만뇌(消笑萬惱)하게 된다.

노래하고 춤추며
唱歌蹈舞

하늘땅은 나의 집이니 날마다 한가롭게 걷고
우주를 마당 삼아 놀면서 만물을 맞으려네.
여기에 누대도 지어서 긴긴 세월이 다하도록
노래하고 춤을 추면서 길이길이 머물러 살리로다.

乾坤我屋日閑行	건곤아옥일한행
宇宙遊場萬物迎	우주유장만물영
於此作樓長劫盡	어차작누장겁진
唱歌蹈舞永留生	창가도무영류생

○ 무릇 하늘과 땅은 나의 집이므로 이곳저곳 걸어다니면서 무너진 곳은 없는가 살펴야 한다. 우주는 내가 노니는 마당이므로 여기에 있으면서 만물을 맞이해야 한다. 여기에 좋은 누대를 지어 길이길이 머물러 살 테니 어찌 춤추고 노래하지 않겠는가. 그리하여 우리가 답답한 현상만 보려 말고 툭 트인 하늘과 땅, 우주를 바라보면서 마음을 열어 보자. 그러하면 폭 넓은 삶을 살 수도 있다. 따라서 다른 생령도 맞아다가 함께 사는 우주낙원(宇宙樂園)을 만들어야 한다.

낳고 늙고 병들고 죽는다
老生病死

사람이 처음 시작으로부터 마침에 이르기까지
낳고 늙고 병들고 죽는 공변(公變)*됨을 면하기 어렵네.
능히 본래 텅 빈 자리라는 경지를 안다면
저절로 해탈하여 열반을 채우게 되리라.

自人初始至於終　　자인초시지어종
難免老生病死公　　난면로생병사공
能識本來空處地　　능식본래공처지
自爲解脫涅槃充　　자위해탈열반충

○ 사람이 태어나 죽기까지 생로병사 네 과정을 피하거나 건너뛸 수 없이 다 받아들여야 한다. 사실 육신의 생로병사는 '회산(會散)'이라고 하는 것이 옳을 것이다. 왜냐하면 모이고 흩어지는 것은 육신이지 정신은 아니기 때문이다. 그러므로 우리는 살아가는 과정에서 생사나 거래를 벗어나는 해탈을 얻고 열반을 이루어야 한다. 따라서 생사가 큰 문제이기는 하지만 생사가 없는 이치도 있으니 이런 이치를 깨치도록 해야 한다. 그리하여 우리는 사중무사(死中無死)의 경지도 있음을 알아야 한다.

---

* 공변: 한쪽으로 치우치지 않고 공평함.

염라대왕이 위에 있어
閻王在上

낳음과 죽음은 오직 호흡하는 사이에 있고
본래 마음은 이에 부처와 중생 나뉜 게 아니네.
염라대왕이 위에 있어 보고 듣고 살필지라도
천당과 지옥의 나뉨을 바꾸지는 못하리라.

生死唯存呼吸間　　생사유존호흡간
本心爰匪佛生頒　　본심원비불생반
閻王在上看聽察　　염왕재상간청찰
不易天堂地獄班　　불역천당지옥반

○ 사람의 낳음과 죽음은 숨 쉬는 데 있다. 숨을 마시기만 하고 내쉬지 못한다거나, 내쉬기만 하고 들이마시지 못하면 죽는다. 염라대왕이 위에 있으나 그 사람의 선악 업진(業塵)을 보고 심판할 뿐, 지옥에 갈 사람을 천당으로, 천당에 갈 사람을 지옥으로 바꾸어서 보낼 수는 없다. 그러므로 우리는 염라대왕의 앞에 설지라도 죄를 지은 바가 없다면 두려워할 필요가 없다. 즉 천당 지옥을 내 맘대로 골라서 갈 수 있다면 무엇이 두렵겠는가. 이에 우리는 불파염왕(不怕閻王) 할 수 있는 사람이 되어야 한다.

따뜻한 봄이 간 뒤에는
暖春去後

따뜻한 봄이 간 뒤에는 여름이 오고
가을이 재를 넘어가면 겨울이 온다네.
변하지 않는 기운의 운행은 사계를 돌리고
낳음과 늙음과 병듦과 죽음은 차례로 사람을 밀치누나.

暖春去後夏時來　　난춘거후하시래
秋望越岑冬節徠　　추망월잠동절래
不變氣行回四季　　불변기행회사계
老生病死秩人推　　노생병사질인추

○ 사계절은 봄, 여름, 가을, 겨울의 순서를 절대 어기지 않는다. 봄이 가면 여름이 오고 여름이 가면 가을이 오며 가을이 가면 겨울이 오는 것이 사계절의 순서이다. 이처럼 사람도 낳고 늙고 병들고 죽음의 순서로 흘러가나니 사시의 순환이 밀어내는 것과 다르지 않다. 그러나 우리가 공부를 잘하여 생사에 해탈하고 열반을 이룰 수 있다면 생·노·병·사를 마음대로 할 수 있으리니 우리는 월생사인(越生死人)이 되어야 한다.

수목이 가을에 이르러
樹木到秋

수목이 가을에 이르러 달린 이파리를 버리지만
내년 봄이면 줄기 내고 곧게 가지를 뻗는다네.
번뇌가 녹여짐에 이르렀을지라도 틈 사이 벌어지면
홀연히 마군이 들어와 저절로 어그러짐이 있나니라.

樹木到秋懸葉捐　　수목도추현엽연
明春榦出直枝延　　명춘간출직지연
至銷煩惱隙間列　　지소번뇌극간렬
忽入魔軍自有愆　　홀입마군자유건

○ 봄과 여름을 지낸 무성한 나무의 파란 잎들이 가을로 접어들면서 붉고 노랗게 변하더니 잎을 떨구며 내년을 준비한다. 우리도 번뇌가 다 녹아서 마음이 청정하다 할지라도 조그만 틈이 생기면 어느새 마군이 침투하여 마음을 어그러지게 한다. 그러므로 우리는 어떤 마군이 들이닥쳐도 항복 받아 깨달음으로 승화시켜야 한다. 즉 번뇌즉보리 보리즉번뇌(煩惱卽菩提 菩提卽煩惱)라 하였으니 번뇌를 두려워 말고 보리로 바꿀 수 있어야 한다. 그리하여 번뇌가 많으면 많을수록 깨달음도 많고 지혜도 많다는 사실을 알아 번번성지(飜煩成智)를 해야 한다.

비록 이 세상에 살아도
雖生此世

비록 이 세상에 살아도 길이 머물지 못하고
반면 저쪽으로 넘어가도 머리를 둘 수가 없네.
변하고 바뀌는 가운데 불변이 있는 것이니
두 가지에 얽매이지 아니하면 저절로 높이 자유로우리라.

雖生此世匪長留　　수생차세비장류
反越彼邊無有頭　　반월피변무유두
變易之中存不變　　변역지중존불변
非縈兩樣自遊由　　비영량양자유유

○ 세상에서 온갖 부귀영화를 누리고 산다고 할지라도 영원히 머물 수는 없다. 또 이생에 죽어서 저세상으로 넘어 가더라도 오래 머물 수도 없다. 왜냐하면 우주 만유는 변하지 않음이 없기 때문이다. 다시 말하면 생사에 득력(得力)이 없는 사람은 자기 마음대로 오갈 수가 없이 업력(業力)을 따라 이생과 내생을 넘나들기 때문에 정주처(停住處)를 가질 수가 없다. 그러나 그 가운데는 불변이 있어서 근원이 되어주고 있다. 그러므로 우리는 생사나 변, 불변에 얽매이지 않는 무애도인(無礙道人)이 되어야 한다.

물이 솟아 강에 이름에
湧水到江

물이 솟아 강에 이름에 시내와 골짜기를 행하였고
낳음으로부터 죽음에 이름에 병의 뿌리 갈무렸네.
흰 망아지 틈을 지나듯 순간적으로 빠른 것이니
생사 거래에 해탈하면 삶을 성대하게 이루리라.

湧水到江溪谷行　　용수도강계곡행
自生至死病根藏　　자생지사병근장
白駒過隙瞬間速　　백구과극순간속
解脫去來成活盛　　해탈거래성활성

○ 산골에서 솟은 한 방울 물이 계곡을 지나 시내로 흐른다. 태어나 늙고 병들고 죽음에 이르기까지 그 빠르기가 흰 망아지가 틈새를 지나는 것과 같다. 그러므로 가고 오는 것, 즉 생사에 대해 해탈을 얻어야 삶 자체도 왕성할 수 있다. 다시 말하면 사람이 살면서 경계에 자유를 누리는 것도 중요하지만, 정말 중요한 것은 생사에 자유하는 것이라고 할 수 있다. 즉 생사에 자유를 얻은 삶이라야 성대한 삶을 이루게 되리니 우리는 이순성영(以瞬成永)을 해야 한다.

차라리 텅 빈 곳에 머물러

寧留空處

본래는 죽음 없고 또한 남도 없으며
원래 돌아옴도 아니요 또한 감도 아니네.
원래 열반도 아니요 해탈도 아니니
차라리 텅 빈 곳에 머물러 한 맘마저도 내치리라.

本來無死亦無生　　본래무사역무생
原始匪還又匪行　　원시비환우비행
元未涅槃非解脫　　원미열반비해탈
寧留空處一心傾　　영류공처일심경

○ 진리나 성품 자리는 원래 낳는다는 것도 죽는다는 것도 없다. 또한 돌아온다는 것도 없고, 돌아 간다는 것도 없다. 따라서 열반이라는 것도 없고, 해탈이라는 것도 없다. 없다 없다 한다는 그 없음도 없다. 그러므로 차라리 텅 빈 곳에 머물러서 몸은 물론이지만, 한 마음마저도 내쳐버려야 한다. 우리가 이렇게 할 수 있다면 생자비생 사자비사(生自非生 死自非死)가 되어 생사가 왔다가 갔다가 하는 것이지 나와는 아무 관계가 없다. 그러므로 우리는 상방생사(常放生死)를 해야 한다.

죽고 낳고 돌아오고 감이
死生還往

해와 달은 동쪽과 서쪽을 가고 오는 손님이요
지남침은 쪽을 가리키며 남과 북을 좇는다네.
죽고 낳고 돌아오고 감이 일상의 이치이니
별다른 기이한 것 찾지 말고 펼쳐진 대로 따를지니라.

日月東西來往賓　　일월동서내왕빈
司南指側北南遵　　사남지측북남준
死生還往日常理　　사생환왕일상리
莫覓另奇敷以巡　　막멱영기부이순

◎ 하늘에는 해와 달이 동쪽에서 솟아올라 서쪽으로 기울어 가니 동과 서를 오고 가는 손님이다. 지남침은 남과 북을 가리킬 뿐 다른 곳은 가리키지 않는다. 이와 마찬가지로 낳고 죽고 돌아오고 가는 것이 일상의 이치이다. 세상에 펼쳐진 그대로 놓고 살아야 할 뿐, 이것저것 돌아보다가는 근원을 잃게 된다. 그러므로 우리는 일원의 진리가 펼쳐놓은 이 천지에 맞춰서 살아가는 것이니 이견이나 까탈을 부릴 필요가 없다. 그러기 때문에 우리는 이 세상에 머무는 동안이라도 종리거래(從理去來)를 해야 한다.

죽음의 고개를 넘으려고
欲逾死嶺

뭇사람이 오늘은 건강한 몸을 붙잡았을지라도
밤을 지낸 이른 아침 다른 문지방을 넘어가네.
문득 홍진(紅塵)*에 떨어져 사랑으로 길러졌어도
죽음의 고개를 넘으려 서로 다투면서 가는구나.

衆人今日健身扶　　중인금일건신부
過夜早朝殊閾踰　　과야조조수역유
輒墜紅塵蒙愛養　　첩추홍진몽애양
欲逾死嶺互爭徂　　욕유사령호쟁조

○ 모든 사람이 오늘은 육신을 가져 살고 있을지라도 하룻밤을 지내고 나면 문지방을 넘겨 어디론가 실려 간다. 세상에 있을 때는 좋은 옷 입고, 좋은 음식 먹고, 좋은 집에 살았건만 눈을 뜨지 않으니, 집안 사람들이 먼저 나서서 문밖으로 내보내려 한다. 죽음의 고개를 넘으려 다투기 전에 홀로 갈지라도 조그마한 슬픔도 없어야 한다. 즉 오고 가는 순서를 따라 낳고 죽고 할 뿐인데 굳이 애걸복걸할 필요가 없다. 그러므로 우리는 자유사령(自逾死嶺)을 해야 한다.

* 홍진: 번거롭고 속된 세상.

육도와 삼계가
六途三界

지금 속세에 살면서 쓰라림을 알지 못하고
또한 홍진에 처하여 묻힘을 벗어나지 못하네.
마음 맑고 경계 맑으며 밤 꿈도 맑으면
육도와 삼계가 손바닥 가운데 펼쳐졌어라.

今居俗世未知辛	금거속세미지신
又處紅塵不脫堙	우처홍진불탈인
心淨境清宵夢瀞	심정경청소몽정
六途三界掌中伸	육도삼계장중신

◎ 고기가 물속에 살면서 물의 고마움을 모르듯이 우리도 세상에 살면서 딛고 설 수 있는 땅이 있는 것만으로도 고맙기가 그지 없으나 그러나 속이 쓰라리고 고통스럽다며 살아가기도 한다. 그러나 마음이 맑고 경계가 맑으며 밤잠이나 꿈이 맑다면 어떠할까? 아마 육도나 삼계가 손바닥 안에 들고 펼쳐져 오고 가는 것이 자유로워질 수도 있지만 이런 일은 대단히 어려운 상황이라고 하지 않을 수 없다. 그러나 우리의 마음이 맑아 깨끗하면 삼계와 육도도 수용할 수 있음을 알아야 한다. 그러므로 우리는 청심활세(淸心活世)를 해야 한다.

백년토록 높다란
百載巍巍

백년토록 높다란 많은 대나무가 성장하고
천년을 우뚝한 한 그루 소나무 자라누나.
훈훈한 바람 재를 넘어 꽃가지를 일으키고
움직이는 기운이 만물을 올리니 봄 경치 향기로워라.

百載巍巍衆竹張	백재외외중죽장
千年兀兀一松長	천년올올일송장
薰風越嶺花枝起	훈풍월령화지기
運氣物昇春景芳	운기물승춘경방

○ 오래도록 높고 높은 비탈에 꿋꿋한 대가 모여서 자라고 있다. 천년이 넘도록 우뚝 선 푸른 소나무도 낙락장송이 되어 자란다. 훈훈한 바람은 고개를 넘어 불어 잠들었던 꽃들을 깨워 일으킨다. 따뜻한 기운이 만물마다 자양분을 올리니 잎이 피어나 향기로운 봄 내음을 풍기고 있다. 그러므로 우리도 자연의 변화를 따라서 항상 훈훈한 마음과 너그러운 행동으로 만물을 배양하면서 꺾기거나 시들지 않는 송죽지인(松竹之人)이 되어야 한다.

가고 오고 살고 죽는
逝來生死

가고 오고 살고 죽고 구르며 도는 가운데
능히 크고 굳게 원력을 채워서 세울지라.
이에 탐욕 원망 애욕에 착이 없이 간다면
정신이 맑은 영가로서 천궁(天宮)*에 나리로다.

逝來生死轉環中　　서래생사전환중
能立鴻堅願力充　　능립홍견원력충
迺莫着貪寃愛去　　내막착탐원애거
淸神靈駕出天宮　　청신영가출천궁

◎ 우리는 윤회한다. 가고 오고 죽고 낳는 과정들이 모두 윤회이기에 누구도 피할 수 없이 받는다. 이런 가운데 우리는 원력을 굳게 세워서 간직한 불자로서 애착이나 탐착이나 원착 없이 떠날 수 있는 힘을 쌓아야 한다. 맑은 정신을 가지고 천궁에 출현하여 뭇 고통을 받지 않고 살아가야 한다. 그러므로 우리는 오로지 소태산 대종사님 법으로 도력(道力)을 길러서 영생을 살아가는 지락지인(至樂之人)이 되어야 한다.

* 천궁: 신들이 사는 궁전.

풀 끝에 이슬 달려
草末露懸

빈손으로 왔다가 업을 쥐고 가고
어린아이로 나와서 늙은 몸으로 머문다네.
과연 세상에 머무는 시간이 얼마인가
풀 끝에 이슬 달려 항상 떨어질까 근심하여라.

空手而來拳業丢　공수이래권업주
嬰兒以出老身留　영아이출노신류
果然住世時多少　과연주세시다소
草末露懸常墜愁　초말로현상추수

○ 우리는 빈손으로 왔다가 빈손으로 가는 것 같지만 사실은 현실에서 지은 업을 가지고 간다. 마치 어린아이가 자라서 늙은이가 되었다가 죽는 것과 같다. 그렇다면 우리가 세상에 머무는 시간은 얼마일까? 100년을 넘게 산다고 할지라도 영겁의 세월에 비하면 한순간에 지나지 않는다. 그러므로 우리는 살아가는 이 세상에서 악업이나 비행 보다는 선업을 짓고 정행을 하여 남에게 손가락질 받지 않고 자신을 보호하는 수선지인(守善之人)이 되어야 한다.

자신의 마음 잘 지켜
自心善守

무릇 사람은 외롭게 살다가 또한 외롭게 거두며
늙음에 이르러도 홀로 즐기고 편안하게 노닐지니,
세상에 가고 오며 오고 가는 길에
자신의 마음 잘 지키고 들떠서 살아가지 말지니라.

夫人孤活亦孤收　　부인고활역고수
至老獨娛兼獨遊　　지로독오겸독유
於世去來來往路　　어세거래내왕로
自心善守勿生浮　　자심선수물생부

○ 우리는 결국 홀로 살다가 홀로 죽음으로 거두게 되므로 나면서 늙음에 이르기까지 기쁘고 즐겁고 편안하게 노닐어야 한다. 죽어가서 낳아 오는 길에 항상 자신의 마음을 지키며 살아갈지언정 들떠서 허둥지둥해서는 안 된다. 삶과 죽음으로 오가는 자연의 길을 편안히 살아가려면 스승님의 가르침에 의하여 깊은 수행을 쌓고 일원의 진리를 깨달아 지혜를 갖춘 출중장부(出衆丈夫)가 되어야 한다.

차라리 사랑하지 않을지언정
寧非爲愛

차라리 사랑하지 않을지언정 미움은 내지 말고
또한 흐리고자 않을지언정 맑음을 내려 말게.
세상을 사는 인간은 홀로 살 수 없으니
가능하면 서로 도와 어두움이 더해지지 않게 할지니라.

寧非爲愛勿生憎　　영비위애물생증
又不要渾莫出澄　　우불요혼막출징
世活人間無獨活　　세활인간무독활
可能相補匪曚增　　가능상보비몽증

○ 그 사람을 사랑하지 않는다면 미움도 내지 않아야 한다. 미움을 낸다는 것은 사랑하고 있다는 뜻이기 때문이다. 또한 흐려지지 않게 할지언정 맑음을 낼 필요는 없다. 흐리지 않는 그 자체가 맑음이기 때문이다. 세상은 혼자 살 수 있는 것이 아니기에, 가능하다면 서로서로 도우면서 어둠이 더해지지 않도록 노력을 기울여야 한다. 그러므로 우리는 밝게 살아가는 진명보살(眞明菩薩)이 되어야 한다.

약속하지 않았어도 인간은
不約人間

죽는 것과 사는 것은 물이 도는 것과 같고
오는 것과 가는 것은 바퀴가 도는 것과 같네.
강물은 바다를 향하여 쉼이 없이 가고
약속하지 않았어도 사람은 때가 이르러 돌아가누나.

死死生生如水廻　　사사생생여수회
來來去去似輪回　　내래거거사윤회
江河向海無休逝　　강하향해무휴서
不約人間時至洄　　불약인간시지회

◎ 우리 속담에 '다람쥐 쳇바퀴 돌 듯' 한다는 말이 있다. 즉, 제자리서 돌기만 할 뿐 나아가지 못한다는 말이다. 이처럼 생사나 거래가 멀리 떠나고 멀리 가는 것 같지만 실은 제자리서 뱅뱅 도는 것과 별반 다를 것 없다. 물이 쉬지 않고 흐르지만 바다와 하늘과 육지를 순환하는 것에 지나지 않는다. 사실 이 우주를 한 바탕으로 삼고 살아간다면 무엇이 죽음이고 낳음이며, 가는 것이고 오는 것이겠는가. 그러므로 우리는 해탈윤회(解脫輪回)를 해야 한다. 어쩌면 해탈윤회가 망어(妄語)인지도 모른다.

재앙과 복, 선과 악
禍禧善惡

현재 업은 과거의 인이요 지음은 미래로 넘어가니
주관은 자기에게 있고 밖에서 오는 게 아니네.
재앙과 복, 선과 악은 마음과 행동의 결과로
잘 지으면 잘 사나니 다른 건 시샘하지 말지니라.

現業過因作越來	현업과인작월래
主觀在己外非徠	주관재기외비래
禍禧善惡心行果	화희선악심행과
好造好生勿他猜	호조호생물타시

○ 우리가 현재 지은 것을 받고 사는 것 같지만 사실은 전생에 지은 바를 받아 가면서 사는 것이다. 지금 지은 것은 미래에 받을 원인이다. 이 모든 인과가 자기에게서 말미암는 것이지 바깥에서 들어오는 것이 아니다. 화복이나 선악은 마음이 행동한 결과이기 때문이다. 지을 때를 당하여 잘 지으면 받는 데 주저할 것 없다. 그러므로 우리는 매사 매행(每事每行)에 선작지인(善作之人)이 되어야 한다.

어려운 관문을 돌파하고
難關突破

세상에 살아가는 길에 꿈을 가져야
어려운 관문을 돌파하고 큰 공을 이룬다네.
그러므로 의지를 굳게 하여 변역(變易)*하는 바가 없이
한 길로 뚫고 나아가서 원하는 바를 맞을지니라.

於世活程持夢情	어세활정지몽정
難關突破大功成	난관돌파대공성
故堅意志無攸變	고견의지무유변
一路透征所願迎	일로투정소원영

○ 흔히 꿈을 가지라는 말을 많이 한다. 그러나 어느 정도 해보아서 이뤄지지 않는 꿈이라면 빠르게 수정할 줄도 알아야 한다. 이와 달리 종교적인 원력은 몽중대몽(夢中大夢)이 되기 때문에 일생에 터득되지 않으면 버리고 놓아버릴 것이 아니라 영생을 가지고 갈 장몽(長夢)으로 삼아야 한다. 그러므로 우리는 일원 진리와 대종사님 법에 상지원몽(常持願夢)을 가져서 기필코 이뤄내는 불제자들이 되어야 한다.

* 변역: 고쳐져 바뀜.

가난이 와도 싫어하지 않는다
來貧不厭

씀에 당하여 다하지 아니하면 넉넉한 재물이 쌓이고
가난이 와도 싫어하지 않으면 저절로 넉넉하고 여유롭네.
인생의 걷는 길에 많은 어려움이 있을지라도
재물로 인하여 머리 구부린 돼지는 되지 말지니라.

當用非皆富饒儲　　당용비개부요저
貧來不厭自裕餘　　빈래불염자유여
人生步路多難有　　인생보로다난유
莫做因財首曲猪　　막주인재수곡저

○ '당용불용(當用不用)'이라는 말이 있다. '쓸데를 당해서 쓰지 말라.'라는 뜻이다. 반드시 써야 할 경우에는 쓰지만 안 써도 되는 때에는 함부로 쓰지 말라는 말이다. 정당하게 오는 가난도 싫어해서는 안 된다. 이는 전세의 지은 과보에 의하여 받아지는 과정이니 무슨 방도로 막을 것인가. 그러므로 넉넉하고 여유로운 마음으로 잘 받아들여 그 과정 지나가기를 바라야 한다. 그리하여 사람이 살아가는 길에 어려움이 있고 재물이 없을지라도 아쉽고 비굴하게 머리를 숙이지는 말아야 한다. 그러므로 우리는 물주저종(勿做猪種)이어야 한다.

정신 고요하고 마음 맑아
神靜心明

차를 마시면 장기가 씻겨서 몸이 맑아지고
법을 들으면 업진이 모두 녹아 맑아지네.
정신 고요하고 마음 맑아 걸리고 얽힘 없으면
열반과 해탈이 그 가운데서 나오나니라.

飮茶臟器洗躬晴	음다장기세궁청
聽法業塵皆鑠清	청법업진개삭청
神靜心明無礙縛	신정심명무애박
涅槃解脫厥中生	열반해탈궐중생

◎ 차를 마시면 목 넘김이 따뜻하고 부드러워서 자연 장기까지도 씻겨서 몸이 맑아진다. 그러면 어지간한 병증도 따라서 사라진다. 또한 부처님의 법을 들으면 업진이 녹아져서 마음이 맑아져서 무명이 덮이지 않는다. 따라서 정신이 고요하고 마음이 밝아 걸리고 얽힘이 없으면 이것이 산 열반이요, 산 해탈이다. 반드시 죽어서 이룰 필요는 없다. 그러므로 우리 공부하는 사람은 즉성열반(卽成涅槃)을 하면서 살아야 한다.

중생이 착하지 아니하여
衆生不善

중생이 착하지 아니하여 여러 허물을 지으면
부처에게 빌고 신에게 빌지라도 이끎을 받기 어렵네.
이로써 안으로 닦아서 마음자리를 밝히면
가고 오고 일어나고 소멸을 스스로 행하여 옮기리라.

衆生不善作群愆　　중생불선작군건
祈佛禱神難受牽　　기불도신난수견
因此內修心地亮　　인차내수심지량
去來起滅自行遷　　거래기멸자행천

○ 무릇 우리가 불선(不善)한 일을 지어놓고 부처나 신에게 빈다고 하여 그 불선이 닦여진다거나 없어지지는 않는다. 만일에 빌고 불공하여 없어지게 한다면 세상에 불선한 사람이나 못 사는 사람은 하나도 없다. 그러기 때문에 자신이 깊이 참회함과 동시에 마음을 닦아서 맑히고 밝혔을 때 악업이 상쇄를 이루어 선업이 될 수 있다. 그러므로 깊은 수행으로 진리를 깨닫고 성품을 회복하여 거래나 기멸(起滅)을 내 맘대로 자유할 수 있는 득력지인(得力之人)이 되어야 한다.

참회를 쉼이 없어야
懺悔無休

괴롭고 쓰림과 아울러 삶의 허물을 벗어나려 할진대
어떤 세상에 인연이 있었는지를 깊이 알아야 하네.
왜 그런가, 실제로 과거 지었음이 남았다면
참회하는 데 쉼이 없어야 비로소 업이 덜어지리니….

欲脫苦辛兼活愆　　욕탈고신겸활건
深知何世有因緣　　심지하세유인연
什麽實際餘過作　　십마실제여과작
懺悔無休始業蠲　　참회무휴시업견

◎ 무릇 수도하는 사람이 깊은 수행을 함으로써 나를 괴롭히는 작은 허물이나 업장은 해소할 수 있다. 그러나 큰 업장은 전세의 어느 세계에 살면서 지은 줄을 모르기 때문에 진정한 참회가 필요하다. 참회란 '참기전건 회기후과(懺其前愆 悔其後過)'로, 과거에 지었거나 미래에 지을 업을 모두 참회를 하라는 의미이다. 따라서 이 참회도 진리를 깨닫고 성품을 회복한 입장에서 옷에 묻은 먼지를 털어내듯이 해야 한다. 즉 이를 능사(能事)로 삼아서는 안 된다. 그러므로 우리는 이에 약염참회(若厭懺悔)어든 막작악업(莫作惡業)을 해야 한다.

먼저 깨쳐서 모두 버리면
先覺皆捐

집을 떠나서 현세의 티끌을 벗어나고자 할진대
자기 마음을 수련하여 업력의 인연을 맑혀야 하네.
죽고 삶도 몸소 불러들인 일종의 조건이니
먼저 깨쳐서 모두 버리면 괴롭고 쓰라리지 아니하리라.

欲脫離家現世塵　　욕탈이가현세진
自心修練業緣淳　　자심수련업연순
死生一種躬招件　　사생일종궁초건
先覺皆捐匪苦辛　　선각개연비고신

○ 우리 수도인이 집을 여의고 출가하여 현세의 진망(塵網)을 벗어나고자 한다면 깊은 수행으로 마음을 밝히고 맑혀서 업연을 녹이고 벗어나야 한다. 사실 생사라는 것도 일종의 업으로 몸소 지어서 불러온 것이기 때문에 남에게 의지한다고 해결되지 않는다. 그러므로 내가 먼저 깨치고 내가 먼저 깨쳐서 악연(惡緣)과 진연을 버려야 괴로움과 쓰라림에서 벗어날 수 있는 것이니 우리는 해탈도인(解脫道人)이 되어야 한다.

스승의 법을 익혀서 알면
師法練知

꽃이 향내를 발산하지 아니하면 나비가 오지 않고
사람도 큰 덕이 없으면 모든 무리가 밀려간다네.
사는 방법은 죽음과 삶에서 벗어나는 데 있으니
스승의 법을 익혀 안다면 구르는 바퀴 그치리라.

花不散香蝶不來　　화불산향접불래
人無大德諸群推　　인무대덕제군추
活方在於死生脫　　활방재어사생탈
師法練知停轉輪　　사법연지정전륜

○ 벌과 나비는 꽃을 따라오기도 하지만 꿀의 향내가 발산하지 않으면 날아오지 않는다. 사람도 권부(權富)를 따라 우리(遇離)를 하지만 큰 덕을 갖추어서 잘 품고 안아 의욕에 맞춰준다면 떠나거나 물러나지 않는다. 따라서 진짜 사는 방법은 생사를 해탈하는 데 있다. 그리하여 생사에 윤회하는 것은 참 삶이 아니다. 그러므로 우리는 대종사님 법으로 단련하여 지혜의 힘을 갖추어 윤회를 멈추어야 한다. 그리하여 능절윤축(能折輪軸)을 해야 한다.

중음에 길이 머물면
永住中陰

찰나의 생성과 소멸은 찰나에 이뤄지므로
시간과 아울러 가는 길이 필요하지 않다네.
중음에 길이 머물면 몸을 얻기가 어려우리니
맑은 마음으로 부처를 믿고 길을 살펴 확실하게 보고 갈지니라.

刹那生滅刹那成　　찰나생멸찰나성
不必時間兼逝程　　불필시간겸서정
永住中陰難得體　　영주중음난득체
清心信佛確看征　　청심신불확간정

○ 보통 수행이 없는 부유(蜉蝣)들은 찰나생(刹那生) 찰나사(刹那死)로 시간이라는 매개에 구애가 없이 생사의 길을 넘나든다. 그렇지만 자칫 중음에 머물게 되면 몸을 얻기가 대단히 어려워서 진리와 정법의 천도재가 아니면 벗어날 수 없다. 그래서 오직 소태산 대종사님의 가르침으로 공부를 하여 득력(得力)을 해야 더 자유롭게 중음에서 제도를 받을 수가 있다. 그러므로 우리는 마음을 맑히고 부처님을 믿고 귀의하여 우둔부승(牛臀付蠅)이 되어서라도 중음을 벗어나야 한다.

꿈 가운데서 꿈을 깨쳐도
夢中醒夢

꿈 가운데서 꿈을 깨쳐도 꿈 가운데를 이루고
밝음 속에서 밝음을 깨쳐도 밝음 속의 밝음이네.
죽음을 알고 간 사람은 생도 알고 이르겠지만
가고 옴을 알지 못한다면 어두운 길을 걸으리라.

夢中醒夢夢中成　　몽중성몽몽중성
明裏覺明明裏晴　　명리각명명리청
解死去人生識到　　해사거인생식도
不知逝來步暝程　　부지서래보명정

◎ 우리가 꿈 가운데서 꿈을 깼다고 할지라도 꿈 가운데는 꿈일 뿐이다. 또 밝음 속에서 밝음을 깼다 할지라도 밝음 속은 밝음일 뿐이다. 흔히 삶과 죽음이 다르지 않고 둘도 아니라고 하지만 사대의 흩어짐도 있고 모임도 있는 법이다. 이왕이면 알고 가는 것이 넘어지거나 걸리지 않고 잘 오갈 수 있다. 즉 어떤 거친 길이라도 알고 가면 쉽겠지만, 반면에 좋은 길이라도 모르고 가면 허덕이게 된다. 그러므로 우리는 지로지지(知路之智)를 가져야 한다.

깨침과 깨치지 못함에 따라
隨醒匪覺

낳아 왔다지만 가지 않았으니 본래 옴이 없었고
죽어 갔다지만 돌아오지 않았으니 원래 감이 없었네.
샘에서 솟은 물은 처음은 맑지만 흐려진 물로 흐르듯이
깨침과 깨치지 못함에 따라 좇아가는 길이 다르니라.

生來不逝本來無	생래불서본래무
死去非還原去无	사거비환원거무
泉湧初澌泉水復	천용초재천수복
隨醒匪覺異從途	수성비각이종도

○ 우리가 낳은 것은 온 것이지만 사실 가지 않았으니 본래 온 게 없었고, 죽은 것은 간 것이지만 사실 돌아가지 않았으니 원래 간 것이 없다. 다시 말하면 생사불이(生死不二)요 사생불이(死生不異)임을 알기 때문이라고 할 수 있다. 또한 물은 샘에서 처음 솟아나면 맑고 맑지만 흐르다 보면 이것저것 불순물이 섞여서 흐린 물이 되고 만다. 그러므로 우리는 생사의 길을 깨치고 가야만 가는 그 길이 맑고 밝아 야서대등(夜逝擡燈)이 된다고 말할 수 있다.

거슬리지 않고 순응하면
匪逆順應

무릇 오는 바가 싫으면 가지를 말고
가는 바를 바라지 않으면 돌아오지 말게.
인연으로 낳고 죽음은 하늘의 떳떳한 이치거늘
거슬리지 않고 순응하면 살아가는 길이 기쁘리라.

夫厭攸來勿逝之　부염유래물서지
不希所去莫還兒　불희소거막환아
緣生緣死天常理　연생연사천상리
匪逆順應活路怡　비역순응활로이

◎ 무릇 오기 싫으면 애초에 가지를 말고, 가기가 싫으면 처음부터 오지를 말아라. 인연으로 인하여 낳게 되고 인연 탓에 죽는다는 것은 천리의 떳떳한 일이다. 어느 사람도 역천(逆天)한다거나 역리(逆理)할 수가 없다. 순천(順天)하고 순리(順理)하면 살아가는 길이 기쁘고 즐겁게 된다. 옛 글에 순천자존 역천자망(順天者存 逆天者亡)이라 하였으니 '하늘에 순응하면 존재하고 하늘에 거스르면 망한다.'는 뜻이다. 그러므로 우리는 불역리인(不逆理人)이 되어야 한다.

중생은 업을 따라
衆生隨業

중생은 업을 따라 새 몸을 받지만
보살은 희원(希願)을 좇아 성스러운 사람으로 낳는다네.
선한 도에 살아갈 뿐이요 억지로 사는 것이 아니므로
악도에 떨어지면 모든 간난신고가 거둬지지 않느니라.

衆生隨業受新身	중생수업수신신
菩薩從希出聖人	보살종희출성인
善道啻居非强活	선도시거비강활
未收墜惡諸艱辛	미수추악제간신

○ 무릇 중생이든 보살이든 자기가 지은 업보를 따라서 몸을 받게 된다. 반면에 보살은 중생 제도를 하겠다는 희원(希願)으로 성스러운 몸을 받은 사람이지만 중생은 욕심으로 몸을 받는 사람이라고 말할 수 있다. 그러므로 보살은 선도에 수생하여 선도에서 살아갈 뿐이요, 억지로 사는 것이 아니기 때문에 선인이라고 할 수 있다. 반면에 중생처럼 악도에 떨어지면 살아가는 길이 어렵고 쓰라릴 것이니 우리는 영생토록 선도보살(善道菩薩)이 되어야 한다.

무릇 복을 지음이 없으면
夫無作福

무릇 복을 지음이 없으면 병증이 따르기 쉽고
반면 복을 쌓음이 있으면 괴로움에 떨어지지 않는다네.
바닷속 헤엄치는 고기는 담수(淡水)에는 살지 못하듯이
복이 적고 재앙이 많으면 삶을 누리기가 어려우니라.

夫無作福易隨殫　　부무작복이수탄
反有儲禧不落酸　　반유저희불락산
海裏游魚淡匪活　　해리유어담비활
少祦多禍享生難　　소오다화향생난

○ 복을 지음이 없다면 여러 병증이 따라붙기 마련이다. 즉 좋지 않은 경계가 앞을 막는다는 의미이다. 반면에 복을 지음이 많으면 쓰라리고 괴로움에 떨어지지 아니하고 즐거운 삶을 누리게 된다. 예컨대 바다에서 살던 생선은 담수에 담아놓으면 살 수가 없듯이, 사람이 복이 적고 재앙이 많으면 아름다운 삶을 누리기가 어려운 법이다. 그러므로 우리는 죄악을 짓기 보다는 선업을 많이 쌓아서 앞길을 복락으로 가득 채우자는 것이니 곧 행선지인(行善之人)이 되어야 한다는 의미이다.

해와 달이 가고 옴은
日月丟來

삶은 하늘 가운데 안개가 뜬 것과 같고
죽음은 허공 안에 구름이 흐르는 것과 같네.
가고 오고 일어나고 소멸함은 음과 양의 이치이요
해와 달이 가고 옴은 하늘 기운으로 말미암음이라.

生是天中如霧浮　　생시천중여무부
死爰空內似雲流　　사원공내사운류
去來起滅陰陽理　　거래기멸음양리
日月丟來天氣由　　일월주래천기유

○ 무릇 사람이 살아간다는 것은 한 조각 구름이 하늘에 나타난 것과 같고, 죽는다는 것은 하늘에 떴던 구름이 흩어지는 것과 같다. 또한 거래나 기멸이 음과 양의 이치가 베틀의 북이 되어 오가는 것이고, 해와 달이 가고 오는 것은 천리의 기운이 있어서 운전을 하기 때문이다. 그러므로 우리가 수행 공부를 열심히 하여 심력(心力)을 얻으면 어느 때 어느 곳이든지 자유롭게 오갈 수 있을 것이니 우리는 자유지인(自由之人)이 되어야 한다.

무릇 생은 불멸이라
夫生不滅

무릇 생은 불멸이라야 진실한 생의 길이요
또한 죽음은 사라짐이 없어야 참된 죽음이라 이르네.
실체인 일원 진리는 오고 감이 끊어졌으니
능히 텅 빔의 이치를 깨쳐야 돌아오고 가지 않으리라.

夫生不滅實生程	부생불멸실생정
亦死無消眞死名	역사무소진사명
實體一圓來去絶	실체일원래거절
能醒空理未還征	능성공리미환정

○ 현상에서 사람을 놓고 본다면 육신은 모임과 흩어짐이 분명하게 있지만 진리의 실체에서 본다면 태어남도 없고 죽음도 없으며 감도 없고 옴도 없다. 이러한 공(空)의 이치, 곧 텅 빈 자리를 깨치고 그 공의 자리를 보아야만 오는 낳음과 가는 죽음을 동일시할 수 있다. 그러므로 우리는 텅 빈 이치에 근원하여 우리의 삶을 엮어간다면 값진 삶이 될 뿐만 아니라 많은 사람의 모범이 될 것이니 전조명경(前照明鏡)이 되어야 한다.

실로 몸 가운데서
實似身中

놓아 던져도 원래 일어나는 마음 끊어졌고
흩어 던져도 본래부터 나뉘어 다다르지 아니하네.
삶과 죽음은 어디서부터 여기에 이르른 것이 아니요
진실로 몸 가운데 숨이 솟고 가라앉음과 같으니라.

放擲原來絶起心　　방척원래절기심
散投本始不分臨　　산투본시불분림
死生自怎非臻此　　사생자즘비진차
實似身中息聳沉　　실사신중식용침

○ 우리가 놓든 던지든 간에 원래 일어나는 마음이 끊어졌다. 또한 본래부터 죽음이라는 것과 삶이라는 것이 둘이 아니라 하나라는 사실을 알아야 한다. 그러면 생사는 어디서 오는 것인가. 마음이 깃든 우리의 육신이 입식(入息)과 출식(出息)을 잘하면 산 것이요 잘못하면 죽음이다. 이렇게 본다면 사람의 생사가 숨 쉬기와 같고 눈을 감고 뜨는 것과 같아서 지극히 쉽다는 것을 알 수 있다. 그러므로 우리는 원래 생사가 없는 자리를 체득하여 무착생사(無着生死)를 하여야 한다.

사람들은 극락을 찾아
人尋極樂

유정물은 업을 지어서 육도를 돌고
생사 또한 그리하여 저기 여기를 돈다네.
해는 동쪽 봉우리에서 솟아 서쪽을 향해 기울어지고
사람들은 극락을 찾으려고 절 마당을 배회하누나.

有情作業六途回　　유정작업육도회
生死亦然彼此廻　　생사역연피차회
日聳東岑西向仄　　일용동잠서향측
人尋極樂寺場徊　　인심극락사장회

○ 세상의 유정물들은 의식을 가졌기 때문에 뜻대로 갖가지 업을 지어서 육도를 윤회하고 저승과 이승을 넘나들게 된다. 이는 해가 동쪽 봉우리에서 솟아서 서서히 서쪽으로 자취를 감춰가는 것과 다름이 없다. 이러한 작용은 모두 나로 인하여 일어나는 것으로 자칫 이를 모르고 극락을 찾아 절 마당을 배회해서는 안 된다. 다시 말하면 생사가 나에게 있는데 외부에서 찾아서 어떻게 하자는 것인가. 그러므로 우리는 아재생사(我在生死)임을 알아야 한다.

죽음과 삶의 해탈하는 것
死生解脫

죽음과 삶에 해탈하는 것 내 바라지 않고
또한 윤회가 끊어짐도 내 그리워하지 않네.
업연에 끌리지 않고 마음이 고요하여 맑으면
이 가운데 저절로 열반에 돌아감을 얻으게 되라.

死生解脫我非希　　사생해탈아비희
亦斷輪回余匪睎　　역단윤회여비희
不引業緣心靜瀞　　불인업연심정정
斯中自得涅槃歸　　사중자득열반귀

○ 삶과 죽음에 해탈을 얻는 것 그다지 바라지 않고, 육도 윤회가 단절되는 것도 크게 바라는 바도 아니다. 다만 진세(塵世)의 업연에 끌리지 아니하고, 내가 가진 마음이 고요하고 맑아 심력이 쌓이고 혜력이 밝아지기를 바라고 있다. 그리하여 해탈이나 열반을 억지로 이루려는 것이 아니라 공부하고 수행한 결과에 얻어지는 자연 현상으로 알고 받아드려야 한다. 자칫 억지로 얻으려고 하다보면 무시무시한 병증을 불러 올 수도 있다. 그러므로 우리는 이심열반(以心涅槃)을 이루어야 한다.

바로 허공 드러나
卽顯虛空

한 생각 사그라지면 이를 죽음이라 말하고
한 생각 일어나면 이를 낳음이라 치켜드네.
검은 구름 하늘을 덮었어도 맑은 바람이 불면
바로 허공 드러나 그림자 흔적이 소멸하누나.

一念消沈此死言　　일념소침차사언
壹思興起是生掀　　일사흥기시생흔
黑雲天覆淸風颯　　흑운천복청풍삽
卽顯虛空滅影痕　　즉현허공멸영흔

◎ '생야부운기 사야부운멸(生也浮雲起 死也浮雲滅)'이라고 하였다. '남이란 뜬구름이 일어나는 것이요, 죽음은 뜬구름이 소멸함이라.'라는 뜻이다. 내 마음이 사그라지면 죽음이요 일어나면 낳음이라고도 할 수 있다. 허공은 흔적이 없으므로 생사도 없고 기멸도 없다. 우리도 허공 같은 마음으로 살아 간다면 죽음이나 삶에 어떤 착심도 없이 자유롭게 살아갈 수 있다. 그러므로 우리는 생사자유(生死自由)를 누리면서 세상을 살아가야 한다.

저절로 해탈을 이루고
自成解脫

기쁨 가운데 기쁜 일은 집안을 넘은 기쁨이고
슬픔 속에 슬픈 뜻은 업연에 묶인 슬픔이네.
육도를 오르고 내림에 끌리는 바가 없으면
저절로 해탈을 이루고 열반도 가지게 되리라.

憙中憙事越家憙	희중희사월가희
悲裏悲情束業悲	비리비정속업비
乘降六途無所引	승강육도무소인
自成解脫涅槃持	자성해탈열반지

○ 수도인으로서 기쁨 가운데 가장 기쁜 일은 출가하여 전무출신이 되었다는 기쁨이요, 슬픔 속에 가장 슬픈 상황은 업연에 묶여서 자유로울 수 없는 슬픔이다. 공부를 잘하여 육도에 오르내리지 아니하고 끌리지도 않아 자재로울 수 있다면 해탈과 열반을 얻게 된다. 그리하여 이 열반의 힘으로 세상에 진리를 밝히고 생령을 제도한다면 그 열반이 정말 아름다운 일이 아닐 수 없다. 그러므로 우리는 자성해탈(自成解脫)을 해야 한다.

해탈을 달성하여
解脫達成

세상에 머물러 사는 데 제일 편안함은
부자로 살거나 높은 벼슬에 오름이 아니라네.
열반을 취득하여 영생토록 즐기고
해탈을 달성하여 긴긴 세월 기뻐함이니라.

於世留居第一安	어세류거제일안
爰非富活上高官	원비부활상고관
涅槃取得永生樂	열반취득영생락
解脫達成長劫歡	해탈달성장겁환

◎ 세속에 머물러 살면서 제일 편안함이란 풍요를 누리고 고관대작이 되어 아래를 호령하며 사는 것이라고 할 수 있다. 그러나 도가에서는 수도를 열심히 하여 열반을 얻어 영생을 즐기고, 다음으로 해탈을 달성하여 긴긴 세월 기쁨을 누리는 청정한 불자의 삶이야말로 최상의 편안함이라고 말하지 않을 수 없다. 그러므로 우리는 세세생생에 득무량수(得無量壽)을 하여야 한다.

인간이 걷는 길에
人間步路

인간이 걷는 길에 중요한 것이 있으니
단것을 마시고 좋은 밥을 삼킴이 아니라네.
스승의 법을 몸에 입고 마음을 알고 깨쳐서
생사에 해탈하고 열반으로 달려가는 것이니라.

人間步路重要存	인간보로중요존
不是飮糖善食呑	불시음당선식탄
師法身衣心識覺	사법신의심식각
死生解脫涅槃奔	사생해탈열반분

○ 사람이 살아가는 길이 여러 갈래일 수 있다. 부귀의 길을 가는 사람도 있고, 권력의 길을 가는 사람도 있으며, 정치의 길을 가는 사람도 있고, 예술의 길을 가는 사람도 있다. 그러나 정말 가야 할 길은 법신불 일원의 진리를 깨닫고 스승님의 법을 체득하며 마음을 깨쳐 생사에 해탈을 얻고 열반에 들자는 것이다. 그러므로 우리는 영겁토록 이 공부 이 사업에 일로매진(一路邁進)을 하는 것이라고 말할 수 있다.

삶과 죽음은 여일하여
死生如一

탐욕에는 모름지기 지옥의 문이 열리고
열반은 저절로 즐거운 하늘 동산이 열리네.
삶과 죽음은 여일하여 먼저와 뒤가 없으니
사실 내 몸의 일어나고 소멸을 말하는 것은 아니어라.

貪慾須開地獄門　탐욕수개지옥문
涅槃自闢樂天園　열반자벽낙천원
死生如一匪先後　사생여일비선후
實未余身起滅言　실미여신기멸언

◎ 사람이 탐욕에 골몰하면 미래는 물론 그 자리에서도 지옥의 문이 열린다. 반면에 수행 공부를 부지런히 하여 심력(心力)을 얻어 열반을 이루면 즐거운 천심(天心)의 동산이 열려서 무우(無憂)의 생활을 하게 된다. 사실 생사란 여일하여 선생선사(先生先死) 후생후사(後生後死)의 원칙은 없다. 생사는 내 몸을 기준으로 한 것이요 마음을 이르는 것이 아니다. 그러므로 우리는 원무생사(原無生死)라는 사실을 인득(認得)하여 살아가야 한다.

하늘과 땅, 땅과 하늘은
天地地天

오고 가고, 가고 옴은 둥근 속을 도는 것이요
죽고 낳고, 낳고 죽음은 둥근 가운데를 돎이라.
열반과 해탈은 해탈과 열반으로 구르고
하늘과 땅, 땅과 하늘은 하늘과 땅으로 노닒이라네.

來去去來圓裏回　　내거거래원리회
死生生死圈中廻　　사생생사권중회
涅槃解脫脫槃轉　　열반해탈탈반전
天地地天天地徊　　천지지천천지회

○ 무릇 사람이 이 세상을 살아가면서 두려운 바가 있다면 아마 생사라고 하지 않을 수 없다. 그러므로 간다 온다 또 온다 간다, 죽는다 낳는다 또 낳는다 죽는다는 것은 마치 둥근 쳇바퀴 속에서 뱅뱅 도는 것과 다름이 없다. 또한 하늘이 땅이요, 땅이 하늘로 돌아가는 것도 별반 다를 게 없다. 따라서 열반이 해탈이 되고 해탈이 열반이 될 때 비로소 생사나 거래에 자유를 얻고 이루어서 무애자재(無礙自在)한 삶을 살게 된다.

일어난 삶, 소멸한 죽음
起生滅死

눈을 뜨고 눈을 감는 것이 한순간이요
코로 마시고 입으로 뱉음이 한순간의 돎이네.
이와 같이 서로 돌아 조금도 걸리지 아니하니
일어난 삶과 소멸한 죽음은 본래 나뉨이 없어라.

眼開目閉一瞤間　　안개목폐일순간
鼻吸口呼壹瞬環　　비흡구호일순환
如此相回些不礙　　여차상회사불애
起生滅死本無頒　　기생멸사본무반

○ 죽고 낳는 것은 순식간에 이루어진다. 눈을 감았다 뜨지 못하면 죽음이요, 숨을 마셨다가 내뱉지 못하면 역시 죽음이다. 이렇게 죽음과 삶은 서로 돌 뿐 조금도 걸리는 바가 없다. 그러므로 일어나는 낳음과 소멸하는 죽음을 둘로 보지도 말고 나누지도 말라. 때가 이르면 나오고 때가 가면 사라지는 것은 불변불역하는 우주의 이치이요 운동이라고 할 수 있다. 그러기 때문에 이 이치에 순응하는 것이 산물(産物)의 도리이다. 그러므로 우리는 순리지인(順理之人)이 되어야 한다.

물 흐름이 빠른 속에는
水流速裏

물 흐름이 빠른 속에는 고기가 헤엄치지 못하고
바람이 부는 태풍 가운데는 나무가 흔들려 뽑히네.
생은 뜬구름과 같고 물거품이 사라짐은 죽음이니
나누어서 분별하려고 말고 그대로 따를지니라.

水流速裏未魚游　　수류속리미어유
風颯颱中木撓抽　　풍삽태중목요추
生似浮雲消沫死　　생사부운소말사
勿爲區別那麼由　　물위구별나마유

○ 대저 물이 너무나 빠르게 흐르면 고기들이 헤엄치기가 어렵다. 또 바람이 너무 세게 불면 나무가 흔들려서 뽑히기가 쉽다. 사실 생과 사는 구름이 떴다 사그라지는 것과 같고 물거품이 일어났다 사라지는 것과 같아서 어디에 뿌리를 내리고 있지 않다. 그러기 때문에 생의 때가 이르면 낳게 되고 때가 가면 사라지는 반복을 하는 것이니 굳이 구별하지 말고 수시생사(隨時生死)라는 사실을 알아야 한다.

웅덩이 물이 지극히 맑으면
瀦水至清

웅덩이 물이 지극히 맑으면 고기들이 살기 어렵고
갈무리한 마음이 지극히 고요하면 본래 진신(眞身)을 보네.
산 사람이 걸어가는 길에 많은 어려움이 있을지라도
죽고 삶보다 더 큼은 없으리니 항상 남았음에 삼갈지니라.

瀦水至清魚活難	저수지청어활난
藏心極靜本身觀	장심극정본신관
活人步路多艱有	활인보로다간유
莫大死生恒愼殘	막대사생항신잔

◎ 무릇 웅덩이의 물이 너무 맑으면 고기들이 숨을 곳이 없어서 살지 못한다. 반면에 마음은 지극히 맑고 고요해야 본자기(本自己)를 확연하게 보고 알 수 있다. 따라서 산 사람으로 걷는 길에 갖가지 어려움이 있다고 해도 생사 같음만은 없을 것이니 살아 있고 남아 있음에 항상 감사를 해야 한다. 그리하여 일동일정을 삼가며 사는 심청도인(心清道人)이 되어야 한다.

힘을 다해 수행하면
盡力修行

여기 두꺼운 얼음 쌓였어도 해가 비치면 녹고
무거운 업을 지었을지라도 진리 빛엔 비워지네.
삶과 죽음에는 해탈과 열반이 있는 것이니
힘을 다해 수행하면 그 마침도 아름다우리라.

積此厚氷日照融	적차후빙일조융
作斯重業理光沖	작사중업리광충
死生解脫涅槃有	사생해탈열반유
盡力修行美厥終	진력수행미궐종

○ 여기에 수만 년 넘게 쌓여서 단단해진 얼음이 있을지라도 따사로운 햇살의 비침으로 녹는 것은 한순간일 수 있다. 이처럼 우리가 수많은 생을 오고 가면서 지은 업장이 산처럼 쌓였다 할지라도 진리의 광명이 비추면 눈처럼 녹는다. 생사에는 해탈과 열반이 있는 것이니 힘을 다해 수행하면 심력(心力)을 얻게 된다. 그러므로 우리는 세상을 함께 사는 것 같지만 사실은 홀로 사는 것이니 그 삶의 궁극은 생사에 있다고 말하지 않을 수 없다. 이러한 의미에서 생각해 보면 생사해탈(生死解脫)이 종미(終美)라고 할 수 있다.

윤회가 쉬지 않음으로
不息輪回

눈을 감음이 이에 눈을 크게 뜸과 같고
구름 사라짐이 이에 구름이 일어 옴과 같네.
낳는 가운데 죽음 있고 죽음 가운데서 나오나니
윤회가 쉬지 아니함으로 멈추지 않고 도느니라.

眼闔爰如眼大開　　안합원여안대개
雲消迺似起雲來　　운소내사기운래
生中有死死中出　　생중유사사중출
不息輪回匪止廻　　불식윤회비지회

◎ 우리가 눈을 뜨고 있을지라도 참 진리를 보지 못한다면 감은 것과 다름이 없다. 또한 감았다 할지라도 참 진리를 볼 수 있다면 눈을 뜬 것과 마찬가지이다. 마치 구름이 일어나고 사라지는 것과 별반 차이가 없다. 낳는 가운데 죽음이 있고 죽음 속에 낳음이 있어서 윤회라는 수레바퀴가 쉬거나 멈추지 않고 돌고 도는 것과 다름이 없으리니 윤회가 쉬지 않는 한 생사로 쉬어지지 않게 된다. 그러므로 우리는 수행을 열심히 하여 탈출윤회(脫出輪回)를 해야 한다.

악도에 기울어지지 아니하고
非傾惡道

사람이 추거(推擧)*가 따르면 벼슬에 오르기가 쉽고
혼령도 천령(薦靈)**을 받으면 구제가 되어 기쁘다네.
회상에서 큰 스승의 뒤를 따라서 간다면
악도에 기울지 아니하고 선도에 구원되리라.

人隨推擧易登官	인수추거이등관
魂受薦靈爲濟歡	혼수천령위제환
於會大師隨後逝	어회대사수후서
非傾惡道善途援	비경악도선도원

○ 사람이 훌륭한 인격을 갖추어 과거시험에 급제해 벼슬을 하기도 하지만 좌우의 추천을 받아 벼슬에 오르기도 한다. 혼령도 천도(薦度)를 받으면 쉽게 구제를 얻을 수 있다. 그리하여 회상에 들어서 소태산 대종사 스승의 뒤를 따라간다면 악도에 기울어지지 아니하고 선도 수생의 길이 열리게 된다. 그러므로 우리는 종사득제(從師得濟)를 해야 한다.

---

* 추거: 추천과 같은 말.
** 천령: 재나 불공을 올려 죽은 이의 영혼(靈魂)을 구제함.

생사를 벗어나지 못하여
不脫死生

법을 설하면 뭇사람이 손뼉을 치며 맞이하고
신통과 묘술을 부림에 머리 끄덕임을 이루네.
두루 덕을 베풀고 건져 피안으로 끌었을지라도
생사를 벗어나지 못하면 업력에 잡아당겨지리라.

說法群人拍掌迎	설법군인박장영
神通戲術點頭成	신통희술점두성
周施道德拯牽岸	주시도덕증견안
不脫死生業力抨	불탈사생업력평

○ 무릇 도문에 들어와서 설법을 잘하면 여러 사람이 손뼉을 치며 환영한다. 또 신통과 묘술을 올바르게 사용하면 역시 사람들이 머리를 끄덕인다. 또한 생령에게 두루 도덕과 자비를 베풀어 피안에 건져놨다 할지라도 낳음과 죽음에 벗어나지 못한다면 어쩔 것인가. 그러면 자연 생사에 자유자재하는 사람이 되지 못하고 업력에 꺼둘리는 계업지인(繫業之人)이 되고 만다.

생과 사는 둘이 아니
死生非二

낯과 밤은 원래 서로 떠난 게 아니고
있음과 없음도 본래부터 서로 펼친 게 아니네.
생과 사는 둘이 아니요 감과 옴도 끊겼으니
해탈과 열반을 얻으면 생로병사로 쇠락하지 않으리라.

晝夜原來不互離　주야원래불호리
有無本始匪相摛　유무본시비상리
死生非二去來絶　사생비이거래절
得脫涅槃未老衰　득탈열반미노쇠

○ 낯과 밤을 서로 다른 둘이라고 볼 수 있는가? 그렇지 않다. 햇빛을 받으면 낯이 되고 등지면 밤이 된다. 있다는 것과 없다는 것도 다르게 펼쳐진 게 아니라 생겨나면 있고 사라지면 없는 것이다. 이처럼 생사나 거래가 기지생래(其地生來) 기지사거(其地死去)이니 무엇이 다르겠는가. 그러므로 우리는 해탈과 열반을 얻어 불사지인(不死之人)이 되어 이 회상에서 소태산 대종사님 모시고 영겁을 오고 가면서 살아야 한다.

부처와 중생은 다르지 않고
佛衆不殊

능히 생과 사가 본래 없음을 깨닫고
깨달음과 미혹도 원래는 없음을 알지니라.
부처와 중생은 다르지 않고 아울러 둘도 아니며
열반과 해탈은 나눠진 길이 아니라네.

能醒生死本來無　　능성생사본래무
亦識悟迷原始无　　역식오미원시무
佛衆不殊兼不二　　불중불수겸불이
涅槃解脫匪分途　　열반해탈비분도

○ 우리는 본래 낳음이라는 것과 죽음이라는 것을 있다고 보지 말고 없다고 보아야 한다. 깨침과 미혹, 부처와 중생도 다르지 않았고 둘도 아니었으니 역시 이상하게 보지 않아야 한다. 열반과 해탈을 이루게 되면 어떤 세계에 들어가더라도 걸리거나 막힘이 없이 룰루랄라 하면서 살아갈 수 있다. 그렇지 않겠지만 만일에 자신의 안일을 생각하여 중생 제도를 소홀히 한다면 나락(奈落)*으로 내려가게 되리니 삼가야 한다. 그러므로 우리는 생령제도(生靈濟度)의 진력을 해야 한다.

* 나락: 죄업을 짓고 매우 심한 괴로움의 세계에 난 중생이나 그런 중생의 세계.

가거나 오거나 걸리지 아니하여
來往非縈

일어나는 것은 이에 쇠퇴하여 소멸하는 문이요
낳는 것은 또한 죽어서 사라진다는 흔적이네.
일원의 진리를 깨치고 알고 마친다면
가거나 오거나 얽히지 않고 자기 힘으로 달리리라.

興起迺爰衰滅門　　흥기내원쇠멸문
出生亦是死消痕　　출생역시사소흔
一圓眞理覺知竟　　일원진리각지경
來往非縈自力奔　　내왕비영자력분

○ 일어나고 생겨난다는 것은 결국 쇠퇴하고 소멸하는 문이 된다. 낳는다는 것도 죽어서 사라진다는 흔적에 지나지 않는다. 그러므로 일원의 진리를 깨닫고 알아서 마쳐야 한다. 각(覺)을 이루면 현실은 물론, 생사 거래의 상황에서 걸림 없이 오갈 수 있는 심력을 얻어 자유롭게 살아갈 수 있다. 따라서 자신의 자유만 생각하고 중생의 고통을 등한시 한다면 상구보리(上求菩提)는 마쳤다고 할지라도 하화중생(下化衆生)을 잊은 보살이라고 말할 수 있다.

세상에 사는 대인
世活大人

세상에 사는 대인은 걸림 없는 사람이니
재물이나 부유한 곳간을 부러워하지 않는다네.
생사에 당하여 끌리는 바가 없이
차라리 흰머리 버릴지언정 의지를 썩히지 않으리라.

世活大人無礙人　　세활대인무애인
不歆財物富裕囷　　불흠재물부유균
當於生死非攸引　　당어생사비유인
寧棄白頭匪意泯　　영기백두비의민

○ 사육신(死六臣)의 한 사람인 성삼문(成三問)이 처형을 앞두고 읊었다는 시가 전한다. '격고최인명 회두일욕사 황천무객점 금야숙수가(擊鼓催人命 回頭日欲斜 黃泉無客店 今夜宿誰家)'. 즉, '북소리는 사람 목숨을 재촉하는데 머리 돌리니 해가 기우누나. 황천엔 여관이 없는데 오늘 밤에는 누구 집에서 잘꼬.'라는 내용이다. 의지가 강한 사람은 생사를 뛰어넘어 신념과 뜻을 굽히지 않는 충의지인(忠義之人)이라고 할 수 있다. 그러므로 우리는 대종사의 문하에서 일체 생령을 제도하는 도고지인(渡苦之人)이 되어야 한다.

사람이 이 세상에 나와서
人生此世

사람이 이 세상에 나와서 일생을 달려가며
봐서는 안 될 바 있고 말하지 못함도 있네.
그렇지만 부처 마음으로 보고 또 말한다면
많은 무리 공감하여 번거로운 바 없으리라.

人生此世一生奔　　인생차세일생분
有所不看存不言　　유소불간존불언
但是佛心觀又語　　단시불심관우어
多群共感靡攸煩　　다군공감미유번

○ 세상에 사는 사람들이 앞으로 달려가기는 해도 뒤로 물러서는 법은 없다. 즉 세상에 나오면서부터 죽을 때까지 달려 나가는 것이지 뒤돌아가지는 않는다는 말이다. 이 가운데 못 볼 것도 보고 못 할 말도 들으며 살아나갈 수밖에 없다. 그렇지만 부처님은 호불호(好不好)나 견불견(見不見)을 막론하고 살려내고 살려 쓰는 법을 알기 때문에 누구든지 버리지 아니하고 포용하나니 우리도 관흉개포(寬胸皆抱)를 해야 한다.

꽃씨가 죽음으로 인해서
因歿花仁

바른 자도 치우침에 기울면 악사*에 떨어지고
검소하여 누추하지 않음은 사치를 삼감이라네.
공명이 더할 수 없이 큰은 사사 없음에 이뤄지고
꽃씨가 죽음으로 인해서 붉은 꽃이 피어 나니라.

正者傾偏落惡邪　　정자경편락악사
儉而不陋愼華奢　　검이불루**신화사
公明至大無私遂　　공명지대무사수
因歿花仁發紫花　　인몰화인발자화

○ 세상에 아무리 바른 사람이라 할지라도 치우침에 기울어지면 악독하고 요사함에 떨어지기 마련이다. 반면에 검소하게 살면서 사치스럽지 않으면 주위가 칭송하게 된다. 따라서 꽃씨가 썩지 아니하고 생생하다면 붉은 꽃을 피울 수가 없듯이 공명을 이루는 데는 사사(私邪)가 녹여져야 성취하게 된다. 그러므로 우리는 세상에 자기 분수를 지키며 살아가야지 어떤 경계를 따라 들떠서 산다면 공명정대(公明正大)하기가 어렵게 된다.

---

* 악사: 악하고 요사스러움.
** 검이불루: 검소하지만 누추하지 않음.

지극한 마음 공정하여
至心公瀞

원만한 입은 구족한 말을 토해내고
지극한 마음 공정하여 사번이 없네.
몸을 닦아 바르고 곧게 의의 길 밟고
눈과 귀와 코 세 군데에 검은 흔적 없앨지니라.

圓口吐辭具足言　　원구토사구족언
至心公瀞不私煩　　지심공정불사번
修身正直義程踰　　수신정직의정답
眼耳鼻三無黑痕　　안이비삼무흑흔

○ 우리가 눈과 귀와 코와 말과 몸과 마음을 원만구족(圓滿具足)하고 지공무사(至公無私)하게 사용하지 아니하고 편착미흡(偏着未洽)하고 왜곡편사(歪曲偏詐)하게 사용한다면 일원의 진리를 육근에 둘러씌워 활용할 수 없게 된다. 즉 눈과 귀와 코와 말과 몸과 마음에서 일원의 진리가 드러나고 원행(圓行) 되어야 한다는 의미이다. 그러므로 우리는 육근을 원만지공(圓滿至公)하게 사용하여야 한다.

내생을 미리 준비하며
來生豫備

무릇 늙은 나이가 되는 시기에 이미 이르렀으면
새로운 인연을 찾거나 펼치고 다니지 말며,
생각 거두고 마음 편히 주변 물건 정리하여
내생을 미리 준비하며 정신을 맑게 밝힐지니라.

大凡已至老年時　대범이지노년시
欲覓新緣莫走伸　욕멱신연막주신
收念安心邊物整　수념안심변물정
來生豫備瀞明神　내생예비정명신

○ 사람이 늙어가면서 추루(醜陋)하지 않아야 한다. 이는 젊은 시절에 관리를 잘못하면 늙어서 추루하기가 쉽다. 따라서 중요한 것은 수행을 게을리하면 얼굴에 광윤(光潤)이 사라져서 몰골이 초췌(憔悴)* 하게 변형을 가져오게 된다. 그러므로 새 인연 지으려 말고 또한 욕심을 내려놓으며 주변을 잘 정리하고 살아야 한다. 따라서 늙음이 오는 것은 막을 수 없으니 이런 때일수록 맑고 밝은 정신으로 정심명신(瀞心明神)을 하여야 한다.

* 초췌: 병, 근심, 고생 따위로 얼굴이나 몸이 여위고 파리함.

삶의 길로 오지 않으려면
未徠生路

시방과 욕계와 색계와 무색계는 한 마당으로 펼쳐졌고
가는 자가 그 사람이었다면 오는 자도 그 사람이라네.
세간에 돌아오려 아니하거든 가는 바가 없을 것이요
삶의 길로 오지 않으려면 죽음에서 돌아오지 않을지니라.

十方三界一場伸　　십방삼계일장신
去者厥人來厥人　　거자궐인래궐인
不復世間無所往　　불복세간무소왕
未徠生路死非巡　　미래생로사비순

○ 무릇 동서남북과 간방(間方)과 상하와 세계와 욕계 색계 무색계가 이 우주에 펼쳐있는 한 마당이다. 이러한 가운데 가고 오고, 죽고 낳고, 이생과 저생, 천계와 현세 등등, 이 우주 안에서 벌려지고 있는 사실적인 상황이다. 이런 가운데 죽어 가는 자도 그 사람이요 낳아 오는 자도 그 사람이다. 그러므로 죽고자 아니하려면 낳지 말고, 가지 않으려면 오지 않으면 된다. 그러므로 우리는 가고 오되 무애거래(無礙去來)를 해야 한다.

07

塵世逆旅

진세역여

티끌세상은 여관

긴긴 세월 긴긴 생애
永劫長生

능히 하늘과 땅 티끌세상의 갇힘에서 벗어나
모름지기 우주를 날고 텅 빔에서 놀리라.
배를 지어 해와 달 두 등불을 걸고
긴긴 세월 긴긴 생애 자유롭게 살아가려네.

能脫乾坤塵世囚　　능탈건곤진세수
須飛宇宙曠虛遊　　수비우주광허유
造船日月兩燈掛　　조선일월양등괘
永劫長生活自由　　영겁장생활자유

○ 만물 중에 사람만이 하늘 땅과 아울러 티끌세상은 물론 저 우주까지도 벗어나고 놀 수 있는 능력을 가졌다고 말할 수 있다. 왜냐하면 사람은 깊은 수도를 통해서 진리를 깨닫고 마음의 자유를 얻으면 상천(上天)으로부터 하지(下地)에 이르기까지 무소불통(無所不通)이요 무소불거(無所不去)이기 때문이다. 그러므로 우리는 이신위선(以身爲船)하여 허공에 노닐어야 한다.

군자가 권력을 가지면
君子持權

군자가 권력을 가지면 가정과 나라가 성장하고
소인이 정사를 잡으면 뭇 백성과 다툰다네.
오직 다스리는 도는 아이처럼 살핌에 있으니
순간이라도 달린 눈으로 백성을 놓치지 말지니라.

君子持權家國盛　　군자지권가국성
小人執政衆民爭　　소인집정중민쟁
惟在治道如兒察　　유재치도여아찰
莫放瞬時懸眼眂　　막방순시현안맹

○ 군자가 권력을 가지면 가정, 사회, 국가가 성왕하게 된다. 반면에 소인이 정권을 잡으면 백성과 서로 다투게 되어 안정을 얻지 못하고 불안하게 살아간다. 정치의 길은 견민적자(見民赤子)에 있으니 늘 살피고 다독여서 자기의 눈을 국민에게 두되 한시도 떠나서는 안 된다. 『시경(詩經)』「강고(康誥)」에 "여보적자(如保赤子)"라는 말이 있다. 즉 (백성 돌보기를) 마치 갓난 아이 돌보듯 하다.'는 의미이다. 위정자가 국민을 내 자식을 돌보듯이 해야 한다. 그러므로 우리는 애중사자(愛衆似子)를 해야 한다.

마음 다하고 힘을 다하면
盡心盡力

폭포에서 흐르는 작은 물방울 쉬지 않고 이어져
계속 흘러 멈춤이 없으면 돌도 구멍이 뚫리네.
세상 경계가 앞을 막아 큰 고개와 같을지라도
마음 다하고 힘을 다하면 언덕을 넘게 되리라.

瀑流小滴不休連	폭류소적불휴연
續淃無停石穴穿	속권무정석혈천
世境障前如大嶺	세계장전여대령
盡心盡力做踰阡	진심진력주유천

◎ 폭포에서 흐르는 작은 물방울이 계속 이어져 흐른다면 아무리 두꺼운 석철(石鐵)이라 할지라도 결국 구멍이 뚫리고 만다. 이와 마찬가지로 세상을 살아가는 우리 앞에 어려운 경계가 큰 고개처럼 놓였을지라도 마음과 힘을 다하여 뚫고 나간다면 마치 언덕을 넘어 광활한 대지를 보게 되는 것과 같아서 큰 어려움이 없게 돌파를 할 수 있다. 그러므로 우리는 끊임없는 수행 공부로 마음의 힘을 길러 자유자재(自由自在)롭게 세상을 살아가야 한다.

작은 악이 나에게 있음에
小惡存余

작은 악이 나에게 있음에 놓고 버리지 아니하면
점점 커져 억제하지 못하고 저절로 길게 뻗어서,
마음 얽히고 몸이 매여 마침내 고통을 맞으리니
처음 나옴에 끊고 제거하여 이어가지 않을지니라.

小惡存余不放捐	소악존여불방연
漸丕未制自長延	점비미제자장연
縈心繫體終迎苦	영심계체종영고
初出斷除弗去連	초출단제불거련

○ 가령 나에게 조그만 악이 있다 할 때 '이건 작은 것이니까 괜찮겠지' 한다면 이는 큰 오산이다. 세물(世物)이 작은 것으로부터 커지는 것이기 때문에 바로 버리지 않으면 마음을 휘감고 몸을 묶어 결국 고통을 불러온다. 첫 싹이 나올 때 뽑기가 쉬운 것처럼 허물이 작을 때 제거를 해야 한다. 따라서 나에게 작은 선(善)이 있으면 절대 버리지 말고 잘 길러서 큰 선을 만들어야 한다. 그러므로 우리는 이소성대(以小成大)의 정신을 잃어버리지 않아야 한다.

작은 이익 탐하지 말라
小利莫貪

여러분은 작은 이익을 아끼고 탐하지 말지니
허약한 뿌리 나무를 심으면 과일을 따서 즐기지 못하네.
조그만 나무로는 큰 집을 이루기 어렵고
부서진 수레로는 먼 고을에 이르기 어려우니라.

諸君小利莫慳貪　제군소리막간탐
不植弱根摘果耽　불식약근적과탐
少木難成丕廈屋　소목난성비하옥
破車艱至遠方縣　파거간지원방현

○ 소탐대실(小貪大失)이라는 말이 있다. '작은 것을 탐내다가 큰 것을 잃는다.'라는 의미이다. 사자를 잡으려는 사람이 토끼나 노루를 보고 함부로 총을 쏜다면 총알을 소진하여 정작 사자가 나타났을 때 총을 쏠 수가 없다. 그러므로 큰 성공을 이루려 하고 큰 서원을 실현코자 하는 사람은 작은 것을 취하지 않아야 한다. 『명심보감(明心寶鑑)』에 "선의이후리자영 선리이후의자욕(先義而後利者榮 先利而後義者辱)"이라 하였다. 즉 '의를 먼저 하고 이를 뒤에 하면 영화롭고 이를 먼저 하고 의를 뒤에 하면 욕되니라.'는 뜻이다. 그러므로 우리는 사리취의(捨利取義)를 해야 한다.

부부의 사이
夫婦之間

무릇 지아비와 지어미 서로의 사이에 있어서
첫째가는 요지는 믿음과 의리의 벼리이니,
만약에 두 가지에서 하나라도 빼내진다면
서로의 사랑과 화애로운 얼굴로 보기 어려우리라.

大凡夫婦有相間　　대범부부유상간
首位宗要信義綸　　수위종요신의륜
萬若兩條抽一個　　만약양조추일개
難看互愛與和顔　　난간호애여화안

○ 부부를 일심동체(一心同體)라 한다. 이런 생각을 가지고 상호 존중하며 살되 또한 다음 두 가지를 명심해야 한다. 하나는 믿음이요 또 하나는 의리이다. 만일에 믿음이 약하면 의심이 생기기가 쉽고 의리가 없으면 갈라지기가 쉬운 법이다. 그러므로 둘에서 하나만 빠져도 원만한 부부가 되기는 어렵다. 흔히 부창부수(夫唱婦隨)라고 한다. 이는 '남편이 부르면 아내가 따른다.'는 뜻으로 부부간의 화합을 말하는 것이니, 남녀의 차별을 말하는 것은 아니다. 이에 우리는 부부동창(夫婦同唱)이요 부부동수(婦夫同隨)가 되어야 한다.

잠깐 사이 무명이 소멸하면
暫滅無明

눈이 온 산을 덮었다가 그 눈이 녹으면
큰 바위 산기슭 뼈대가 모두 그림인 듯 드러나네.
맑은 마음 어두워서 실마리를 보기가 어렵다가
잠깐 사이 무명이 소멸하면 근본 지혜 밝아지느니라.

覆雪全山厥雪消　　복설전산궐설소
巨巖麓骨顯皆描　　거암녹골현개묘
淸心暗昧難看緖　　청심암매난간서
暫滅無明本智昭　　잠멸무명본지소

○ 무릇 세월이 흘러 계절의 겨울이 되니 차가움이 옷깃을 여미게 한다. 따라서 산하대지에 눈이 덮이면 고저가 없이 평등하게 보인다. 그러다가 눈이 녹으면 바위는 바위대로 나무는 나무대로 다 드러나 한 폭의 그림과 같다. 이처럼 우리 마음도 맑은 것이지만 어둠 곧 무명이나 업장이 덮이면 실마리도 보기 어렵다. 그러다가 잠깐 사이에 어두운 무명과 업장이 소멸하면 본래 지혜가 밝아진다. 그러므로 우리는 수심소혜(修心昭慧)를 해야 한다.

미리 보려고 말라
莫欲豫觀

밤나무 그 줄기 길러지나 뿌리를 보기가 어렵고
사람이 그 얼굴은 알지만 마음을 알기는 어렵네.
그러나 움직임을 보면 행실의 실마리를 아나니
미리 보려고 말고 장차 펼쳐지길 기다릴지니라.

養栗厥幹艱柢看	양율궐간간저간
人知其面識心難	인지기면식심난
然而見動知行緒	연이견동지행서
莫欲豫觀將待攤	막욕예관장대탄

○ 가령 여기에 밤나무가 자라는데, 그 가지와 잎, 열매는 모두 볼 수 있지만 그 밑뿌리는 보기가 어렵다. 사람도 그 얼굴은 보면 형상은 알지만, 마음까지 알기는 정말 어렵다. 그러므로 저 사람이 어떻게 행동하는가를 보면 행실의 실마리를 알 수 있다. 그러나 공연히 엿보고 엿들려 하다가 곤경을 당할 수가 있으므로 느긋이 기다리면 사태를 다 알게 된다. 그러므로 우리는 사선입견(捨先入見)을 해야 하고 방추측심(放推測心)을 해야 한다.

조그만 모래를 바다에 던지면
些沙投瀛

조그만 모래를 넓은 바다의 물에 던지니
물결이 높이 일어나 큰 뫼를 삼키누나.
텅 빈 것도 아니요 가득 찬 물건도 아니니
눈을 떠서 보려 말고 흔적도 찾으려 말지니라.

些沙投擲廣瀛源　　사사투척광영원
波浪高起泰嶽呑　　파랑고기태악탄
本始不空非滿物　　본시불공비만물
莫開眼見勿尋痕　　막개안견물심흔

○ 작은 모래 한 알을 저 넓은 바다의 근원인 한가운데에 던지니 물결이 일어나 높은 산, 높은 뫼를 다 삼켜버린다. 볼 수도 없고 들을 수도 없으며, 잡을 수도 없고 모양도 없는 한 물건이 들어서 묘리(妙理)를 회전시켜 우주 건곤과 만물을 운용하였기 때문이라고 할 수 있다. 그러므로 우리는 이를 내면에 품고 간직하여 밝히고 깨닫는 능각공리(能覺空理)하는 사람이 되어야 한다.

문장과 언어
文章言語

문장에 중점을 두어 좋은 글을 쓰는 사람이나
언어를 주장하여 쓸데없는 말을 하는 사람은,
평소에는 어떤 깨달음이 있는 것 같지만
마음을 접하고 이치를 대해 어리석음에 빠지기 쉬우니라.

文章主眼善書人	문장주안선서인
言語拄張饒舌身	언어주장요설신
平素什麽如有覺	평소십마여유각
接心對理易愚淪	접심대리이우윤

○ 사람이 실제적인 지혜와 깨달음이 없으면 농필(弄筆)*을 휘둘러 글을 쓰기 쉽다. 언어도 혜각(慧覺)이 없으면 농설(弄舌)**을 부려 남을 현혹하기 쉽다. 그리하여 평소에는 무엇을 알고 깨달은 것 같지만 어려운 경계나 마음자리를 접하게 되면 우치(愚癡)에 빠져 헤쳐나오기가 쉽지 않다. 그러므로 우리는 연심(硏心)과 구리(究理)에 능각실심(能覺實心)을 해야 한다.

---

* 농필: 참말과 거짓말을 섞어서 희롱조로 글을 지음.
** 농설: 쓸데없는 말을 자꾸 지껄임.

구부린 대 푸른 솔
彎竹青松

가을비가 내려오니 푸르던 오동잎 떨어지고
종일토록 바람이 부니 붉던 단풍이 괴로워하네.
휘어진 대는 조금도 허리 꺾이지 아니하거늘
어찌 푸른 솔이 몸을 굽히고 구부림이 있겠는가.

秋雨降來落碧桐　　추우강래낙벽동
颯風終日苦丹楓　　삽풍종일고단풍
不爲彎竹些腰折　　불위만죽사요절
豈有青松屈俯躬　　기유청송굴부궁

◎ 이 시는 원기68년 10월 26일에 지은 작품으로, 송죽(松竹)의 절개를 찬양한 시이다. 가을이 되어 비가 추적추적 내리니 오동잎은 떨어지고 단풍잎도 괴로워한다. 그렇지만 대는 바람에 휘어질지언정 꺾이지 않는다. 하물며 솔인들 구부리고 굽힘이 있겠는가. 우리도 숙세에 불연이 있고 법연이 있어서 주세불과 정법 회상에 만났으니 쉼이 없이 이 공부 이 사업으로 큰 깨달음을 이루고 복혜양족하여 영겁을 일이관지(一以貫之)를 하는 절조지인(節操之人)이 되어야 한다.

동쪽 고개에 해가 오르니
東嶺日昇

밤사이 바람이 불고 눈이 날리더니
산기슭 도시와 농촌이 하얀 베옷을 입었어라.
동쪽 고개에 해가 오르니 두 눈이 밝아지는데
모퉁이를 지나던 동자가 차가운 사립문을 여는구나.

夜間風颯六花飛	야간풍삽육화*비
山麓市村被布衣	산록시촌피포의
東嶺日昇明兩眼	동령일승명양안
隅過童子闢寒扉	우과동자벽한비

○ 이 시는 원기68년 11월 17일에 지은 것이다. 밤사이에 바람이 불고 눈이 내렸음을 아침에 일어나서 알게 되었다. 도농(都農)을 비롯한 산야가 하얀 베옷을 입은 듯하다. 이윽고 동녘에 해가 솟아오르니 두 눈이 밝아진다. 모퉁이를 지난 동자(童子)가 차가운 사립문을 쳐들고 열면서 안으로 들어간다. 그러므로 우리도 사옹농로(蓑翁農老)가 되어 보자.

---

* 육화: '눈'을 달리 이르는 말. 눈송이가 여섯모의 결정(結晶)을 이루는 데서 유래한다.

시냇물 흐름 따라 경치 찾아서
溪流尋景

시냇물 흐름 따라 경치 찾아 구름길 밟으며
뭇새 노래 들으니 묵었던 티끌이 맑아져라.
고개 너머 기우는 햇살에 나무 그림자 길어지고
차가움을 안은 바람 불매 저절로 옷깃이 여며지네.

溪流尋景蹹雲程	계류심경답운정
衆鳥歌聞宿垢清	중조가문숙구청
越嶺殘陽長木影	월령잔양장목영
抱寒風颯自衣更	포한풍삽자의경

○ 원기68년 11월 19일에 지은 시이다. 아마 단풍을 구경한다고 시냇물 흐르는 골짜기를 걸어가면서 지은 것 같다. 마침 새들이 노래하는 소리를 들으니 숙세 마음의 티끌이 말끔하게 씻긴다. 고개를 넘어가는 햇살에 나무의 그림자는 더욱 길어지고 차가움을 안고 불어오는 바람에 옷깃을 여민다. 그러므로 우리는 우학산옹(寓壑山翁)이 되어 보자.

잔잔하게 흐르는 시냇물
潺潺澗水

잔잔하게 흐르는 시냇물은 밖에서 보니 맑고
불어오는 차가운 바람에 나무들은 움츠리네.
풀이 드리운 구부러진 길엔 뾰쪽한 돌이 박혔고
시냇가엔 흙이 씻겨진 나무뿌리가 얽혔어라.

潺潺澗水外看淸　　잔잔간수외간청
颯颯寒風樹縮傾　　습습한풍수축경
垂草曲程尖石揷　　수초곡정첨석삽
溪邊洗土木根縈　　계변세토목근영

○ 이 시는 원기68년 11월 19일에 지은 시이다. 단풍을 구경한다고 시냇물 흐르는 골짜기를 걸어가면서 지은 것 같다. 잔잔하게 흐르는 시냇물은 맑고 불어오는 차가운 바람에 나무들은 움츠러든다. 시들한 풀들이 드리운 굽은 길엔 뾰쪽한 돌이 박혔고 시냇가엔 흙이 씻겨진 나무뿌리가 얽혀 있다. 그러니 우리는 요산우옹(樂山愚翁)이 되어야 한다.

오랜 추위에 봄이 더디다
久冷遲春

오랜 추위에 봄이 더디니 매화 보기가 어렵고
사람이 드물어 소식 끊어지니 빗장을 열지 않네.
밤 깊은데 고향을 그리던 꿈에 놀라 일어나니
밝은 달 창문에 비추고 대 그림자 빛나누나.

久冷遲春難見梅	구랭지춘난견매
罕人截信不扃開	한인절신불경개
夜深驚起慕鄉夢	야심경기모향몽
明月照窓竹影輝	명월조창죽영휘

○ 무릇 추위가 오래되다 보니 봄이 더디고 매화를 보기는 더욱 어렵다. 추위 때문에 찾는 사람이 드무니 자연히 빗장을 열 필요도 없다. 문득 잠을 자다 고향을 그리는 꿈에 깜짝 놀라 일어나 창문을 바라보니 비친 대 그림자가 오히려 빛이 나는 것 같다. 모향지인(慕鄉之人)! 곧 이와 같이 육신이 태어난 고향은 그리워 하고 찾으면서 마음의 고향은 어디에 있는 줄도 모르고 살고 있으니 안타까운 생각이 든다. 그러므로 우리는 귀심향인(歸心鄉人)이 되어야 한다. 고향을 떠나 도시에 살아도 고향 그리는 마음은 한결같은 모양이다.

백성은 삶이 외로워서는 안 된다
民生不孤

나라에 뭇 백성은 삶이 외로워서는 안 되는 것이요
정치하는 사람은 덕을 쌓아야 무리가 가까이하네.
깊은 산에는 새와 짐승이 짝을 지어 살고
푸른 들판엔 소가 노닐고 망아지가 풀을 뜯누나.

於國衆民生不孤　　어국중민생불고
政人積德會群徒　　정인적덕회군도
深山禽獸作儔活　　심산금수작주활
青野牛遊吃草駒　　청야우유흘초구

○ 무릇 정치란 주어진 권력으로 백성을 억압하라는 것이 아니라 국민의 삶을 살펴서 외롭지 않도록 하는 도구라고 할 수 있다. 그런데 위정자가 권력을 이용하여 국민들에게 고통을 안겨 준다면 받아야 할 업과(業果)는 여산여해(如山如海) 한다. 또한 위정자는 저 깊은 산속에 사는 새와 짐승, 또는 들판에 사는 소와 말들도 편안한 삶을 영위하도록 덕을 베풀어야 한다. 그리하여 그 나라에 사는 어느 하나도 버려지거나 무시당하지 않도록 화덕지정(和德之政)을 베풀어야 한다.

부부가 아이를 낳는 것은
夫婦産兒

부부가 아이를 낳는 것은 대를 이어가는 길이요
집안이 화목함은 혈족이 잘살도록 붙잡아줌이네.
푸른 하늘은 땅을 맞이하여 여러 물상을 기르듯이
선조는 집안을 경영하여 후손을 도모하니라.

夫婦産兒連代途	부부산아련대도
屋和血族善生扶	옥화혈족선생부
蒼天迎地養群物	창천영지양군물
先祖營家做孕圖	선조영가주잉도

○ 부부가 결혼하여 자녀를 두게 되는 소이는 서로를 향한 사랑에서 기인하지만, 자녀를 낳아 대를 잇는다는 것도 큰 목표가 된다. 서로 북돋아 집안이 화목하고 잘산다는 것은 후손을 잘 기른다는 의미이다. 하늘이 물상을 맞이하여 잘 길러가듯이 선조가 후손을 잘 길러서 가문은 물론이요, 사회와 나라까지 부강하게 만드는 것이라고 할 수 있다. 그러므로 우리는 나, 가정, 사회, 국가, 세계, 천지, 우주를 위해서라도 후손을 많이 두는 것이 현명하다고 아니할 수 없다. 그러므로 우리는 이아성국(以兒盛國)을 만들어야 한다.

성공을 성취하기 어렵다
艱就成功

만일 나무가 찬 눈의 차가움을 지내지 아니하면
큰 나무라도 기둥과 들보로 자라기가 어렵네.
인생도 이와 같아 고통을 지내지 아니하면
성공을 성취하기가 어렵고 하배(下輩)*로 남게 되리라.

若木非過冷雪寒　　약목비과냉설한
難長巨樹棟樑干　　난장거수동량간
人生如此不經苦　　인생여차불경고
艱就成功下輩殘　　간취성공하배잔

○ 나무가 아무리 크다 할지라도 눈비 바람을 맞지 아니하고 자랐다면 목질(木質)이 물러서 기둥이나 들보로 쓸 수가 없다. 이처럼 사람도 극고(極苦)를 겪지 않으면 심신지력(心身之力)이 빈약하여 사경(事境)을 당해서 먼저 거꾸러지기 때문에 성공하지 못하고 도리어 하배에 그치고 만다. 그러므로 우리는 천인만내(千忍萬耐)를 하면서 인중최인(人中最人)이 되어야 한다.

---

* 하배: 지혜가 얕고 공덕이 적은 범부를 이르는 말.

골 시내 맑은 물
谷溪清水

골짜기 시내 맑은 물은 노래하며 흐르는데
떨어진 잎을 배로 삼아 개미가 타고 노니네.
그 아래 잠겼던 고기가 눈을 떠서 보고선
발이 많아 걷는다 해도 내가 헤엄침만 못하리라.

谷溪清水唱歌流　　곡계청수창가류
落葉爲船載蟻遊　　낙엽위선재의유
其下潛魚開眼見　　기하잠어개안견
足多做步未余游　　족다주보미여유

◎ 산골의 맑은 시내에 나뭇잎 하나가 떨어진다. 이를 본 개미들이 앞을 다투어 올라 춤추고 노래하며 뱃놀이를 즐긴다. 이를 밑에서 보고 있던 고기들이 손가락질하면서 "너희가 아무리 발이 많다 할지라도 우리가 한번 헤엄치는 것만 못하리라."라고 한다. 우리도 자기 특기만 내세워 남을 무시하지 말고 사람들과 함께 나아가야 한다. 그러므로 우리는 세상을 살아 가면서 나의 장점으로 남을 감화시키는 도움을 준다면 아인상장(我人相長)이 된다는 점을 알아야 한다.

푸른 솔 곧은 대
碧松直竹

푸른 솔 곧은 대는 진여의 나타남이요
흐르는 물 노랫소리는 법어의 울림이며,
붉은 단풍 노란 꽃은 둥근 진리의 조화이고
푸른 하늘 밝은 달은 진체 광명의 펼침이어라.

碧松直竹現眞如　　벽송직죽현진여
潺水歌聲法語噓　　잔수가성법어허
楓紫黃花圓理化　　풍자황화원리화
蒼天明月體光舒　　창천명월체광서

○ 저 우주 위로부터 우주 아래까지 또한 저 동변(東邊)으로부터 서변에 이르기까지 진여(眞如) 아님이 없고 법어(法語) 아님이 없으며 원리(圓理) 아님이 없고 체광(體光) 아님이 없다. 그리하여 그냥 그대로 처처물물(處處物物)이 무비불상(無非佛像)이라는 사실을 알아야 한다. 그러므로 우리는 진리를 찾아 3만 리를 걷지 말고 손 젓고 발 뛰는 거기에 진리의 빛이 있고 진여의 조화가 있다는 사실을 인지하여 이체성광(理體性光)을 깨쳐야 한다.

경계에 당해 몸을 놓아도
當境放身

여기에 글을 중시하는 무리의 사람이 있고
또 여기에 말을 주장하는 무리가 앞을 좇네.
평상의 사는 길에 걸리고 묶임이 없다면
경계에 당해 몸을 놓아도 묶이지 아니하리라.

於此重文有類人　　어차중문유류인
又斯主語輩前遵　　우사주어배전준
平常活路無縈縛　　평상활로무영박
當境放身匪所紳　　당경방신비소신

○ 글도 좋고, 말도 좋으며, 행동도 좋고, 가르침도 좋지만, 무엇보다 알고 깨달음이 이뤄져야 참으로 좋은 결과가 나타난다. 만일에 지각(知覺)을 이루었다면 그 좋은 문언행교(文言行敎)가 우리의 살아가는 길에 얽히고 묶여서 살지 않도록 방법을 제시해 준다. 그러면 자연히 몸은 어느 곳에 놓고 맡겨도 억압을 받아 얽히거나 걸림이 없이 살아가는 대자유인(大自由人)이 된다.

온 나라가 바른 정치면
全邦正政

온 나라가 바른 정치면 함께 다스려 융화하고
따라서 공변됨을 펼치면 모든 일이 소통하네.
굳게 사사로운 권력을 잡으면 이익과 욕심을 부르지만
올곧은 정의를 주장하면 존숭을 부르리라.

全邦正政共治融　　전방정정공치융
因此敷公萬事通　　인차부공만사통
堅執私權招利慾　　견집사권초이욕
主張直義召尊崇　　주장직의소준숭

○ 나라에 바른 정치가 실현되면 모든 것이 고루 다스려져서 융화를 이루게 된다. 따라서 공변됨을 펼치게 되면 무슨 일이든지 통철하지 않음이 없다. 반면에 권력을 사유화하여 굳게 쥐게 된다면 자연 이익과 욕심에 눈이 가리고 마음이 어두워서 올바른 판단과 생활을 할 수가 없게 된다. 반면에 충직과 정의를 주장하며 정치를 한다면 자연스럽게 사람들의 존숭을 받음과 아울러 세인(世人)에게 많은 유익을 끼치게 된다. 그러므로 정치를 하는 사람은 선정덕치(善政德治)를 베풀어서 살리는 정치를 해야 한다.

자유를 길이 누리며
自由永享

본래 살생이나 도적은 계문에는 없고
또한 진심이나 치심도 실제로 없다네.
이와 같이 얽히지도 않고 아울러 매이지도 아니하여
자유를 길이 누리며 나의 길을 가리로다.

本來殺盜戒文無　　본래살도계문무
亦是瞋癡實際无　　역시진치실제무
如此不纏兼不礙　　여차부전겸불애
自由永享逝余途　　자유영향서여도

◎ 진리의 근본 자리는 오계(五戒)나 십계(十戒) 같은 계문이 있을 수 없다. 또한 성냄이나 어리석음도 없는 명결(明潔)하고 정정(靜瀞)한 자리이기 때문에 얽히거나 매이는 바가 없다. 이 자리는 가장 자유롭고 자재(自在)한다. 즉 어떠한 매임이나 얽힘이 없어서 자유를 얼마든지 누릴 수가 있으니 이러한 길을 누구에게 의탁할 필요가 없이 나아가면 된다. 그러므로 우리는 소태산 대종사님의 가르침으로 공부하여 무애현인(無礙賢人)이 되어야 한다.

지금 생애 게으르면
今生懶怠

좋은 소라도 길들이지 아니하면 멍에 걸기 어렵듯이
지금 생애 게으르면 올지라도 편안하지 않다네.
주세 부처님과 아울러 스승의 법을 만났을 때에
대도의 인연 소홀하게 여기면 탄식을 면치 못하리라.

善犢非馴掛軛難	선독비순괘액난
今生懶怠未來安	금생나태미래안
遇時主佛兼師法	우시주불겸사법
疏忽道緣不免歎	소홀도연불면탄

○ 아무리 좋은 소라고 할지라도 길들이지 아니하면 멍에를 걸어서 전답을 갈거나 짐을 나를 수가 없다. 이처럼 금생에 인도(人道)에 태어났지만 게으름을 부려 수행하지 아니하면 다음 생을 장담할 수가 없다. 주세의 부처님과 정법을 만난 지금, 불연과 법연을 돈독하게 다져놓지 않으면 득도의 기회를 잃게 된다. 만일에 이 생에 득도의 기회를 잃게 된다면 자신의 힘도 모자란데 과연 누구의 힘을 빌려 다시 불법의 인연으로 돌아갈 수 있겠는가. 그러므로 우리는 불법지연(佛法之緣)이 최중(最重)임을 알아야 한다.

정치는 국민을 편안케 해야 한다
政治民安

정치는 오직 국가와 국민을 편안케 하는 데 있거늘
당리를 추종하고 당략을 견고하게 하려 하는구나.
권력이 오래면 폐단이 생겨 망하는 길로 나가나니
항상 조심하고 삼가며 올곧은 길을 펼칠지니라.

政治唯在國民安　　정치유재국민안
黨利追從黨略完　　당리추종당략완
權久弊生亡路進　　권구폐생망로진
恒常敬愼直程攤　　항상경신직정탄

○ 한 나라의 정치는 국민을 편안하게 하고 국가를 발전시키는 데 있다고 할 수 있다. 그러나 당리를 추구하고 당략을 추종한다면 불미스러울 수밖에 없다. 권력이란 오래되면 폐단이 생겨서 폭망의 길로 나아가기가 쉽다. 그러므로 집권했을 경우에 모름지기 더욱 삼가고 조심하여 올바른 길로 나가서 의정이민(義政利民)이 되도록 해야 한다. 다시 말하면 어린아이가 칼자루를 잡는다면 어떠하겠는가. 바로 무슨 짓을 할지 모른다. 이와 같이 정치를 모르는 자가 정권을 잡으면 역시 무슨 짓을 할지 모른다. 그러므로 우리는 선거라는 제도를 통하여 그야말로 정정지인(正政之人)에게 투표를 하여야 한다.

창밖 기운 맑고
窓外氣淸

창밖 기운 맑은데 차가운 눈은 날리고
언덕에 선 나목도 노란 옷을 벗었네.
세상 사람이 아낌없이 간탐(慳貪)*을 던진다면
서로 믿고 의지하여 살아가는 길이 아름다우리라.

窓外氣淸寒雪飛	창외기청한설비
立丘裸木脫黃衣	입구나목탈황의
世人無嗇慳貪擲	세인무색간탐척
相信相依活路徽	상신상의활로휘

○ 창밖 공기는 맑은데 하늘에서 하얀 나비가 된 눈이 날리고 있다. 저 언덕에 섰던 나목도 노란 엽의(葉衣)를 벗은 지 오래다. 우리가 사는 세상에 인색하고 욕심 많은 간탐을 아끼지 말고 던져야 한다. 그러면 어울려 사는 길에 서로 믿고 의지하여 삶을 엮어가게 될 것이다. 이것이 바로 낙원의 생활이다. 그러므로 우리는 죽어서 극락가고 천당가려 말고 살아서 누리는 낙원을 만들어 가야 한다. 그래서 능개낙원(能開樂園)하는 사람이 되어야 한다.

* 간탐: 인색하고 욕심이 많음. 제 것은 아끼고 남의 것은 탐냄.

한 잔 차를 마시다
一盞飮茶

한 잔 차를 마시니 하늘과 땅이 티끌이요
두 잔 차를 머금으니 우주가 물방울이어라.
의젓이 일어나 소매를 걷으며 춤을 추면
두 손 손가락 끝에 해와 달이 구르는구나.

一盞飮茶天地塵　　일잔음다천지진
二杯含茗太虛潾　　이배함명태허린
昂然興起袖捲舞　　앙연흥기수권무
兩手指端日月輪　　양수지단일월륜

○ 때가 한가로워 녹차를 끓여 한 잔 마시니 하늘과 땅이 한 점 티끌로 보인다. 또 한 잔 더 마시니 우주가 물방울에 지나지 않는다. 이에 의젓이 일어나 소매를 걷고 춤을 추면서 두 손의 손가락을 길게 뻗어 해와 달을 올려놓고 희롱하며 궁굴리니 사방에 광명이 쏟아진다. 우리는 그 광명을 받아 일체 생령을 더불어 번뇌를 씻고 업장을 녹여서 발광지인(發光之人)이 되어야 한다. 그러므로 우리는 늘 맑은 차를 마시며 살아가는 격외유인(格外遊人)이 되어야 한다.

안분을 잘 지키면
善守安分

대개 가득할 때에는 덞을 부르게 되고
겸손하면 뭇사람이 맞이한다네.
세상에 질투와 시기와 의혹이 많이 있을지라도
안분을 잘 지킨다면 앞길이 밝으리라.

大槪滿時爲損招　　대개만시위손초
隨而謙遜衆人邀　　수이겸손중인요
世存嫉妬猜疑夠　　세존질투시의구
善守安分前路昭　　선수안분전로소

○ 『서경(書經)』「대우모(大禹謨)」에 "가득하면 덞을 부르고 겸손하면 이익을 받는다(滿招損 謙受益)."라고 하였다. 즉, 사람이 교만하게 되면 손해를 부르고, 겸손하면 이익을 받게 된다는 의미이다. 세상에 시기나 질투나 의혹이 많을지라도 나만이라도 안분을 지키고 살아야 한다. 사람이 자신의 분수를 지키면 매사에 흡족함을 얻게 된다. 이것이 곧 안분지족(安分知足)이다. 그러하면 자연스럽게 전로(前路)가 열리고 밝은 도움을 받게 된다. 그러므로 우리는 수분지인(守分之人)이 되어야 한다.

덕을 베풀고 어려움을 구제하면
敷德救難

무릇 선을 두루 베풀면 뒤의 자손에 미치나니
애당초 악하지 말고 좋은 행동으로 이을지니라.
육근을 동작함에 법도를 어기지 아니하며
덕을 베풀고 어려움을 구제하면 사람이 모여들어 기댄다네.

夫善周施及後仍　부선주시급후잉
當初勿惡好行承　당초물악호행승
六根動作非違法　육근동작비위법
敷德救難人集憑　부덕구난인집빙

◎ 사람이 세상을 살면서 선한 일을 가림없이 베풀어야 한다. 그러면 뒤의 자손들이 우연히 잘 살아간다. 당초에 악한 짓을 하지 말고 좋은 마음으로 행동을 해야 한다. 육근을 움직일 때 법도를 어기지 아니하고 바른길을 밟아가야 한다. 또한 덕화(德化)를 두루두루 펼쳐서 어려운 사람들을 구제하면 사람들이 모여들어 의지할 만한 대상으로 삼게 된다. 덕이란 득(得)의 뜻이 있다고 하였다. 이는 조그만 선물을 할지라도 기쁜 마음으로 주면 받는 사람 역시 즐겁게 된다. 그러므로 우리는 시덕지인(施德之人)이 되어야 한다.

정치는 국민을 다스림에 있다
政在民治

무릇 정치는 국민과 나라를 다스림에 있으니
여기에 벗어남이 있다면 어리석고 비열하네.
인권을 힘으로 유린하여 펼친다면
바른 행위라 이르지 못하고 오히려 쇠망을 부르리라.

夫政唯在民國治　　부정유재민국치
於斯有脫做癡卑　　어사유탈주치비
人權以力蹂躪佈　　인권이력유린포
不謂正行尙召衰　　불위정행상소쇠

◎ 정치가 나라와 국민을 다스리는 데 있다는 소이는 나라의 발전을 꾀하고 백성을 잘살게 하는 데 의의가 있다. 만일에 인권을 권력의 힘으로 유린하고 폭압한다면 어리석고 비열한 정치라고 할 수 있다. 그러므로 위정자는 의정(義政)을 하고 선정(善政)을 하며 덕정(德政)을 하여 국민들이 어려움 없이 살도록 해주어야 한다. 예부터 '정(政)은 정(正)'이라 하였으니, 바른 정치로 민방(民邦)을 애도(愛導)해 가는 참된 정정도인(正政導人)이 되어야 한다.

어둔 길에 빛이 없다
暗路無光

가사 한 몽둥이를 멈춰서 세우려 하면 기울고
세 가지를 아울러 벌리면 비로소 지탱하네.
삶을 영위함에 홀로는 어렵고 사람과 함께할지니
어두운 길에 빛이 없다 해도 누군가 맞이함이 있으리라.

假使一棒停立傾　　가사일봉정립경
三枝竝列始支撑　　삼지병렬시지탱
營生難獨與人諧　　영생난독여인해
暗路無光孰有迎　　암로무광숙유영

○ 우리가 작대기 하나를 세우려 한다면 여간 어려운 게 아니다. 그러나 세 개를 아울러 묶어서 세운다면 별다른 힘이 없어도 세워진다. 이처럼 세상을 살아가는 것이 혼자의 힘으로 되는 것 같지만 붙잡고 도와주는 누군가가 있다. 이것이 생명의 빛을 쏘아주는 은혜가 있기 때문이라고 말할 수 있다. 이는 없어서는 살 수 없는 은혜가 있기에 어려운 길이라도 혼자 걸어갈 수 있다는 사실을 잊지 말고 전로조광(前路照光)하는 사람이 되어 세상을 은혜의 빛 곧 은광(恩光)을 두루두루 비추어 만물을 살려주는 은혜지광(恩惠之光)이 되어야 한다.

무릇 다른 사람을 대해서는
凡對別人

무릇 다른 사람을 대해서는 허식을 버리고
반면 자기를 보고는 욕심과 삿됨을 불사를지니,
항상 공정을 행하여 삐뚤어진 바가 없으면
별다른 징계 받지 아니하여 세상 삶이 온전하리라.

凡對別人虛飾捐　　범대별인허식연
反看自己慾邪燃　　반간자기욕사연
常行公正無攸歪　　상행공정무유왜
不受另懲世活全　　불수영징세활전

○ 다른 사람을 대해서 허식이나 위세를 부려서는 안 된다. 그들도 인격이 있고 자존심이 있는 것인데 자신이 무엇이라도 된 양 허세를 떤다면 환영을 받기 어렵다. 바르고 공변되어 삐뚤어진 바가 없다면 남들의 거리낌이나 징계를 받지 아니하고 안전한 삶을 누리게 될 것이니, 어찌 다행이라 여기지 않겠는가. 그러므로 사람은 이 세상을 살아갈 때 전전긍긍(戰戰兢兢)하고 여리박빙(如履薄氷)*하며 살아가야 악적(惡積)하지 않고 선적(善積)하며 유종지미(有終之美)를 거두게 된다.

* 여리박빙: 살얼음 판을 걷는 것처럼 조심스러운 상황을 말한다.

박토는 기운이 흐리다
薄土氣渾

메마른 땅은 기운이 흐려 나무 번성하기 어렵고
울창한 숲엔 기운이 맑아 숲의 번영이 쉽다네.
도를 닦는 사람은 도덕을 갖추어 뭇 생령을 기르고
마음의 자비와 은혜를 베풀어 중생을 건질지니라.

薄土氣渾難木盛　　박토기혼난목성
鬱林氤瀞易森榮　　울림인정이삼영
道人備德群靈毓　　도인비덕군령육
心佈慈恩濟衆生　　심포자은제중생

○ 땅이라 할지라도 똑같을 수는 없다. 옥토(沃土)도 있고 박토(薄土)도 있기 마련이다. 옥토에는 초목이 잘 자라지만 박토에서는 말라 죽기가 쉽다. 그러므로 수도인은 도덕을 갖추어서 생령을 제도하여 기르지 않을 수 없다. 또한 마음속의 자비와 은혜로 고해에 헤매는 중생을 건져야 하나니 이 세상에는 버려야 할 중생은 하나도 없다. 우리 원불교에서 주세불의 위덕(威德)으로 건져내지 않으면 영겁토록 나올 기약이 없음을 각골명심(刻骨銘心)을 해야 한다. 그러므로 우리는 구세도생(救世度生)하는 사람이 되어야 한다.

이익 취하기를 먼저 버리면
利取先捐

세상에는 무엇이든지 둘을 얻기가 어렵나니
하나 이뤘으면 하나를 놓아야 하나 가짐이 완전하네.
사사로움과 삿됨을 잘 놓으면 정의와 공정이 이르고
이익 취하기를 먼저 버린다면 큰 덕이 열리리라.

於世什麽兩得難　　어세십마양득난
一成一捨一持完　　일성일사일지완
私邪善放正公至　　사사선방정공지
利取先捐大德攤　　이취선연대덕탄

○ 세상에 사는 사람을 둘러보면 둘, 셋, 또는 그 이상을 가진 사람도 있지만 대개는 둘을 다 갖기란 어려운 일이다. 하나를 이루었으면 다른 하나는 놓아버려야 하나를 가짐이 완전하게 된다. 즉, 사사(私邪)를 잘 놓고 버려야 공정이 이르고, 이익을 놓아야 큰 덕이 열리게 된다. 그러므로 우리는 분수에 넘치는 욕심을 부리다가 소탐대실(小貪大失)이 되어서는 안 될 것이니, 자기에게서 가장 소중한 것을 버릴 수 있어야 인중지귀(人中之貴)를 이루게 된다.

이것도 아니요 저것도 아니며
非斯非彼

텅 빔은 막히지 않아서 가깝고 멂이 없고
큰 상은 형상이 없어서 이지러지거나 참이 없네.
본래부터 참 빔으로 둥근 진리 구르지만
이것도 아니요 저것도 아니며 또한 내 것도 아니어라.

曠虛匪界邇遙無　광허비계이요무
大象毋形虧滿无　대상무형휴만무
本始眞空圓理轉　본시진공원리전
非斯非彼亦非吾　비사비피역비오

○ 저 둥근 진리는 텅 비어서 멀고 가까움이 없이 하나로 통하여 있다. 또한 어떠한 형상도 없어서 이지러진다거나 찬다는 것도 없다. 그래서 진공이요 무위이여서 둥근 진리가 된다. 이 진리는 이것도 아니요 저것도 아니며, 남의 것도 아니요 내 것도 아니다. 오로지 아는 자의 차지요, 깨달은 자의 물건이다. 그리하여 이것을 내 것으로 삼아야 하기 때문에 우리는 성각지인(成覺之人)이 되어야 한다. 오직 깨달음만이 내 것으로 삼을 수 있기 때문에 깨달음이 가장 요긴하다.

속거나 끌리지 말고
勿欺勿引

글을 많이 한 학자라고 마음이 밝은 게 아니요
말을 잘하는 달인이라고 이치를 아는 것도 아니네.
경전은 찌꺼기 말을 엮어 모아놓은 종이이니
속거나 끌리지 말고 곁으로 엿보려고도 말지니라.

多文學者匪心熹	다문학자비심희
善語達人非理知	선어달인비리지
經典渣言編輯紙	경전사언편집지
勿欺勿引勿旁窺	물기물인물방규

○ 글을 많이 한 학자라 해서 마음이 밝은 것은 아니다. 또 말을 잘하는 달변가라 하여 이치를 아는 것도 아니다. 세상에 널려 있는 온갖 서적과 경전은 사어(死語)나 사언(渣言)*을 모아놓은 것에 지나지 않는 것이니, 속거나 끌리지 말고 엿보거나 배우려고도 말라. 오직 자심불경(自心佛經)을 표출하는 데 힘쓰고 자성법전(自性法典)을 마련하는데 노력을 해야 한다. 즉, 남의 글이 내 글이 아니요, 남의 말이 내 말이 아니므로 각득문어(覺得文語)를 해야 한다.

---

* 사언: 쓸데없고 가치 없는 찌꺼기 말.

백성 위함을 정이라 한다
爲民曰政

백성 위함을 정(政)이라 하지만 어짊을 넘어서지 말고
나라 이로움을 치(治)라 하지만 백성을 저버리지 말라.
지혜로운 자는 위에 거하여 아래 처함을 생각하나니
이같이 하면 손바닥에서 나라 다스림을 펼치는 것이라네.

爲民曰政勿踰仁	위민왈정물유인
利國云治莫負民	이국운치막부민
智者上居思下處	지자상거사하처
如斯於掌理邦伸	여사어장리방신

◎ 흔히 정치라는 것을 대단하게 여기지만 기실 별것이 아니다. 그 나라 안에 사는 백성을 위하고 나라를 발전시키면 임무를 다하는 것이 된다. 그러므로 지혜로운 정치가는 위에 있기는 있지만 아래를 생각하지 않을 수 없다. 즉 국리민복(國利民福)을 위해서 인정(仁政)을 하고 치민(治民)을 하지 않을 수 없다. 그리하여 인정덕치지인(仁政德治之人)은 여반장(如反掌)처럼 자유자재로 정치를 하기 때문에 수고로움이 없이 수공평장(垂拱平章)*을 할 뿐이다.

* 수공평장: 밝고 평화스럽게 다스리는 길을 겸손(謙遜)히 생각함을 말함.

사람마다 구족하여
具足人人

위로 하늘이요 아래로 땅인 세간의 마을에
오직 내가 홀로 높다는 실언을 끊어야 하리.
사람마다 구족하여 남거나 모자람이 없거늘
자기 마음은 돌아보지 않고 흔적만 찾는구나.

上天下地世間村	상천하지세간촌
唯我獨尊斷失言	유아독존단실언
具足人人餘欠滅	구족인인여흠멸
自心不顧做尋痕	자심불고주심흔

○ 내가 하늘과 땅에서 제일 높고 뛰어났다 하지만 진리의 퇴물(退物)로 무용(無用)일 뿐이니 이를 끝까지 주장한다면 세간의 하배(下輩)에 불과하다. 사람이라면 원래 구족하게 가졌는데 자기만 가진 것처럼 떠든다면 치매(癡呆)한 사람이 아니고 무엇이겠는가? 즉 저 사람 손가락이 다섯이듯 나도 다섯이요, 저 사람이 가진 마음 나도 가졌으니 오두방정을 떨 필요가 손톱만큼도 없다. 그러므로 우리는 항상 자심(自心)을 돌아보아 선장불산(善藏不散)을 해야 한다.

조화가 다함 없어서
造化無窮

차가운 밤 고요한데 풍경이 울리고
둘러진 산 뾰족 솟아 와룡을 이루었네.
때가 이르매 도약하여 날아 하늘에 오르면
조화가 다함 없어서 어지러운 세상 평정되리라.

寒夜寂寥風磬鳴　　한야적요풍경명
繞山尖聳臥龍成　　요산첨용와룡성
到時跳躍飛天上　　도시도약비천상
造化無窮亂世平　　조화무궁난세평

○ 예전에 어디엔가 썼던 시인 듯하다. 용의 갈기처럼 뾰쭉한 산들에 둘러싸인 산속 암자에서 풍경소리가 요란하게 울린다. 산들 가운데 똬리를 튼 잠룡(潛龍)이 깨어나 비상하면 온갖 조화를 부려 어지러운 세상을 평정하게 된다고 하던데, 아마도 그러한 성자의 출현을 염원하며 지은 시가 아닌가 한다. 다시 말하면 우리 소태산 대종사님이 출생하여 대도정법으로 중생을 구제하고 낙원을 세우기를 염원한 시이다. 그러므로 우리는 잠거지룡(潛居之龍)이 되어야 한다.

살았던 집 냉천동
居屋冷泉

살았던 집 냉천동은 서울보다 높으니
사계절 바람 불면 덥고 추위에 놀았네.
서울을 흘겨보며 콧노래를 불렀고
서울을 장중에 놓고 움켜쥐고 흔들었노라.

居屋冷泉首爾高	거옥냉천수이고
四時風颯暑寒遨	사시풍삽서한오
長安睨視鼻歌唱	장안예시비가창
京兆掌中抓握撓	경조장중조악요

○ 필자가 서울에서 살았던 곳이 서대문구 냉천동(冷泉洞)이다. 지금 생각해 보면 참 어려웠던 시기이다. 나야 지방의 교당 아니면 기관에서 근무하였기에 집안을 돌볼 수가 없었다. 오직 정토 혼자서 별일을 다 하면서 집안을 꾸려갔다. 미안하고 고마울 뿐이다. 그러나 이곳이 광화문이나 서울 시청에 비하여 지대가 높다 보니 겨울에 바람이 불면 견디기가 어려울 정도로 추웠다. 그렇지만 서울을 흘겨보며 콧노래 부르고, 장중에 움켜쥐고 흔드는 호기(浩氣)를 부릴 수 있어서 좋은 곳이기도 했다. 한편 높은 곳에서 의기(意氣)롭고 호기롭게 살 수 있었으니 반선지인(半仙之人)이라 할 수 있지 않을까.

새 지저귀면 창문 열고

鳥囀開窓

깊은 골에 구름이 둘러서 잿빛이 펼쳐지고
물이 돌을 돌아 흘러서 파란 이끼가 드러나네.
시냇가에다가 나무를 세우고 띠집을 엮어
새가 지저귀면 창문 열고 묵은 업장 내뱉었어라.

深壑繞雲灰色敷	심학요운회색부
水流廻石蘚苔符	수류회석선태부
溪邊木立編茅屋	계변목립편모옥
鳥囀開窓宿業呼	조전개창숙업호

◎ 깊은 골짜기에 구름이 드리우니 한낮인데도 마치 초저녁이라도 된 듯 어두운 회색 기운이 가득하다. 바위를 감돌아 흐르는 물에 말갛게 씻겨 이끼가 선명하다. 시냇가에 나무를 세우고 띠풀을 엮어 초막 한 채를 지었다. 그러다가 새가 지저귀는 때를 맞추어 창문을 열고 과거 세상에 막히고 묵었던 업장을 내뱉는다. 그리하면 몸은 가볍고 마음은 맑으니, 여기가 선유지헌(仙遊之軒)이라 부르면서 놀았어라.

진한 향기가 멀리 퍼져서
濃香遠播

작은 시냇물을 막아 싹이 튼 연뿌리를 심고
석양에 돌아보면 아름다운 노을이 쏟아지네.
바깥은 곧고 가운데 통하여 꽃이 하얗게 피어나니
진한 향기가 멀리 퍼져 더러움을 상쇄하여 보내누나.

小溪沮水植芽蕸　　소계저수식아하
環顧夕陽瀉美霞　　환고석양사미하
外直中通花白發　　외직중통화백발
濃香遠播殺洿遐　　농향원파쇄오하

○ 작은 시내의 흐르는 물줄기를 막아 진흙을 붓고 연뿌리를 심으니, 싹이 터서 자라난다. 어느덧 석양이 되어 돌아보니 아름다운 노을이 쏟아지는 듯하다. 연 줄기는 자라면서 바깥으로는 곧고 안으론 통하였으며, 꽃이 하얗게 피어나니 그 향기가 삼천대천세계에 널리 퍼진다. 따라서 세상에 쌓인 온갖 더러움을 상쇄해 멀리 날려 보낸다. 그러므로 우리도 소전세업(銷前世業)을 하여 심청행한(心淸行閑)을 누리면서 살아가야 한다.

혀를 움직여 말을 토하면
動舌吐言

무릇 사람이 세상에 삶을 함께함에 있어서
혀를 움직여 말을 토하면 방의 모서리까지 듣는다네.
입을 닫고 깊이 갈무려 말이 없이 묵묵하면
하늘과 땅, 우주에 융통되지 아니함이 없으리라.

夫人於世有生同	부인어세유생동
動舌吐言房角聽	동설토언방각총
閉口深藏無語黙	폐구심장무어묵
乾坤宇宙不非融	건곤우주불비융

◎ 우리는 세상에서 다른 사람들과 어울려 살아간다. 그러다 보면 언행에 실수를 범할 수도 있다. 그러기에 때때로 아무도 없는 방안에서 혼자서 조용히 말을 뱉을지라도 방의 모서리인 네 귀퉁이가 다 듣는다. 그래서 속담에도 "낮말은 새가 듣고 밤말은 쥐가 듣는다."라고 하지 않던가. 그러므로 입을 다물고 심력(心力)을 양성해야 한다. 그러하면 저 하늘땅과 더불어 우주와 융통되지 아니함이 없을 것이니, 이에 우리는 천융지인(天融之人)이 되어야 한다.

속세를 여의지 아니하고
不離塵俗

대종사의 둥근 진리가 세간에 있으니
때로 걷고 혹은 달려 번거롭게 찾지 말게.
항상 눈앞과 아울러 코 아래 있는 것이니
속세를 여의지 아니하고 깨달음의 문을 열렸느니라.

宗師圓理世間存　　종사원리세간존
時步或奔勿找繁　　시보혹분물조번
常在眼前兼鼽下　　상재안전겸후하
不離塵俗啓醒門　　불리진속계성문

○ 대종사님의 정법은 둥그런 일원의 이치에 있을 뿐만 아니라 세간 모든 것에 있다. 눈뜨는 데 있고 발로 걷는 데 있으며 밥 먹는 데 있고 일하는 데 있다. 그러니 멀리 찾으려 말고 절이나 암자에 가서 찾으려고도 말라. 오로지 속세를 여의지 아니하고 일원의 진리를 깨칠 수 있는 문이 크게 열려 있다. 그러므로 우리는 마음을 내지 아니하고 보고 듣기만 하여도 능성원리(能醒圓理)를 할 수 있으니 얼마나 다행인가.

거울에 비친 얼굴 보다가
對鏡觀顏

그윽한 골 깊은 산 보물이 있다는 데 다다라
연장 들고 전대 매고 시간을 당겨서 찾았지만
진귀한 물건 보기 어렵고 두 어깨만 아픈지라
거울에 비친 얼굴 보다가 마음이 진귀함임을 알았어라.

幽谷深山有寶臨　유곡심산유보림
擡鋤擔橐挽時尋　대서담탁만시심
難看珍物兩肩痛　난간진물양견통
對鏡觀顏解瑋心　대경관안해위심

◎ 그윽한 골짜기 깊은 산에 보배가 있다는 말을 듣고 찾으려고 연장을 들고 전대를 매고 시간을 재촉하며 찾아 나섰다. 그러나 아무리 찾아도 찾을 수가 없고, 몸은 지쳐서 천근만근이다. 결국 투덜거리며 집으로 돌아와 얼굴을 비춰주는 거울을 보다가 문득 깨달았다. 사실 참 보배는 산이나 들에 있지 아니하고 성현이나 부처에게도 있지 않다. 결국은 나에게 있는 내 마음이 바로 시지심보(始知心寶)임을 알게 되었다.

많은 무리 사이 없이
多衆無間

작은 물은 잔잔하게 큰물로 흐르고
적은 무리는 낱낱으로 많은 무리로 모이네.
무릇 사람이 도를 깨쳐서 큰마음을 갖추면
많은 무리 사이 없이 길을 다투며 모이리라.

小水潺潺大水流　　소수잔잔대수류
少群箇箇夠群收　　소군개개구군수
夫人悟道鴻心備　　부인오도홍심비
多衆無間鬪路遒　　다중무간투로주

○ 저 시내를 흐르는 잔잔한 물이 큰 강이나 바다로 흘러들 듯이, 낱낱의 사람은 결국 큰 무리로 모여들기 마련이다. 사람이 도를 깨쳐 큰 마음, 곧 심력(心力)을 갖추면 그 위력에 의하여 많은 사람이 앞을 다투며 모여들게 된다. 즉, 무리들이 도덕을 갖춘 성자에게 모여드는 것은 자력으로 제도를 이룰 수가 없기 때문에 제도를 받기 위하여 모여들지 않을 수 없다. 그러므로 우리는 현실의 물질 만족을 추구하기보다는 오리득력(悟理得力)을 할 줄 알아야 한다.

말을 토하고 주행하기를
吐語周行

우리 스승 주세 부처님의 제자가 되었으니
말을 토하고 두루 행하여 스승과 뜻을 같이하리.
혹 조금이라도 서로 다른 바가 있다면
자신을 항상 돌아보아 기울지 않게 할지니라.

吾師主佛做門生　　오사주불주문생
吐語周行似傳情　　토어주행사부정
或有小分相所異　　혹유소분상소이
自身常顧不爲傾　　자신상고불위경

◎ 우리 스승 주세 부처님 제자로 일원회상에 전무출신을 하였으니, 말하고 행함에 스승님의 뜻에 어찌 추호라도 어긋남이 있으랴. 행여 조금이라도 다른 바가 있게 될 경우에는 그때 상황이나 사람을 원망하지 말고 눈을 자신에게로 돌려서 마음으로 그 상황을 비추어 은혜를 발견할 줄 알아야 한다. 그러므로 우리는 회광반조(回光返照)를 잘 해서 일원대도를 깨쳐 얻어야 한다.

먼저 훈풍이 들어와선
先入薰風

안개 덮인 이른 아침의 상서로운 까치 울음은
아름다운 손님이 집에 온다는 새소리인가.
큰 문을 활짝 열고 소객(騷客)*을 맞으렸더니
먼저 훈풍이 들어와서 온 집안을 맑히누나.

覆霧早朝瑞鵲鳴　　복무조조서작명
嘉賓來屋鳥音嚶　　가빈래옥조음앵
鴻門豁闢迎騷客　　홍문활벽영소객
先入薰風全宅清　　선입훈풍전택청

◯ 이른 아침 안개가 자욱한데, 집 앞 나무에서 까치가 울어 안개를 뚫고 귓전을 울린다. 혹 반가운 손님이 올 징조런가. 대문을 활짝 열고 소객을 맞아들이려 하니, 훈훈한 바람이 먼저 들어와 청소라도 하려는 듯 온 집안을 맑힌다. 그러므로 우리는 법풍(法風)이 되어 세상의 오진(汚塵)을 씻어주고 또한 생령의 업장을 씻어서 성자로 만들어야 한다. 이에 법풍세업(法風洗業)하는 법자가 되어야 한다.

---

* 소객: 시인(詩人)과 문사(文士)를 통틀어 이르는 말.

내 바람은 푸른 뫼에
我望青岑

내 바람은 푸른 뫼에 운객(雲客)*으로 노닐려 했는데
무슨 까닭이 있었기에 스승 문정에 흘렀을까?
아마도 잠깐 눈을 돌리다가 쏟아지는 빛을 보고
한 걸음으로 빨리 달려 이 언덕에 오름이어라.

我望青岑雲客遊　　아망청잠운객유
什麽有以傅門流　　십마유이부문류
許間回眼瀉光見　　허간회안사광견
一步速奔昇此邱　　일보속분승차구

◎ 내가 바라는 바는 저 푸른 뫼에 선인(仙人)이나 은자(隱者)가 되어 노니는 것이었다. 그런데 무슨 인연이 있어 스승의 문정에 들었을까. 문득 눈을 돌리다가 쏟아지는 빛 덩이를 보고 마음이 황홀하여 한 걸음으로 달려가 이 언덕에까지 이르게 되었다. 그리하여 생각해 보면 숙세에 대종사님과 불연이 있었고 법연이 있었기에 그 인연이 앞에서 끌어서 사문(師門)에 들게 되었다. 그러므로 우리는 이 회상에 살면서 마음과 진리에 지각지인(知覺之人)이 되어야 한다.

---

* 운객: 선인(仙人)이나 은자(隱者)를 아름답게 이르는 말.

풀 끝에 맺힌 이슬
草端結露

풀 끝에 맺힌 이슬은 빛이 비치면 사라지고
나무 끝에 달린 방울도 바람이 불면 떨어지네.
세월이 윤회하는 가운데 사람도 더불어 구르지만
따라 굴러 떨어지지 말고 홀로 뛰어나 소요할지어다.

草端結露照光消　　초단결로조광소
樹緖懸鈴風颯飄　　수서현영풍삽표
歲月輪中人與轉　　세월윤중인여전
莫從滾落獨超逍　　막종곤락독초소

○ 무릇 풀 끝에 이슬이 아무리 굳게 맺혀 있다 할지라도 햇빛이 비치면 곧 사라지고 만다. 나무 끝에 달린 물방울이라도 바람이 불면 금방 떨어지게 된다. 사람도 세월의 수레바퀴가 돌아가는 데 따라 굴러가게 마련이다. 그래도 만물의 영장(靈長)인 만큼 부화뇌동(附和雷同)*하듯 구르기보단 홀로 뛰어나 소요하는 독유지인(獨遊之人)이 되어야 하지 않을까.

* 부화뇌동: 우레(천둥) 소리에 맞춰 함께 한다는 뜻으로 자신의 소신 없이 남이 하는대로 따라 하는 것.

밤이 이르면 달을 달아
至宵掛月

내가 사는 집을 골짜기 물가 곁에 지으니
이른 아침이면 뭇 새가 노래를 불러서 깨우네.
밤이 이르면 달을 달아 방안과 대청을 밝히고
낮이 되면 동쪽 고개의 해를 따다가 걸었어라.

我作山家壑側汀　　아작산가학측정
早朝衆鳥唱歌醒　　조조중조창가성
至宵掛月房廳亮　　지소괘월방청량
爲晝東岑摘日釘　　위주동잠적일정

○ 집을 산골짜기 물가에 지었다. 그런데 이른 아침이면 뭇 새가 창가까지 날아와서 노래를 부르니 아니 깨어날 수 없다. 밤이 되면 달을 따다 걸어 온 방과 거실을 밝히고, 낮이 되면 동쪽 고개에 솟아오른 붉은 해를 따서 집안을 장식하려고 걸어놓으니 아름답고 밝기가 그지없다. 그러므로 이제는 진리를 따다 마음속을 밝히고 깨우쳐서 부쳐가 되고 보살이 되어야 한다. 이러한 의미에서 우리는 항상 일원의 진리를 삼켜내려서 항조심광(恒照心光) 해야 한다.

깊은 골짜기 시냇가에
深壑溪邊

깊은 골짜기 시냇가에 초가를 지으니
찻집에 배열한 그릇 아름답고 화사롭게 정돈됐네.
아는 사람이 다실에 이르기에 반만 차를 따르고
그 나머지는 마음을 내서 담아 채워 보탬이어라.

深壑溪邊作草家	심학계변작초가
茗廬排器整嘉華	명려배기정가화
知人到室半茶倒	지인도실반다도
其剩出心盛滿加	기잉출심성만가

○ 이 시는 이야기가 있다. 어느 날 원로교무 몇 분이 다담(茶啖)을 나누었다. 지인 한 분이 운영하는 담양의 향원당(香遠堂)에 들렀더니 찻잔에 차를 반만 따라주더라는 것이다. 그 이유를 물으니 "반은 내 정(마음)으로 채웠다."라는 이야기다. 그 다정한 대답에 모두가 공감하는 좋은 자리가 되었다. 그러면 우리는 어떻게 할 것인가. 심낭성불(心囊盛佛)을 하면 어떨까?

검소하나 누추하지 아니하고
儉而不陋

내가 초가를 시내 곁 물가에 지으니
검소하지만 누추하지 아니하고 짙은 향기 풍기네.
문을 열어놓고 닫지 않으니 어린아이가 들어오고
둘렀던 담장을 쳐서 부수니 새와 짐승이 머무누나.

我造草家溪側汀　　아조초가계측정
儉而不陋放濃馨　　검이불루방농형
開門匪閉孩兒入　　개문비폐해아입
打碎圍牆鳥獸停　　타쇄위장조수정

○ 초가를 시냇가에 지었는데 검소하기는 하지만 누추하지 않다. 또한 냇가에 심었던 풀잎의 맑은 향기도 풍겨 나온다. 문은 항상 열려 있어 어린아이들이 마음대로 출입하면서 노닐고 있다. 따라서 빙 두른 담장을 쳐부수어 경계를 트니 새와 짐승들이 자유스레 들기도 하고 나기도 한다. 그러므로 우리도 마음의 격을 허물어 일원과 더불어 우주와 천지와 삼라만상과 일통으로 간격이 없이 살아가야 한다. 그러기로 하면 심통원리(心通圓理)를 해야 한다.

괴로움이 많은 이 세상에
苦多此世

마음에 무명이 일어나면 지혜가 막히고
중생이 부처를 이루면 많은 사람이 따르네.
괴로움이 많은 이 세상에 참된 법을 펼쳐서
무리 건지고 즐거운 동산을 이 땅 위에 펼치리라.

心起無明智慧堙　　심기무명지혜인
衆生成佛夠人遵　　중생성불구인준
苦多此世敷眞法　　고다차세부진법
濟類樂園斯地伸　　제류낙원사지신

○ 마음에 무명이 일어나면 밝은 지혜가 저절로 막히게 된다. 마치 밝은 해를 검은 구름이 감싸고 있는 것과 같아서 햇빛이 세어 나올 수 없다. 또한 중생으로서 공부를 열심히 하여 부처가 되면 많은 사람이 좇고 따르게 된다. 즉, 중생은 중생의 과정을 거쳐서 부처를 이루었기 때문에 중생의 심정을 잘 알고 있다. 그러므로 고해라고 말하는 이 세상에 참되고 바른 법을 펼쳐서 중생을 건지고 낙원을 세워야 한다. 이 일을 누가 할꼬? 대화지인(大化之人)인 우리가 해야 한다.

북쪽으로 서울을 바라보면서
望見北京

서로의 거리 짐작하기 어려우나 생각은 이미 다다르고
사람들과 말하고 웃지만 그리움은 마음에 남는구나.
가고자 하면 갈 수 있고 보려고 하면 보겠지만
북쪽으로 서울을 바라보면서 멀지 않아 찾아보리라.

相距難斟念旣臨	상거난짐념기림
與人談笑慕餘心	여인담소모여심
欲丟有去要看覩	욕주유거요간도
望見北京非遠尋	망견북경비원심

○ 이 시는 남쪽 어느 교화지에 근무할 때 지었던 것이다. 오래도록 서울의 집에 가지 않았기 때문에 문득 아이들을 그리워하는 마음이 일어나 감상을 적었다. 반드시 가고자 하면 갈 수도 있었을 터나 현실의 상황이 녹록지 않았기에 생각에 그칠 뿐이었다. 가고 싶어도 갈 수 없으니 북쪽을 바라보았을 뿐이다. 사실 집을 경영하는데 물질적이나 경제적으로 도움을 주어야 하는데 그 길이 필자에게는 막혀 있었으니 안타깝지 않을 수 없다. 그리하여 이심념아(以心念兒)할 수밖에 없었다.

열에 여섯만 맞아도
於十六中

우리 인생은 길을 달리는 것과 같은데
과연 어떤 만족을 이루어야 편안하고 도타움을 얻을까.
사실 세상의 일이 내 마음대로 되는 것은 없으니
열에 여섯만 맞아도 번거롭게 생각하지 말지니라.

吾等人生似路奔　　오등인생사로분
果成何足得安敦　　과성하족득안돈
實無世事余心做　　실무세사여심주
於十六中莫念煩　　어십육중막념번

○ 세상을 산다는 것은 셀 수 없이 많은 사람이 한꺼번에 넓은 길을 달리는 것과 같다. 때론 앞서기도 하고 때론 뒤따르기도 하면서 어떤 만족을 이루려고 밤낮을 가리지 않고 종점을 향해 달려간다. 그러나 세상의 일이 어찌 내 마음대로 되던가. 그렇다고 노력하면 되어지지 않을 것도 없다. 사실 중요한 것은 의지(意志)라고 할 수 있다. 의지가 굳세면 일이 되어질 수 있고 의지가 박약하면 성공하기가 어렵다. 그러므로 욕심 보따리 내려놓고, 열에 여섯만 맞아도 번거롭게 생각하지 않는 한안지인(閑安之人)이 되어야 한다.

사람은 본래 마음이 있다
人有本心

사람마다 모두 본래의 마음이 있으니
이 속에는 부처와 조사가 잠겼어라.
많은 무리는 이런 뜻이 있음을 알지 못하고
공연히 찾아 알려고 배회하며 다다른다네.

人人皆有本來心　　인인개유본래심
此裏佛師原始沈　　차리불사원시침
多衆不知斯意在　　다중부지사의재
空然覓識徘徊臨　　공연멱식배회림

◎ 사람마다 본래 밝고 맑은 마음을 가지고 있다. 이런 마음에는 부처나 조사나 성현이 잠겨 있기 때문에 발현시키면 불성(佛聖)이 된다. 그러나 많은 사람이 이런 사실을 모르고서 자신을 수행한다고 학대도 하고 '내가 이 정도 밖에 안 되는가.' 하고 업신여기기도 한다. 그리하여 공연히 자학(自虐)*하며 찾아 헤매고 어정거리기도 한다. 그러므로 우리는 부처나 성현이 마음에 있음을 알아서 자성불성(自成佛聖)을 해야 한다.

* 자학: 자기를 스스로 학대함.

항상 내면으로 돌아오자
常歸內面

탐욕을 부려도 물질은 이에 채워지지 않지만
오히려 욕심으로 구하길 덜면 재화를 이루기 쉽네.
왜 그런가, 마음 근원에는 구족하지 않음이 없으니
항상 내면으로 돌아와서 자신의 보배를 맞을지니라.

使貪物質迺非盛　　사탐물질내비성
猶損慾求易貨成　　유손욕구이화성
何故心源無匪足　　하고심원무비족
常歸內面自珍迎　　상귀내면자진영

○ 무릇 사람이 세상에 살면서 아무리 욕심을 부려서 물질의 부유를 구하고 삶의 평안을 이루고자 해도 마음먹은 대로 되진 않는다. 반면 우리 수도인은 근원으로 돌아와서 본래 구족한 자기의 보배를 끌어내야 한다. 자기의 보배란 부처와 조사를 갈무린 마음이니 이 마음을 깨워 일으키면 부유한 생활이 그 가운데 있다. 그러므로 우리는 자영심보(自迎心寶)를 굳게 호지(護持)해야 한다.

들으려 말고 보려 말며
勿聆勿見

무릇 사람이 도를 닦아 밝은 지혜가 통해지면
모든 무명이 소멸되어서 마쳐진다네.
이와 같으면 마음이 맑아 하늘의 끝을 보나니
들으려 말고 보려 말고 다 비었다고도 말지니라.

夫人修道亮知通　부인수도양지통
一切無明消滅終　일체무명소멸종
如此心清天末睹　여차심청천말도
勿聆勿見勿皆空　물영물견물개공

◎ 수도하는 사람이 수도를 열심히 하여 밝은 지혜가 통철되면 모든 번뇌 망상과 무명 업장이 소멸되어 장부의 일생사를 마치게 된다. 이렇게 되면 마음도 자연히 밝아져서 하늘의 끝, 곧 진리의 근원을 보고 알게 되리니 무엇을 더 구득(求得)하겠는가. 들으려 말고 보려 말며 다 비었다고도 말아야 한다. 그러므로 우리는 혜복구족(慧福具足)을 이루는 사람이 되어야 한다.

인생이 밟는 길
人生蹹路

인생이 밟아가는 길을 엷은 얼음처럼 여길지니
바른 계단도 잘못 오르면 층계에서 떨어지게 된다네.
날마다 마음을 조종하여 항상 조심스럽게 살아가면
이에 행동과 말로 인해 자신이 무너지지 않으리라.

人生蹹路薄如氷　　인생답로박여빙
正陛誤登爲落層　　정폐오등위락층
日日操心常愼活　　일일조심상신활
迺因行語不身崩　　내인행어불신붕

◎ 여리박빙(如履薄氷)이라는 성어가 있다. 즉 '살얼음을 밟는 것과 같다.'는 뜻이다. 바른 계단이라 할지라도 잘못 오르면 층계에서 떨어지게 된다. 그러므로 날마다 조심하고 삼가며 살아야 한다. 구시화문(口是禍門)이요 화불단행(禍不單行)이라 하였으니, 어찌 말과 행동을 조절하지 않으리오. 자타 간에 시빗거리가 된다면 폐구근행(閉口謹行)하지 않을 수 없다. 재앙이란 외부로부터 오기도 하지만 대개는 내가 만들어서 받는 자업자득(自業自得)에 있음을 알아야 한다.

모름지기 여백을 두어서
須留餘白

시집과 아울러 그림 가운데
모름지기 여백*을 둠으로 눈빛이 열려야 하네.
마음에는 텅 비고 맑고 밝은 자리를 가진다면
저절로 지혜가 솟아 만물과 더불어 융회(融會)하리라.

詩集竝兼繪畫中	시집병겸회화중
須留餘白眼光通	수류여백안광통
心存空曠瀞明處	심존공광정명처
自聳慧知群物融	자용혜지군물융

○ 보통 시집이나 그림에는 여백을 많이 둔다. 여백을 둔다는 것은 여운을 남겨 담백한 맛을 살릴 수 있다는 의미이다. 그러나 만일 빽빽히 채우면 답답할 뿐만 아니라 허전하고 너절하게 보일 수 있다. 이와 같이 마음에도 공허를 위주로 하여 맑고 밝은 자리가 되도록 비워 두어야 한다. 지공(至空)이 되어야 밝은 지혜가 솟아 만물과 회융을 이루듯이, 우리도 융통자재(融通自在) 할 수 있는 심량이 비움에서 비롯된다는 사실을 알아야 한다.

* 여백: 종이 전체에서 그림이나 글씨 따위의 내용이 없이 비어 있는 부분.

하늘이 큰일을 맡김에
天大事任

장차 푸른 하늘이 큰일을 맡기려 할진대
절대 보편적인 일상으로 다다르게 아니한다네.
두루 행하는 사이나 틈에 근심과 고통을 겪게 하여
그러한 뒤에 진리 근원의 큰마음을 얻게 하느니라.

將次蒼天大事任　　장차창천대사임
絶非普遍日常臨　　절비보편일상림
周行間隙過愁苦　　주행간극과수고
然後理源得大心　　연후리원득대심

○ 무릇 진리의 간섭을 받는 사람은 일상적인 평범한 삶을 주지 않는다. 반드시 고통을 주고 나락(奈落)을 주어서 근골(筋骨)을 튼실하게 하고 마음의 힘을 기르도록 한다. 진리의 대행자로 삼아 진리의 일을 하도록 하기 위해서는 진리가 큰마음을 주어야 하기 때문이다. 그런데 큰마음은 고난을 겪지 않고는 얻을 수 없게 된다. 즉 우리 소태산 대종사님만 보더라도 20여년의 고행을 어떻게 말로 다 할 수 있겠는가. 그러므로 우리는 직접이나 간접으로 두어지고 와지는 고통과 고난에 대해서 싫거나 괴로워 하지 말고 공부를 할 수 있는 기회요 때로 삼아 수행에 매진하여 터득원리(攄得圓理)를 해야 한다.

사람 사람이 세상에
人人於世

사람 사람이 세상에 별다른 방향이 없이
걸음걸음 배낭을 메고 쉬지 않고 어정거리네.
삶과 죽음의 과정이 비록 돌아감이 있을지라도
깨달음을 얻어 홀로 서서 마음 빛을 발할지어다.

人人於世另無方	인인어세영무방
步步擔囊不息徨	보보담낭불식황
生死過程雖有轉	생사과정수유전
得醒獨立發心光	득성독립발심광

◎ 세상을 살아감에 올바른 목표나 방향을 정해놓고 사는 사람도 있지만, 그저 휩쓸려 가는 사람도 많이 있다. 산다는 것은 다시 말해서 죽어간다는 의미이다. 그러므로 잘 죽기 위해서는 잘 사는 것이 절대적으로 필요하다. 잘 살려면 어떻게 해야 하는가. 그 해답은 자신에게 있다 하기 보다는 진리를 깨쳐야 하고 마음을 알아야 하며 보은을 하고 수행을 해야 한다. 그리하여 자신의 마음에서 발현하는 빛이 우주를 휘감아 돌아야 한다. 그러므로 우리는 독립발광(獨立發光)을 할 수 있어야 한다.

함께 자고 멀리 날아가는
同宿遠飛

천지는 잠깐 머물려고 지은 집과 같고
인생은 여행객으로 붙어서 쉬는 티끌이라.
부귀와 아울러 명성과 인망(人望)*을 논하지 말고
함께 자고 멀리 날아가는 길조의 까마귀가 될지니라.

天地暫留如作家　　천지잠류여작가
人生行客附休瑕　　인생행객부휴하
莫論富貴兼名望　　막론부귀겸명망
同宿遠飛爲吉鴉　　동숙원비위길아

○ 사람이 좋은 집을 짓고 몇백 년을 살고자 하지만 어림도 없다. 오히려 천지 자체도 잠깐 머무는 휴게소에 지나지 않거늘 사람이 지은 집이겠는가. 그러므로 부귀나 명망을 논하지 말고 수행을 쌓아 만인이 우러르고 따를 인품을 양성해야 한다. 결국 인생은 나무에 날아와서 잠을 자는 새처럼 날이 밝으면 멀리 떠나는 것과 같을 뿐이니, 어찌 무궁한 진리의 집에 견줄 수 있겠는가. 그러므로 우리는 영주이옥(永住理屋)을 지어야 한다.

---

* 인망: 세상사람이 우러르고 따르는 덕망.

여러 사람의 손가락이 가리키면
群人指指

세상을 살아가는 길에 비방을 받지 말고
몸에 바른 도를 익혀서 어지럽고 미치지 않을지어다.
여러 사람의 손가락이 가리키면 생병이 생기나니
스스로 무겁고 스스로 밝으며 스스로 깨쳐 빛날지니라.

於世活程毋受誹	어세활정무수비
習身正道亂狂非	습신정도난광비
群人指指生痱到	군인지지생비도
自重自明自悟輝	자중자명자오휘

○ 무릇 사람이 어울려 살다 보면 근거 없는 비방을 들을 수도 있다. 그럴 때에는 성난 원숭이마냥 미쳐 날뛰지 않도록 바른 도를 익혀야 한다. 여러 사람의 손가락질을 받게 되면 없었던 병이 생길 수도 있지만 반조 공부로 훌훌 털어내면 된다. 그리하여 스스로 정중하고 스스로 혜명(慧明)하며 아울러 스스로 깨우치고 밝아서 빛이 되어야 한다. 그리하여 어떠한 마구니나 경계에 막히거나 걸림이 없는 장명등휘(長明燈輝)가 되어야 한다.

바른 무리를 따라 배우면
正群隨學

사람이 세상에 있음에 벗이 없어서는 안 될 것이요
반면 존경하는 스승이 있어 가르쳐 줌을 받을지라.
간사한 벗을 좇아 놀면 사사에 물들어지기 쉽고
바른 무리를 따라 배우면 저절로 마음이 증장한다네.

人生在世不無朋　　인생재세불무붕
反有尊師敎授承　　반유존사교수승
邪友從遊邪染易　　사우종유사염이
正群隨學自心增　　정군수학자심증

○ 세상을 살아가는 데 많은 것이 필요하지만 친구와 스승만큼 중요한 존재는 없다. 친구에게는 활로(活路)를 배우고 스승에게는 도리를 배울 수 있기 때문이다. 그러나 삿된 벗을 따르면 사사(私邪)에 물들기 쉬어서 인생이 망가지게 된다. 반면에 바른 스승과 친구를 따르면 학문은 물론이요 마음의 힘도 증장(增長)되어 한층 성숙한 사람이 되어질 것이니 어찌 사우(師友)가 좋은 반려(伴侶)라고 말하지 않을 수 있겠는가. 그러므로 우리는 상친사우(常親師友)를 해야 한다.

세상을 살아갈 때
世上活時

세상을 살아갈 때 배려를 가질지니
서로 양보가 없으면 반드시 교활함이 생기네.
네가 일어나면 나도 일어나지만 아니면 같이 멸하니
먼저 물러나 뒤에 머물러 무리를 좇아 살지니라.

世上活時持配慮	세상활시지배려
相無讓步必生狙	상무양보필생저
爾興余起否同滅	이흥여기부동멸
先退後留從衆居	선퇴후류종중거

◎ 세상을 살아가는 데 있어서 배려와 양보가 대단히 중요하다. 만일 서로 배려나 양보가 없으면 교활함이 생기고 투쟁이 생기기 쉽다. 나보다 어려운 사람에게 손을 내밀어 잡아주고, 또한 먼저 남을 세우고 뒤에 머문다면 어떤 사람과 섞여 살아도 아름다운 삶이 된다. 즉, 사람이 알고 뒤에 서는 것은 앞에 설 수 있는 능력을 가진 것이라고 말할 수 있다. 그러므로 우리는 선양후립(先讓後立)을 할 줄 알아야 한다.

사람의 마음은 아침저녁으로
人心朝夕

사람의 마음은 아침저녁으로 변천을 이루고
산 경치는 예나 지금이나 정취가 다름이 없네.
해가 동쪽 봉우리서 솟아 서쪽 바다로 기움은
본래 둥근 진리가 정성으로써 순행케 함이어라.

人心朝夕變遷成	인심조석변천성
山景古今無異情	산경고금무이정
日聳東岑西海仄	일용동잠서해측
本來圓理以誠征	본래원리이성정

○ 『추구(推句)』에 "사람의 마음은 아침저녁으로 변하지만 산의 빛깔은 예나 지금이나 같다(人心朝夕變 山色古今同)."라고 하였다. 이렇게 변하는 게 인심이요 불변하는 게 산빛이다. 해가 동에서 떠서 서로 기우는 변화를 이룸은 그 이면에 볼 수도 잡을 수도 없는 둥근 진리가 있어서 정성으로 순행하게 하기 때문이다. 그러므로 우리도 불변지인(不變之人)이 되어 영겁토록 이 회상에서 적자(嫡子)가 되고 주인이 되어야 한다.

날마다 홀로 즐겨도
日日孤娛

차라리 10미터의 강물 속은 헤아릴지언정
여섯 자쯤 되는 뭇 사람 마음속은 헤아리기 어렵네.
나를 돌아보아 도를 열어 구겨짐이 끊겼다면
날마다 홀로 즐겨도 별다르게 상심하지 않으리라.

寧測十米江水中　　영측십미강수중
難量六尺者心衷　　난량육척자심충
顧余啓道起皴絶　　고여계도기준절
日日孤娛另匪恫　　일일고오령비통

○ 저 강물의 깊이를 바라보고 알 수 있을까? 여섯 자도 안 되는 사람의 속마음을 헤아릴 수 있을까? 물속은 알기가 어렵지만 사람 속은 헤아리기가 더욱 어렵다. 그러니 남에 대해 왈가왈부(曰可曰否)하지 말라. 자신을 돌아보고 도를 열어서 구겨짐이 없다면 날마다 홀로 즐기며 소요한다 해도 잡힘도 없고 상심하지도 않게 된다. 그러므로 우리는 매사 매 경계에 독락옹주(獨樂翁主)가 되어야 한다.

행하는 방향을 미리 알면
豫識行方

물 가운데 얕고 깊은 여울은 쉽게 헤아리지만
사람 뜻은 끝과 시작의 실마리를 헤아리기 어렵네.
행하는 방향을 미리 알면 어려운 일이 없고
따라서 마음 길을 안다면 근심이 남지 않으리라.

水中易測淺深灘　　수중이측천심탄
人意艱量終始端　　인의간량종시단
豫識行方難事絶　　예식행방난사절
隨知心路未憂殘　　수지심로미우잔

○ 저 흘러가는 시내의 여울만 본다면 심천을 헤아리기가 쉽다. 따라서 사람의 뜻하는 바는 실마리를 추측하기가 어렵다. 그러나 우리는 마음공부를 열심히 하여 밝은 지혜를 가지고 미리 비춰서 마음이 일어나는 향방과 실마리를 알아나간다면 어떤 경계에도 묶인 바가 없이 자유롭게 살아 근심 걱정이 남지 않게 된다. 그러므로 우리는 지심지인(知心之人)이 되어야 한다.

서로 사귐이 오래 지나면
相交久歷

내 앞에서 잘함을 칭찬하면 아첨하는 사람이요
내 뒤에서 시비를 해도 이와 같음이 펼쳐지네.
가는 길이 아득히 멀면 말의 힘을 알게 되고
서로 사귐이 오래 지나면 마음의 펼쳐짐을 아느니라.

我前讚善諂諛人	아전찬선첨유인
吾後是非如是伸	오후시비여시신
逝路幽遙知馬力	서로유요지마력
相交久歷解心陳	상교구력해심진

◎ 무릇 우리가 세상을 살아가면서 먼저 사람을 대하고 또 경계를 대한다. 특히 사람을 접함에 나를 앞에 두고 잘한다는 칭찬을 한다면 비웃음이 아니면 아첨이라고 볼 수 있다. 또한 뒷담화로 시비를 논한다면 아첨이 아니면 비웃음이다. 길이 멀면 말의 힘을 아는 것처럼 서로 사귐이 오래되면 사람의 마음을 알게 된다. 그러므로 남들이 나를 보고 시비하고 아첨하는 것을 떠난 해유지인(解諛之人)이 되어서 시비나 기예(譏譽)에 마음이 쭈구러들거나 행동이 위축되지 않고 당당하게 삶을 엮어서 찬선지심(讚善之人)으로 살아야 한다.

화한 얼굴에 정(마음)을 숨기면
和面隱情

사람의 근심은 가장 가까운 사이에서 생기고
또한 원망도 오래 알았던 얼굴에서 나온다네.
서로 친한 옛 벗이란 마음이 통하기 때문이니
화한 얼굴에 정(마음)을 숨기면 사귐이 오래가기 어려우리라.

人慽生於最近間	인척생어최근간
又怨産出久知顔	우원산출구지안
相親舊友心通故	상친구우심통고
和面隱情交久艱	화면은정교구간

○ 사람의 근심 걱정은 오히려 가장 가까운 사이에서 생기기가 쉽다. 원망도 얼굴을 아는 사이에서 생기기가 쉽다. 정말로 친한 오랜 벗이란 마음까지도 서로 통하여 수수지언(授受之言)에 거짓과 장벽과 속임이 없는 것이다. 한 무리로 짝을 이루어서 실질적인 즐거움을 나눌 수 있는 관계여야 한다. 따라서 보는 데서는 얼굴이 화(和)하지만 속뜻(속마음)을 숨기는 벗이라면 그 사귐을 오래하기가 어렵다는 것을 미리 알아야 한다. 그러므로 우리는 심교지인(心交之人)이 되어야 한다.

세상에 몸을 받아
於世受身

세상에 몸을 받아 귀한 사람이 되었으니
당당하게 살아갈지언정 티끌에 젖지 말게.
도도하고 굳센 행동으로 본보기를 보여
홀로 하늘과 땅에 서서 큰소리를 칠지니라.

於世受身爲貴人　　어세수신위귀인
堂堂活去勿濡塵　　당당활거물유진
滔滔毅動模楷示　　도도의동모해시
獨立乾坤大喊伸　　독립건곤대함신

◯ 이 세상에 사람의 몸을 얻어 태어났다는 것은 귀중귀(貴中貴)를 얻음이니, 당당하게 살아갈지언정 온갖 티끌에 젖지 않아야 한다. 하늘이든 진리든 세상이든 간에 도도하고 의연하게 행동하여 홀로서기를 해야 한다. 하늘땅 우주에 큰 소리를 지르며 의젓하게 살아가서 진리도 간섭 못 할 대인지배(大人之輩)가 되어야 한다. 흔히 인생이 한 시절이라고 말하지만 사실은 영생인 것이니, 여기서 가장 중요한 것은 불실인신(不失人身)을 해야 한다는 점이다.

자기를 놓고 사람을 세우면
捨己立人

자기를 놓고 사람을 세우면 좋은 스승이 되고
몸소 배우고 남을 가르치면 어진 지혜를 얻네.
세상 가운데 귀중한 일이 다방면으로 펼쳐졌어도
가르치고 기름에 견줌보다 더 큰은 없어라.

捨己立人爲善師	사기립인위선사
學躬教他得仁知	학궁교타득인지
世中貴事多方展	세중귀사다방전
斅育比方匪益丕	효육비방비익비

○ 흔히 교학상장(教學相長)이라 한다. 즉 '가르침과 배움이 서로 성장시켜 준다.'라는 의미이다. 옛 성현들은 위인지학(爲人之學)보다는 위기지학(爲己之學)을 강조하여, 먼저 자신이 인격을 이룬 뒤에 다른 사람의 앞에 나서라고 하였다. 그러므로 천하의 영재를 얻어 교육하는 것을 최고의 즐거움으로 삼을 수 있었으니, 우리의 교강(教綱)에서 말하는 '타자녀교육'의 교타자녀(教他子女)를 해야 한다. 다시 말하면 천하 사람을 교화하여 낙원지세(樂園之世)를 건설하자 함이다.

양보의 덕화는 대중이 안다
讓德衆知

자기가 앞이 될지라도 뒤에 따름이 마땅하고
이익과 재물을 얻게 되어도 좇아가 따르지 말게.
저수지를 크게 막으면 수력(水力)이 클 것이요
양보의 덕화가 두루 펼쳐지면 저절로 대중이 아느니라.

自己爲前適後隨　　자기위전적후수
利財做得勿從追　　이재주득물종추
水塘大堤丕其力　　수당대제비기력
讓德周敷自衆知　　양덕주부자중지

○ 흔히 상대를 밟아야 내가 올라설 수 있다는 말을 많이 한다. 때론 그럴 수도 있겠다 여길 수 있으나 사실은 그렇지 않다. 『논어(論語)』 '자기가 서고자 하거든 남을 세워주고, 자기가 통달하고자 하거든 남을 통달케 해야 한다.(己欲立而立人 己欲達而達人)'는 의미이다. 사실 어려운 문제이지만 이렇게 안 할 수도 없는 세상이 오고 있다. 한편, 이익이나 재물이나 권력은 뒤를 따라도 좋을 수 있다. 예컨대 저수량이 많은 저수지는 자연 수력도 큰 법이다. 이와 마찬가지로 우리가 양보의 덕을 베풀면 주위로 퍼져서 여러 사람이 알게 된다. 그러므로 우리는 양덕후수(讓德後隨)를 해야 한다.

사람 몸 얻기 어려운데
人身難得

사람 몸 얻기 어려운데 사람 몸을 얻었고
불법 만나기 어려운데 부처님과 친했어라.
우주와 하늘과 땅을 역려(逆旅)*로 삼아서
긴긴 생애 긴긴 세월 노래하고 노닐며 새로우려네.

人身難得得人身　　인신난득득인신
佛法艱逢逢佛親　　불법간봉봉불친
宇宙乾坤爲逆旅　　우주건곤위역려
永生長劫詠遊新　　영생장겁영유신

○ 사실 사람의 몸을 얻는다는 것이 절대로 쉬운 게 아니다. 또한 주세의 불법을 만난다는 것은 더욱 쉬운 일이 아닐 수 없다. 그러나 우리는 인신을 얻었고 주세불의 법도 만났으니 공부를 열심히 해야 할 숙제와 사명을 부여 받았다 하여도 과언이 아니다. 그리하여 우주와 건곤을 여관으로 삼아 왔다 갔다 하면서 영생 영겁을 춤추고 노래한다면 부생신인(復生新人)이 될 수 있다.

---

* 역려: 나그네를 맞이한다는 뜻으로, '여관'을 이르는 말.

정원에 꽃이 피더니
庭院開花

정원에 꽃이 피더니 아름다운 알맹이 자라나고
호박은 담장 위에서 색깔이 짙어져 노랗네.
서늘한 바람은 불어서 외로운 나무를 흔들고
떼를 지은 잠자리는 높이 날아올라 펼쳐지누나.

庭院開花美顆長　　정원개화미과장
南瓜牆上色濃黃　　남과장상색농황
凉風吹颯搖孤樹　　양풍취삽요고수
結隊蜻蜓翺翃張　　결대청정조힐장

○ 정원에 꽃이 피었는가 싶더니 어느새 아름다운 열매를 매달고 있다. 호박넝쿨이 담장 위로 기어오르더니 호박 몇 개가 달렸는데 그 색깔이 제법 노랗다. 문득 맑은 바람이 불어와 외롭게 선 나무를 흔들고 귀찮게 하는데, 어디서 왔는지 한 무리의 잠자리 떼가 날아오르면서 가을이 다가왔음을 알려준다. 그러므로 우리는 이 맑은 가을에 청심수도(淸心修道)를 해야 한다.

수행에 힘을 다하면
修行盡力

물이 깊은 골짜기에 흘러 가느다란 티끌 씻어내면
꼬리 흔드는 고기 무리가 자적(自適)*하며 돌아다니누나.
번뇌가 마음을 얽으면 맑음을 성취하지 못하지만
수행에 힘을 다하면 원래 정신이 맑아지리라.

水流深壑滌微塵	수류심학척미진
搖尾群魚自適巡	요미군어자적순
煩惱縈心清不遂	번뇌영심청불수
修行盡力瀞原神	수행진력정원신

○ 어느 날 서울 청계천에 둑길을 걸었다. 원래 맑은 물만 흐르는데 티끌이 내려 온다. 티끌을 씻어서 내려가고 있다. 이와 같이 물이 깊은 골짜기를 흘러가면 자연적으로 작은 티끌까지 다 씻겨간다. 그러면 고기들은 꼬리를 흔들며 자적하게 헤엄을 친다. 수행하는 사람도 번뇌가 마음을 얽으면 어두울 수밖에 없다. 그러므로 수행을 통해 마음의 번뇌를 씻어내야 한다. 번뇌를 씻어야 맑은 원래 마음이 드러나리니, 이것이 우리가 심신수행(心神修行)을 해야 하는 이유이다.

---

* 자적: 무엇에도 속박됨이 없이 마음 내키는 대로 생활함.

세상에 널리 전파하여
於世洪傳

무릇 법은 귀중한 사람에게 아첨하지 아니하고
반면 은혜는 미진까지 살려서 버리지 아니하네.
일원의 오묘한 이치는 근원이 되는 이치이니
세상에 널리 전파하여 많은 사람을 교화 하리라.

夫法非阿貴重人	부법비아귀중인
反恩不棄活微塵	반은불기활미진
一圓妙理根源理	일원묘리근원리
於世洪傳化衆民	어세홍전화중민

○ 『한비자(韓非子)』〈유도편(有道編)〉에 "법은 신분이 귀한 사람이라 해서 아부하지 않고, 먹줄은 굽은 것을 따라 휘지 않는다(法不阿貴繩不撓曲)."고 하였다. 가령 사은의 은혜가 만물을 차등하여 양불양(養不養)을 하겠는가. 마찬가지로 우리 교단의 종지가 되는 일원의 오묘한 근원이 된 이치는 사람을 따라서 친소를 나누지 않는다. 그리하여 누구든 공부를 잘 하면 부처가 되고 조사가 되지만 공부를 못하면 사정(私情)으로 법을 받을 수 없다. 그러므로 우리 제자는 사법담전(師法擔展)을 하여 일체 중생을 교화할 의무와 책임이 있음을 자각해야 한다.

오고 가길 자유하며
徠往自由

전통은 실지로 현대 가운데에 있고
미래는 오직 지금 가운데에 있어라.
하늘과 땅 우주가 한 마당의 안이니
오고 가길 자유하며 장겁을 통하리.

傳統實存現代中　　전통실존현대중
未來唯在只今衷　　미래유재지금충
乾坤宇宙一場內　　건곤우주일장내
徠往自由長劫通　　내왕자유장겁*통

* 겁: “긴 겁[長劫]이 짧은 겁[短劫]과 평등(平等)하고, 짧은 겁[短劫]이 긴 겁[長劫]과 평등하며, 한 겁[一劫]이 무수겁(無數劫)과 평등하고 무수겁이 한 겁과 평등하며, 부처님 계시는 겁과 부처님 안 계시는 겁이 평등하고 부처님 안 계시는 겁과 부처님 계시는 겁이 평등하며, 한 부처님 겁 가운데 불가설 겁이 있고 불가설 부처님 겁 가운데 한 부처님이 계시며, 한량 있는 겁(有量劫)과 한량없는 겁(無量劫)이 평등하고 한량없는 겁이 한량 있는 겁과 평등하며, 다함 있는 겁과 다함 없는 겁이 평등하고 다함 없는 겁과 다함 있는 겁이 평등하며, 말할 수 없는 겁[不可說劫]이 일념[一念]과 평등하고 일념[一念]이 말할 수 없는 겁[不可說劫]과 평등하며, 일체겁(一切劫)이 겁 아님[非劫]에 들어가고 겁 아님이 일체 겁에 들어가며, 일념[一念] 가운데 전제(前際)·후제(後際)·현재(現在) 일체 세계의 성·괴겁을 알려고 ‘아뇩다라삼먁삼보리심(阿耨多羅三藐三菩提心)’을 일으킨다.”

○ 전통(傳統)이란 과거에 만들어져 특정 집단 내에서 전승된 물질 문화, 사고와 행위 양식, 사람이나 사건에 대한 인상, 갖가지 상징군(象徵群)이 있다. 이 가운데 오늘날에 지킬만한 좋은 풍습을 놓고 '전통'이라고 하며 그렇지 않은 것은 '악습(惡習)'이라고 한다. 한 나라, 민족, 부족, 사회집단, 공동체의 특징을 보여주는 일종의 문화 코드(Code)로 이용되고 있다. 그러므로 우리는 전통을 무시하지 말고 발전시켜 현대 가운데 녹여 적용해야 한다. 또한 미래는 지금을 이어가는 것이니 적절한 방향을 제시하여 만들어가야 한다. 즉「온고이지신(溫故而知新)」을 해야 한다. 이는 '옛것을 익히고 그것을 미루어서 새것을 안다."라는 뜻이다. 이렇게 볼 때 세계적으로 부는 한류**열풍은 좋은 전통을 이어서 미래를 풍요롭게 하는 것이니 한풍만방(韓風萬方)이 되도록 해야 한다.

** 한류(韓流, Korean Wave/Hallyu): 대한민국의 수많은 대중문화 요소가 전 세계로 널리 퍼져나가 여러 해외 국가에서 유행하게 되는 현상을 이른다. 좁은 의미의 한류는 음악, 영화, 드라마 및 이를 중심으로 한 한국 연예계가 외국에서 반향을 얻는 것을 가리키나, 넓은 의미의 한류는 대중문화를 넘어 패션, 화장품, 음식, 관광, 무술 등 대한민국의 문화 전반이 그 대상이 되기도 한다.

이에 큰 스승을 찾아
爰尋太傅

텅 빈 하늘을 날던 새가 편안히 쉬고자 함에
반드시 그늘진 가지를 택한 뒤 날개 거두네.
도를 배워 닦는 사람이 진리 깨치려 함에는
이에 큰 스승을 찾아 묻고 듣고 닦아야 하리라.

虛天飛鳥欲安休　　허천비조욕안휴
必擇蔭枝後翅收　　필택음지후시수
學道揩人要悟理　　학도개인요오리
爰尋太傅問聞修　　원심태부문문수

○ 저 텅 빈 하늘을 날아다니던 새도 쉬려고 할 때 아무 나뭇가지에 앉지 않고 반드시 몸을 숨길 그늘진 가지를 찾아서 날개를 접는다. 이와 같이 도를 배우고 닦는 사람이 일원의 진리를 깨치기로 마음을 먹었다면 이에 큰 스승을 찾아서 의문 되는 바를 묻고 고귀한 말씀을 들어서 닦아나가는 길을 걸어가야 한다. 그러므로 우리는 큰 스승 대종사 문하에 들었으니 부지런히 공부하여 대각도인(大覺道人)이 되어야 한다.

성현 말씀 학습하면
賢言學習

무릇 사람이 세상을 겪는 길 가운데 나서
도의 참을 알지 못하고 암몽*에 떨어지면,
악연에 뒤엉켜 지옥 벗어나기 어려우리니
성현 말씀 학습하면 궁색에 이르지 않으리라.

夫人出於世途中　　부인출어세도중
不識道眞墜暗矇　　불식도진추암몽
糾錯惡緣難脫獄　　규착**악연난탈옥
賢言學習匪臻窮　　현언학습비진궁

○ 무릇 사람이 세상을 살아가는 길에 개인 아니면 공동으로 지켜야 할 규범(規範) 곧 도리라는 것이 있다. 만일 사람으로서 이를 알지 못하고 자행자지를 한다면 악연이 자연 얽혀서 현실 지옥을 벗어날 수가 없다. 이것을 벗어나려면 성현의 가르침을 배우고 익혀서 따르는 것이 최상이라고 할 수 있다. 그러므로 우리는 대종사의 가르침이 있고 인도(引導)가 있으니 종이불해(從而不懈)해야 한다. 그러므로 성자들의 교설(敎說)은 만고종강(萬古宗綱)이 되는 것이라고 말하지 않을 수 없다.

*　암몽: 어둑어둑하다.
**　규착: 얽히고 뒤섞임.

세상에 태어난 지금에
落地今時

권력과 세력은 십여 년을 지내기가 어렵고
아름다운 꽃 열흘 붉게 온전히 피기 어렵네.
사람이 나서 세상 삶이 백년 채우지 못하니
세상에 태어난 지금에 허물을 짓지 말지니라.

權勢難過十數年	권세난과십수년
佳花艱發拾紅全	가화간발십홍전
人生活世百非滿	인생활세백비만
落地今時勿作愆	낙지금시물작건

○ 사람이 권력과 세력을 가졌다 할지라도 왕조시대가 아닌 지금은 10여 년을 유지하기가 어렵다. 마치 아름답게 피어난 꽃이라도 10여 일을 시들지 않는다고 보장하기 어려운 것과 같다. 그러므로 다행스럽게 사람의 몸을 얻어 세상에 태어나 살면서 허물 곧 죄악이나 못된 짓을 하여 사람들의 입에 오르내리지 않아야 한다. 즉 자업(自業)을 자신이 만들지 않아야 한다. 이러한 의미에서 우리들은 삼가고 조심히 살아가며 근행경활(謹行敬活)을 해야 한다.

짐작하여 보려 말고
莫觀斟酌

세상을 살아가며 잔소리를 듣지 않으려면
옳고 그르다는 요란한 길을 걷지 말지니라.
사람이 대개 자신의 결점 보기가 어렵지만
짐작하여 보려 말고 자신의 행동을 살펴야 하네.

不聞活世嘮叨聲	불문활세로도*성
勿步是非搖亂程	물보시비요란정
人概難看身病點	인개난간신병점
莫觀斟酌察躬行	막관짐작찰궁행

○ 자기 눈으로는 자기 눈을 보지 못한다(以自眼不見自眼)고 말할 수 있다. 즉 눈은 분명 자기의 눈이지만 자기 눈을 볼 수는 없고 거울을 통해서 자신의 눈을 보게 된다. 이와 같이 내가 내 결점이나 허물을 보기는 어려운 반면 남의 허물은 잘 보이는 것이니 이를 보려고 말고 내면으로 돌려서 자신을 살필 줄을 알아야 한다. 그러므로 우리는 남들이 볼 수 있는 허물을 짓지 말고 독야청청(獨也靑靑)하게 살아가야 한다.

* 노도: 1. 되풀이하여 말하다. 2. 말을 많이 하다. 3. 시끄럽게 떠들다. 4. 잔소리하다.

세상에 머물러 사는 사람
住世居人

작은 시내에는 크고 살진 고기는 살기가 어렵고
좁은 길에 넓은 수레는 달려가기가 어렵다네.
세상에 머물러 사는 사람이 행동과 마음이 좁으면
천하에 대장부라 칭송하지는 못하리라.

小溪難活大肥魚	소계난활대비어
狹路廣車艱走如	협로광거간주여
住世居人行意窄	주세거인심용착
不稱天下丈夫諸	불칭천하장부저

○ 무릇 적은 물이 흐르는 시내는 크고 살진 물고기는 좁아서 살 수가 없다. 또한 좁은 길은 넓은 수레가 달려서 지나갈 수가 없다. 이와 같이 사람이 세상에 살면서 치우친 행동을 한다거나 좁은 마음을 쓰게 된다면 대장부라고 할 수가 없다. 흔히 사전적으로 "대장부란 건장하고 씩씩한 사내"를 말한다. 즉 심량이 트이고 판국이 열린 대인배를 이르는 것이니 우리도 군자의 심광체반(心廣體胖)*이 되어야 한다.

---

* 심광체반: 마음이 넓으니 몸에도 살이 붙는다.

부귀가 다다라 올지라도
富貴臨來

부귀가 다다라 올지라도 넘치는 바 없고
빈한이 일찍 이르러도 가라앉은 바 없네.
중을 지켜 굽히지 않고 또 기울지 않으면
능히 천하가 대장부 마음 가졌다 이르리라.

富貴臨來不所淫　　부귀임래불소음
貧寒早到匪攸沉　　빈한조도비유침
守中非屈又非昃　　수중비굴우비측
稱持天下丈夫心　　칭지천하장부심

○ 나에게 부유와 존귀함이 온다고 할지라도 넘침이 없이 자중할 줄을 알아야 한다. 또 가난과 한미(寒微)가 이를지라도 의지가 가라앉아서는 안 된다. 그러므로 중도를 지켜 비굴한 바가 없고 편착(偏着)된 바가 없어야 대장부의 심량(心量)을 갖고 사는 사람이라고 할 수 있다. 그러기 때문에 우리는 외모만을 꾸미고 사는 홑 사람이 되지 말고 내면을 꾸미는 겹 사람으로 내덕지인(內德之人)이 되어야 한다.

차라리 아래에 처하여
寧爲處下

위관과 법력은 공등(共等)히 가져야 함을 이름이니
만일에 참 깨침으로 밝음을 이루지 못한다면,
위에 거해 부끄럼 남아 많은 무리에 미치리니
차라리 아래에 처하여 기뻐함만 같지 못하리라.

位冠法力共齊云	위관법력공제운
若做匪成眞覺昕	약주비성진각흔
居上恥餘多衆扱	거상치여다중급
寧爲處下不如欣	영위처하불여흔

○ 무릇 법위와 법력은 공등(共等)히 갖추어야 한다. 즉 법력이 있으면 자리가 자연 높을 수밖에 없고, 법력이 없으면 자리에 오를 수가 없다. 만일 법력이 없는데 높은 위에 있다면 내면에 부끄러움이 생기고 그 부끄러움이 대중에게 미쳐서 부끄러움을 심화시킬 것이니 어찌 진짜 부끄러움이 아니겠는가. 즉, 어리석은 자가 위에 있어서 잘못된 계획과 결정은 많은 사람에게 큰 피해를 미치게 된다. 그러므로 차라리 법력을 갖추고 아래에 처하여 자락(自樂)함만 같지 못하리니 우리는 내력군자(內力君子)가 되어야 한다.

입을 닫고 혀를 감춰서
口閉舌藏

입을 닫고 혀를 감춰서 함부로 시끄럽지 않고
귀를 가리고 눈을 가려서 듣고 보기를 삼가라.
사람이 이와 같이 살면서 거리끼는 바가 없으면
어느 경계에 몸이 처해도 손가락질 흔적 없다네.

口閉舌藏非亂讙　　구폐설장비란환
耳遮眼蔽愼聽觀　　이차안폐신청관
人生似此毋攸憚　　인생사차무유탄
何境處身無指痕　　하경처신무지흔

○ 부설거사(浮雪居士)가 읊조리기를 "눈에 보이는 것 없으니 분별 없고 귀에 들어도 소리 없으니 시비 끊어지네. 분별 시비는 모두 놓아버리고 다만 마음의 부처를 보고 스스로 귀의하라(目無所見無分別 耳聽無聲絶是非 分別是非都放下 但看心佛自歸依)"는 시이다. 우리가 세상을 살면서 육근 문의 개폐(開閉)를 자유롭게 할 수 있다면 어떤 일을 하고 어느 경계에 처한다고 할지라도 무흔도인(無痕道人)이 된다고 볼 수 있다. 따라서 마음의 문을 자유로 여닫을 수 있다면 무정한 자유로 만끽하면서 청로청보(淸路淸步) 하게 된다.

은혜 베풀어도 호응 없으면
施惠無應

은혜 베풀어도 호응 없으면 베풂이 적음을 돌아보고
사람 사랑해도 질투받으면 사랑이 적음을 생각하게.
과와 인의 밝은 이치는 절대로 변하지 않는 것이니
항상 자신을 비춰 미치지 못했음을 생각할지니라.

施惠無應顧少施	시혜무응고소시
慈人受嫉念些慈	자인수질염사자
果因明理絶非變	과인명리절비변
恒照自身不扱思	항조자신불급사

○ 무릇 인과는 절대 무시할 수 없다. 받으려면 짓고 받지 않으려면 안 지으면 된다. 그러므로 중업중수(重業重受)하고 경업경수 (輕業輕受)하는 것이 정칙(定則)이니 하우하환(何憂何患)이리요. 그러므로 옛 글귀처럼 "중생환과(衆生患果) 보살환작(菩薩患作)"이라 하였으니 '중생은 받게 되는 과보를 걱정하고 보살은 지을 때를 걱정한다.'는 뜻이다. 그렇기 때문에 우리는 신소작시(愼所作時)하여 선명지업(善明之業)을 지어가야 한다.

종교의 두 가지 길을
宗教兩條

종교의 두 가지 길을 걸어 감에 있어서
수행과 아울러 신앙을 말함이어라.
일원과 삼학과 사은이 중요 하나니
지혜와 복이 담기고 갈무린 근원이네.

宗教兩條程步存　　종교양조정보존
修行兼併信仰言　　수행겸병신앙언
一圓三學四恩重　　일원삼학사은중
智慧福禧盛轀源　　지혜복희성온원

○ 우리가 종교 생활을 하는 데 있어서 두 가지 길을 말할 수 있으니, 하나는 신앙의 길이요 또 하나는 수행의 길이다. 이는 일상의 신앙과 수행을 말하는 것으로 바로 사은과 삼학을 이름이다. 따라서 그 근원이 되는 게 곧 일원의 진리로 원불교의 최고 종지가 되기 때문에 원불교의 상징이라 할 수 있다. 그러므로 우리는 사은 신앙으로 복락을 얻고 삼학 수행으로 지혜를 얻어 복혜쌍비(福慧雙備)를 한 종교인이 되어야 한다.

내 나이도 세월이 쌓여서
吾齡積歲

우리나라가 35년의 왜구(倭寇)를 물리친 80년
내 나이도 세월이 쌓여서 80까지 이었네.
불법 얻기 어렵고 사람에 나기 어려운데
다행히 일원 진리 깨닫고 선연을 알았어라.

我國擺倭八十年　　아국파왜팔십년
吾齡積歲杖朝連　　오령적세장조연
難收佛法艱人出　　난수불법간인출
幸覺一圓知善緣　　행각일원지선연

○ 우리나라가 불행하게도 일제라는 왜구를 만나 본의 아니게 35년이라는 고초로 도멸(都滅)에 이르렀다가 다행스럽게 1945년 8월 15일에 광복을 맞이하였다. 이에 필자의 나이도 어언 80세가 되어 복령동도(復齡同道)가 되었다. 그리하여 소태산 대종사 주세 부처님과 대도 정법을 만나고 일원의 진리를 깨닫고 진리적 신앙 길과 사실적 훈련 길을 알게 되었으니, 우리 일원인생(一圓人生)이라고 할 수 있으니 진리를 깨닫고 사은 보은과 삼학 수행으로 필성불조(必成佛祖)가 되어야 한다.

한밤중에 차가운 달은
夜中寒月

한밤중에 차가운 달은 초가집을 두루하고
잠자던 새 자다 깨어 머리 들어 소리하네.
고요하고 맑아 하염없는 한 이치 비추고
내 마음 홀로 드러나 크게 빈 하늘 노닐어라.

夜中寒月草家周　　야중한월초가주
寢鳥睡醒擡首啾　　침조수성대수추
靜瀞無爲一理照　　정정무위일리조
余心獨顯太虛遊　　여심독현태허유

○ 한밤중에 뜬 차가운 달은 초모(草茅)로 이은 집을 유심히 비추고 있다. 이에 잠을 자던 새들이 밝은 빛을 보고 잠에서 부스스 깨어나 머리를 들고 지저귄다. 따라서 고요하고 맑은 한 이치는 하염없이 우주와 하늘땅과 만상을 비추고 있다. 그러면 내 마음도 홀로 드러나 크고 텅 빈 하늘을 자유롭게 노닌다. 그러므로 우리는 육척미만(六尺未滿)의 몸을 가졌다 할지라도 마음은 넓고 크고 넓은 것이니 회시방인(懷十方人)이 되어야 한다.

알음알이 세워 비록 밝아도
立解雖明

알음알이 세워 비록 밝아도 씀에 차이가 있고
지은 복은 받을 경우엔 때를 따름이 있다네.
그러나 지혜와 복은 원래 성품에 갊았으니
베풀고 누림에 한량없고 다함이 없어라.

立解雖明有用差 입해수명유용차
作禧受境在隨時 작희수경재수시
然而慧福藏原性 연이혜복장원성
施享無量匪盡之 시향무량비진지

○ 무엇이나 인위적으로 짓는 것은 오래 갈 수가 없다. 그것은 뿌리가 얕아서 변역(變易)을 부르기가 쉽기 때문이다. 즉 알음알이나 짓는 복은 다할 때가 분명히 있지만 짓지 않고도 받는 복이나 지혜는 아무리 부려도 종료(終了)가 되지 않는다. 이는 원래 불체(佛體)나 본성(本性)에 감춰 있는 혜복(慧福)이기 때문에 다할 날이 없다. 그러므로 우리는 지해(知解)보다는 지혜를, 작복(作福)보다는 원복(源福)의 주용지인(主用之人)이 되어야 한다.

우리 가운데 갇힌 새는
籠中囚鳥

스승님 법은 평범하여 세간에 있으니
이걸 여의고 찾는다면 큰 산 옮기듯 완고하리.
우리 가운데 갇힌 새는 허공을 날기가 어렵듯
누구든 자기 마음 버리곤 부처 이루기 어렵네.

師法平凡在世間　　사법평범재세간
離斯欲覓嶽移頑　　리사욕멱악이완
籠中囚鳥難空翅　　농중수조난공시
誰捨自心成佛艱　　수사자심성불간

○ 육조대사(六祖大師)의 시에 "불법은 세간에 있고 세간을 여의곤 깨달음은 없다. 세간을 떠나 도를 찾는 것은 흡사 토끼 뿔을 구하는 것 같다(佛法在世間 不離世間覺 離世覓菩提 恰如求兎角)."라는 말이다. 우리 교리표어에 "처처불상(處處佛像)"이라 하였다. 즉 우주 만물이 무소비불(無所非佛)이다. 우주 건곤 만상 만물이 바로 부처라는 말이다. 그러므로 우리는 심불표탕(尋佛飄蕩)을 해서는 안 된다. 좇아다니면서 찾아보려 말고 차신즉관(此身卽觀)을 해야 한다.

하늘땅 항상 봄으로
天地常春

바른 법은 한량없는 부처와 중생의 길이요
일원은 원만하여 많은 종교의 맏이이네.
우리 스승 세상에 나와서 이 도를 펼치시니
하늘땅 항상 봄으로 긴긴 세월 밝으리라.

正法無量佛衆程　　정법무량불중정
一圓圓滿夠宗兄　　일원원만구종형
吾師出世敷斯道　　오사출세부사도
天地常春永劫明　　천지상춘영겁명

○ 무릇 법이나 도나 일원의 진리로 건설되고 만들어진 우주나 천지나 세상은 항상 봄으로 꽃이 피고 새들이 노래하는 낙원이요 극락으로 벌려지게 해야 한다. 이러한 일을 하기 위하여 소태산 대종사께서 이 땅에 오셨으니 우리 모든 생령의 홍복이요 기쁨이라고 하지 않을 수 없다. 따라서 우리는 이 회상에 먼저 참여하였으니, 다행이라고 할 수 있음을 알아야 한다. 그러니 사람 몸으로 삼세를 역생(易生)을 하면서 담교회원(擔敎懷圓)을 해야 한다.

바른 법을 알아보지 못하는 것은
正法不知

바른 법을 알아보지 못하는 것은 우리의 그름이니
부처와 조사가 도를 설함을 절대 비방해선 안 되네.
우리는 둥근 진리와 대종사 주세 부처님을 만났으니
긴긴 세월을 여의지 않고 돌아가고 또한 의지하리라.

正法不知我等非　정법부지아등비
佛師說道絶微誹　불사설도절미비
我遭圓理與宗主　아조원리여종주
永劫未離歸亦依　영겁미리귀역의

○ 자경문(自警文)에 "나는 훌륭한 의사와 같아서 병을 알아 약을 주나니 먹고 먹지 않는 것은 의사의 허물이 아니요, 또 좋은 길잡이와 같아 도로써 사람을 인도하나니 듣고 행하지 않는 것은 길잡이의 허물이 아니니라(我如良醫 知病設藥 服與不服 非醫咎也 又如善導 道人善導 聞之不行 非導過也)"고 하였다. 우리는 자신의 그름을 탓할지언정 법리(法理)를 함부로 말 해서는 안 된다. 우리가 의사의 처방약을 받아먹지 않고 병이 낫지 않는다고 의사를 탓할 수는 없다. 그러므로 우리는 회원지불(懷圓之佛)이 되어야 한다.

세상을 살아가는 여러 사람은
活世庶人

세상을 살아가는 여러 사람은 악을 행하지 말고
항상 선한 일을 하여 가볍게 기울어지지 아니할지라.
이에 자신의 마음을 맑혀 어둠에 가림이 없음을
불교의 부처 유교의 성현, 인도하고 가르쳐 밝혔네.

活世庶人勿惡行	활세서인물악행
常爲善事不傾輕	상위선사불경경
迺淸自意無遮暗	내청자의무차암
佛佛儒賢導敎明	불불유현도교명

○ 세상 사람들이 행동하는 데 있어서 선과 악이 공존(共存)을 하고 공행(共行)을 한다. 그리하여 선을 주장하기에 앞서 악을 행하지 아니하고, 또한 악을 저지하여 행하지 않으면 이것이 선이라고 하지 말자. 즉 선만을 주장함도 옳지 않고 악만을 저지함도 옳지 않다. 그러므로 선악을 포용하되 악이 선으로 변화하여 행해지도록 하는 것이 진정한 공행이요 공존이라고 할 수 있다. 그래서 우리는 이선용악(以善容惡)을 해야 한다.

한글을 창제하여
韓文創製

우리나라의 조선시대에 왕이었던 세종*

한글**을 창제하여 백성 가르쳐 포용했네.

이 땅에 오직 하나밖에 없는 최고의 글자

긴긴 세월 들어서 빛낼 이 땅의 용***이어라.

---

* 세종대왕: 인명 조선의 제4대 왕(1397~1450, 재위 1418~1450). 이름은 도(祹)이고, 자는 원정(元正)이며, 시호는 장헌(莊憲)이다. 1418년에 왕세자에 책봉되고, 그해 8월에 22세의 나이로 태종의 왕위를 받아 즉위하였다. 집현전(集賢殿)을 두어 학문을 장려하였고, 유교 정치의 기반이 되는 의례, 제도를 정비하였으며 다양하고 방대한 편찬 사업을 이루었다. 또 훈민정음(訓民正音)의 창제, 농업과 과학 기술의 발전, 의약 기술과 음악 및 법제의 정리, 공법의 제정, 국토의 확장 등 수많은 사업을 통하여 민족 국가의 기틀을 확고히 하였다.

*** 한글: 『훈민정음 해례본(訓民正音 解例本)』에는 자음과 모음 각각의 창제 원리가 상세히 설명되어 기본 자음 5자(ㄱ, ㄴ, ㅁ, ㅅ, ㅇ)는 발음 기관의 모양을 추상화하고, 기본 모음 3자(·, ㅡ, ㅣ)는 천지인 3재를 상징하여 창제되었고 다른 글자들이 획을 덧붙이는 방식으로 만들어졌다고 밝히고 있다. 『훈민정음해례본』을 바탕으로 한글과 음양오행의 관계를 기록하였다.

*** 용: 상상의 동물 가운데 하나. 몸은 거대한 뱀과 비슷한데 비늘과 네 개의 발을 가지며 뿔은 사슴에, 귀는 소에 가깝다고 한다. 깊은 못이나 늪, 호수, 바다 등 물속에서 사는데 때로는 하늘로 올라가 풍운(風雲)을 일으킨다고 한다. 중국에서는 상서(祥瑞)로운 동물로 기린(麒麟)·봉황(鳳凰)·거북과 함께 사령(四靈)의 하나로서 천자(天子)에 견주며, 인도에서는 불법(佛法)을 수호하는 사천왕(四天王)의 하나로 생각하고 있다.

我國朝鮮王世宗　　아국조선왕세종
韓文創製敎民容　　한문창제교민용
斯坤唯一最高字　　사곤유일최고자
永劫揚輝此地龍　　영겁양휘****차지룡

○ 한글은 우리나라 고유의 글자이다. 음소문자(音素文字)*****인데 그보다 더 발전된 자질 문자로 분류되기도 한다. 세종 대왕이 우리말을 표기하기 위하여 창제한 훈민정음을 20세기 이후 달리 이르는 명칭이다. 1446년 반포될 당시에는 28자모(字母)였지만, 현행 한글 맞춤법에서는 24자모만 쓴다. 그러므로 우리는 아름다운 우리 글을 널리 세상을 깨우고 평화를 만들어가는 성세지인(醒世之人)이 되어야 한다. 지금 세계적으로 한글의 가치가 무궁무진하다. 언어학자들은 끝에 가면 한글만 살아남게 된다고 말을 한다. 특히 정보화시대에는 매우 적합한 문자라고 한다. 또한 유네스코는 훈민정음을 세계기록유산으로 등재하였다. 따라서 '세계에서 가장 훌륭한 알파벳'이라고 평가를 하고 있다. 이 외에도 수 많은 우수성이 있다고 한다. 특히 AI시대에 꼭 들어 맞는 글자라고 한다. 그러므로 우리는 이한화세(以韓化世)를 하여야 한다.

****　양휘: 들어서 빛냄.
*****　음소문자: 개개의 글자가 단어(單語)의 음(音)을 음소(音素)의 단위까지 분석하여 표기하는 성질을 가진 문자.

08

時節因緣

시절인연

때가 되면 인연이 만남

내가 태어난 고향
我誕故鄕

내가 태어난 고향인 삼학 마을은
함평과 영광의 경계로 산기슭과 계곡의 터전이네.
아름답고 선량한 풍속이 전하여 이어지고
양순하고 인정이 두터워서 낙원과 같았어라.

我誕故鄕三鶴村	아탄고향삼학촌
咸靈境界麓溪垠	함영경계록계은
美風良俗傳來續	미풍양속전래속
醇厚人情似樂園	순후인정사낙원

○ 필자는 1945년 음력 12월 29일에 전라남도 영광군 묘량면 삼학리 142번지에서 태어났다. 우리 동네는 뒤와 좌우에 산이 둘러싸고 있으며 오른편에 계곡이 있는 명당 같은 마을로 순수한 마음을 가지고 살아간다. 부친의 함자는 정수(正洙), 모친의 성함은 정금순(鄭今順, 법명: 鄭大明華)이다. 부모님 슬하에서 삼형제가 살았으며 먹고 사는데 굶지는 않았다. 부모님의 삶은 법이 없어도 산다는 평판을 들었다. 왕촌교당에 다니면서 한문공부를 하다가 흔개시문(掀開柴門)하여 출가하게 되었다.

출가하여 전무출신 되어
出家專務

영광은 정토로 부처님의 인연이 깊어서
주법이신 대종사님 깨달음의 소리를 토하셨네.
나도 불도의 씨앗을 심었기에 이 땅에 나서
출가하여 전무출신이 되어 일생에 이르렀어라.

靈光淨土佛緣深　영광정토불연심
主法宗師吐覺音　주법종사토각음
我種道因玆地出　아종도인자지출
出家專務一生臨　출가전무일생림

○ 영광은 주세 성자의 불연이 깊은 정토이다. 주세 부처님이 탄생하여 깨달음의 원음을 토하신 곳이다. 필자도 숙세의 불연이 있었기에 이 땅 영광에 나와서 전무출신을 하였고, 지금은 퇴임하여 원로원에 살고 있다. 주세 성자와 일원 진리와 대도 정법과 제중 낙원을 알았으니 어찌 전무출신(專務出身)을 하지 않을 수 있었겠는가. 그러므로 영겁토록 이 공부 이 사업으로 부처도 이루고 중생도 제도하여 이 세상에 무량 낙원을 건설하는데 일권지진(一拳之塵)이라도 보태어 아름다운 하늘과 땅, 우주와 만상을 불상화(佛像化)하여 일장공생(一場共生)을 하려고 한다.

부부 사이가 화목하다
琴瑟相和

영산회상의 부처님 인연이 깊어서
가까운 지역에 생을 얻어 지금에 이르렀네.
부부 사이 화목하여 80여 세의 나이가 되었고
한 남아 두 여아에게 사랑하는 마음을 두었어라.

靈山會上佛緣深　　영산회상불연심
近地得生臻只今　　근지득생진지금
琴瑟相和爲傘壽　　금슬상화위산수
一男二女愛心臨　　일남이녀애심림

○ 영산회상의 인연이 깊어서 주세 부처님이 탄생한 영광에 출생하였다. 대장을 따르는 기러기이기 때문이다. 지어미와 지아비로 화목을 이루어 80세의 나이에 이르렀다. 슬하에 한 아들과 두 딸을 두었는데 큰딸은 전무출신을 하였다. 부녀가 함께 이 회상에 출가하여 전무출신이 되었으니 길이길이 영수대안(永隨大雁)을 하여 중생 제도하고 낙원을 건설하여 동유공활(同遊共活) 하려고 한다. 따라서 변함이 없는 인연으로 여원동전(與圓同轉) 하려고 한다.

세 아이 홀로 길러
三孩獨毓

실제로 세 아이 홀로 기르고 자라게 하여
한 자식은 출가, 한 자식은 시집, 한 아이 살아감은,
만약 정토가 아니었으면 정말 어려운 일이었으리니
감회를 하지 않을 수 없고 다할 수도 없는 정회여라.

實際三孩獨毓成　　실제삼해독육성
一家一嫁一兒生　　일가일가일아생
若非正土眞難事　　약비정토진난사
無不感懷無盡情　　무불감회무진정

○ 궁타원(宮陀圓) 이윤덕(李潤德) 정토가 아니었으면 우리 집안은 풍비박산(風飛雹散)이 되고도 남았을 것이라고 자인하지 않을 수 없다. 은혜롭게도 정토가 중심을 잡고 집안을 돌보았기에 오늘과 같은 평안을 누릴 수 있었다. 그리하여 큰딸은 출가하였고 작은딸은 시집을 갔으며 아들은 사회에서 살아가고 있다. 이런 행복함을 누리면서 어찌 감회와 정회가 깊지 않으랴. 그러니 우리는 영답사도(永踏斯道)를 하여 사법담견(師法擔肩) 하고 영전불휴(永轉不休) 하리로다.

끊을 수 없는 숙세 인연
無斷宿緣

재물이 적은 가난한 집안에 시집을 와서
고난을 참고 견디며 모아 둔 재물이 있네.
안사람은 본래부터 풍성하고 넉넉한 집안인데
끊을 수 없는 숙세 인연으로 오늘을 열었어라.

貨少貧家出嫁來	화소빈가출가래
苦難堪耐有留財	고난감내유유재*
內人本始豊裕屋	내인본시풍유옥
無斷宿緣今日開	무단숙연금일개

○ 숙세 인연은 때가 이르면 자연히 만나게 된다. 중매를 통해 양가에서 결혼 이야기가 오갈 무렵 정토의 꿈에 필자가 자기 집으로 들어오는 것이 보였고, 또 꽃 세 송이를 건내주기에 가슴에 품었다고 하였다. 우리가 결혼을 하였고 자녀를 셋 얻었으니 정토의 꿈이 현실로 나타난 영몽(靈夢)이라고 아니할 수 없다. 따라서 지금의 삶에 있어서 작연·작업·작행(作緣·作業·作行)을 잘 해야 다음 만날 때에 좋은 인연과 좋은 토대와 좋은 품성이 한데 어울러짐이라 생각을 하지 않을 수 없다는 시절인연(時節因緣)이라고 할 수 있다.

* 유재: 모아 둔 재물.

얇고 두터운 이불 만들다
薄厚制衾

가느다란 손가락에 굳은 혹이 손가락 반지처럼 둘렀고
어여뻤던 얼굴의 주름 골은 깊게 파고든 만(灣)과 같네.
비단을 마르고 자르며 솜을 뒤집고 펴서
얇고 두터운 이불 만들어 차가움과 더위를 제어하였어라.

纖指堅瘤繞指環　　섬지견류요지환
姸顔皴谷似深灣　　연안준곡사심만
裁紈剪帛棉飜佈　　재환전백면번포
薄厚製衾寒暑刪　　박후제금한서산

○ 필자의 정토는 서울 종로구 안국동에서 '화동침구(和同寢具)'를 운영하고 있다. 가게는 작지만 값나가는 땅으로 우리 점포이다. 오랜 세월 바느질을 하다 보니 손가락에 굳은살이 박혀 반지처럼 되었고 어였뻤던 얼굴에는 주름이 깊게 파였다. 이불 하나를 만들기 위하여 천을 자르고 솜을 뒤집어 몇십 번의 손질을 해야 한다. 그런 정성스러운 손길로 이불 한 채가 탄생한다. 그러므로 우리는 대종사님의 법을 알고 깨치고 전파하여 중생을 제도하고 낙원을 세우는데 근행진성(勤行盡誠)을 다 해야 한다.

참회하는 생각 굳게 가지자
悔念堅持

다른 눈으로 일원 진리의 근원을 보지 않았고
특별한 사람처럼 교단의 은혜를 말하지도 않았네.
숙세 업장은 몸소 행한 결실이니 나에게 돌리고
참회하는 생각 굳게 가져 남은 세월 나아가리라.

別眼匪觀圓理源　　별안비관원리원
另人不說敎團恩　　영인불설교단은
歸余宿業躬行實　　귀여숙업궁행실
悔念堅持餘歲奔　　회념견지여세분

◯ 가만히 생각해 보면 이 교단에 살면서 드러날 만한 공덕은 끼치지 못했다. 또한 공부도 이룬 바가 별반 없으니 대종사님에 대한 불민(不敏)이요 불효(不孝)라고 할 수 있다. 그러나 주세 부처님과 일원 진리와 대도정법과 도중낙원(度衆樂園)을 알았으니 이보다 더 큰 소득이 어디 있으리오. 길이 감사하고 고마워해야 하며, 잘못은 내게 돌리고 잘함은 교단에 돌려서 겸허한 자세와 참회하는 마음으로 남은 시간을 살아가야 한다. 그리하여 최후일념까지 막단불연(莫斷佛緣)을 해야 한다.

뭇 생령 구제
群靈救濟

다음 생애 세상에 나와 기연이 이어지고
대종사님의 정법 교단에 전무출신으로 이어서
진리 깨치는 데 마음 다하여 부처 조사 이루고
뭇 생령 구제하여 낙원의 세계를 베풀지니라.

次生出世續機緣　　차생출세속기연
師法敎團專務連　　사법교단전무연
悟理盡心成佛祖　　오리진심성불조
群靈救濟樂園宣　　군령구제낙원선

○ 금생의 불연을 다음 생으로 이어서 전무출신을 해야 한다. 그리하여 일원의 진리를 깨닫고 마음을 닦으며 부처 조사를 이루어서 뭇 생령을 제도하고 영겁의 낙원을 건설하여 생령과 함께 살아가야 한다. 만일에 이 정법으로 제도를 받지 못하는 생령이 하나라도 있다면 교화에 게으름을 피운 것이라 할 수 있다. 그러므로 우리는 막리불연(莫離佛緣)을 하여 일체 생령이 사은(師恩)을 입고 불연(佛緣)을 맺어서 원선동승(圓船同乘)을 하여 낙원을 향해서 사경선도(使勁船櫂)를 해야 한다.

대종사님과 길이 이어서
宗師永續

대산 종사 지난번 말씀에 저 궁산과 궁타원 집안은
"덕을 쌓고 공을 쌓은 보살의 집안이라" 하셨네.
부처님으로 더불어 인연이 소중하였으니
대종사님과 길이 이어서 아름다운 꽃을 피우리라.

大山次語彼宮鄘　　대산차어피궁도
積德儲功菩薩家　　적덕저공보살가
與佛因緣爲所重　　여불인연위소중
宗師永續發佳花　　종사영속발가화

○ 여기에는 숨은 이야기가 있다. 대산 종사께서 미국 하와이를 방문하셨다. 만타원 김명환 종사가 궁타원에게 여비를 좀 보태라 하니, 궁타원은 어려운 형편에도 곗돈으로 탄 100만 원을 두말없이 드렸다. 그 뒤 만타원님이 하와이에서 대산 종사께 그 말씀을 드리니 대산 종사께서 "그 집안은 보통 집안이 아니라 보살 집안이다."라는 말씀을 하셨다고 한다. 우리는 사실을 알 수 없지만 혜안이 열린 성자들을 보시고 말씀을 하신 것이니 범연이 듣지 말고 자긍심으로 살아가야 한다. 그리하여 자가보살(自家菩薩)을 이루어야 한다.

진리인 일원의 큰 도
理圓丕道

진리인 일원의 큰 도를 마음으로 깨친다면
우주와 하늘과 땅이 안집이요 정원이어라.
긴긴 세월 하염없이 이런 곳에서 노닐지니
낳아 오고 죽어 가도 한 마당에 맞이함이네.

理圓丕道以心醒　　이원비도이심성
宇宙乾坤內屋庭　　우주건곤내옥정
永劫無爲遊此處　　영겁무위유차처
生來死去一場迎　　생래사거일장영

○ 세상에 급선무가 있다면 진리를 깨닫는 길이라고 할 수 있다. 우리가 영겁을 생사 거래하는 데 있어서 이로(理路)를 모른다면 캄캄한 밤에 산길을 가는 것과 같다. 그러므로 천지나 우주를 앞마당 삼아 노닐고 싶으면 진리를 깨치고 자신의 마음을 알아야 한다. 만일 진리에 대한 각지(覺知)가 없다면 생이여멸(生而如滅)이라 할 수 있다. 그러므로 우리가 대도정법을 만난다는 것이 결코 쉬운 것이 아님을 알아야 한다. 그리하여 만났을 때 서원이나 공부심이 없다면 육지에서 배를 끄는 것과 같아서 난도목지(難到目地)가 되고 만다.

궁 자 법호를 얻고 항마 법위를 얻다
得宮得位

어려서 시집와 어려움을 견디며 한결같이 부지런하여
항마의 법위와 '궁'이란 글자의 법호를 얻었어라.
세 아이가 마음을 모아 앞길을 축하하고
공부가 깊어져 날로달로 밝아지길 축원하였네.

幼嫁經難一貫勤	유가경난일관근
降魔法位得宮文	항마법위득궁문
三倪合意前途祝	삼예합의전도축
增邃功夫日月昕	증수공부일월흔

○ 정토가 원기100년 3월 10일 법강항마위에 승급됨을 기념하여 『지혜와 자유의 노래[弗縈頌]』란 한시집(원기100년[2015])에 실었던 한시 다섯 수를 여기에 그대로 옮겼다. 궁타원은 우리 집안에 있어서 중흥조(中興祖)와 다름없으며, 특히 어머니를 비롯한 식구들의 산지사방(散之四方)을 막아준 여장부이다. 그리하여 우리들은 감사와 고마움을 드리지 않을 수 없다. 그야말로 풍비박산에서 일어난 기적이라고 하지 않을 수 없다. 그러므로 오가는 생애에 인연 놓치지 말고 부처님 법에 단단하게 뿌리를 내려 영겁동락(永劫同樂) 하기를 간절한 마음으로 기원한다.

영겁의 행복이니
永劫之禧

집안을 이루는 데 도움이 못 되어서 겸연쩍고
자식을 가르침에 후원 없었지만 입히고 먹였구려.
회상에 출신하여 대종사님 문정에 들어와서
구족이 하늘에 나게 되었으니 영겁의 경사라오.

不補成家抱歉爲　　불보성가포겸위
無援斆子被餐之　　무원효자피찬지
出身會上師門入　　출신회상사문입
九族生天永劫禧　　구족생천영겁희

○ 필자가 교단에 들어와서 배운바, 전무출신은 '가정을 돌아보지 않아야 하고 물과 불을 피하지 않아야 한다(不顧家庭 不避水火).'라는 것이었으니, 이를 다 실천했다고 볼 수는 없지만 거의 가까웠다고 자부는 할 수 있다. 그리하여 금생은 여의치 못했다 할지라도 영생을 두고 본다면 불연과 법연의 위광(威光)으로 면지옥락(免地獄落)은 할 수 있지 않을까 하는 생각은 든다. 그러나 한가지 걱정이 되는 바는 정토에게 진 빚을 어떻게 갚을까 하는 점이다. 따라서 공부를 잘 한다면 조금은 감액이 되리라 생각하면서 근섭법해(謹涉法海)를 해야 한다.

일원 진리의 집에서
一圓爲宇

산에는 새와 짐승이 어울려 뛰고 지저귀며
세상에는 만물과 사람이 서로 얽혀 나아가네.
맺고 이어진 좋은 인연 쉽게 갈리지 않으리니
일원 진리로 집을 삼아 오고 가면서 살으리라.

于山鳥獸併蹎鳴　　우산조수병전명
於世物人相縛征　　어세물인상박정
結纘善緣非易裂　　결찬선연비이열
一圓爲宇逝來生　　일원위우서래생

○ 저 깊은 산골을 보면 온갖 짐승과 새들이 서로 어울려 춤추고 노래하며 살아간다. 또한 세상을 보더라도 만물과 사람이 얽혀서 살고 있다. 이러한 관계가 바로 인연과 인연이 이어지는 현상이다. 인연은 쉽게 갈리는 것이 아니다. 그리하여 일원의 진리 안에서 맺어진 인연은 영겁장연(永劫長延)을 하게 된다. 그러므로 우리는 긴긴 세월을 두고 오고가고 가고왔으니 어찌 한 때 금방 헤어질 수가 있을 것인가. 아니다. 더욱이 불연과 법연은 쉽게 이어지고 쉽게 떠나는 것이 아니니 새 시대, 새 부처님, 새 법, 새 진리에서 영겁장생(永劫長生)을 해야 한다.

스승에 돌아가고 법을 믿어
歸師信法

공명이나 부귀는 물 위에 뜬 티끌이요
넓은 집이나 높은 누대도 개미집 펼쳐짐이라.
세상 형세는 생사의 함정에서 건져내지 못하리니
스승에 돌아가고 정법을 믿어 삶이 참되어지기를….

功名富貴水漂塵　　공명부귀수표진
廣室高臺蟻垤伸　　광실고대의질신
世勢靡撜生死穽　　세세미증생사정
歸師信法活眞仁　　귀사신법활진인

○ 누구나 공명과 부귀를 바란다. 또 좋은 집과 누대를 가지고 싶어 한다. 그러나 깊이 생각해 보면 그런 것들은 물 위에 뜬 티끌이거나 개미집에 지나지 않는다. 저런 형세가 사람을 생사의 함정에서 구해 낼 수 없기 때문이다. 그러므로 싫어하진 않을지라도 욕심으로 구하지는 말자. 오직 스승의 법을 믿어야 제도를 받기가 쉽게 된다. 그리하여 우리는 감나무 밑에서 입을 벌리고 있음에 다 익은 홍시가 입으로 떨어져 들어옴과 다름이 없으니 영생영겁을 이 회상에서 살아가는 삽근불자(插根佛子)가 되어야 한다.

『불영송』 시집으로 위로하며
弗縈之慰

신라에서 옷을 꿰매 입었다는 저 백결 선생은
대악으로 가난을 탓하는 아내의 외로움을 달랬네.
괴로움 딛고 어려움을 참아 성스러운 법위를 맞았으니
『불영송』 시집으로 바삐 걸어온 길을 위로한다오.

新羅百結彼先生　　신라백결피선생
碓樂譏貧譴妻惸　　대악기빈견처경
躪苦忍艱邀聖位　　적고인간요성위
弗縈詩集慰躟程　　불영시집위양정

○ 『불영송(弗縈頌)』은 원기100년에 정토가 법사위에 오른 것을 기념하여 만든 한시집이다. 신라 때 백결선생은 명절인데도 음식 하나 장만할 수 없는 가난을 한탄하는 아내를 달래기 위하여 대악*을 연주했다고 한다. 내 처지도 이와 비슷하여 시집으로 위로를 하였으니 인덕식병(人德食餠)이라 생각하면서 기쁘게 받았으면 좋겠다. 사람은 의·식·주가 가장 중요한 것이니 후진들에게는 교단이 나서서 어느 정도 충족은 시켜주어야 한다. 그리하여 성업봉진(聖業奉進)을 해야 한다.

* 대악: 신라 20대 자비왕(慈悲王) 때 백결 선생(百結先生)이 지었다는 노래인데, 지금은 전하지 않는다.

궁산한시 제10집

장조지락, 여든 살의 즐거움

杖朝之樂

2025년 1월 12일 초판 1쇄 인쇄
2025년 1월 28일 초판 1쇄 발행

지은이 오광익

펴낸곳 원불교출판사
펴낸이 주영삼(성균)
출판등록 1980년 4월 25일(제1980-000001호)
주소 전북특별자치도 익산시 익산대로 501
전화 063)854-0784
팩스 063)852-0784
홈페이지 www.wonbook.co.kr
인쇄 문덕인쇄

값 40,000원

ISBN 978-89-8076-434-1(03200)